オールカラー

全主要種目の筋肥
科学的に分析・

筋トレの負荷・刺激パーフェクト事典

国際武道大学 体育学部教授
荒川 裕志 著

ナツメ社

CONTENTS

序章 関節動作と筋肥大の関係

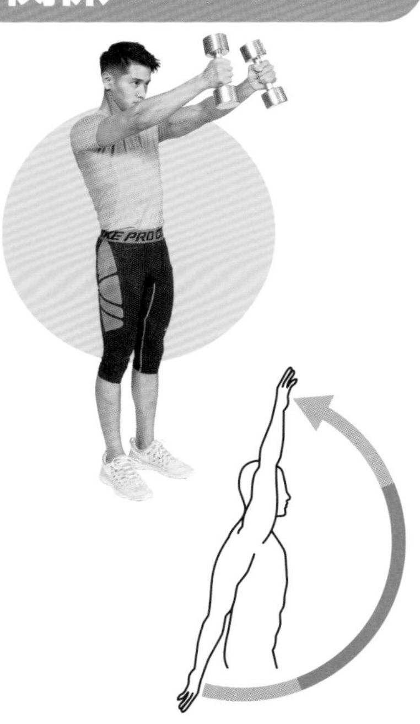

第1章 筋トレの方法と種目の分類

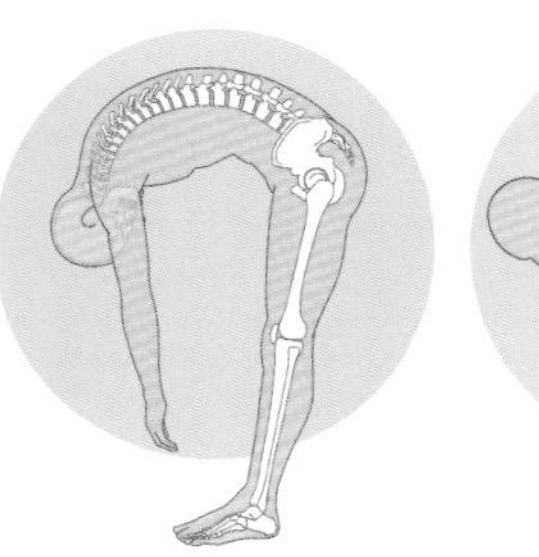

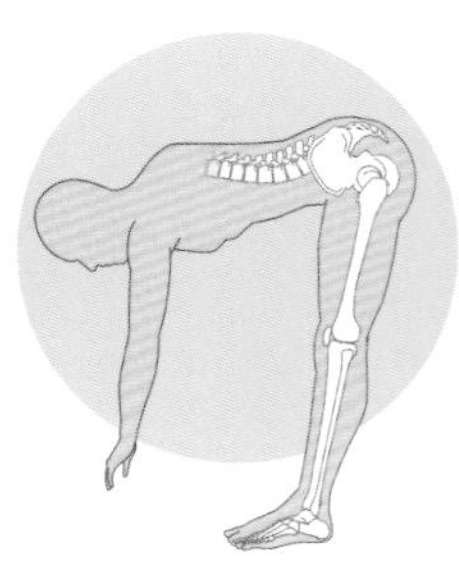

第3章 背中の筋肉を鍛える

第4章 腕の筋肉を鍛える

第5章 お尻と脚の筋肉を鍛える

第6章 体幹の筋肉を鍛える

本書の読み方

本書では筋トレの各種目に対して、負荷がかかる稼働範囲および負荷の内容、大きさなどを分析。各種目の筋肥大効果を図や段階評価で確認できる。

筋発達・筋肥大を誘発するストレス(刺激)

- **物理的**ストレス
- **代謝的**ストレス
- **筋損傷**のストレス

→(P.16〜17)
(P.21)

筋トレの実施によって得られる筋肥大誘発ストレス(刺激)は、主に、左の3種類に分類される。各種目により得やすいストレスの種類や大きさは異なる。

影響

「刺激評価」は筋肥大誘発ストレスに関係する4項目を評価しているため、この評価結果が得られるストレスの内容や大きさを判断する目安となる。

「種目評価」は筋肥大誘発の重要な要素となる「限界まで追い込む」ことのやりやすさを方法別に可・不可で判定。

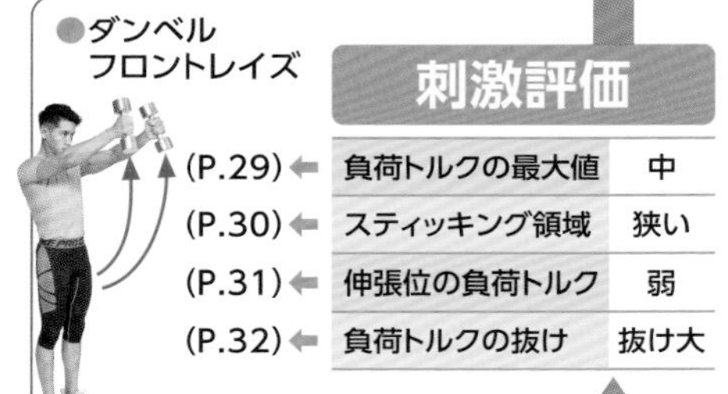

刺激評価

(P.29)←	負荷トルクの最大値	中
(P.30)←	スティッキング領域	狭い
(P.31)←	伸張位の負荷トルク	弱
(P.32)←	負荷トルクの抜け	抜け大

種目評価

運動ボリューム	やや小	→(P.39)
負荷トルクの調節	可	→(P.50〜51)
煽りチーティング	可	→(P.48〜49)
セルフ補助	不可	→(P.49)

評価

「刺激評価」は「負荷トルク図」のデータをもとに筋肥大誘発ストレスに影響する4つの項目を段階評価。

※「種目評価」の中で「運動ボリューム」は1レップのエネルギー消費量の目安となる。

負荷トルク図(→P.22〜28)

※トルク(関節トルク)についてはP.12〜13参照

●ダンベルフロントレイズ 有効負荷範囲の広さ:C

有効負荷範囲 中間位〜やや短縮位(屈曲角度35〜90度付近)

スティッキング領域 やや短縮位(屈曲角度85〜90度付近)

最大負荷トルク 屈曲角度90度前後

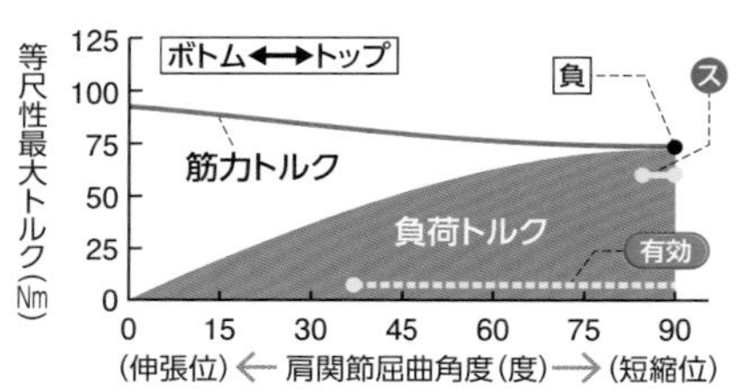

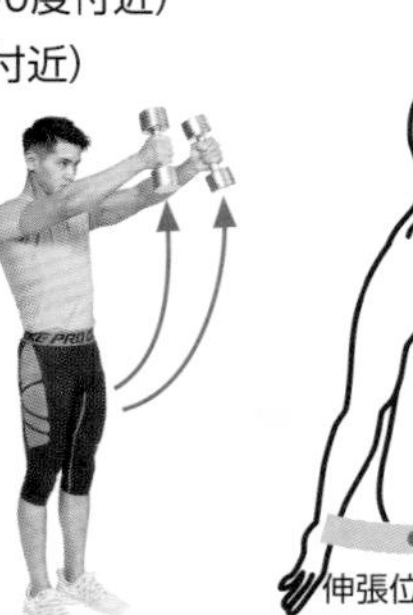

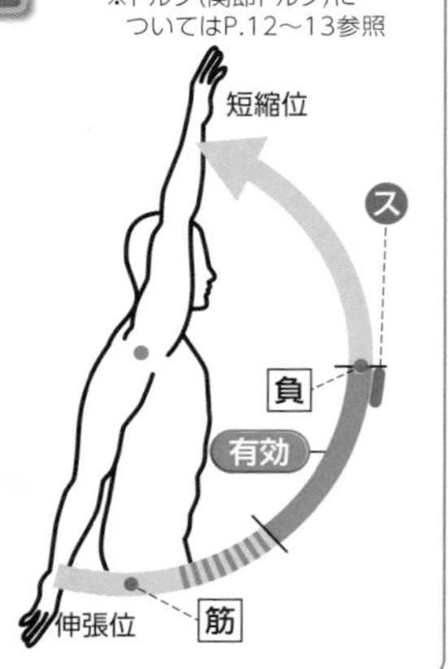

序章

関節動作と筋肥大の関係

筋トレの実施は、ターゲットとなる筋肉の成長・発達が主な目的となる。筋発達や筋肥大を促進する筋肥大誘発ストレスにはいくつか種類があり、各種目により得られるストレス（刺激）の内容や大きさはそれぞれ異なる。ひとつの筋肉を複数の種目で鍛える場合、異なるストレスが得られる種目を組み合わせることで筋肉の成長・発達がより促進されると考えられる。

関節が動くしくみ

筋肉が発揮した張力が、テコのしくみでレバーを回転させるトルクに変換される。

関節を動かすテコのしくみ

回転軸となる支点を中心にレバーを回転させて、力点と作用点を動かすしくみを「テコ」とよぶ。

人体のあらゆる関節はこのテコのしくみによって動いている。人体の関節動作におけるテコのしくみは、筋肉が骨に接着する停止部が力点、関節が支点となる（→P.13上図）。

テコには発揮した力に対して得をする(距離で損をする)「力型テコ」と、距離で得をする（力で損をする)「距離型テコ」があり、人体の関節構造は典型的な距離型テコとなっている。筋肉が骨に付着する力点（筋肉の停止部 ※右図参照）の位置が支点に近いため、わずかな筋収縮でも作用点（および作用点にかかる負荷）を長い距離動かすことができる。

その代わりに、力発揮には不利となり、力点では作用点の負荷よりも強い力を発揮する必要がある。

トルク(関節トルク)とは

筋肉が収縮する力（筋張力）を発揮して力点を引くと、支点である関節を中心にレバー（P.13上図では前腕部がレバー）を回転させる力が生じる。この回転力を「関節トルク」という。本書では負荷として関節にかかるトルク（負荷トルク）と差別化して「筋力トルク」とよぶ。

筋肉が発揮した筋力はそのまま外部に働くのではなく、関節を支点にしてレバーを回転させる筋力トルクを生じさせる。その結果として作用点から外部へと力が働く。このようなテコのしくみによって筋力は回転トルクに変換されるというわけである。

筋張力のモーメントアーム

テコのしくみにおける力点または作用点と支点との距離を「モーメントアーム」という。モーメントアームが長くなるほど、同じ筋張力でも関節の筋力トルクは大きくなる。原則として「筋力トルク＝筋張力×モーメントアーム」という関係になる。

つまり、力点となる「停止部」と、支点となる「関節」の距離が遠い筋肉はモーメントアームが長くなるため、同じ筋張力でも関節で発揮される筋力トルクはより大きくなる。

モーメントアームと関節トルク（肘関節筋の例）

筋収縮の力（筋張力）で力点（筋肉の停止部）を引くことによって、支点（関節）を回転軸にしてレバー（下図では前腕）を回転させる力（関節トルク）が生じる。筋張力（筋力）はレバーを通して作用点（下図では手先）から発揮される。

上腕二頭筋の場合

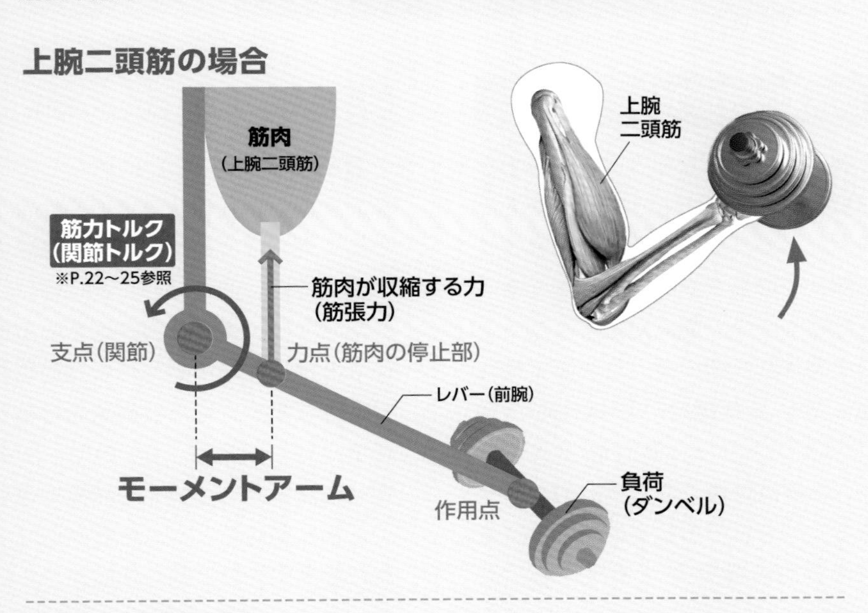

上腕三頭筋の場合
（支点が力点と作用点の間にあるテコ）

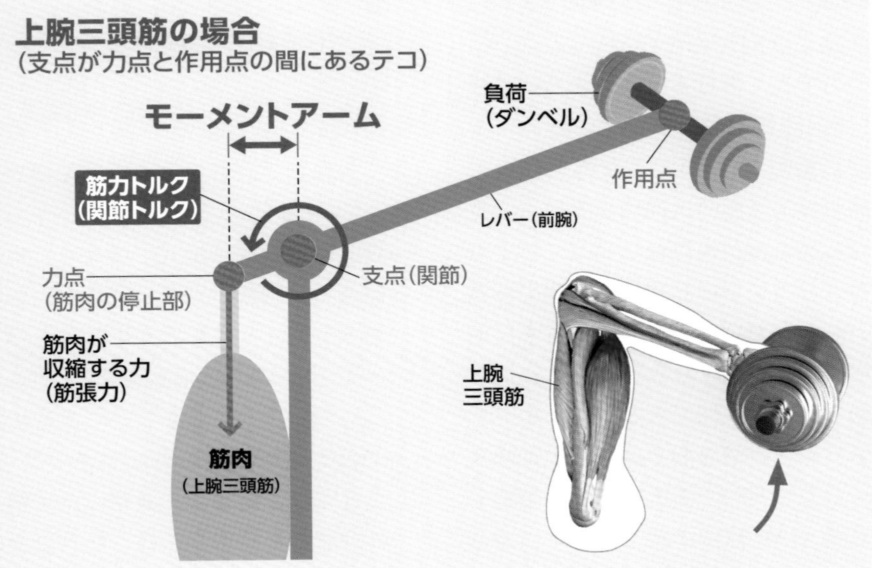

3つの筋活動様式

筋肉の活動はその長さ変化により短縮性、等尺性、伸張性の3様式に分類される。

筋活動様式の3分類

骨格筋は短くなる方向にのみ力を発揮できる。ただし、筋肉が短くなろうと活動（収縮）して力を発揮する際、その長さが必ずしも短くなるとは限らない。筋肉が短くなろうと力を発揮し、その長さも実際に短くなっている状態を「短縮性筋活動（コンセントリック筋活動）」という。一方、筋肉は短くなろうと力を発揮するものの、その長さは一定のまま維持される状態を「等尺性筋活動（アイソメトリック筋活動）」という。同様に筋肉が力を発揮するものの、外力で長く伸ばされてしまう状態を「伸張性筋活動（エキセントリック筋活動）」という。等尺性筋活動と伸張性筋活動では筋肉は外見上短くならないが、実際は活動して短くなろうと力を発揮している状態である。

筋トレではバーベルを下ろす局面がエキセントリック（伸張性）筋活動（収縮）の局面となる。エキセントリック収縮局面では、筋肥大誘発刺激のひとつである筋線維の微細な損傷（→P.17）が起こりやすいことが、これまでの研究でわかっている。

1 筋収縮の「力と速さ」の関係

骨格筋は収縮速度 に依存して発揮できる力が変化するという性質がある。遅い速度で縮むときは強い力を出せるが、速く縮むときは強い力を出せない。また、「力—速さ」の関係は、等尺性筋活動や伸張性筋活動にも存在する。等尺性筋活動は縮む速度が遅い（速度＝0）ので、短縮性筋活動よりも強い力を発揮できる。

伸張性筋活動（＝エキセントリック収縮局面）では縮む速度がさらに遅くなる（速度＜0）ため、発揮できる力がより一層大きい。

2 筋収縮の「力と速さ」の関係

骨格筋は長さによっても発揮できる力が変化する。ここでいう「長さ」は、筋活動様式ではなく、単に筋肉（筋線維）が長い状態か短い状態かを指す。筋線維が中間的な長さのとき、筋力は最大となる（至適長（してきちょう））。長すぎる状態や短すぎる状態では、発揮できる力は小さくなる。たとえば、肘が深く曲がった状態や伸びきった状態からは、それ以上に肘を曲げる力が出にくくなる。

筋肉の長さ変化による「筋活動様式」の分類

●短縮性筋活動（※求心性筋活動）（コンセントリック筋活動）

筋肉が収縮しようとして力(筋張力)を発揮し、実際に筋肉の長さが短くなる収縮。バーベルやダンベルを持ち上げる際の筋肉の収縮活動。

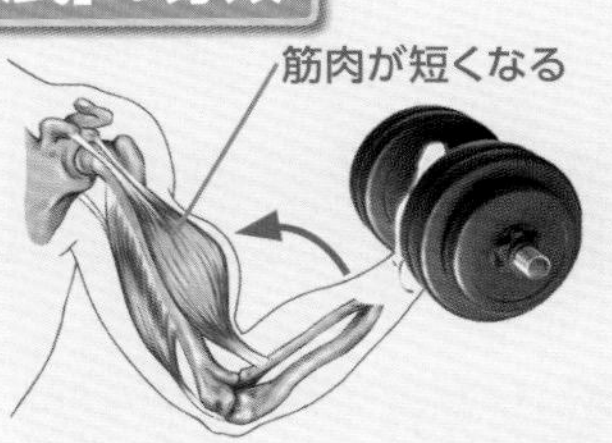

●等尺性筋活動（アイソメトリック筋活動）

筋肉が収縮しようとして力を発揮しているが、筋肉の長さが変わらない収縮。持ち上げた物を同じ高さで保持し続ける際の収縮活動。

●伸張性筋活動（※遠心性筋活動）（エキセントリック筋活動）

筋肉が収縮しようとして力を出しながら外力で逆に長く伸ばされていく収縮。持ち上げた物をブレーキをかけながら下ろす際の収縮活動。

●筋収縮の「力と速さ」の関係

最大筋力

伸張性収縮

等尺性収縮→

短縮性収縮

※「運動の速度」がプラスになると速く短縮し、マイナスになると速く伸張する

1.8 / 1.4 / 1.0 / 0.6 / 0.2

−0.6 / −0.2 / 0 / 0.2 / 0.6 / 1.0

←速く伸張　運動の速度　速く短縮→

●筋収縮の「力と長さ」の関係

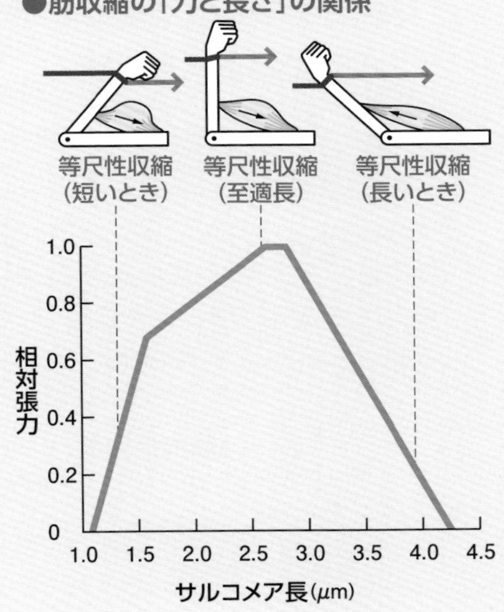

筋肉が発達するしくみ

筋トレで筋肉を効率的に発達させるには筋肥大のしくみを知ることが大切である。

骨格筋にストレスを与える

人体にはストレス（刺激）に適応する能力がある。骨は衝撃を繰り返し受けると硬くなる。同様に骨格筋もストレスを繰り返し受けることで、そのストレスに適応して太く発達する。筋肉が太くなれば原則として筋力も向上するため、大きな負荷にも耐えられる。骨格筋に対して太く、強くなる必要性を感じさせるストレスを意図的に与え、筋肥大を誘発す

筋トレで骨格筋が発達するメカニズム

筋トレで筋肉に負荷をかけ筋肉にストレスを与える

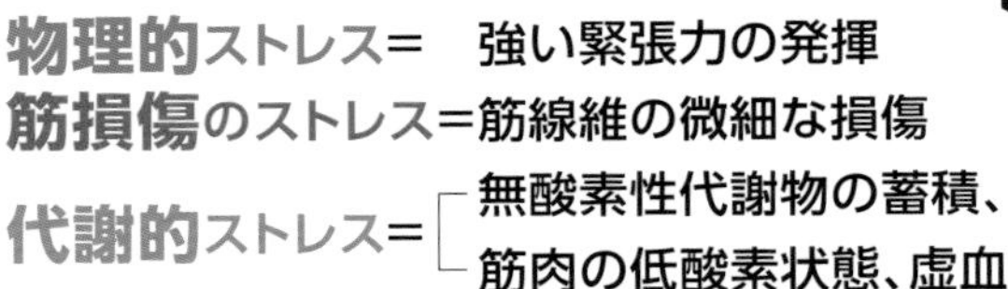

- 各種ホルモンの分泌（主にテストステロンなど）
- IGF-1（インスリン様成長因子のひとつ）の分泌
- mTOR（細胞内シグナル伝達に関わるタンパク質の一種）の活性化
- 筋サテライト細胞（筋線維に付着している組織幹細胞）の増殖 etc.

筋肉が発達

●筋肥大　●筋力アップ

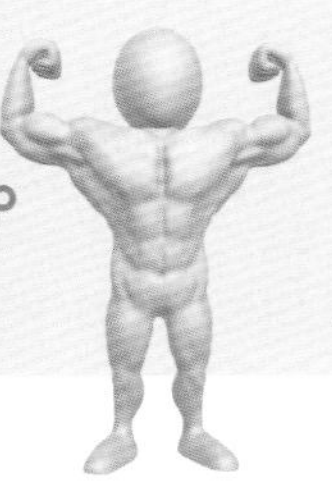

る運動が「筋トレ」である。
近年の研究で筋肥大を誘発するストレスは、「物理的ストレス」「筋損傷のストレス」「代謝的ストレス」の3つに大別されるのが一般的となっている。それらの要素が個別に、もしくは複合的に作用することによって筋トレ効果が生まれる。

筋発達・筋肥大を誘発するストレス（刺激）

物理的ストレス

●強い筋張力の発揮

筋肉が強い筋張力を発揮すると、それ自体が筋肉にとってはストレス（刺激）となり、筋肥大を促進するシグナルとなる。そのメカニズムに「速筋線維」が関係している。筋肉を構成する筋線維には、瞬発系の速筋線維と、持久系の遅筋線維があり、速筋線維のほうが筋肥大しやすい性質をもっている。しかし、人間の身体は筋張力を発揮する際、遅筋線維から動員する性質があるので速筋線維を動員するには筋肉に強い力を出させる必要がある。
筋トレで筋肥大効果を得るためには、筋肉にできるだけ大きな負荷を与えて、速筋線維を動員させることがポイントのひとつとなる。

筋損傷のストレス

●筋線維の微細な損傷

筋肉が収縮（短縮）して強い筋張力を発揮すると、筋線維（筋細胞）には微細な損傷が生じる。このミクロレベルの損傷も筋肥大を促進するシグナルとなる。これは細胞の損傷により起こる免疫反応などを経て、筋線維のもととなる筋サテライト細胞の増殖が促進されるため。筋サテライト細胞の増殖によって筋線維が増大し筋肥大へとつながる。筋線維の微細な損傷は、「エキセントリック収縮」で起こることがわかっている。これは筋肉が活動して力を発揮しながら、強い外力を受けて“伸ばされている”状態。筋トレにおいてはバーベルやダンベルを下ろす局面にあたる。

代謝的ストレス

●無酸素性代謝物の蓄積

筋肉が収縮すると乳酸や一酸化窒素、水素イオンといった無酸素性のエネルギー供給にともなう代謝物が体内に蓄積する。これらの代謝物の蓄積が筋肉にとってストレスとなり、テストステロンをはじめ筋発達（筋肥大）を誘発する各種ホルモンの分泌が促進される。筋トレ直後に筋肉が一次的に膨張するパンプアップも無酸素性代謝物が蓄積で起こることから筋トレの効果を確認する目安となる。
それほど高い負荷をかけなくても、短いセット間インターバルで行うトレーニングや、動きを通して負荷が抜けにくい筋トレ種目を実施すると、無酸素性代謝物が蓄積しやすい。

●筋肉の低酸素状態、虚血

筋肉に力を入れた緊張状態が続くと、血管が圧迫されて血流が滞る影響で筋肉への酸素供給量が不足し、筋肉が低酸素状態となる。酸素不足の状態では、主に酸素を使ってエネルギー代謝を行う遅筋線維が動員されにくくなり筋肥大しやすい速筋線維が優先的に動員される。加圧トレーニングはベルトで血流を意図的に制限し、筋肉への酸素供給を抑えて筋肥大効果を高めるトレーニング法である。
筋肉を低酸素状態にするには、負荷をかけ続けて鍛える方法が有効。筋トレの反復動作において脱力する局面を作らず、筋肉が力を発揮し続ける種目や方法を実施するとよい。

トレーニング変数の設定基準

筋トレはこれまでの研究で効果的な負荷強度やトレーニング容量が確立されている。

1 8〜10回の反復が限界となる負荷強度に設定して行う

数々の研究結果をまとめたレビューによると、筋トレでは各種目とも8〜10回の反復が限界となる負荷強度（重さ）に設定（8-10RM）して行うと、最も効率良く筋肥大効果が表れる。これは反復できる最大重量の約75〜80％に相当する。このレベルの負荷強度に設定し、限界の回数まで行うことが筋トレの基本となる。

20回以上反復できる低負荷でも、疲労困憊になるまで高回数行うことで筋肥大が認められたとする近年の報告もあるが、時間的または精神的な効率を考えると、まずは基本の方法で行うことが優先される。

逆に最大重量の90%以上となる超高負荷（5RM未満）で行うと、反復できる回数が極端に減り、筋肥大を誘発する重要な要素の１つである運動ボリューム（トレーニング容量）が小さくなるため（→P.39）、筋肥大効果は得られにくい。

なお「8-10RM」の設定条件は、１回の反復動作において関節可動域を極力広く動かすフルレンジ（→P.20）で行う場合を基本として想定。さらに反動や他の部位の力を利用するチーティング（→P.48〜49）は使わず、ストリクト（厳格）のフォームで反復することが原則となる。

2 1つの種目をそれぞれ3(〜5)セット行う

「8-10RM」の負荷強度であっても1セット行うだけでは運動ボリュームが不十分。複数セットを行うことで高い筋肥大効果が得られる。

「Kriegerら,2010」のレビューを見ると、筋トレ1種目に対して、2〜3セットと4〜5セットの実施では、筋肥大効果に大きな差が表れなかったと報告されている。しかし、Kriegerらのレビューは筋トレ経験の有無を考慮していなかったことに注意する必要がある。あくまで筋トレ初心者の場合には、3セット程度の実施が妥当と考えられる。

「Raistonら,2017」のレビューによれば、上級者の場合は週あたりの合計で10セット以上行うのが望ましく、さらに増やせばより一層の効果が得られるとしている。

※RM：Repetition Maximumの略

負荷強度とセット数の設定基準

負荷強度(%1RM)	RM(数字は回数)	主な効果	特徴
100 95 93 90	1 2 3 4	筋力アップ(挙上重量のアップ) ※挙上技術の向上、神経系の適応による部分もある	運動のボリュームが小さくなる低回数では挙上重量は増えやすいが筋肥大には適さない
87 85 80 77 75 70 67	5 6 8 9 10−12 12−15 15−18	筋肥大および筋力アップ	長期的な筋肥大効果・筋力アップ効果が効率良く得られる負荷設定レベル。**特に「8-10RM」が**筋肥大効果を得るうえで最も効率が良いとされる
65 60 50	18−20 20−25 30−	筋持久力の向上	負荷強度が弱いため筋肥大効果を得るには効率があまり良くない

出典:「FleckとKraemer,1987」より改変

とはいえ、全身をまんべんなく鍛えるのであれば、各部位にあまり長い時間はかけられない。各部位を週2回の頻度で鍛えるなら、1日あたり最低でも各部位5セット以上、できれば10セット近く行うことが筋トレ上級者の目安となる。

なお、上級者の目安となる5~10セットは必ずしも同一種目ではなくてもよい。同じ部位の別種目を組み合わせたほうが、多様な刺激を得るという意味で効果的といえる。

3 インターバルは3分以内

セット間のインターバルは、短めの1~3分程度が目安。短いほうが筋肥大を誘発する代謝的刺激が大きくなる。一方、近年の研究では5分程度の長めのインターバルを取り、次のセットの強度を維持する方法でも最終的な筋肥大効果は変わらないとされてきている。とはいえ全体的な時間効率を考えるとインターバルは3分以内に抑えることが推奨される。

※「%1RM」とは、1回の反復が限界となる負荷に対し、何%の負荷強度にあたるかを表す単位

フルレンジでの反復が原則

筋トレでは関節可動域をなるべく広く使って行うこと（フルレンジ）が基本となる。筋肉は、長く伸びたポジションで収縮するほど、筋肥大を誘発する筋損傷が起こりやすいとされる（Nosaka,2000）。フルレンジで行うと一般的に使用重量が小さくなるが、関節または筋肉レベルの負荷そのものは必ずしも小さくならない（→P.29）。むしろ、フルレンジで行い、スティッキング領域（→P.26～27）を通過することにより、負荷の抜けが小さくなり、なおかつ筋肥大の一要素である運動ボリュームが大きくなるという利点がある。

余力を残すと筋肥大効果が低減

筋トレで筋発達および筋肥大を促進させるストレス（刺激）を与えるためには、余力を残さずに限界となる回数まで行うこと（※本書では「オールアウト」とよぶ）が基本となる。

前述した「8-10RM」などはあくまでも重量設定の基準であり、各セットであらかじめ「～回まで」と反復回数を決めて行うことは原則としてしない。努力次第でまだ何回も反復できるにもかかわらず、回数を決め打ちして終えてしまうトレーニングは効果が著しく下がる。「反復できなくなる回数」こそがその人にとっての適正回数となる。さらに、チーティングやセルフ補助などの追い込みテクニック（→P.48～51）で追加レップを実施して余力を絞り出すと、より高い筋肥大効果が得られる。

ただし、全セットで限界まで反復することがキツいという人は、最初のセットは限界の１～２回手前で終えておいて、最終セットで限界が来るように調節して行ってもよい。

筋トレによるストレス(刺激)

筋肉が張力を発揮しながら長さを変える(伸縮する)ことでストレス(刺激)が生じる。

刺激を生む「筋張力」と「伸縮」

筋トレによって筋肉の発達を誘発するストレスは、❶強い筋張力の発揮(物理的ストレス)、❷代謝物蓄積・低酸素状態(代謝的ストレス)、❸筋線維の微細な損傷(筋損傷のストレス)に大別される(→P.17)。

これらのうち「❶強い筋張力の発揮」は原則として負荷トルクの大きさに左右される。❷の「代謝物蓄積」を左右する最も主要な要因のひとつは仕事量(=筋張力×収縮距離)であるため、負荷トルクの大きさに加え、大きな可動域で動作を行うことも重要となる。また、❷の「低酸素状態」は、筋トレ動作中に筋張力を抜かずに維持することで顕著に生じる。「❸筋線維の微細な損傷」については、バーベルやダンベルを下ろす局面にあたるエキセントリック筋活動(収縮)の局面で起こりやすい。さらに伸張位では短縮位よりも筋損傷を生じやすいことが知られている。

以上のように、3つのストレスがそれぞれどの程度生じるのかは、つきつめると「張力」と「伸縮」をどのように制御するかに左右される。

本書は、筋トレにおける意識やフォームの違いによって、筋肥大誘発ストレスの大元である「張力」と「伸縮」がどのように変化するのかについてバイオメカニクス的な側面から解説を行うことを主眼にしている。

筋トレと筋発達(筋肥大)誘発ストレスの関係

筋発達を誘発するストレス
- 物理的ストレス
- 代謝的ストレス
- 筋損傷のストレス

↑

筋肉の「筋張力発揮」&「伸縮」

筋発達誘発ストレスに影響する種目選択基準

❶負荷トルクの最大値(→P.22〜25、29)
❷スティッキング領域(→P.26〜28、30)
❸伸張位の負荷トルク(→P.31)
❹負荷トルクの抜け(→P.32)

筋力トルクと負荷トルク

筋トレでターゲットの筋肉が実際に発揮する張力は挙上動作のポジションで変化する。

筋力トルクと負荷トルクの違い

本書では、関節を動かす「トルク（回転力）」を、「筋力トルク」と「負荷トルク」の２つの用語に分けて使用する。本書で用いる筋力トルクとは、各関節動作における「各ポジション（関節角度）で最大限発揮できる関節トルク（すなわち筋力）」のこと。たとえば腕を側方に上げる肩関節外転動作の筋力トルクは関節角度に応じて変わり、腕を下ろしたポジションでは大きく（発揮できる筋力が強く）、腕を上げたポジションでは小さく（発揮筋力が弱く）なる。

筋力トルクが「人体側が出せる関節トルク」であるのに対し、本書で用いる負荷トルクは「筋トレ実施中に（ゆっくりと動かした際に）人体にかかる関節トルク」を指す。各種目における負荷トルクの大きさも挙上動作のポジションで変わってくる。

たとえば肩関節外転動作を行うサイドレイズでは、負荷トルクが腕を上げたポジションでは大きくなり、腕を下げたポジションでは小さくなる。つまり、サイドレイズは筋力トルクと負荷トルクの変化がお互い同調せず、筋力トルクが大きいポジションでは負荷トルクが小さく（筋肉には余力がある）、筋力トルクが小さいポジションで負荷トルクが大きく（筋肉には余力がない）なる。

負荷トルクとモーメントアーム

各筋トレ種目のポジション（関節角度）による負荷トルクの変化には、モーメントアーム（→P.12～13）が関係している。モーメントアームはテコのしくみにおける力点または作用点と支点の距離である。筋張力のモーメントアームが、力点である筋肉の付着部と支点である関節との距離（力点のモーメントアーム）であるの対し、負荷トルクのモーメントアームは、原則として作用点（バーベルやダンベルを保持する点）と支点との水平距離（作用点のモーメントアーム）になる。

同じ重量を挙上する場合、各ポジションの負荷トルクは「作用点のモーメントアーム」の長さに比例する。作用点のモーメントアームが２倍になれば負荷トルクも２倍になり、半分になれば負荷トルクも半分になる。

※負荷トルクのモーメントアームが作用点と支点との水平距離ではない場合もある

負荷トルクとモーメントアームの関係

トルク ＝ 力 × モーメントアーム
（負荷トルク）（負荷）（テコのレバーの長さ※）

サイドレイズ（単関節種目）のモーメントアームの変化

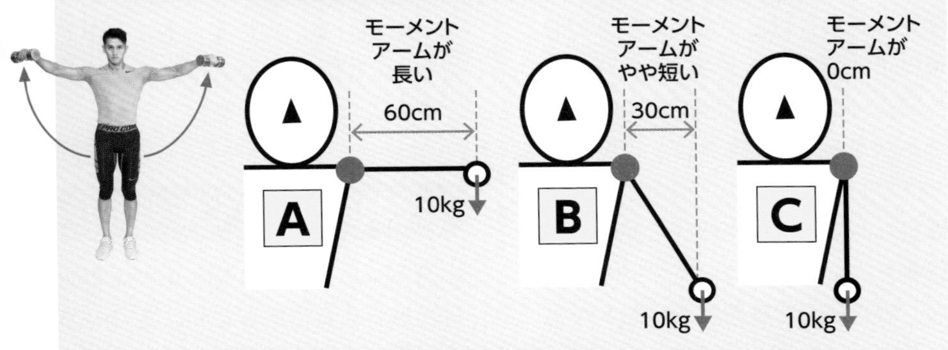

A～Cはいずれも同じ10kgの「負荷」であるが、腕を上げるポジションでモーメントアームは、「A：60㎝」「B：30㎝」「C：0㎝」と変化する。モーメントアームの長さが短くなることによってサイドレイズの主働筋である肩の三角筋にかかる負荷トルクは、BがAの1/2。Cはゼロとなる。

スクワット（多関節種目）のモーメントアームの変化

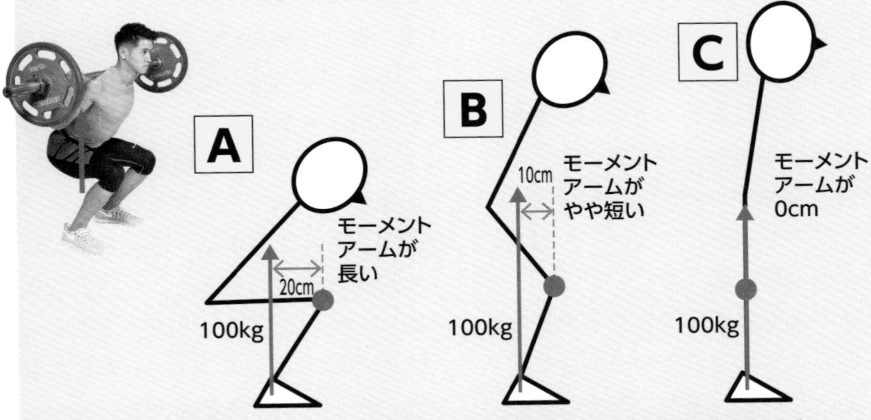

A～Cはいずれも同じ100kg（※バーベル＋体重）の「負荷」であるが、挙上動作のポジションにより、モーメントアームは「A：20㎝」「B：10㎝」「C：0㎝」と変化する。モーメントアームが短くなるとスクワットの主働筋である大腿四頭筋にかかる負荷トルクは、BがAの1/2。Cはゼロに。

※正確には、「長さ」ではなく、力の作用線（力を示す矢印またはその延長線）と支点の垂直距離

肢位による負荷トルクの変化

同じ動きをする同系種目でも挙上肢位や筋トレ種別で負荷トルクは異なってくる。

負荷トルクの変化(推移)傾向

筋トレの各種目で負荷トルクの肢位による変化はさまざまである。

関節可動域のほぼ全域で負荷トルクがかかる種目もあれば、可動域の一部でしか負荷トルクがかからない種目もある。筋肉が伸びた伸張位で負荷トルクが最大になる種目もあれば、短く縮んだ短縮位で負荷トルクが最大となる種目もある。さらに、一定のポジションで負荷トルクが一気に抜ける種目もあれば、緩やかに負荷トルクが下がる種目もある。

同じ関節を同じ方向に動かす同系種目であっても、挙上する体勢や上体の角度、重りの持ち方などで負荷トルクの推移は変わってくる。またバーベル種目、ダンベル種目、マシン種目、ケーブル種目など使用する器具(筋トレ種別)によっても負荷トルクの推移は異なる。

負荷トルクの推移が異なる種目では、同じように限界となる回数まで行ったとしても、筋肉に対する筋肥大誘発刺激の種類が変わってくる。

ひとつの筋肉を複数の種目で鍛える場合、負荷トルクのかかり方が異なる種目を組み合わせると、筋肥大を誘発するさまざまな種類のストレス(刺激)を筋肉に与えることができる。(※負荷トルクの推移の主なパターンはP.28を参照)

有効負荷範囲の定義

筋トレにおける負荷トルクは関節可動域内で変化するため、多くの筋トレ種目では、負荷トルクがほとんどかからないポジション(関節角度)が存在する。本書では、筋力トルク曲線のピーク値に対して50%以上の負荷トルクがかかっている領域を「有効負荷範囲」と定義している。

なお関節によっては、筋力トルクのすべてが筋線維自体の収縮張力によって生み出されるわけではなく、筋線維と並列に位置する筋膜などの張力がトルク発揮に一部貢献している場合がある(筋力トルク=筋線維の収縮張力によるトルク+筋膜などの張力によるトルク)。そのため筋膜の張力による影響が大きい種目の場合、有効負荷範囲を評価する際の基準に用いる筋力トルクを少なめに見積もっている点も留意しておこう。

挙上肢位による負荷トルクの違い

ダンベルフロントレイズ
(→P.64)

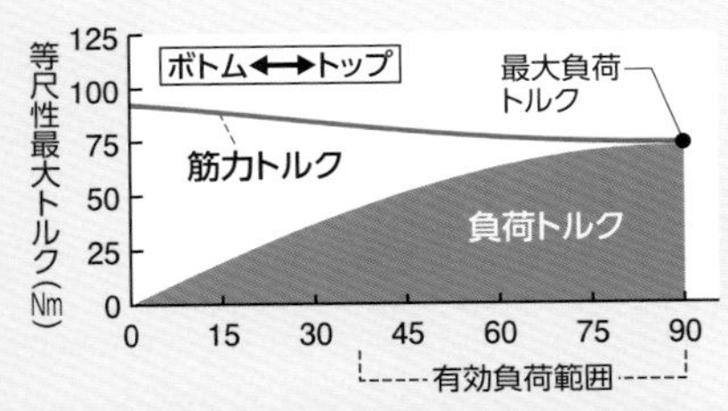

肩関節屈曲種目であるダンベルフロントレイズでは、腕を水平の高さまで上げた肩関節屈曲角度90度付近が最大負荷トルクのポジション(関節角度)となる。

インクラインフロントレイズ
(→P.65)

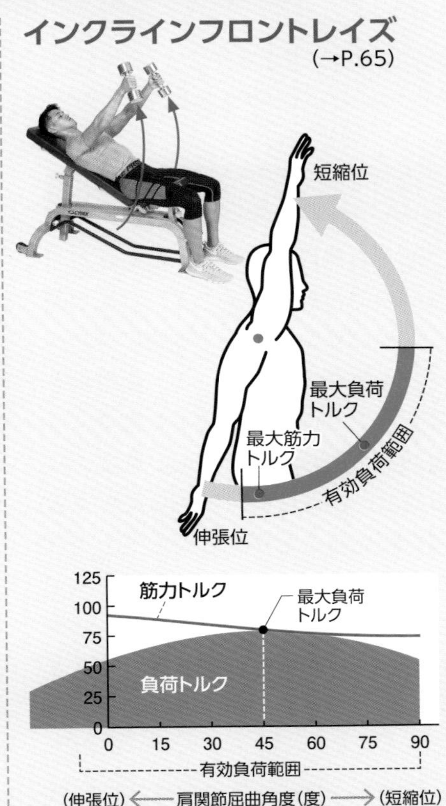

ベンチに寝て上体を45度に傾けたインクラインフロントレイズでは、最大負荷トルクのポジションや有効負荷範囲が全体的に腕を下ろした伸張位側へシフトする。

最大負荷トルク

各関節動作において、人体側が最も大きな関節トルク（一般的にイメージされる「筋力」）を発揮できるポジション（関節角度）が「最大筋力トルク」のポジションになる。

同様に、筋トレの実施中（挙上動作中）において、各関節にかかる負荷トルクが最も大きくなるポジション（関節角度）が「最大負荷トルク」のポジションとなる。

スティッキング領域

筋トレ種目の挙上動作には、必ず「上がりにくくなる」領域が存在する。

筋力トルクと負荷トルクの接近

筋トレ種目の挙上動作における可動域内で、バーベルやダンベルが最も上げにくい領域を一般的に「スティッキング領域」という。高重量を挙上しようとして失敗する際や、反復回数を重ねて最後に上がらなくなる際は、主にこのスティッキング領域を超えることができなくて上がらなくなる。裏を返せば、スティッキング領域以外の領域ではまだ上げられる余力が残っていることになる。

スティッキング領域の位置は、「負荷トルク」と「筋力トルク」の推移で決まる。負荷トルクとは筋トレの各ポジション（関節角度）で関節にかかるトルクであり、筋力トルクとは人体側が各ポジションで最大限発揮できる関節トルクである（→P.22～23）。そのため原則として、すべてのポジションで負荷トルクは筋力トルクよりも必ず小さくなる（※大きくなると挙上できない）。

可動域内で負荷トルクが筋力トルクに最も接近した領域が、挙上する際の余力が最も小さいといえる。この領域がスティッキング領域である。

反対に、負荷トルクが小さくなって筋力トルクとの差が大きいポジションは挙上に余力がある領域である。

ピークの一致で負荷トルクは最大に

負荷トルクの推移と筋力トルクの推移が類似していて、さらに凸のピ

バーベルスクワットのスティッキング領域

膝関節伸展種目であるバーベルスクワットは太もも前面にある大腿四頭筋がターゲット。
筋力トルクの曲線と負荷トルクの曲線が最も接近する領域がスティッキング領域となる。
この種目のスティッキング領域は膝が深く曲がり大腿四頭筋が伸ばされる「伸張位」である。

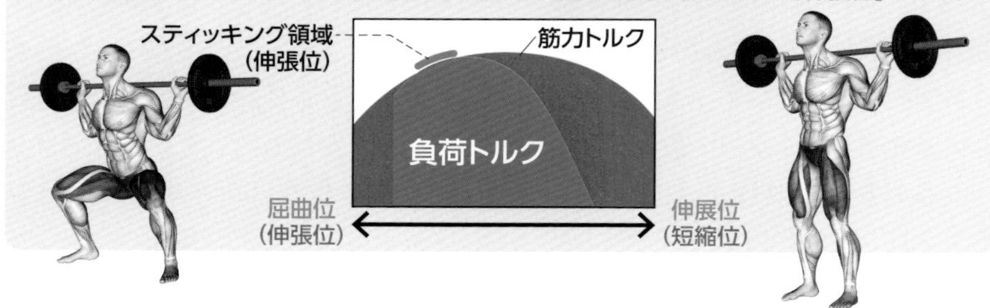

ーク位置が一致している種目ほど、（対象部位が同一の）他種目に比べて負荷トルクの最大値（最大負荷トルク）が大きくなる。負荷トルクの大きさは原則として筋張力の大きさを左右するため※、凸のピーク位置が一致している種目ほど、筋肥大で最も重要とされる「強い力（筋張力）の発揮」による物理的ストレス（刺激）を得やすいといえる。

スティッキング領域の位置と広さ

スティッキング領域の位置は各筋トレ種目で異なる。本書では、関節可動域全域を主働筋の伸縮状態で「伸張位・やや伸張位・中間位・やや短縮位・短縮位」という５つの局面に振り分けて位置を示している。

さらに、スティッキング領域の広さも種目によって異なる。スティッキング領域付近で筋力トルクと負荷トルクの推移が同調（どちらも右上がりに上昇するなど）しているほど、スティッキング領域は広くなる。

スティッキング領域が広い種目ほど、筋肉（主働筋）が最大努力で活動する範囲が広くなり、筋肉の仕事量（力×収縮距離）も大きくなりやすいといったメリットがある。

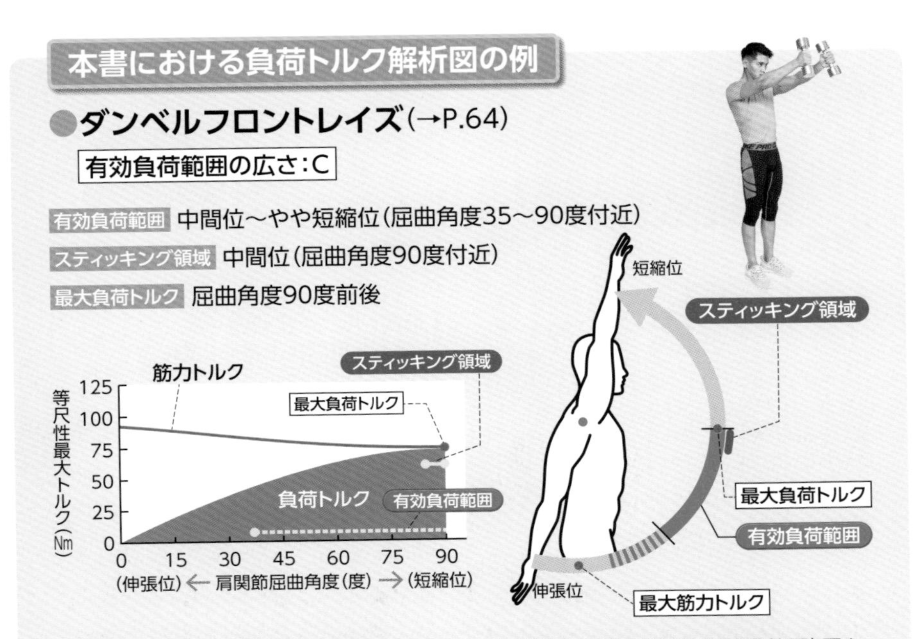

本書では筋トレの各種目を対象筋別にまとめ、主要動作の関節可動域（稼動範囲）図と、負荷トルク図の2図を組み合わせて、各種目の負荷トルクの特徴を詳細に解説している。

※関節のモーメントアームは関節角度によって変化するため厳密には左右しない

筋トレ種目における主なスティッキング領域のタイプ

有効負荷範囲内の負荷トルクの変化(推移)や、スティッキング領域(負荷トルクと筋力トルクの最接近領域)の位置にはいくつかの型(タイプ)がある。各タイプによって筋肉(主働筋)に対して与えられるストレス(刺激)の種類や大きさはおおよその傾向が類似している。ここでは筋トレの各種目におけるスティッキング領域の主な5つのタイプを解説する。

負荷トルクと筋力トルクがどちらも凸：Aタイプ

A❶：スティッキング領域が伸張位(スクワット型)

負荷トルクと筋力トルクがいずれも凸型の曲線で増減するが、ピークに少しズレがありスティッキング領域が伸張位にあるタイプ。

スティッキング領域
筋力トルク
負荷トルク
伸張位
短縮位

A❷：スティッキング領域が中間位

負荷トルクと筋力トルクがいずれも凸型の曲線で増減。ピークも一致していてスティッキング領域が中間位にある。多くの種目がこのタイプ。

スティッキング領域
筋力トルク
負荷トルク
伸張位
短縮位

A❸：スティッキング領域が短縮位(サイドレイズ型)

負荷トルクと筋力トルクがいずれも凸型の曲線で増減するが、ピークにズレがあるためスティッキング領域が短縮位に。代表例がサイドレイズ。

スティッキング領域
筋力トルク
負荷トルク
伸張位
短縮位

負荷トルクが上方向に凸(筋力トルクが比較的一定)：Bタイプ

筋力トルクの変化は小さいが負荷トルクは凸型で増減。スティッキング領域は中間位。それ以外の領域ではトルク差が大きく挙上に余力がある。

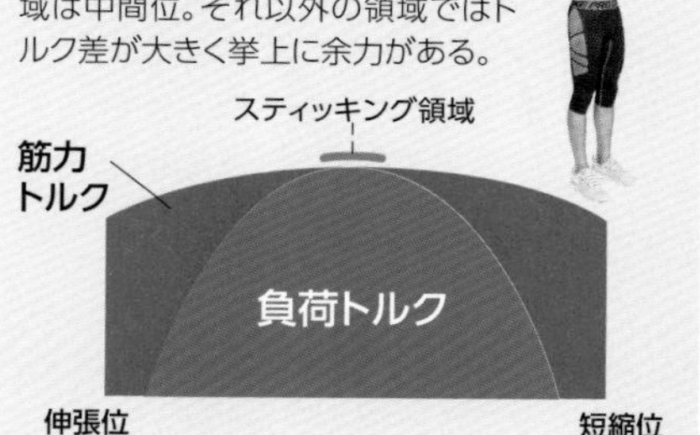

負荷トルクが比較的一定(筋力トルクが上方向に凸)：Cタイプ

負荷トルクの変化が小さいが筋力トルクは凸型で増減。スティッキング領域は短縮位(もしくは伸張位の端)。負荷トルクの抜けが小さいのが特徴。

筋肥大誘発ストレスが得られる種目の選択基準❶

負荷トルクの最大値

筋肉に強い筋張力の発揮によるストレスを与えるための目安は挙上重量ではない。

「強い力発揮」レベルの指標

本書の２章（→P.59～）以降では、筋肉の発達に関係する筋トレの各種目について、それぞれ力学的な特徴を４つの観点から評価している。

筋肥大を誘発する最も重要な因子である「強い力（筋張力）の発揮」を左右する項目が「負荷トルクの最大値」である。すべての種目に負荷トルクが最大となるポジション（関節角度）は存在するが、その最大値の決定要因は挙上重量ではない。

負荷トルクのピーク位置（最大負荷トルク）が筋力トルクのピーク位置（最大筋力トルク）に近い種目ほど、負荷トルクの最大値は大きくなり、原則として強い筋張力を発揮できると考えてよい。逆に最大負荷トルクと最大筋力トルクのポジションがズレている種目（※P.28のA❶やA❸）は負荷トルクの最大値が小さくなる。可動域内で筋力トルクは上方向に凸でありながら、負荷トルクがあまり変化しない種目（※P.28のC）も最大値は高くなりにくい。

評価は３段階で､「大：筋力トルクのピーク値まで出せる」「中：ピーク値を少し下回る」「小：ピーク値を明らかに下回る」とした。「負荷トルクの最大値」の評価が「中」や「小」の種目は、高重量で行ったとしても「強い筋張力の発揮」のストレスは得にくい種目となる。

挙上重量が軽くても負荷トルクの最大値が高い種目もある

ブルガリアンスクワット(→P.172)
●負荷トルクの最大値：「大」

大殿筋がターゲットのブルガリアンスクワットは挙上重量が小さい種目となるが、負荷トルクの最大値が大きいため、高重量を上げなくても筋肥大を誘発する「強い筋張力の発揮」のストレスが得られる。

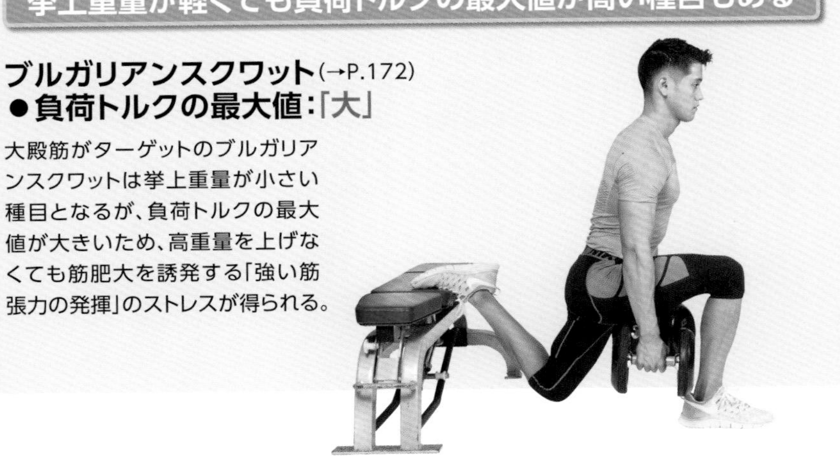

筋肥大誘発ストレスが得られる種目の選択基準 ❷

スティッキング領域（の広さ）

スティッキング領域の広さが長い種目ほど筋肉に大きなストレスを与えられる。

筋肉が全力を出す範囲の広さ

スティッキング領域とは、可動域内で負荷トルクが筋力トルクに最も接近した領域であるが、その領域の広さは種目によって異なる。

スティッキング領域付近で負荷トルクの推移と筋力トルクの推移が同調している（例：どちらも右上がりに上昇など）種目ほどスティッキング領域の幅は広くなり、同調していない（例：負荷トルクは右上がり、筋力トルクは右下がりなど）種目ほどスティッキング領域は狭くなる。

スティッキング領域が広い種目は、筋肉が全力を発揮する範囲や時間が長く、筋トレにおける運動ボリュームに相当する仕事量（力×収縮距離）も大きくなる傾向にある。さらに、慣性の勢いを使いにくいため、初心者でも筋張力の抜けた時間が短いフォームで挙上しやすい。それらの理由から、筋肉への代謝物の蓄積や低酸素状態といった代謝的ストレスを与えやすいというメリットがある。加えて、スティッキング領域は負荷トルク自体も大きいことが多いため、「強い筋張力の発揮」によるストレス（→P.29）も広い範囲にわたって得やすい傾向にある。

評価は「特に広い※」「広い」「やや広い」「狭い」の４段階。単関節種目より多関節種目（→P.36～38）のほうが領域は広い傾向にある。

似た種目でもスティッキング領域の広さに差が出る例

ダンベルプレスとダンベルフライはどちらも大胸筋が主働筋の肩関節水平内転種目。
スティッキング領域の広さはダンベルフライが狭いのに対し、ダンベルプレスは広い。
一般的にダンベルプレスのような多関節種目は単関節種目より領域が広い傾向にある。

●スティッキング領域：「広い」
ダンベルプレス（多関節種目）

●スティッキング領域：「狭い」
ダンベルフライ（単関節種目）

※「特に広い」の種目は数種目のみ　※例外的にスティッキング領域で負荷トルクが小さい種目もある

筋肥大誘発ストレスが得られる種目の選択基準③

伸張位の負荷トルク

筋肉が伸ばされたポジションで強い負荷がかかる種目は筋肥大効果が高い。

伸張位での活動が筋発達に有効

筋トレは、伸張位で強い負荷がかかる方法で行うほうが、短縮位で負荷がかかる方法よりも筋発達しやすいことが知られている（Maeoら, 2020など）。これは伸張位での筋収縮のほうが、筋肥大を誘発する因子のひとつである「筋線維の微細な損傷」が起こりやすいことや、筋肉を引き伸ばすストレッチ自体に生化学的な筋発達促進効果があることなどが背景にあると考えられている。

基本的に、筋トレではバーベルやダンベルを下ろしたボトムポジションが伸張位となるが、可動域が狭い種目では伸張位の領域まで関節を動かさない。また有効負荷範囲が狭い種目には伸張位の領域で負荷トルクが抜けてしまう種目も多い。

評価は「強・中・弱」の３段階。伸張位で負荷トルクがピークまたはピークレベルに近い種目は「強」。伸張位の負荷トルクがピークレベルより少し低い種目や、負荷トルクがピークレベルでもフルストレッチまで筋肉が伸ばされない種目などは「中」、それ以下が「弱」となる。

挙上肢位の違いによって伸張位の負荷トルクが異なる例

三角筋前部が対象のフロントレイズは可動域に伸張位が含まれず、腕を下ろしたボトムで負荷トルクが抜けてしまう。一方、寝て行うライイングフロントレイズでは、負荷トルクの中心が伸張位側へシフトするため、腕を後方に引いた伸張位で負荷トルクが最大になる。

●伸張位の負荷トルク：「弱」
ダンベルフロントレイズ

●伸張位の負荷トルク：「強」
ライイングフロントレイズ

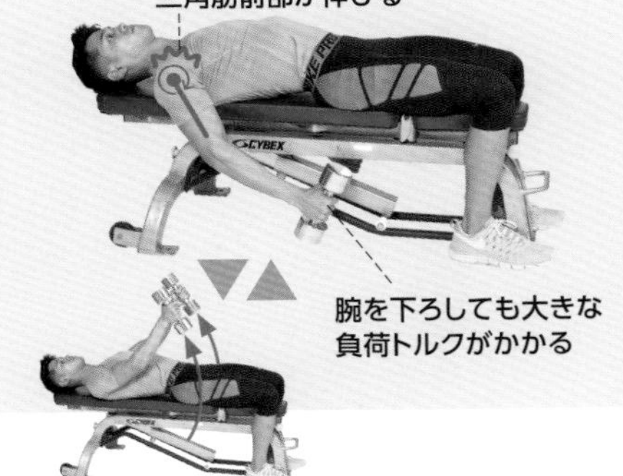

筋肥大誘発ストレスが得られる種目の選択基準④

負荷トルクの抜け

有効負荷範囲が広く、低負荷の局面が少ない種目は代謝的ストレスを得やすい。

代謝的ストレスの得やすさに関わる

「負荷トルクの抜け」は、筋肥大を誘発する因子のうち代謝的ストレス（無酸素性代謝物の蓄積、筋肉の低酸素状態）の得やすさに関わる指標となる。負荷がかかっている状態では筋肉内の血流が阻害されるため無酸素性代謝物が蓄積しやすい。また、筋張力の発揮時間が長くなるため代謝的なストレスも大きくなる。俗にいう「パンプアップ（筋トレ後に筋肉が張って膨らむ現象）」の起こりやすさに関わる指標でもある。

基本的には、有効負荷範囲（※最大負荷トルクの50%以上レベル）が広く、なおかつ有効負荷範囲外の負荷トルクが極端に小さくならない種目が、“負荷トルクの抜けが「小さい」”という評価になる。

評価は「抜け小」「抜け中」「抜け大」の３段階。「抜け大」の種目は代謝的ストレスを得るには不向きな種目となるが、この評価は基本的なフォームで実施した場合の評価であるため、フォームを工夫することによって負荷トルクの抜けを小さくできる種目もある。

同じ種目でもトレーニング種別で負荷トルクの抜けが異なる例

三角筋前部が主働筋のフロントレイズは負荷トルクの抜けが大きい種目であるが、同種目をケーブルマシンで行うと負荷トルクの抜けは小さくなる。ケーブルマシンで行う種目は、全般的に負荷トルクの抜けが小さい傾向にあり、代謝的ストレスを得る目的に適している。

●負荷トルクの抜け：「大」
ダンベルフロントレイズ

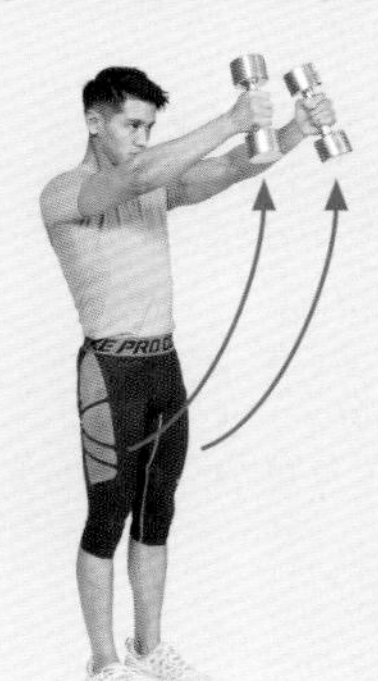

●負荷トルクの抜け：「小」
ケーブルフロントレイズ

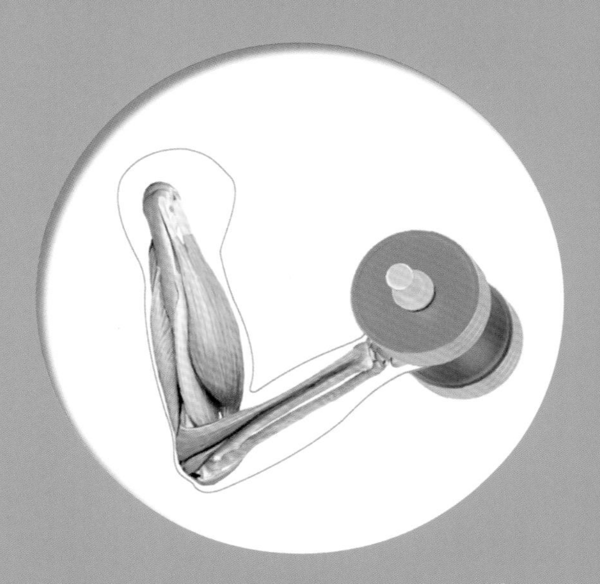

第1章

筋トレの方法と種目の分類

筋トレの各種目にはそれぞれ挙上動作における主要な関節動作があり、各関節動作によってターゲットとなる筋肉、鍛えられる筋肉は異なる。同じ関節動作でも挙上肢位や使用する器具、トレーニング種別により主働筋となる筋肉や、有効負荷範囲、負荷トルクなどは変化するため、各種目の特徴を理解したうえで、種目を選択することが重要となる。

主働筋と協働筋

筋トレは挙上動作に中心的に働く特定の主働筋をターゲットにして鍛える。

メインターゲットの主働筋

各関節動作は、大きな力を発揮して中心的な働きをする「主働筋」と、主働筋と同じ方向に働くが関与は小さい「協働筋」により遂行される。

筋トレは有酸素運動などの全身運動とは異なり、特定の筋肉を狙って実施する。各種目にはそれぞれ主要な関節動作があり、主要動作の主働筋がトレーニングのメインターゲットとなる。しかし、主要動作が同じ種目でも、挙上フォームや負荷のかけ方、使用する器具などで各筋肉の貢献度は変化し、主働筋と協働筋が入れ替わる場合もある。そのため筋トレではメインターゲットを認識して行うことが重要となる。

本書における各種目の解説ページでは、ターゲットとなる主働筋を「メイン」、一緒に鍛えられる協働筋を「サブ」と表示している。

主働筋と協働筋がフォームによって入れ替わる例

主要な関節動作が同じ種目でも、挙上動作のフォームや手先のグリップ（持ち方）を変えることによって挙動動作に働く主働筋と協働筋が入れ替わる場合が数多くある。

●ダンベルカール（手の平上向き）

肘関節屈曲（前腕回外位）

前腕を回外位にした状態で肘を曲げていくダンベルカールでは、上腕二頭筋のモーメントアームが長いため上腕二頭筋がメインとなる。

●ハンマーカール（親指上向き）

肘関節屈曲（前腕中間位）

親指を上に向けた前腕の中間位で肘を曲げるハンマーカールは、上腕二頭筋のモーメントアームが短くなり、上腕筋と腕橈骨筋がメインになる。

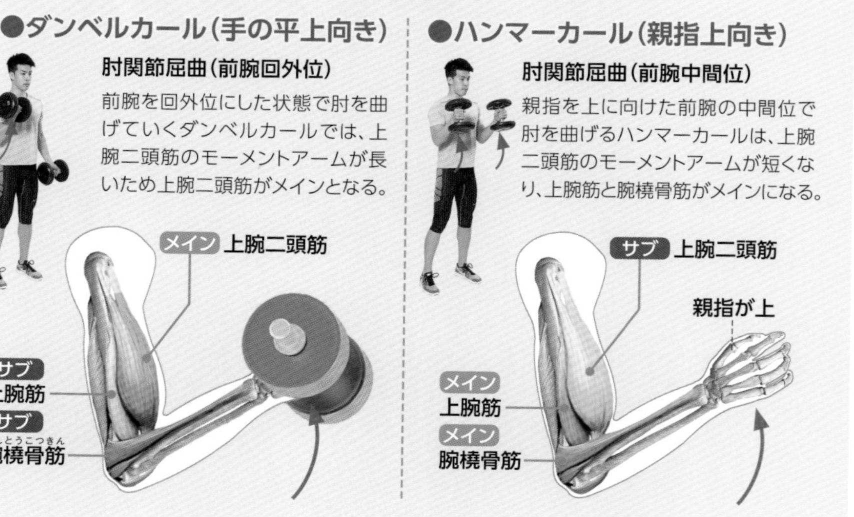

起始部が複数ある筋肉の鍛え方

大胸筋や三角筋、広背筋、大殿筋などの筋肉は、筋線維の位置によって異なる部位から起始している。これらの筋肉は同じ筋肉でも部位ごとに関節運動に果たす役割が異なるため、ひとつの種目だけでは筋肉全体を鍛えられない。大胸筋の例（→下図）のように、部位ごとに挙上する体勢や軌道が異なる種目を行うことによって筋肉全体を鍛えられる。

大胸筋は部位ごとに異なる種目で鍛える

胸部の大胸筋は、全体として肩関節水平内転の主働筋として働くが、上部・中部・下部でそれぞれ異なる複数の骨から起始しているため、厳密には各部位で作用方向が異なる。大胸筋の全体を刺激するには、上部・中部・下部をそれぞれ異なる動きの種目で鍛える必要がある。

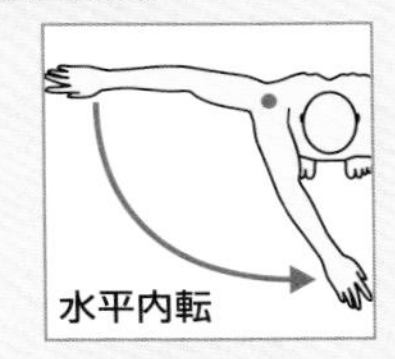

上部

上部は鎖骨から起始している。筋線維は斜め下方向に向かって走行している。

大胸筋の上部は肩関節の外転をともなう水平内転動作でダイレクトに使われるため、上体を斜めに後傾して行うインクラインダンベルプレス（左写真）などの種目で鍛える。

中部

中部は胸骨および肋骨（肋軟骨）から起始している。筋線維は横方向に走行している。

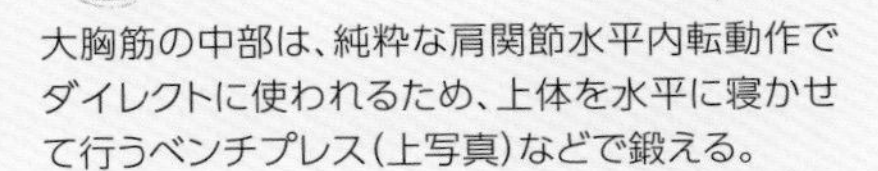

大胸筋の中部は、純粋な肩関節水平内転動作でダイレクトに使われるため、上体を水平に寝かせて行うベンチプレス（上写真）などで鍛える。

下部

下部は腹部の腹直筋鞘（ふくちょくきんしょう）から起始している。筋線維は斜め上方向に走行している。

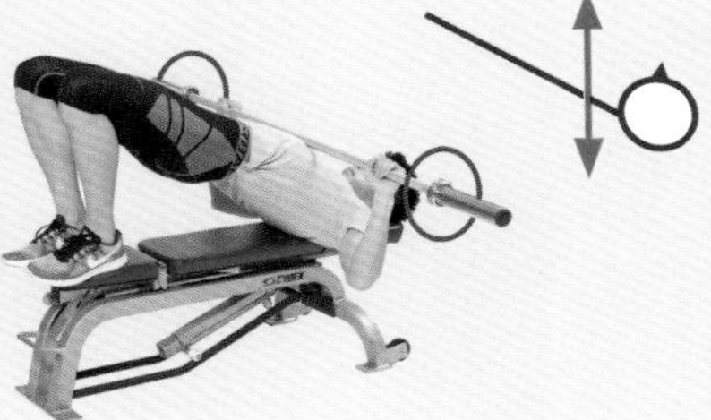

大胸筋の下部は肩関節の内転をともなう水平内転動作でダイレクトに使われるため、頭よりもお尻の位置を高くして行うデクラインベンチプレス（左写真）などで鍛える。

単関節種目と多関節種目

筋トレ種目には1つの関節だけを動かす種目と、複数の関節を動かす種目がある。

多関節種目と単関節種目の違い

筋トレ種目には、負荷（重量）を1つの関節動作で挙上する単関節種目と、複数の関節動作で挙上する多関節種目がある。複数の関節を動かす多関節種目は、単関節種目よりも動員される筋肉の数が多く、高重量を扱えることから運動のボリュームが大きくなる（→P.39）。1つの種目で多くの筋肉をまとめて鍛えられるため筋トレ時間を短縮しやすいという利点もある。それに対し、1つの関節だけを動かす単関節種目は多関節種目よりもターゲットの筋肉にフォーカスしやすいのが長所。

筋トレのメニューを組む場合は、多関節種目のほうが優先度は高くなるが、目的に応じて単関節種目も上手く組み合わせていくとよい。

大胸筋がターゲットの単関節種目と多関節種目

ダンベルフライ（単関節種目）
主要動作 肩関節水平内転

腕を内側に閉じる動きだけでダンベルを上げる。大胸筋だけを狙って鍛えることができる種目。

ダンベルプレス（多関節種目）
主要動作 肩関節水平内転 ＋ 肘関節伸展

腕を閉じる動きと肘を伸ばす動きで上げる種目。三角筋の前部や上腕三頭筋も一緒に鍛えられる。

多関節種目はトルクを分け合える

多関節種目には、複数の関節に負荷トルクを分散できるという力学的特徴がある。言い換えれば、複数の筋肉が挙上動作に協力している。多関節種目のあまり知られていない利点は、複数の関節でトルクを分け合うことにより、最も挙上しにくくなるスティッキング領域を通過して反復を続けられることである。

たとえばスクワットの場合、ボトムポジション付近に近づくほど、膝関節伸展動作で発揮できる筋力トルクが小さくなる（→P.209）。これは膝を深く曲げた状態になると膝関節伸展の筋力が弱くなるということ。

対照的に、股関節伸展で発揮できる筋力トルクはボトムポジションにかけて大きくなっていく（→P.167）。そのため膝関節が弱いボトム付近だけ（※多くの場合は無意識で）股関節の貢献を大きくしてスティッキング領域のポジションを通過することが可能となる。以上のしくみにより膝関節伸展の主働筋である大腿四頭筋を余力なく動員できる。これがもし単関節種目であれば、膝関節の筋力トルクが弱いポジションがボトルネックとなってスティッキング領域を超えられず、大腿四頭筋に余力を残したままセットが終わってしまう。

このように多関節種目のほうが扱える重量が重くなり、1つの筋肉あたりの仕事量（力×収縮距離）も大きくなる。つまり限界まで行った場合、単関節種目よりも主働筋を余力なく追い込めるというわけである。

スティッキング領域（ボトム）を股関節の貢献で通過

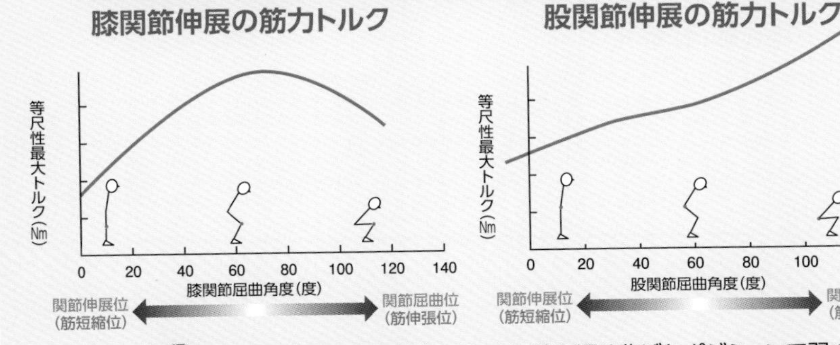

膝関節伸展の筋力トルクは、膝を深く曲げたポジションで弱くなる。一方、股関節伸展の筋力トルクは屈曲したポジションで強くなる。スクワットではしゃがんだボトム側に位置するスティッキング領域を股関節の貢献を大きくすることによって通過することができる。

ダンベルフライとダンベルプレスのトルク比較

ダンベルフライ（単関節種目）

水平外転位（伸張位）
最大負荷トルク
有効負荷範囲
スティッキング領域
最大筋力トルク
水平内転位（短縮位）

肘の屈曲角度を150度で固定したフォームのトルク図。肘の固定角度が屈曲位になるほど有効負荷範囲は伸張位側に移る。

ダンベルプレス（多関節種目）

水平外転位（伸張位）
有効負荷範囲
スティッキング領域
最大負荷トルク
最大筋力トルク
水平内転位（短縮位）

有効負荷範囲、スティッキング領域ともにダンベルフライより広く、最大負荷トルクが肩関節水平外転位90度のやや伸張位に。

挙上フォームで変わる負荷トルク分散：ダンベルプレスの例

多関節種目における負荷トルクの配分はフォームで変わる

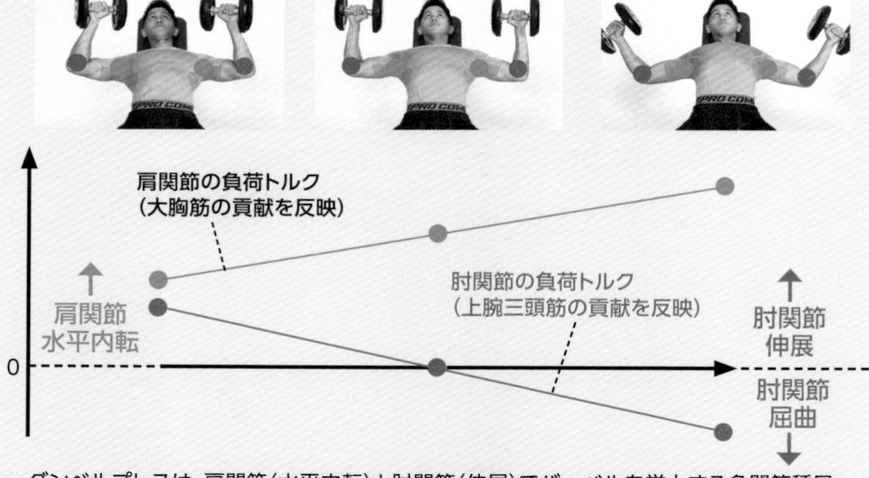

ダンベルプレスは、肩関節（水平内転）と肘関節（伸展）でバーベルを挙上する多関節種目。通常、追い込む際は肩関節と肘関節でトルクを分け合い最も楽に挙上できる左のフォーム（前腕が内に傾く）になる。あえてダンベルを遠ざけ中央（前腕が垂直）や右（前腕が外に傾く）のフォームにすると、肘関節（上腕三頭筋）の貢献が減り、肩関節（大胸筋）の貢献が増す。

運動のボリューム

本書では「運動ボリューム」も各筋トレ種目の評価項目に含まれている。

多関節種目は運動ボリュームが大

多関節種目は、同じ部位をターゲットにした単関節種目と比較して、同じ相対的強度（どちらも最大挙上重量の75%、約10RMなどの同一条件）であっても仕事量（力×収縮距離）が大きく、いわゆる「運動のボリューム」が大きくなる。これは挙上動作に複数の関節が稼働するため、動員される筋肉が多くなることや、P.38で解説したように複数の関節で負荷トルクを分け合うことによって、スティッキング領域を通過しやすくなることが関係している。

運動ボリュームが大きくなることから、多関節種目は筋肥大を誘発する全身性のホルモン分泌が促進されやすいという点でも有利となる。

また、筋トレを含むさまざまな運動によるエネルギー消費量は、原則として仕事量に比例するため、運動ボリュームが大きい種目はダイエットにも有効であると考えられる。

運動ボリュームはエネルギー消費量に比例

太もも前面の大腿四頭筋を鍛える種目でも、レッグエクステンションは膝関節を伸展するだけの単関節種目であるのに対し、バーベルスクワットは膝関節伸展、股関節伸展、さらに股関節内転もともなう多関節種目であるため、動員される筋肉の数が多く、運動のボリュームも大きくなる。

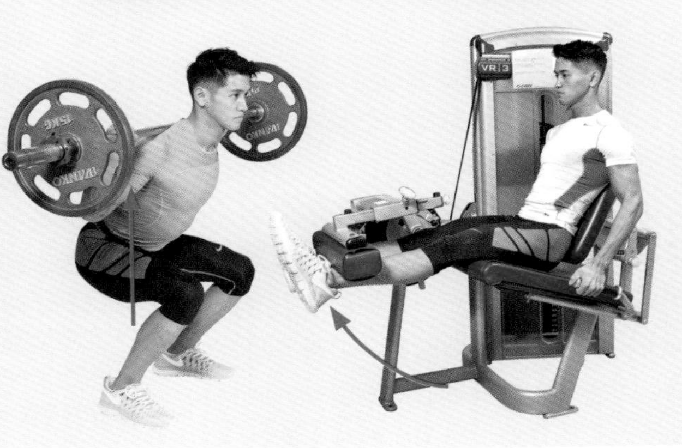

二関節筋を利用した鍛え方

異なる2つの関節をまたぐ二関節筋の特徴を利用すると効果的な筋トレが実施できる。

単関節筋と二関節筋

1つの関節のみをまたぐ筋肉を「単関節筋」とよぶのに対し、2つの関節をまたぐ筋肉を「二関節筋」とよぶ。ふくらはぎの筋肉でいうと、ヒラメ筋が足関節のみをまたぐ単関節筋であるのに対し、腓腹筋は足関節と膝関節をまたぐ二関節筋である。そのためヒラメ筋は足関節を底屈する動きのみに働くが、腓腹筋は足首を底屈させる動きに加えて膝関節を曲げる動きにも働く。

二関節筋を伸ばし強く動員させる

筋肉には、長く伸ばされると動員されやすく、短く緩むと動員されにくくなる性質がある。この筋肉の性質と二関節筋の構造を利用することで、特定の筋肉を意図的に強く動員させることが可能となる。

主な例として、腕のカール系種目におけるインクラインカールの特徴が挙げられる。カール系種目の主働筋である肘関節屈曲筋群（上腕二頭筋、上腕筋、腕橈骨筋）のうち、上腕筋と腕橈骨筋は肘関節のみをまたぐ単関節筋であるのに対し、上腕二頭筋は肘関節と肩関節をまたぐ二関節筋であり、肩関節屈曲（腕を前方に振る動き）の働きにも作用する。腕を後方に振った状態（肩関節伸展位）で肘を曲げるインクラインカールでは、上腕二頭筋がより長く伸ばされた状態で肘の屈曲運動が行われるため、他のカール系種目より上腕二頭筋が動員されやすい。

二関節筋を緩めて単関節筋を狙う

逆に、二関節筋を短く緩めることで、同じ部位の単関節筋に負荷を集める方法もある。腕を前方に振った状態（肩関節屈曲位）で肘を曲げるプリーチャーカールでは、二関節筋の上腕二頭筋が短く緩んで動員されにくくなるため、肘関節屈曲筋群の

筋トレのターゲットとなる主な二関節筋

- 上腕二頭筋（→P.130）
- 上腕三頭筋（長頭）（→P.142）
- 大腿直筋（※大腿四頭筋）（→P.207）
- ハムストリング（→P.180）
- 腓腹筋（→P.220）

うち、単関節筋である上腕筋と腕橈骨筋の貢献が大きくなる。

このように、単関節筋と二関節筋が混在している部位では、二関節筋の長さを変えることにより両者を「鍛え分け」することができる。

二関節筋を長く伸ばすことで動員されやすくする

●インクラインカール

メイン 上腕二頭筋

インクラインカールでは、腕を後方に引いて、二関節筋である上腕二頭筋が長く伸ばされた状態で肘を曲げるため、単関節筋の上腕筋や腕橈骨筋よりも上腕二頭筋がより強く動員される。

二関節筋を短く緩めることで単関節筋を動員されやすくする

●プリーチャーカール

メイン 上腕筋、腕橈骨筋

プリーチャーカールでは、腕を前方に振って二関節筋である上腕二頭筋が短く緩んだ状態で肘を曲げるため、上腕二頭筋よりも単関節筋の上腕筋、腕橈骨筋がより強く動員される。

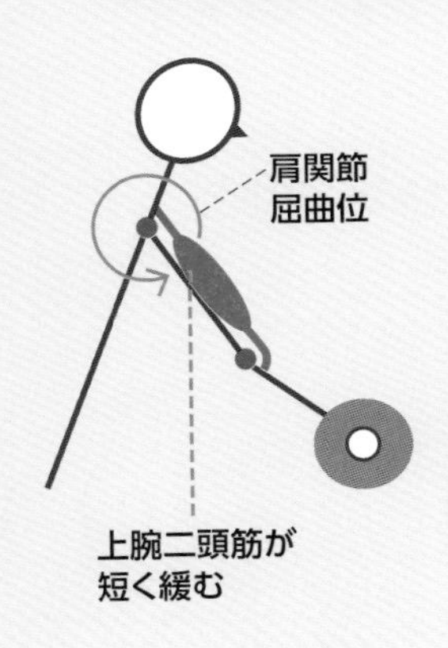

肩甲骨の動きを意識する

肩を動かす種目では多方向に可動する肩甲骨の動きを意識することが重要となる。

肩関節は土台の肩甲骨から動く

「肩甲骨」とは、背中にある左右一対の骨。腕の付け根部分であり、肩関節の土台となっている。この肩甲骨は、胸郭（肋骨）の背面をスライドするように動かすことができる。腕は肩から先だけが動いているのではなく、肩関節の土台である肩甲骨自体から動かすことができる。

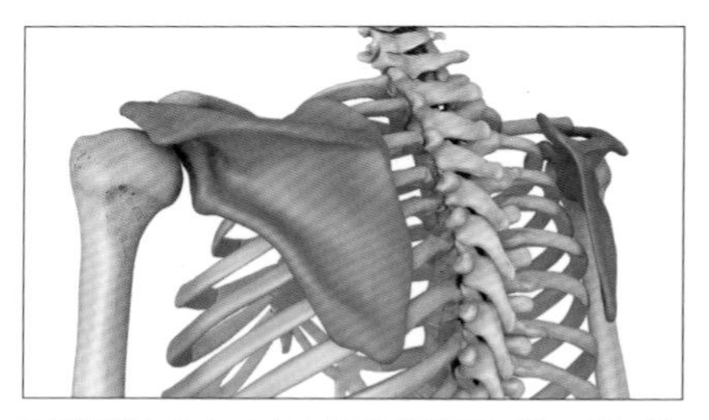

肩関節の土台である肩甲骨は胸郭の背面を上下左右に並進運動するだけでなく、左右方向や前後方向への回転運動も可能である。

肩甲骨の動きは、主に「上下（挙上・下制）」「左右（内転・外転）」「左右への回転（上方回旋・下方回旋）」の３方向。そこに「前後への回転（前傾・後傾）」を加えた４分類の動き（→下図参照）が筋トレにおいては重要となる。また、僧帽筋がメインターゲットの種目の場合は、肩甲骨の動き自体が主要動作になる。

腕の動きには肩甲骨の動きが密接に関わっているため、背中や肩、胸がターゲットの種目を実施する場合は、肩甲骨の動きを目的に応じて適切にコントロールする（肩甲骨を意識して動かす・動かさないなど）ことがメインターゲットの筋肉に効かせるためのポイントとなる。

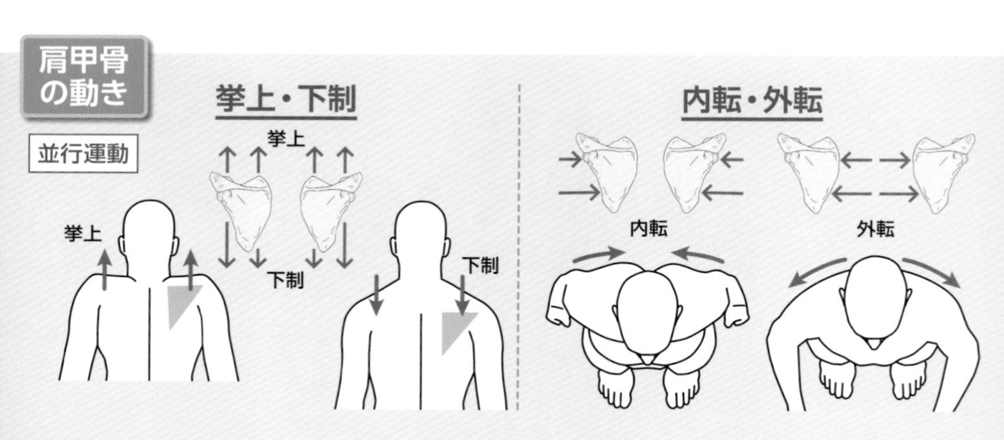

僧帽筋は上方回旋と後傾で鍛える

僧帽筋（→P.122）の機能として、挙上や内転など肩甲骨を平行移動させる働きだけではなく、「上方回旋」や「後傾」といった回転運動の働きもあることはあまり認識されていない。肩甲骨の上方回旋は肩関節外転、肩甲骨の後傾は肩関節屈曲と連動して生じる。三角筋の筋トレ種目の場合には、肩甲骨をできるだけ動かさず、肩関節の動きにフォーカスして挙上することがポイントとなるが、人間本来の動きとしては、僧帽筋（および前鋸筋など）を動員して肩甲骨の動きを十分に使いながら肩関節を外転、屈曲するほうが自然といえる。

本書では、肩関節の動きと肩甲骨の動きを連動させて僧帽筋や前鋸筋を鍛える種目を多く紹介している。

肩関節と肩甲骨を協働させる筋トレ種目の例

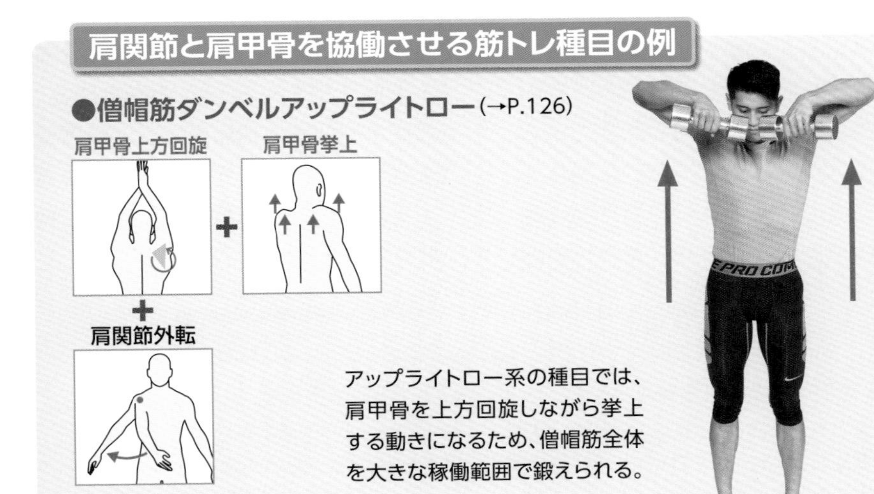

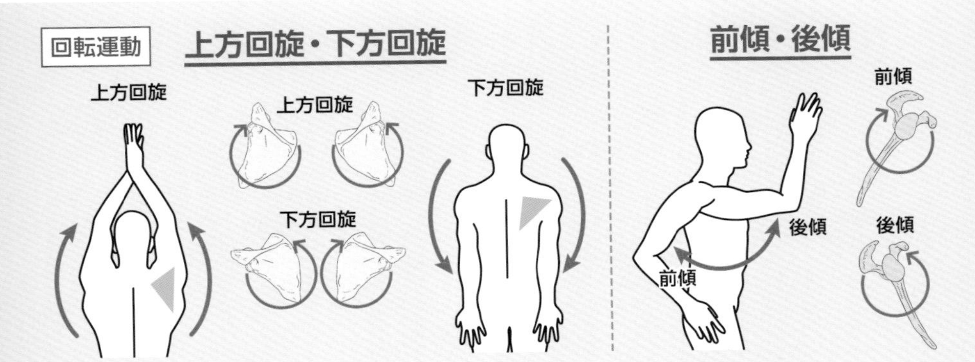

体幹と股関節の動きを区別する

腰まわりの筋トレでは目的に応じて体幹の動きと股関節の動きを区別することが大切。

混同しやすい体幹と股関節の動き

「股関節」とは、脚の付け根にあたる関節であり、股関節の動きとは骨盤に対する太ももの動きを指す。股関節の動きというと開脚する動きをイメージしやすいが、脚を前後に振る屈曲・伸展、内外にひねる内旋・外旋なども股関節の動きである。

一方、「体幹」とは一般的に胴体部分のことであり、体幹の動きとは骨盤と頭部をつなぐ脊柱（背骨）の動きを指す。背中を反ったり丸めたり、胴体を左右に曲げたり、ひねったりする動きはすべて脊柱の動きである。

股関節と体幹は別の部位であり、動きも主働筋も異なるため、筋トレでは目的に応じて両者の動きをしっかり区別して行うことが重要となる。

上体を倒して前屈する動きでも、脊柱を屈曲する前屈動作と、股関節を屈曲する前屈動作では、似ているように見えて、動員される筋肉や伸ばされる筋肉がまったく異なる。

前屈における体幹（脊柱）の動きと股関節の動き

❶脊柱（体幹）が主体の前屈

上体を丸める動きを中心に前屈すると股関節を屈曲する動きが小さくなる。伸び縮みするのは主に上半身の腹直筋や脊柱起立筋であり、股関節まわりの筋肉はあまり伸縮しない。

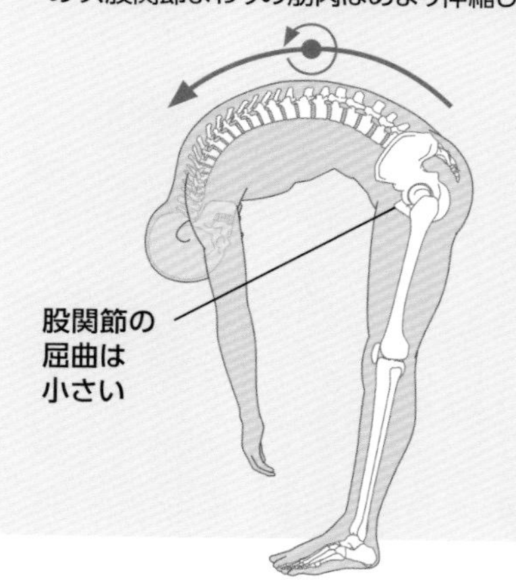

❷股関節が主体となる前屈

脚の付け根から上体を倒す動きを中心に前屈すると体幹を屈曲する動きが小さくなる。伸び縮みするのは主に腸腰筋や大殿筋などであり、体幹まわりの筋肉はあまり伸縮しない。

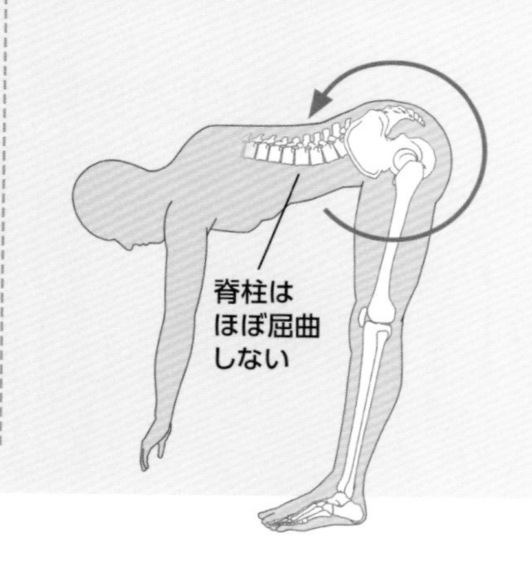

体幹種目と股関節種目を区別する

脊柱を動かす体幹の屈曲・伸展種目と、脚の付け根を動かす股関節の屈曲・伸展種目は、動きを意識して区別する。股関節伸展筋をターゲットの「股関節バックエクステンション」では、ボトムのスタートポジションで背中を反らしたまま股関節を屈曲して上体を下ろすのが適切なフォーム（→下図右）。背中を丸めて反らす動きを行う「体幹バックエクステンション（下図左）」に近くなると、股関節の動きが小さくなって大殿筋やハムストリングの筋トレ効果が下がる（脊柱起立筋の効果は上がる）。

筋トレにおける体幹の動きと股関節の動きの違い

ルーマニアンデッドリフト(→P.183)の適切なフォームとNGフォーム

ルーマニアンデッドリフトは、股関節を伸展してバーベルを引き上げる種目であるため、背すじを伸ばして体幹部を固定したまま、股関節の動きで上体を起こす。体幹（脊柱）を丸めた状態で引き上げると股関節の動きが小さくなり、腰を痛めるリスクも高まる。

●体幹バックエクステンション
(→P.228)

体幹（脊柱）を反らせる動きで脊柱起立筋を強化する体幹バックエクステンション。スタートポジションでは股関節をあまり曲げずに脊柱を丸めて脊柱起立筋を伸ばす。

●股関節バックエクステンション
(→P.184)

股関節を伸展する動きで上体を持ち上げハムストリングや大殿筋を鍛える股関節バックエクステンション。スタートでは背すじを伸ばしたまま股関節をしっかり屈曲する。

両脚種目と片脚種目の違い

股関節の屈曲筋、伸展筋を鍛えるなら片脚種目のほうが物理的に高負荷をかけられる。

片脚種目は股関節の負荷が大きい

スクワットには両脚ではなく片脚で行う方法もある。その代表的な種目がブルガリアンスクワットである。片脚種目は両脚種目より使用重量は軽くなるが、大殿筋などの股関節伸展筋には片脚スクワットのほうがより強い負荷トルクをかけられる。両脚スクワットでは構造的に股関節へ大きな負荷をかけにくい。その理由には体幹部の脊柱が関係している。

片脚種目は脊柱伸展筋に余裕あり

スクワットで股関節伸展の負荷トルクを大きくするには、上体の前傾角度を深くする必要がある。ところが上体を深く前傾すると、股関節だけでなく、脊柱（体幹）の伸展トルクも大きくなる。脊柱伸展で発揮できる筋力トルクは股関節伸展よりも弱いため、股関節伸展筋が全力を出せるレベルまで上体を前傾させようとすると、先に脊柱伸展筋が負荷トルクに耐えられなくなってしまう。

この点で片脚種目は構造的に有利となる。片脚スクワットでは使用重量が両脚スクワットの半分程度になるため、仮に上体を目いっぱい前傾したとしても脊柱伸展筋には余裕がある。一方、股関節伸展の負荷トルクは、片脚だけで発揮するため、左右1脚あたりのトルクはむしろ大きくなる。要するに、片脚種目における脊柱伸展では左右両側の筋肉を動員するため余裕があるのに対し、股関節伸展では左右片側（片脚）の筋肉しか使わないので余裕がなく、使用重量が半分でも最大限のトルクを発揮できるというわけである。

以上により、股関節伸展筋にかかる物理的な負荷トルク自体が両脚種目より片脚種目のほうが大きくなる。なお、同じ理屈が片脚デッドリフトや片脚シットアップにも当てはまる。

ブルガリアンスクワット

片脚のスクワットでは使用重量は低くなるが、脊柱（腰椎）伸展トルクを超える股関節伸展トルクを大殿筋が発揮できる。
（※全力を出せる）

両脚種目と片脚種目の負荷トルク（例）

※原則として腰椎伸展トルクと股関節伸展トルクは一致すると仮定

●体重80kgの人が荷重120kgでスクワット（両脚種目）を行った場合

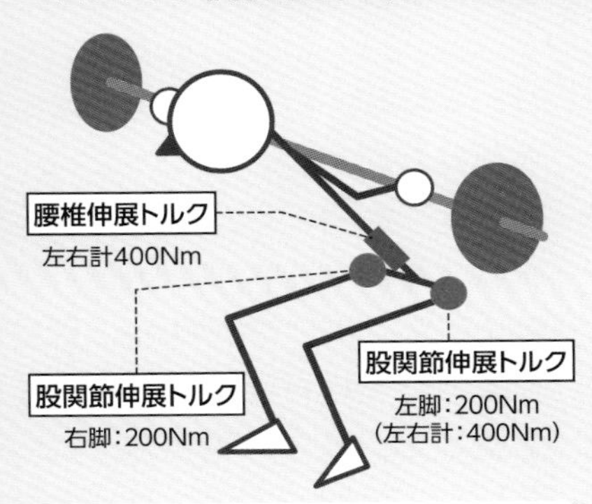

腰椎伸展トルク（左右計400Nm）
＝股関節伸展トルク（左右計400Nm）

股関節（左右計）と腰椎の伸展トルクは原則的に一致する。股関節伸展の負荷トルクは、腰椎伸展筋群が耐えられるレベルまでしかトルクを増やすことができない。股関節伸展トルクは左右計400Nmであるが、左右1脚あたりでは200Nmしか発揮しないため大殿筋への物理的負荷は小さくなる。

●体重80kgの人が荷重60kg（30kg×2）でブルガリアンスクワット（→P.172）（片脚種目）を行った場合

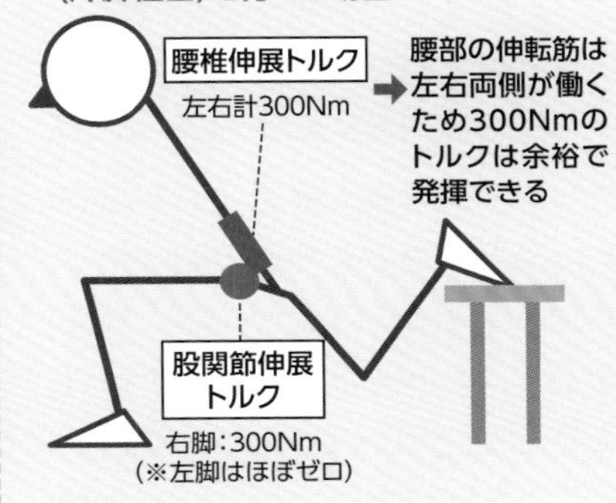

腰椎伸展トルク（左右計300Nm）
＝股関節伸展トルク（右脚のみ：300Nm）

片脚種目では腰椎伸展筋に余裕があるため、腰椎伸展トルクを両脚種目の半分よりも大きくすることができる（例：300Nm）。股関節伸展トルクは左右計300Nmとなるが、片側の脚だけでトルクを発揮するため、左右1脚あたりだと両脚スクワット（200Nm）より大殿筋への物理的負荷は大きくなる。

両脚種目と片脚種目の股関節伸展トルク比較

8人の被験者に対して、
それぞれ10RMの重量を用いて
スクワット（両脚種目）と
ブルガリアンスクワット（片脚種目）
を同じ動作テンポで実施させた。
●スクワットの平均使用重量：95.0kg
●ブルガリアンスクワットの
平均使用重量（左右計）：49.7kg

8人の被験者がそれぞれ両脚スクワットと片脚スクワット（ブルガリアンスクワット）を行った著者らの実験では、使用重量が約半分の片脚スクワットのほうが高い股関節伸展トルクを発揮した。

※同じ相対的負荷（10RM）を用いた場合の比較

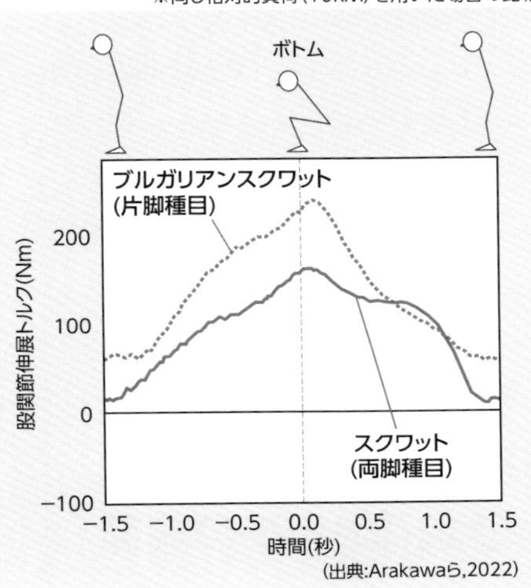

（出典：Arakawaら,2022）

第1章 筋トレの方法と種目の分類

追い込みテクニック

筋トレでは限界まで反復してから、さらに追加レップで追い込むことが重要となる。

フォーストレップで追い込む

筋トレで効率良く筋肥大効果を得るためには、限界まで反復してすべての力を出し切ることが基本となる（→P.20）。しかし、10RMなど適度な負荷重量を用いて実施する場合、限界となる回数まで反復してバーベルやダンベルが挙げられなくなっても、実際にはスティッキング領域を通過できなくなっただけで、筋肉にはまだ余力が残っている場合がある。筋トレにはこのような余力を出し切るための方法がいくつかある。

限界まで反復した後に何らかの補助を加えてレップ（回数）を追加することを「フォーストレップ」という。フォーストレップは補助者のサポートで行うことが多いが、種目によっては一人でも可能となる。

本書で紹介している筋トレ種目には、それぞれ「刺激評価」とともに、各種目の“フォーストレップのやりやすさ”を評価した「種目評価」も掲載。「負荷トルクの調節」「煽りチーティング」「セルフ補助」の３項目で、それぞれ実施可能な種目を「可」、実施できない、または実施しにくい種目を「不可」と評価している。
（※「負荷トルクの調節」については次ページのP.50～51で解説）

有効な追い込みテクニック
❶煽りチーティング
❷セルフ補助
❸負荷トルクの調節

方法❶：煽(あお)りチーティング

フォーストレップを一人で実施する方法として、多くの種目に応用できるのが「煽(あお)りチーティング」である。やり方は簡単であり、股関節や脊柱を伸ばして上体を煽ったり（振ったり）、膝を曲げ伸ばししたり、腕や脚を振ったり、主要動作に関わらない部位の動きで生み出した反動を使って挙上するテクニックである。

本来、チーティングには反則やズルといった意味であり、むやみにチーティングを使うのはターゲットの筋肉に十分なストレス（刺激）を与えられなくなるのでNG。実際、筋トレ初心者などは無意識に煽りチーティングを行っている場合も多い。筋トレの基本はあくまで反動を使わないフォームとなるが、限界まで反復した後に、あえて"反動"を補助として用いるのであれば、筋肉を追い込む効果的なテクニックとなる。

方法❷：セルフ補助

種目によっては、セルフで挙上動作を補助するテクニックも有効となる。特にレッグプレスやマシンアダクションといった脚のマシン種目では両手が使えるため、手で膝を押すセルフ補助が可能。片手で行う種目でも空いている手で補助ができる。ほかにも片脚で行う種目であれば、限界が来たら両脚をついて行うフォームに切り替えてフォーストレップを実施する方法もある。

方法❸：負荷トルクの調節

P.48～49で解説したフォーストレップ方法「❶煽りチーティング」と「❷セルフ補助」のテクニックについては、一般的に割と知られており、意識して実際に使っている中・上級者もジムなどでよく見かける。

一方、バイオメカニクスの基礎的な知識と理屈を必要とする「❸負荷トルクの調節」を使っている人はほぼ見かけることがない。このテクニックは簡単なフォーム変更で負荷トルクを増減することができる。

種目ごとに❶～❸のフォーストレップ方法を使い分けて余力を出し切り、筋肉を限界まで追い込もう。

フォームを変えてトルクを増減

一人でフォーストレップが実施できる「負荷トルクの調節」は、種目によっていくつかのパターンがある。筋トレの各種目には基本となるフォームがあり、正しいフォームで行うことによってターゲットの筋肉の発達を促進させる適切なストレス（刺激）が得られる。限界まで反復して挙がらなくなった場合は、挙上フォームを意識的に変え、負荷トルクを軽減してフォーストレップを行うという工夫が有効となる。

腹筋系の自重種目などで有効なフォーム変更が「負荷の移動」である。たとえばシットアップでは、腕の重

方法❸：フォーム変更による負荷トルクの調節テクニック

フォームのアレンジによる負荷トルクの調節には多関節種目だけでなく、単関節種目や重りを持たない自重種目でも活用できるテクニックがある。

❶負荷の位置を移動させて負荷トルクを軽減

シットアップでは、後頭部で手を組む(または後頭部でプレートを抱える)フォームで限界まで反復したら、胸の前で手を組み(またはプレートを抱え)、支点(動作軸)の脊柱に近づけると、負荷トルクが軽減されるため追加レップで残りの力を絞り出せる。

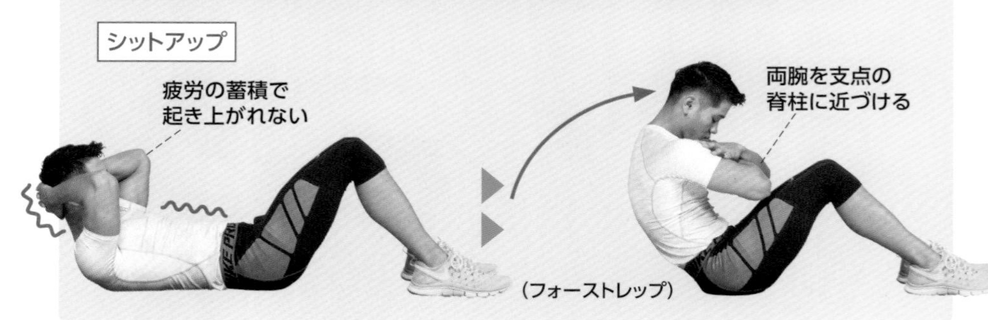

さが負荷となっているため、手を組む位置によって腹直筋にかかる負荷トルクは少し増減する（→下図）。

レイズ系種目などで有効なフォーム変更が「モーメントアームの短縮」である。たとえばダンベルフロントレイズでは、肘を曲げた挙上フォームにすると、負荷トルクの大きさを左右するモーメントアーム（→P.22～23参照）が短くなるため、ターゲットの三角筋にかかる負担が小さくなって挙上が楽になる（→上図）。

プレス系やフライ系の種目では、肘の屈曲角度により肩関節と肘関節への「負荷トルクの分配」が変わる（→P.38）。ダンベルフライで上がらなくなったときは、肘の屈曲角度を大きくしてプレス気味のフォームで上げると、肘関節伸展の負荷トルクが少し増加する代わりに、肩関節水平内転の負荷トルクが軽減して上がりやすくなる。（→下図）。

❷モーメントアームを短くして負荷トルクを軽減

ダンベルフロントレイズ

ダンベルフロントレイズでは限界まで反復したら、肘を曲げて支点の肩関節と負荷であるダンベルの距離（モーメントアーム）を短くすることで負荷トルクが軽減されるため、追加レップで残りの力を絞り出すことができる。

❸単関節の挙上動作を多関節にして負荷トルクを分配（→P.38）

ダンベルフライは、肘を伸ばしたまま肩関節を水平内転する胸の単関節種目であるが、限界まで反復したら、肘を曲げモーメントアームを短くすると負荷トルクが軽減される。挙上動作は肩関節水平内転に肘関節の伸展動作が加わった多関節種目の動きになる。

ダンベルフライ

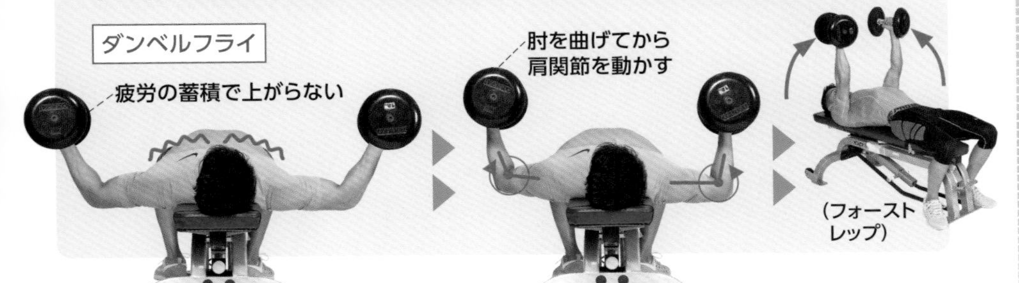

加える力の水平成分を使う

筋トレでは挙上動作の方向が垂直だとしても、加える力は斜め方向の場合がある。

バーベルは垂直に押すとは限らない

一般的に筋トレでは重力の作用方向と反対の方向、すなわち真上（垂直）方向に力を加えると思われがちであるが、実際のところ、バーベル種目には必ずしも当てはまらない。

たとえばワイドグリップのベンチプレス（図❶）では、頭上から見たバーベルの動き自体は当然ながら垂直方向であるのに対し、手がバーを押す力は斜め外側方向となり、垂直成分だけでなく水平成分の力も生じていることがこれまでの研究で明らかにされている（Duffeyら, 2011）。

また、本書の著者の研究グループによるデータで、ナローグリップのベンチプレスでは斜め内側方向への力を加えることがわかっている（谷本と荒川、※未発表データ）。

このようにバーベル種目でバーを押す際に水平成分の力が生じるのは、手でバーを握り込むことによる摩擦の力が働くためである。

一方、ダンベル種目では垂直に力を加えることしかできないため、このような水平成分の力が生じる原理は当てはまらない（図❷）。

垂直方向だけではない押す（引く）動き

図❶:ワイドの一般的なベンチプレス
バーを斜め外側方向へ押す力を加える

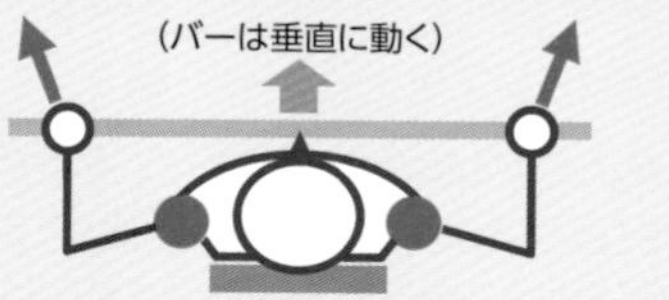

図❷:ダンベルプレス
ダンベルを垂直に押す

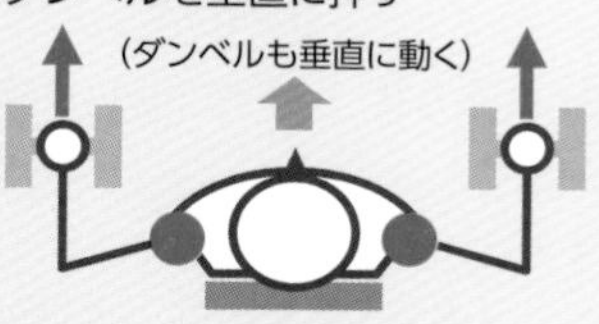

図❸:あえて内向きに押すベンチプレス
左右の手を閉じようと斜め内側へ力を加える

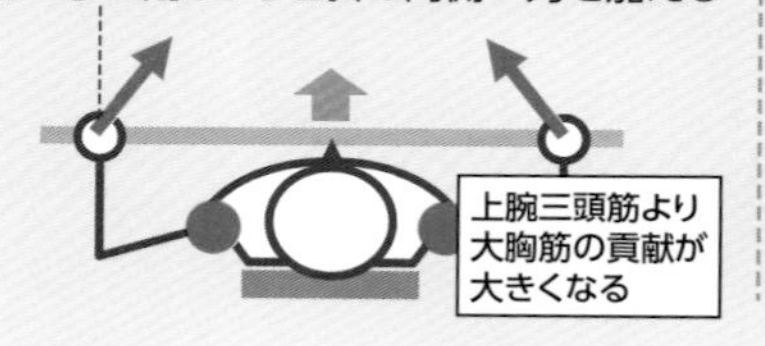

図❹:あえて外向きに引くラットプルダウン
左右の手を広げようと斜め外側へ力を加える

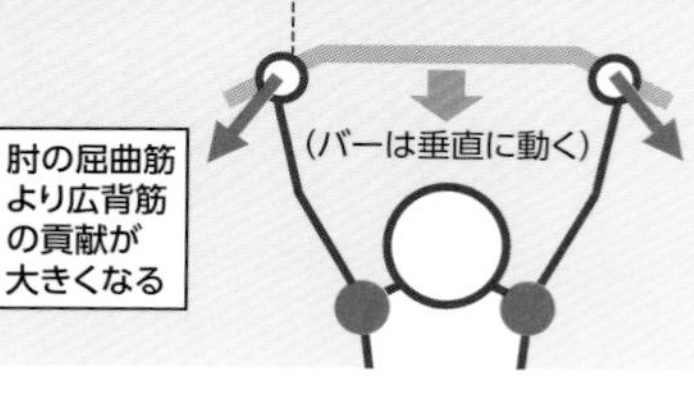

押す方向を変えて刺激を強める

押す力の水平成分は、筋トレでターゲットの筋肉に強い刺激を与えるために活用できる。ベンチプレスでは、バーを挙上する際に手幅を狭めようとする方向（肩関節水平内転方向）に力を加えることで、上腕三頭筋よりも大胸筋の貢献を増やすことができる（図❸）。さらに、腕が伸びたトップ付近でも内側方向への力を加え続けることで、動作を通して大胸筋への負荷トルクが抜けないまま反復することが可能となる。

同様の工夫が背中の筋トレでも応用可能である。ラットプルダウンやチンアップでは、ベンチプレスとは反対に手幅を広げようとする方向に力を加えることで、肘関節屈曲筋よりも広背筋・大円筋の貢献を大きくすることができる（図❹）。背中の種目でどうしても腕ばかり使ってしまう人は意識して行ってみるとよい。

さらに、アップライトロー系種目でも同様の原理が当てはまる。アップライトローをダンベルで行う場合、重りを引き上げる力は必ず垂直方向になる。一方、バーベルなどを用いて行う場合、両手をお互いに外側方向へ引き合う力（肩関節外転方向）を加えながら上げることが可能である。このように力を加えることで、肘関節屈曲筋よりも三角筋の貢献を増やすことができるうえ、ボトム付近でも肩関節の負荷トルクが抜けなくなる。さらに、反作用の力で肩の関節構造が安定し、肩を痛めにくくなるといったメリットもある。

なお、横方向への力を加えながらアップライトローを行う場合、穴あきプレートを用いて行うとバーベルで行うよりも外側方向へ引きやすい。

横引きアップライトローはプレートで水平成分プラス

ダンベルは垂直方向にしか力を加えられないが、バーベルや穴のあいたバーベルプレートを用いて行うと外側方向に引く動きが追加できる(→P.77)。

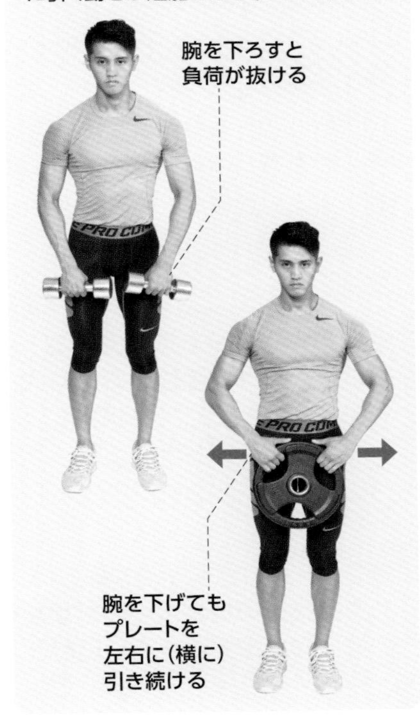

筋トレ種別①

フリーウエイト（バーベル）

バーベルトレーニングは正しく行えば、初心者や女性でも安全に取り入れられる。

高重量を扱えるトレーニング

筋トレの主軸となる「フリーウエイトトレーニング」は、バーベル種目とダンベル種目に分類される。

バーベルトレーニングにはいくつかの長所がある。ダンベルとは違って斜め方向に力を加えることができる（→P.52～53）ため、特定のターゲット筋に対する負荷トルクを増やすことができる。さらに、トップやボトムで負荷トルクが抜けないように挙上することも可能である。

胸や肩のプレス系種目では、ダンベルよりもバーベルを用いたほうが負荷トルクの推移がやや伸張位側へ移り、伸張位での刺激を増やせる。

バーベル種目はダンベル種目と同様に筋発達の促進に重要とされるエキセントリック収縮局面の負荷が低減しないという利点もある。

短所となるのは、挙上する軌道を自分でコントロールする必要があるためフォームの習得がやや難しい点。限界まで追い込む際に危険をともなう場合がある。セットトレーニングでセットごとに使用重量を下げていくドロップセット法（ディセンディングセット法）などを行う場合には、プレートの着脱に少し手間がかかってしまう点も短所となる。

主な長所

- 力の水平成分を活用できる
- プレス系は伸張位の刺激が大
- エキセントリック収縮局面の負荷が低減しない

主な短所

- フォームの習得がやや難しい
- 負荷重量の増減に手間がかかる
- 高重量で限界まで追い込むと危険がともなう（※種目による）

パワーラックで行えば高重量を扱っても比較的安全に追い込める。

適切なフォームで行えば初心者でも効果的なトレーニングができる。

筋トレ種別②

フリーウエイト（ダンベル）

ダンベルを使ったレーニングには、バーベルトレーニングにはない利点がある。

無理のないフォームで挙上できる

ダンベルを使用するトレーニングは、同じフリーウエイトのバーベルトレーニングと共通点もたくさんあるが、いくつか異なる点もある。

ダンベルトレーニングは、バーベルトレーニングと同様に、筋発達において重要となるエキセントリック収縮局面で負荷が低減しない。

最大の利点は、バーベル種目よりも可動域を目いっぱい広くとれること。さらに、両手で握ってグリップが固定されるバーベルと違って、ダンベルでは左右の手幅や手首の角度を自由に変えられるため、無理のないフォームで挙上できることから怪我のリスクが軽減されるのも大きな長所。また、場所を取らない器具であるため、ダンベルを購入すれば自宅でもトレーニングが実施できる。

ジムであれば1～2kg単位で重さの異なるダンベルを揃えているため、セットごとに使用重量を下げていくトレーニングも実施しやすい。

短所としては、ダンベルトレーニングではバーベルを使って行うよりも軌道が不安定になってバランスを維持しにくいため、フォームの習得がバーベル種目以上に難しくなるという点が挙げられる。

主な長所

- 可動域をフルに広くとれる
- 自由度が高くケガをしにくい
- 自宅でも実施できる

主な短所

- フォームの習得が難しい
- 挙上できる重量がバーベルより軽くなる

種目によってはダンベルを手放すフォーストレップも実施できる。

プレートの着脱がワンタッチでできるダンベルも登場している（下）。

筋トレ種別③

マシントレーニング

マシンで行うトレーニングには初心者でも安全に実施できるメリットがある。

マシンの構造で挙上軌道が安定

マシンを使った「マシントレーニング」は、バーベルトレーニングと同レベルの高重量を扱うことが可能でありながら、安全に限界まで追い込めるのが最大の特徴である。

マシンの構造によりバーを押し引きする挙上動作の軌道が決まっているため、ターゲットの筋肉にストレス（刺激）を与えるためのフォーム習得が容易である点も長所となる。

さらに、ほとんどのマシンはピンを差し替えるだけで簡単に負荷重量が変更できるウエイトスタック式を採用しているため、セットごとに使用重量を下げていくドロップセット法（ディセンディングセット法）のようなトレーニングも手間なくスムーズに実施することが可能となる。

短所としては、挙上動作の軌道が安定する反面、マシンの負荷を伝えるベルトに摩擦が生じる影響で、重り（プレート）を下ろすエキセントリック収縮局面の負荷が低減する点が挙げられる。マシンによって摩擦の影響の大きさはやや異なるが、バーベルやダンベルのトレーニングに比べて筋肥大を誘発する筋線維の微細な損傷も起こりにくいといえる。

主な長所

- フォームの習得が容易
- 安全に限界まで追い込める
- 負荷重量の増減がしやすい

主な短所

- 部位ごとに使うマシンを変えなければならない
- エキセントリック収縮局面の負荷が摩擦で低減する

水平に押し引きするマシンでは可動域内で一定の負荷トルクをかけ続けられる。

ボトムのスタートポジションからしっかり負荷がかかるようにバーやイスの位置をセットすることが重要となる。

筋トレ種別④

ケーブルトレーニング

ケーブルを引くマシンにはバーを押し引きするマシンとは異なる特徴がある。

挙上動作の自由度が高い

ケーブルを引くマシンで行う「ケーブルトレーニング」は、マシントレーニングの種目の中でも、軌道の自由度が高いという利点がある。

負荷重量の変更が簡単なウエイトスタック式であり、安全に限界まで追い込める特徴はほかのマシンと共通。ただし、ケーブルマシンで行う種目は挙上動作の軌道が自由な分だけフォームの習得は難しくなる。

通常のケーブルマシンは、ケーブルの起点の位置を変えることによって重力の作用方向にとらわれず、あらゆる方向の動きに負荷をかけて鍛えることが可能となる。そのためフリーウエイトトレーニングや自重トレーニングなどでは鍛えにくい筋肉や部位にも負荷をかけることができる。挙上動作の途中で肘を曲げるなど、負荷トルクの調節によるフォーストレップもやりやすいという利点もある。さらに、同一部位を鍛えるほかの種目と比べて、ケーブルによる力の加わり方が異なり、負荷トルクの推移が短縮位側もしくは伸張位側へシフトする場合がある。

ほかのマシンと同様にケーブルへの摩擦の影響で重り（プレート）を下ろすエキセントリック収縮局面の負荷が低減する点は短所となる。

主な長所

- 負荷が抜けにくい
- 重力の方向にとらわれない
- 負荷トルクの推移がシフトする

主な短所

- フォームの習得がやや難しい
- エキセントリック収縮局面の負荷が摩擦で低減する

ラットプルダウンもケーブルマシンの一種である。

ボトムのスタートポジションからしっかり負荷をかけることが重要となる。

筋トレ種別⑤

自重トレーニング

自分の体重を負荷にして行う自重トレーニングは自宅でも手軽に実施できる。

手軽で安全なトレーニング

腕立て伏せや腹筋など、自分の体重を負荷にして行う「自重トレーニング」は器具を必要とせず、自宅でも手軽に実施できるのが最大の利点。

さらに、バーベルやダンベルを落としたりする心配もないため、初心者でも安全に限界まで追い込める。

短所は、器具やマシンを使ったトレーニングとは異なり、負荷の大きさを増減することが難しいこと。筋力の弱い人には自重の負荷が重すぎる場合もあり、筋力の強い人にとっては自重の負荷では軽すぎて効果的なトレーニングができないということもある。10RMレベルの負荷が設定できない場合は、相対的な負荷を大きくする工夫が必要となる。

本書では、両脚で行う種目を片脚で行ったり、ダンベルやバーベルプレートを抱えて負荷を足したりする方法も紹介している。負荷を足しても30回以上反復できるようであれば、筋肥大効果を得るには非効率となるため、器具を使った高負荷のトレーニングに切り替えたほうがよい。

鉄棒や懸垂マシンのように両手でぶら下がれる器具がなければ、プル系の種目を行うことは難しく、背中の広背筋や僧帽筋を鍛えにくいのも自重トレーニングの短所といえる。

主な長所

- 器具を使わず実施できる
- 安全に限界まで追い込める

主な短所

- 負荷の増減が難しい
- 鍛えにくい部位がある
- 大筋群が対象の場合は10RMに設定しにくい

プッシュアップバーなど器具を用いることで可動域や有効負荷範囲が広くなる種目もある。

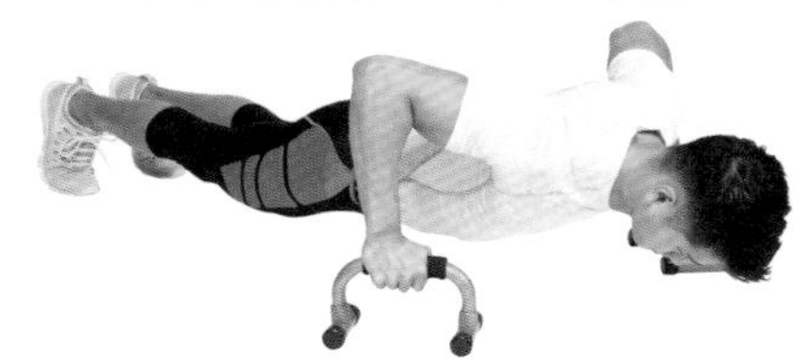

一般的には両脚で行う種目でも、片脚ずつ行うことで1脚あたりの負荷を高められる。

第2章

肩と胸の筋肉を鍛える

肩を覆う三角筋、胸板を形成する大胸筋がターゲットの種目を解説。各種目の「負荷トルク図」や「刺激評価」「種目評価」の内容から、異なる筋肥大誘発ストレスが得られる種目を組み合わせることで、トレーニング効果が複合的に高まり、筋肉の成長・発達が促進される。

（※「刺激評価」の4項目は「肩関節屈曲種目」「肩関節外転種目」など主要動作が同じ種目だけをそれぞれ比較した場合の相対評価）
（※「種目評価」の「運動ボリューム」は全種目共通の絶対評価）

本書における負荷トルク曲線は、筋トレの各種目の挙上動作を、
❶一般的な姿勢・フォームで、❷加速度（勢いの急な増減）を最小限に行った場合の推定である。
ただし、❶に関しては、筋トレ実施時の姿勢・フォームが変われば、最大負荷トルクが増減したり、負荷トルクの推移が伸張位側もしくは短縮位側にシフトしたり、上に凸のカーブが平坦になったり、逆にカーブが尖ったり、といった影響を受ける。
❷に関しても、顕著な加減速をともなう筋トレ動作の場合には、加速度の影響が大きくなるため、負荷トルクが急に大きくなったり、逆に急に抜けたりする。
今回の評価はあくまで、一般的な姿勢・フォームで勢いをつけずに行った場合に、筋トレ動作の各ポジションにおける幾何学的フォームから静力学的に推定される負荷トルク曲線である。

三角筋の鍛え方

肩関節の屈曲・伸展・
外転・水平外転筋

三角筋

肩を覆うようについている体積の大きい筋肉。部位によって働きが異なる。前部(鎖骨部)は主に肩関節の屈曲に、中部(肩峰部)は主に外転に、後部(肩甲棘部)は主に伸展・水平外転に働く。そのため、三角筋は前・中・後部をそれぞれ別の種目で鍛えるのが基本となる。

起始

❶鎖骨部：
鎖骨の外側1/3の前縁
❷肩峰部：肩甲骨の肩峰
❸肩甲棘部：
肩甲骨の肩甲棘の下縁

上腕骨の三角筋粗面

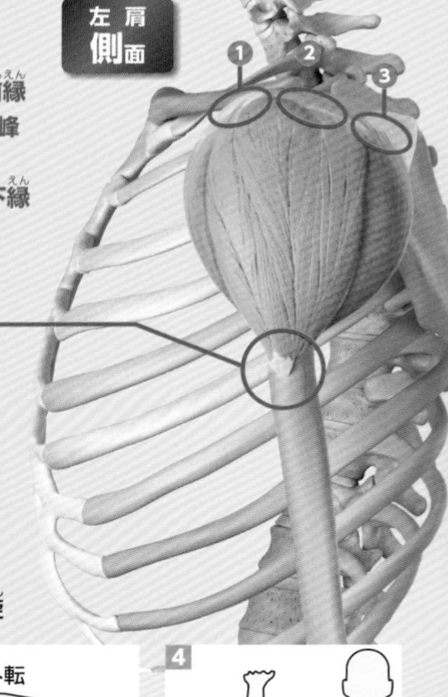

主な働き

❶ 鎖骨部(前部)：2 肩関節の屈曲・3 水平内転・4 内旋
❷ 肩峰部(中部)：1 肩関節の外転
❸ 肩甲棘部(後部)：2 肩関節の伸展・3 水平外転・4 外旋

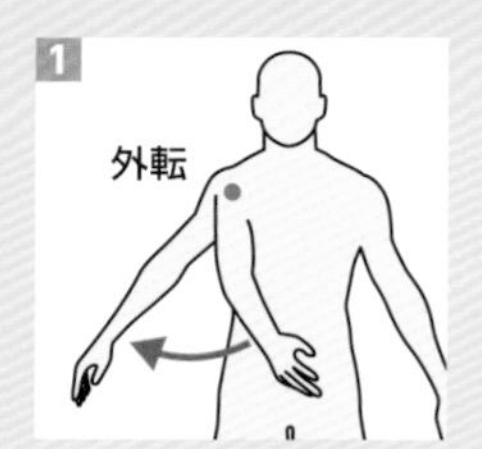

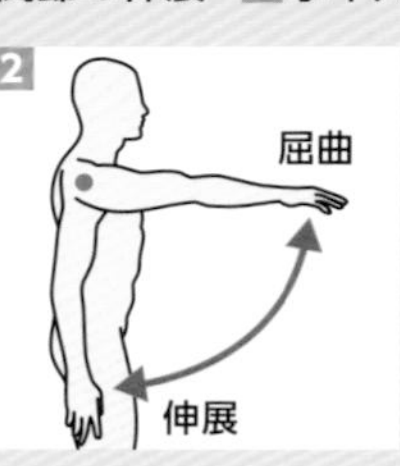

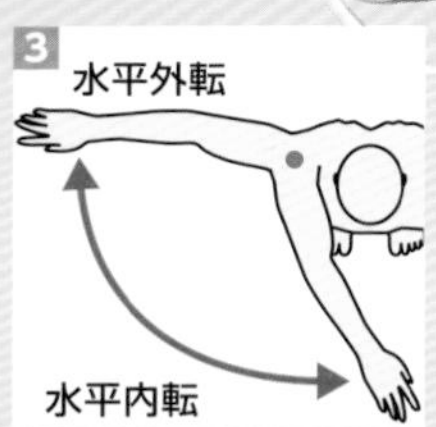

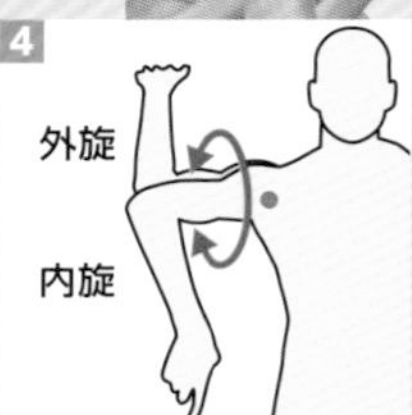

三角筋の前部・中部・後部をそれぞれ異なる動きの種目で鍛える

前部はフロントレイズ系などの肩関節屈曲種目、中部はサイドレイズ系やショルダープレス系、アップライトロー系の肩関節外転種目、後部はリアレイズ系などの肩関節水平外転種目で鍛える。後部はほかにもローイング系の肩関節伸展種目で背中の広背筋と一緒に鍛えることもできる。

前部：肩関節屈曲種目
(→P.64～67)

中部：肩関節外転種目
(→P.72～81)

後部：肩関節水平外転種目
(→P.84～87)

三角筋前部の働き 肩関節 屈曲（＋肩甲骨後傾）

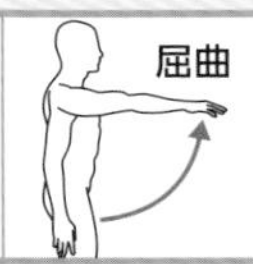

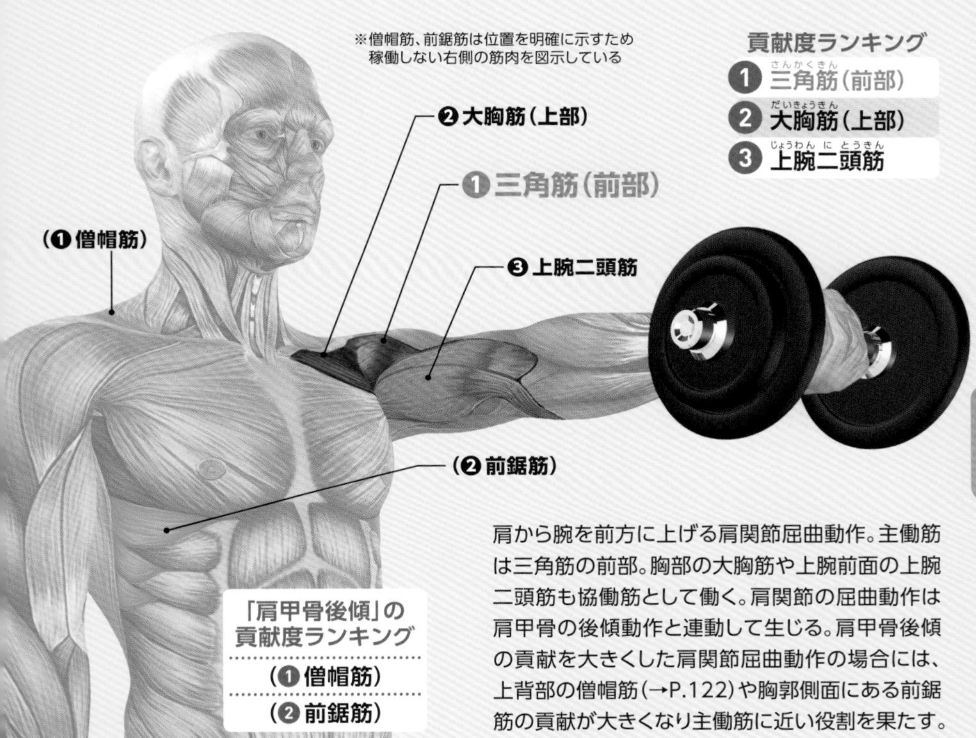

貢献度ランキング

1. 三角筋（前部）
2. 大胸筋（上部）
3. 上腕二頭筋

「肩甲骨後傾」の貢献度ランキング

（❶ 僧帽筋）
（❷ 前鋸筋）

肩から腕を前方に上げる肩関節屈曲動作。主働筋は三角筋の前部。胸部の大胸筋や上腕前面の上腕二頭筋も協働筋として働く。肩関節の屈曲動作は肩甲骨の後傾動作と連動して生じる。肩甲骨後傾の貢献を大きくした肩関節屈曲動作の場合には、上背部の僧帽筋（→P.122）や胸郭側面にある前鋸筋の貢献が大きくなり主働筋に近い役割を果たす。

肩関節屈曲の筋力トルク

Garner and Pandy (2001)、Dehail et al. (2008)より改変

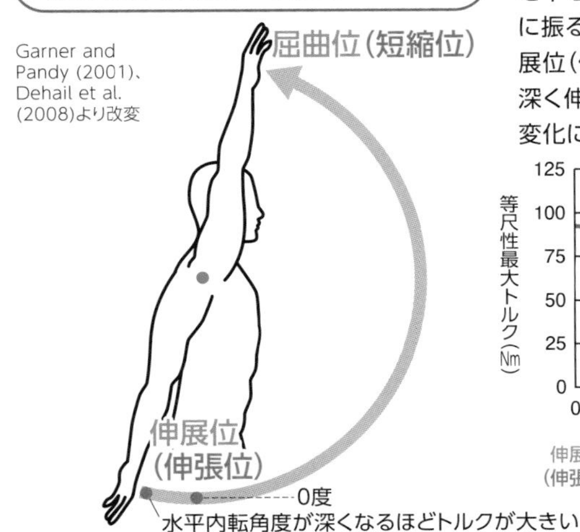

肩関節の屈曲動作について、本書では立位で腕を下ろした状態を0度と定義。そこから腕を前方に振るほど屈曲位（短縮位）に、後方に振るほど伸展位（伸張位）になる。肩関節屈曲の筋力トルクは深く伸展するほど大きくなる。ただし関節角度の変化にともなう筋力トルクの変化は小さい。

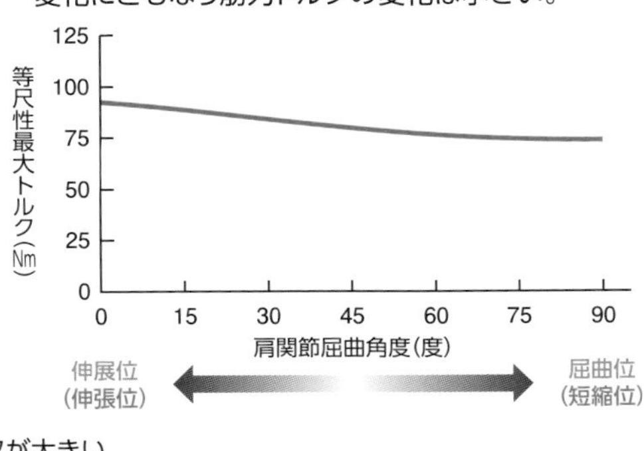

▶▶肩関節屈曲種目（主働筋：三角筋前部）の負荷トルク図

●ダンベルフロントレイズ（→P.64）

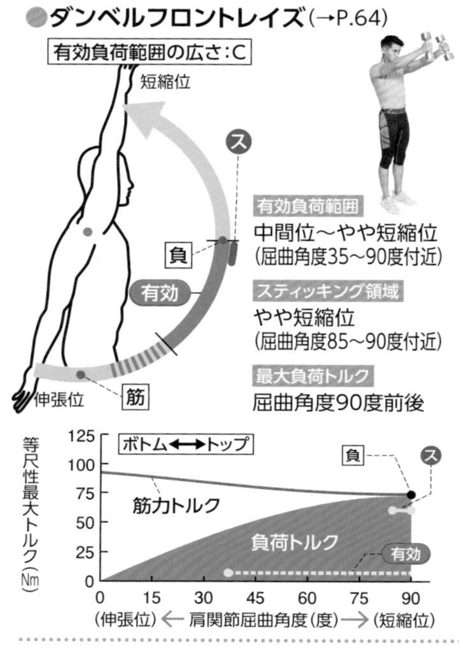

●肘曲げプレートフロントレイズ（→P.64）

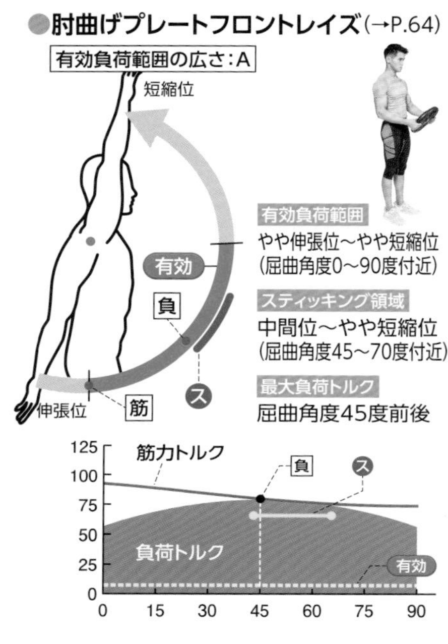

●インクラインフロントレイズ（→P.65）

有効負荷範囲の広さ：A

短縮位

伸張位

有効　負　ス　筋

有効負荷範囲
伸張位～やや短縮位
（屈曲角度−5～90度付近）

スティッキング領域
中間位～やや短縮位
（屈曲角度45～65度付近）

最大負荷トルク
屈曲角度45度前後

125 / 100 / 75 / 50 / 25 / 0
筋力トルク
負荷トルク
0 15 30 45 60 75 90

●ライイングフロントレイズ（→P.65）

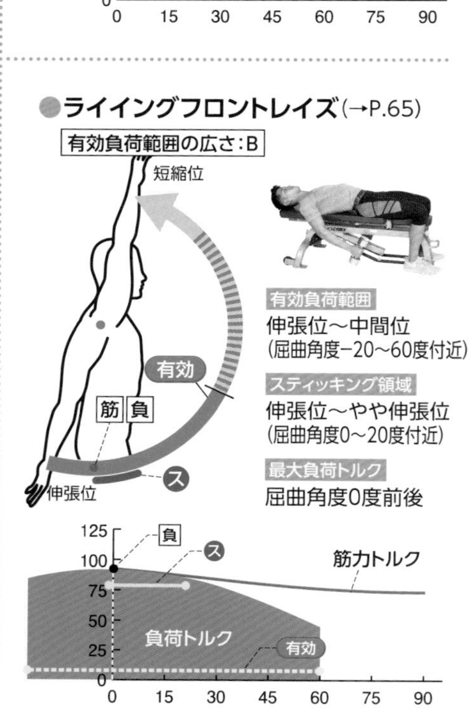

●ケーブルフロントレイズ（→P.66）

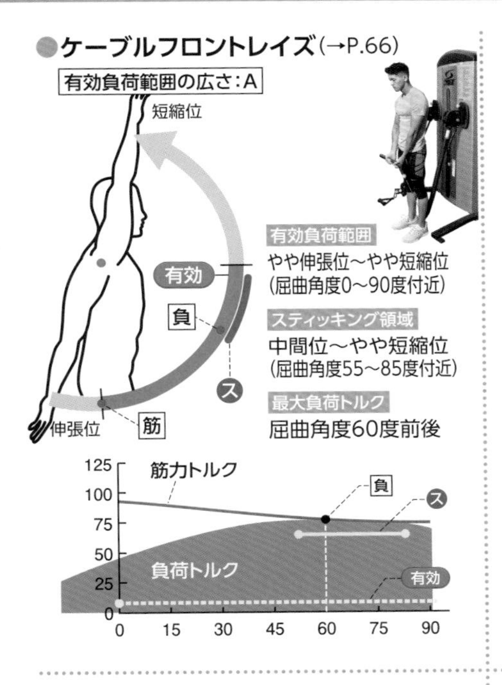

●肘曲げケーブルフロントレイズ（→P.66）

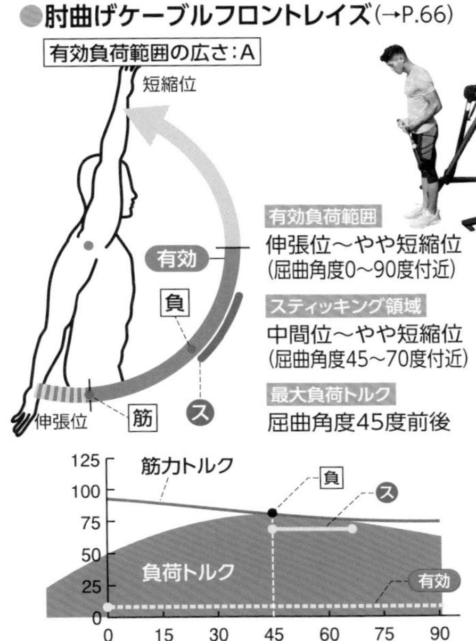

●ナロープッシュアップ（→P.67）

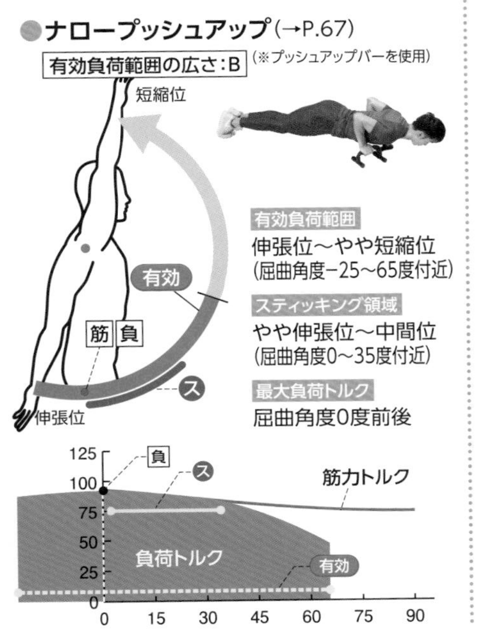

●リバースベンチプレス（→P.67）

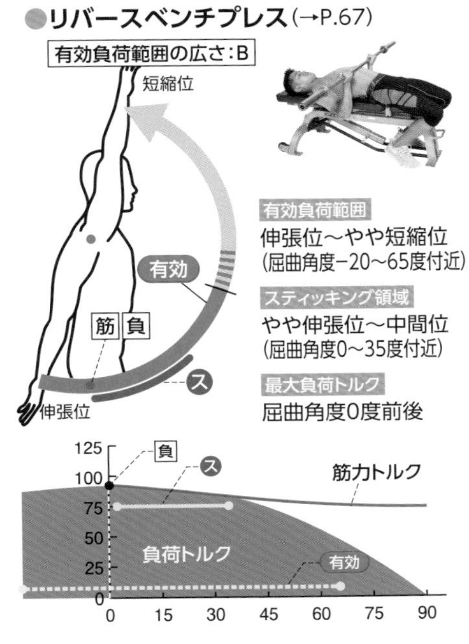

メイン 三角筋（前部）、僧帽筋（下部） サブ 三角筋（中部）、前鋸筋（下部）

ダンベルフロントレイズ

主要動作 肩関節屈曲+肩甲骨後傾

●刺激評価

負荷トルクの最大値	中
スティッキング領域	狭い
伸張位の負荷トルク	弱
負荷トルクの抜け	抜け大

●種目評価

運動ボリューム	やや小
負荷トルクの調節	可
煽りチーティング	可
セルフ補助	不可

短縮位で肩関節屈曲動作に負荷をかける基本種目

基本となる肩関節屈曲種目。三角筋前部と一緒に僧帽筋の下部も鍛えられる。腕を下ろすボトムで負荷が抜けるため有効負荷範囲、スティッキング領域がともに狭く、伸張位の負荷トルクも弱いが、フォーストレップがやりやすく限界まで追い込める長所もある。

1
親指を上に向けてダンベルを持ち、腕を伸ばしたまま下ろす。負荷が抜けるため、真下までは下ろさない。

2
腕を伸ばしたまま前方に振り上げてダンベルを上げる。腕の角度が水平より少し高くなるまで上げるのが目安。

追い込みテク

負荷トルクの調節

限界まで反復したら肘を曲げ負荷トルクを下げてフォーストレップ。フロントレイズ系種目全般で使える方法。

メイン 三角筋（前部）、僧帽筋（下部） サブ 三角筋（中部）、前鋸筋（下部）、上腕二頭筋

肘曲げプレートフロントレイズ

主要動作 肩関節屈曲+肩甲骨後傾

●刺激評価

負荷トルクの最大値	大
スティッキング領域	広い
伸張位の負荷トルク	中
負荷トルクの抜け	抜け中

●種目評価

運動ボリューム	やや小
負荷トルクの調節	可
煽りチーティング	可
セルフ補助	不可

最大レベルの力を発揮できるフロントレイズ

肘を曲げて行うプレートフロントレイズ。肘を曲げることにより負荷トルクの最大値が大きくなりスティッキング領域も広くなる。腕を下ろしたボトムでの伸張位の負荷トルクも少し強くなる。

1 ボトム

両手でプレートの穴を握って、肘を少し曲げる。腕を下ろしても負荷が抜けにくくなる。穴のないプレートで行う場合は落とさないように注意。

2 トップ

肘を少し曲げたまま腕を前方に振りプレートを上げる。上腕部の角度が水平より少し高くなるまで上げるのが目安となる。

メイン 三角筋（前部）、僧帽筋（下部） サブ 三角筋（中部）、前鋸筋（下部）

インクラインフロントレイズ

主要動作 肩関節屈曲＋肩甲骨後傾

●刺激評価

負荷トルクの最大値	大
スティッキング領域	やや広
伸張位の負荷トルク	中
負荷トルクの抜け	抜け中

●種目評価

運動ボリューム	やや小
負荷トルクの調節	可
煽りチーティング	可
セルフ補助	不可

有効負荷範囲が伸張位に広がり強い力を発揮できる

背もたれの角度を45度にセットしたベンチで行うフロントレイズ。ボトムで腕が後方に振られて有効負荷範囲が伸張位側に広がる。負荷トルクの最大値が大きく、三角筋が最大レベルの力を出せる。負荷トルクの抜けも減るため、代謝的ストレスも得やすくなる。

1 ベンチに寝て、親指を上に向けてダンベルを持ち、腕を伸ばしたまま下ろしていく。腕が後方に振られ三角筋前部が伸ばされる。

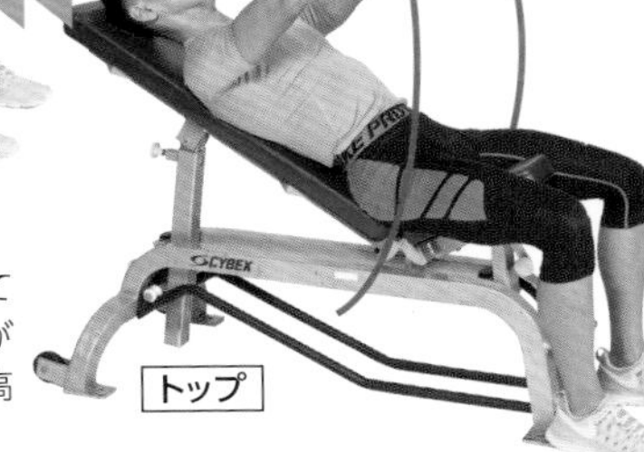

2 腕を伸ばしたまま前方に振ってダンベルを上げる。腕の角度が負荷の抜けない45度程度の高さになるまで上げるのが目安。

追い込みテク

限界まで反復したら肘を曲げて負荷トルクを下げ、フォーストレップで残りの力を出し切る。

メイン 三角筋（前部）、僧帽筋（下部） サブ 三角筋（中部）、前鋸筋（下部）

ライイングフロントレイズ

主要動作 肩関節屈曲＋肩甲骨後傾

●刺激評価

負荷トルクの最大値	大
スティッキング領域	やや広
伸張位の負荷トルク	強
負荷トルクの抜け	抜け大

●種目評価

運動ボリューム	やや小
負荷トルクの調節	可
煽りチーティング	可
セルフ補助	不可

筋損傷を引き起こす伸張位の負荷トルクが強い

ベンチに寝た体勢で行うフロントレイズ。立位で行うよりボトムで腕が大きく後方に振られ伸張位の負荷トルクが強くなる。負荷トルクの最大値も最大レベルになる。

1 ベンチに寝て親指を上に向けてダンベルを持ち、腕を伸ばしたまま下ろす。腕が後方に振られ三角筋前部が伸びる。

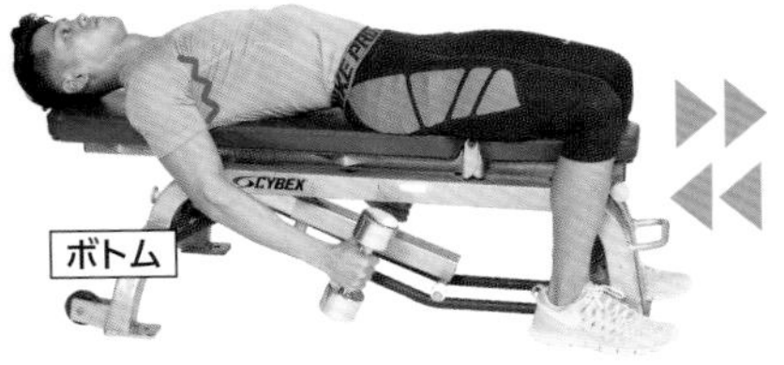

2 腕を伸ばしたままダンベルを上げる。腕は床にダンベルがつく手前の深さから腕の角度が30度程度の高さまで上げるのが目安。

メイン 三角筋（前部） サブ 僧帽筋（下部）、三角筋（中部）、前鋸筋（下部）

ケーブルフロントレイズ

主要動作 肩関節屈曲＋肩甲骨後傾

●刺激評価

項目	評価
負荷トルクの最大値	中
スティッキング領域	広い
伸張位の負荷トルク	中
負荷トルクの抜け	抜け小

●種目評価

項目	評価
運動ボリューム	やや小
負荷トルクの調節	可
煽りチーティング	可
セルフ補助	不可

ボトムの伸張位側で負荷トルクが抜けにくくなる

ケーブルマシンで実施するフロントレイズ。トップの短縮位側で負荷トルクは少し抜けるがボトムの伸張位側では抜けにくいため、立位で行うより代謝的ストレスを得やすい。スティッキング領域が広くなるためダンベルで行うより物理的ストレスも大きくなる。

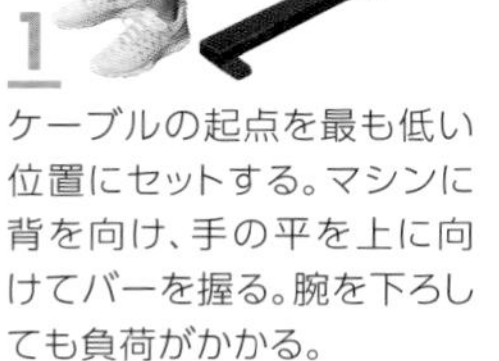

1 ケーブルの起点を最も低い位置にセットする。マシンに背を向け、手の平を上に向けてバーを握る。腕を下ろしても負荷がかかる。

2 腕を伸ばしたまま前方に振り上げてケーブルを引く。腕の角度が水平より少し高くなるまで上げるのが目安。

バリエーション

起点から離れる

ケーブルの起点から離れて立つと有効負荷範囲がさらに伸張位側に移動する。

メイン 三角筋（前部） サブ 僧帽筋（下部）、三角筋（中部）、前鋸筋（下部）、上腕二頭筋

肘曲げケーブルフロントレイズ

主要動作 肩関節屈曲＋肩甲骨後傾

●刺激評価

項目	評価
負荷トルクの最大値	大
スティッキング領域	広い
伸張位の負荷トルク	強
負荷トルクの抜け	抜け小

●種目評価

項目	評価
運動ボリューム	やや小
負荷トルクの調節	可
煽りチーティング	可
セルフ補助	不可

1種目で複数の筋肥大誘発ストレスが得られる

肘を曲げて行うケーブルフロントレイズ。腕を下げたボトムでの伸張位の負荷トルクが強くなる。刺激評価で減点項目がないため、物理的ストレス、代謝的ストレス、筋損傷のストレスが得られる。

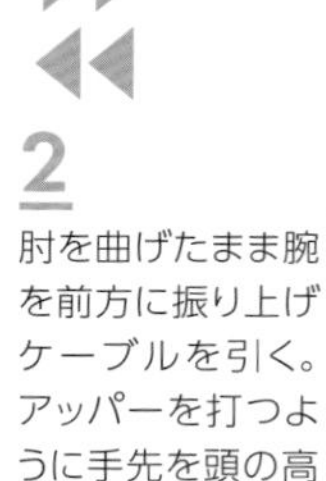

1 ケーブルの起点を最も低くセットし、肘を90度弱に曲げてバーを握る。

2 肘を曲げたまま腕を前方に振り上げケーブルを引く。アッパーを打つように手先を頭の高さまで上げていく。

メイン 三角筋(前部)、僧帽筋(下部)、前鋸筋(下部) サブ 大胸筋(上部)、上腕三頭筋

ナロープッシュアップ

主要動作 肩関節屈曲+肩甲骨後傾+肘関節伸展

●刺激評価

負荷トルクの最大値	大
スティッキング領域	広い
伸張位の負荷トルク	強
負荷トルクの抜け	抜け小

●種目評価

運動ボリューム	中
負荷トルクの調節	可
煽りチーティング	可
セルフ補助	不可

POINT 肩甲骨を寄せない

脇を締めたまま肩甲骨を寄せずに肘を曲げて上体を下ろす。

三角筋の前部を効果的に鍛えられる自重種目

狭い手幅で行うプッシュアップは肩関節屈曲の動きが主体となる。有効負荷範囲はやや狭いが刺激評価4項目で減点項目がないため、自重の種目でありながら複数の筋肥大誘発ストレスが得られる。上体を振り上げるチーティングや膝をつく負荷トルク調節が可能。

1 肩幅程度の手幅で手をつき腕立て伏せの体勢を作る。全身を一直線にする。

2 脇を締めたまま、肘を深く曲げて上体を沈める。肩と手先を近づけていく。ここから1に戻る。

メイン 三角筋(前部)、僧帽筋(下部) サブ 大胸筋(上部)、僧帽筋(下部)、前鋸筋、上腕三頭筋

リバースベンチプレス

主要動作 肩関節屈曲+肩甲骨後傾+肘関節伸展

●刺激評価

負荷トルクの最大値	大
スティッキング領域	広い
伸張位の負荷トルク	強
負荷トルクの抜け	抜け中

●種目評価

運動ボリューム	中
負荷トルクの調節	可
煽りチーティング	不可
セルフ補助	不可

三角筋前部が最大の力を発揮できるベンチプレス

バーを逆手で握るベンチプレス。負荷トルクの最大値が大きく、スティッキング領域も広いため「強い力発揮」の刺激が得られる。伸張位の負荷トルクも強いため、筋損傷のストレスも得やすい。バーを顔に落とさないようにラックやベンチプレス台で実施する。

2 肩から腕を前方に振ってバーを真上に挙上。肘が伸びきる手前まで挙げる。顔のほうに挙げるのは危険なのでNG。

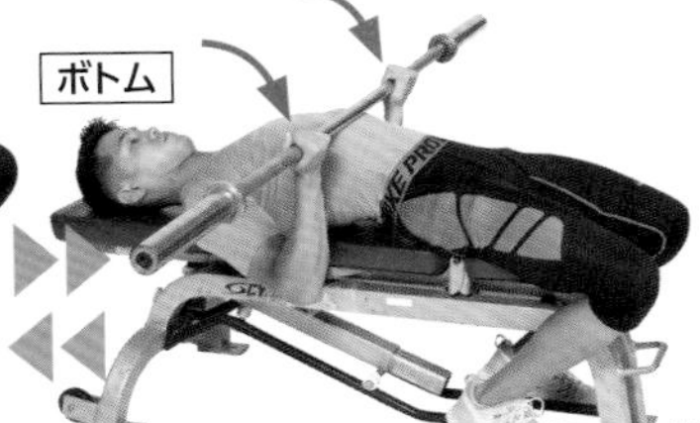

1 脇を締め逆手でバーを握る。ラックからバーを外し肘を引いてバーを下ろす。

三角筋中部の働き

肩関節 外転

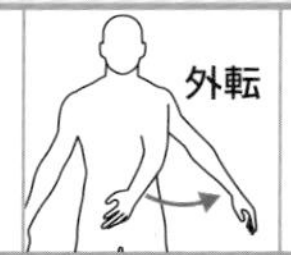

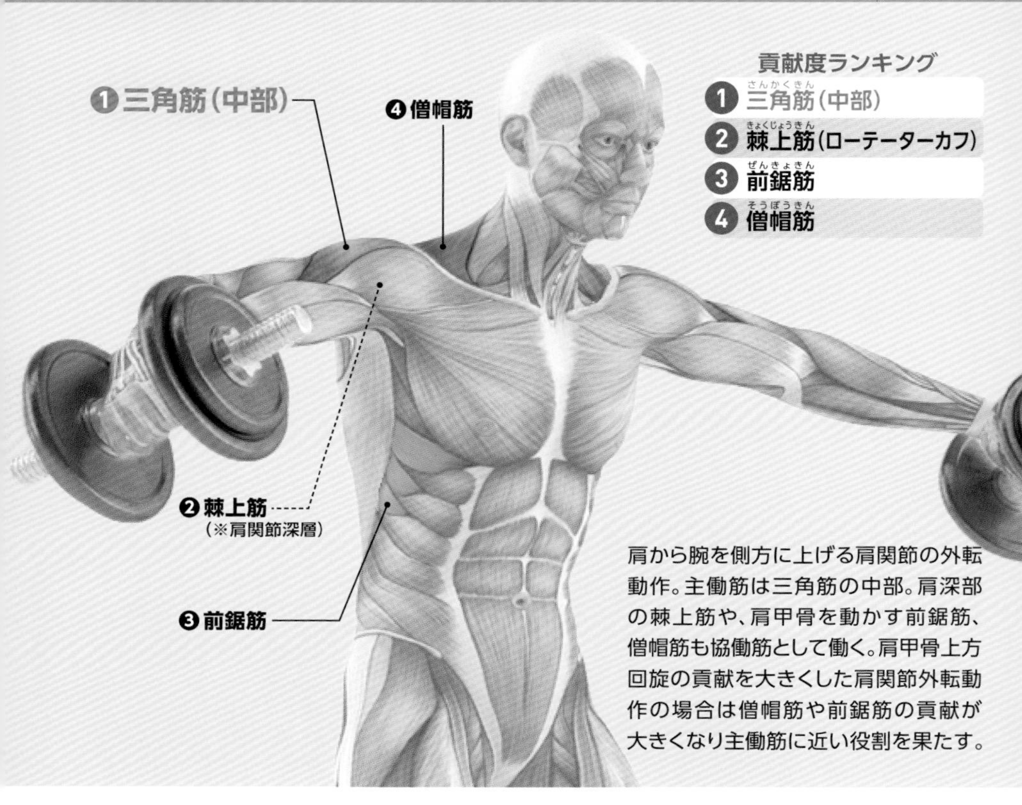

貢献度ランキング

1. 三角筋（中部）
2. 棘上筋（ローテーターカフ）
3. 前鋸筋
4. 僧帽筋

肩から腕を側方に上げる肩関節の外転動作。主働筋は三角筋の中部。肩深部の棘上筋や、肩甲骨を動かす前鋸筋、僧帽筋も協働筋として働く。肩甲骨上方回旋の貢献を大きくした肩関節外転動作の場合は僧帽筋や前鋸筋の貢献が大きくなり主働筋に近い役割を果たす。

肩関節外転の筋力トルク

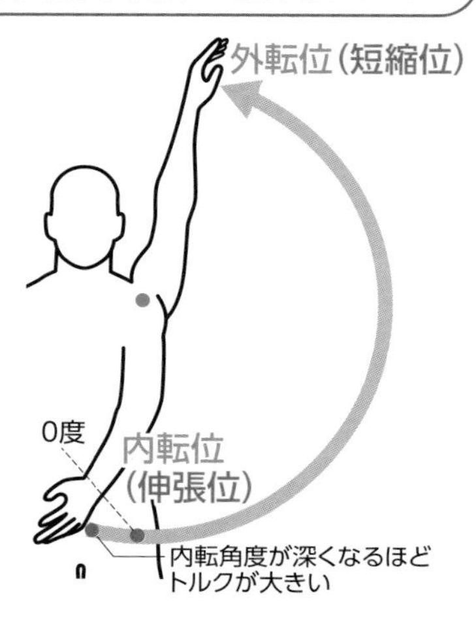

肩関節の外転動作について、本書では立位で腕を下ろした状態を0度と定義。そこから腕を外側へ振るほど外転位（短縮位）に、内側へ振るほど内転位（伸張位）になる。肩関節外転の筋力トルクは深く内転するほど大きくなる。ただし関節角度の変化にともなう筋力トルクの変化は小さい。

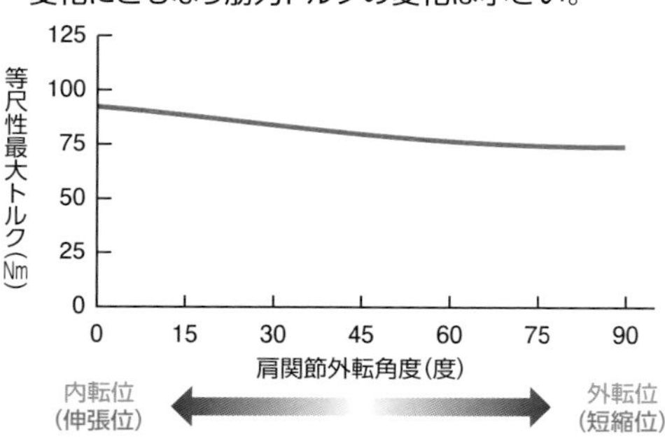

Garner and Pandy (2001)、Dehail et al. (2008)より改変

3タイプの肩関節外転種目

肩関節外転の主要種目は、動きが異なる3タイプの種目に大別することができる。同じ肩の外転動作でも腕の軌道や肩甲骨および僧帽筋の関与などが異なっている。

1 サイドレイズ系
(→P.72〜75)

サイドレイズはシンプルに肩関節外転の動きに負荷をかけ、三角筋の中部を中心に鍛える種目。基本的には腕を伸ばした状態で肩関節を外転するためモーメントアームが長く、ほかの多関節種目よりも使用重量が小さくなる。そのため肩甲骨の挙上動作に対する負荷が小さくなり、僧帽筋上部の貢献が比較的小さくなる。

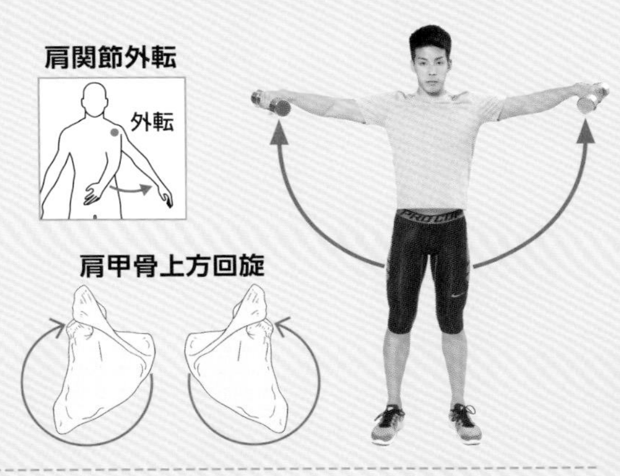

2 アップライトロー系
(→P.76〜77)

アップライトローは肩甲骨を上方回旋&挙上しながら、肩関節も外転する種目。使用重量が上がって肩甲骨挙上の負荷が高まるため僧帽筋の貢献が大きくなる。ただし、両手種目でプレートやバーベルを外側に力を加えながら上げると三角筋中部への刺激を相対的に大きくできる。

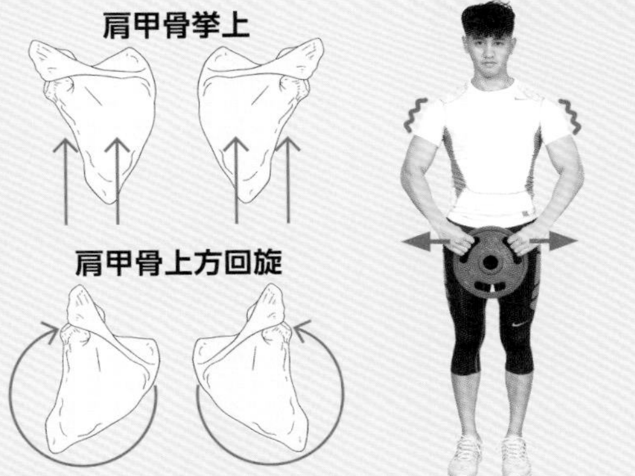

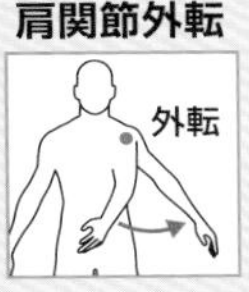

3 ショルダープレス系
(→P.78〜81)

ショルダープレスは肘を伸ばしながら肩関節を外転する種目。サイドレイズ系やアップライトロー系と異なり、肩関節が外旋位の状態で外転するため、三角筋の中部だけでなく前部にも負荷がかかる。

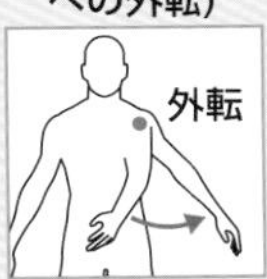

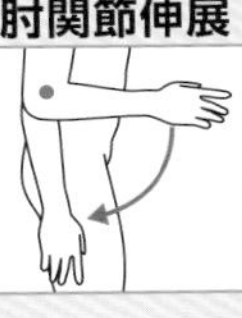

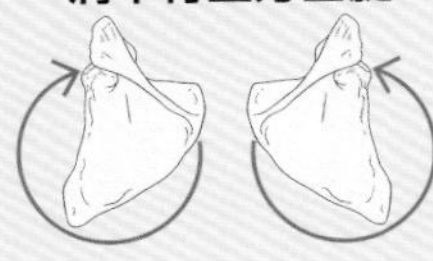

▶▶肩関節外転種目（主働筋：三角筋中部）の負荷トルク図

●ダンベルショルダープレス（→P.78） 有効負荷範囲の広さ：A

有効負荷範囲 中間位〜短縮位（外転角度45〜145度付近）
スティッキング領域 やや短縮位（外転角度75〜110度付近）
最大負荷トルク 外転角度90度前後

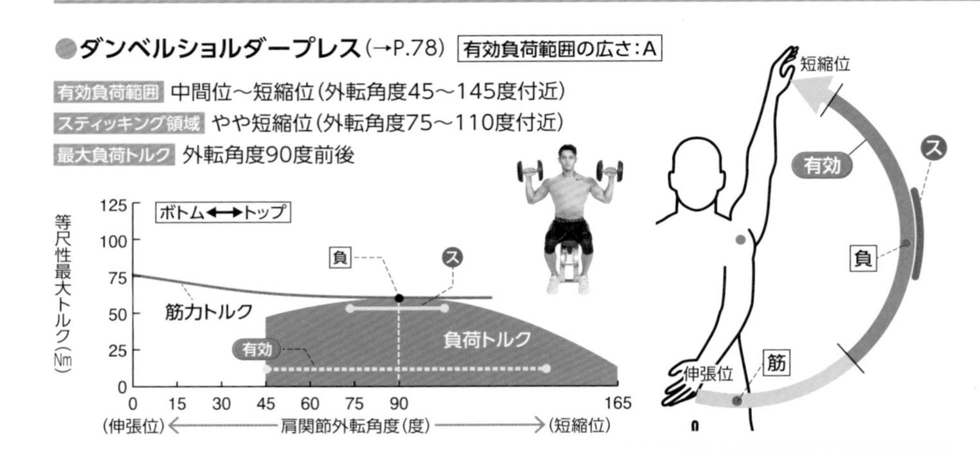

●ダンベルサイドレイズ（→P.72）
有効負荷範囲の広さ：C

有効負荷範囲 中間位〜やや短縮位（外転角度35〜100度付近）
スティッキング領域 やや短縮位（外転角度85〜95度付近）
最大負荷トルク 外転角度90度前後

短縮位 負 有効 筋 ス 伸張位
筋力トルク 負 ス 有効 負荷トルク
125 100 75 50 25 0
0 15 30 45 60 75 90

●インクラインサイドレイズ（→P.73）
有効負荷範囲の広さ：A

有効負荷範囲 伸張位〜やや短縮位（外転角度−5〜95度）
スティッキング領域 中間位（外転角度45〜65度付近）
最大負荷トルク 外転角度45度前後

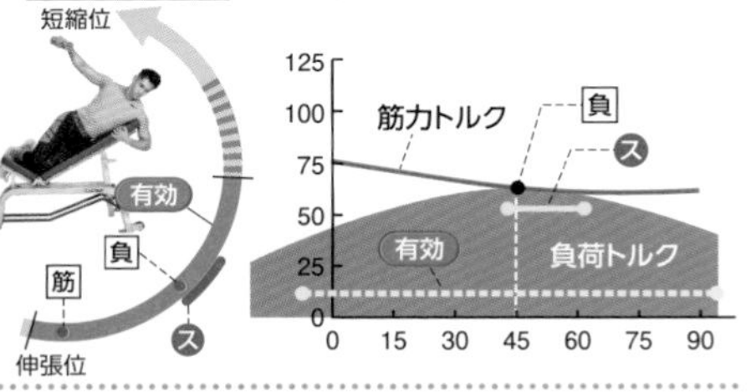

●ライイングサイドレイズ（→P.72）
有効負荷範囲の広さ：B

有効負荷範囲 伸張位〜中間位（外転角度−20〜60度）
スティッキング領域 やや伸張位（外転角度0〜20度付近）
最大負荷トルク 外転角度0度前後

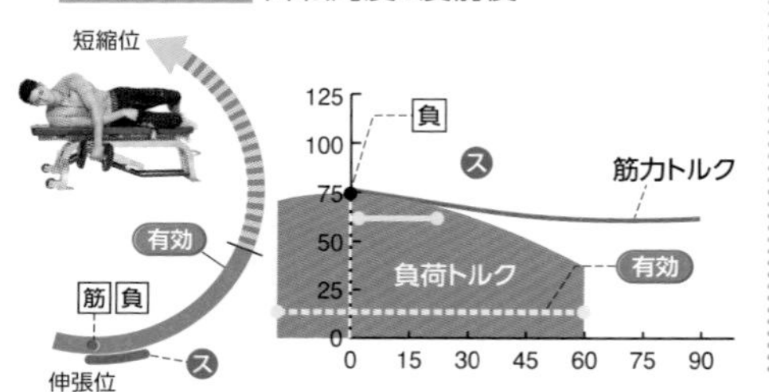

●ケーブルサイドレイズ（→P.74）
有効負荷範囲の広さ：B

有効負荷範囲 やや伸張位〜やや短縮位（外転角度10〜95度）
スティッキング領域 中間位（外転角度55〜75度付近）
最大負荷トルク 外転角度60度前後

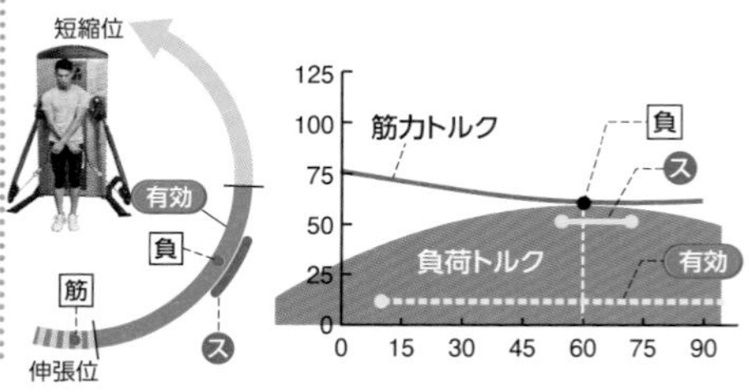

※「スミスフロントプレス」「スミスバックプレス」はバーベルで行った場合と同じであるため割愛

有効：有効負荷範囲（※最大負荷トルクの50%以上レベル）の範囲（青色）※縞線範囲は有効負荷範囲外の稼働域
ス：スティッキング領域　負：最大負荷トルク　筋：最大筋力トルク（外転角度0度付近）

●バーベルフロントプレス（→P.79）
●バーベルバックプレス（→P.78）
●マシンショルダープレス（→P.80）

有効負荷範囲の広さ：C

有効負荷範囲
中間位～短縮位
（外転角度60～120度）

スティッキング領域
中間位～やや短縮位（外転角度60～80度付近）

最大負荷トルク
外転角度65度前後

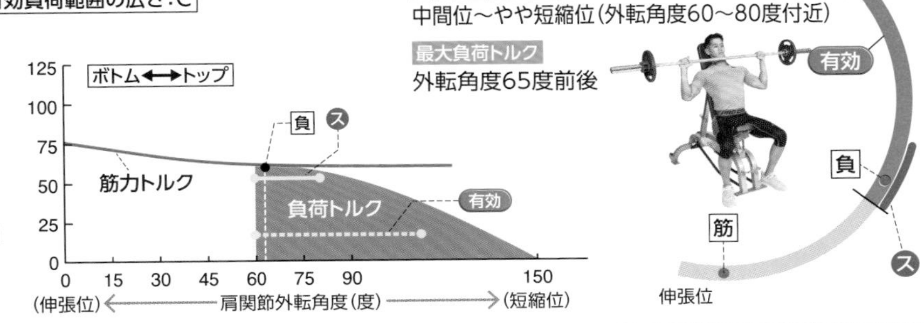

●肘曲げケーブルサイドレイズ（→P.75）

有効負荷範囲の広さ：A

有効負荷範囲 やや伸張位～やや短縮位
（外転角度5～95度）

スティッキング領域 中間位～やや短縮位
（外転角度50～80度付近）

最大負荷トルク 外転角度60度前後

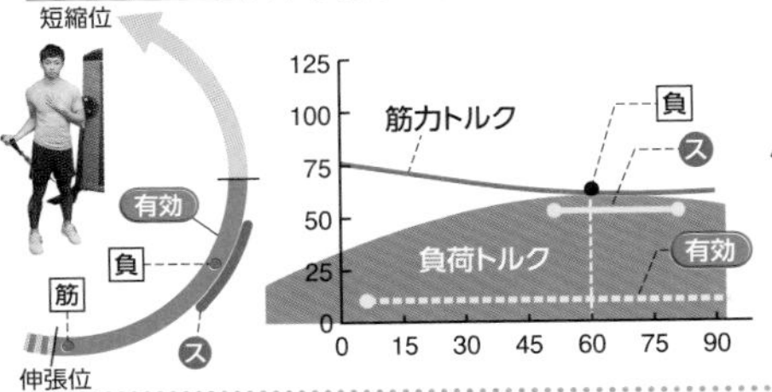

●ケーブルサイドローイング（→P.74）

有効負荷範囲の広さ：B

有効負荷範囲 伸張位～やや中間位
（外転角度−20～60度）

スティッキング領域 伸張位～やや伸張位
（外転角度−5～30度付近）

最大負荷トルク 外転角度0度前後

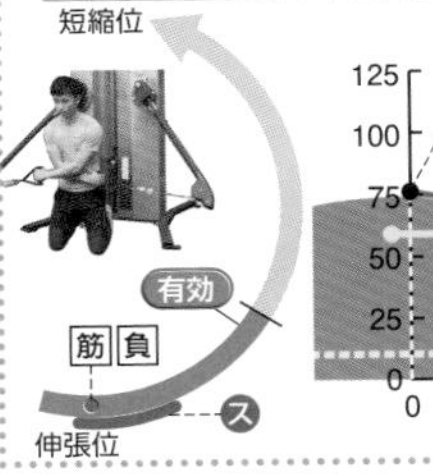

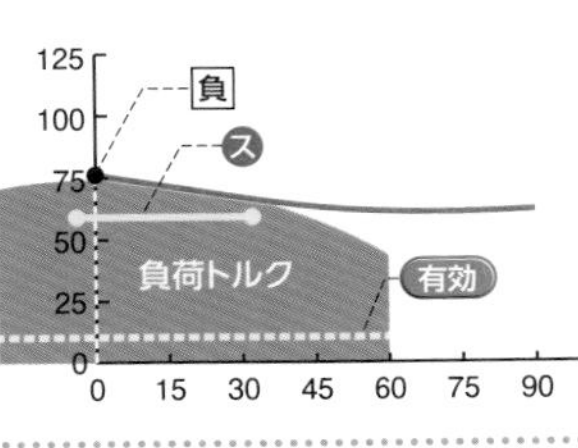

●横引きバーベルアップライトロー（→P.76）
●横引きプレートアップライトロー（→P.77）

有効負荷範囲の広さ：B

有効負荷範囲 やや伸張位～やや短縮位（外転角度10～90度）

スティッキング領域 中間位
（外転角度45～75度付近）

最大負荷トルク 外転角度45度前後

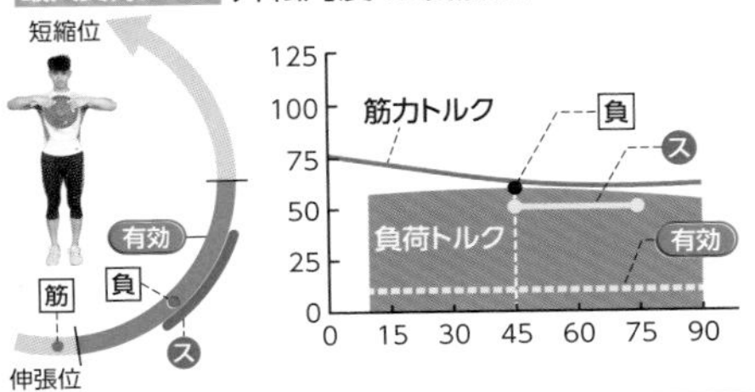

●横引きケーブルアップライトロー（→P.76）

有効負荷範囲の広さ：B

有効負荷範囲 やや伸張位～やや短縮位
（外転角度10～90度）

スティッキング領域 中間位
（外転角度45～75度付近）

最大負荷トルク 外転角度45度前後

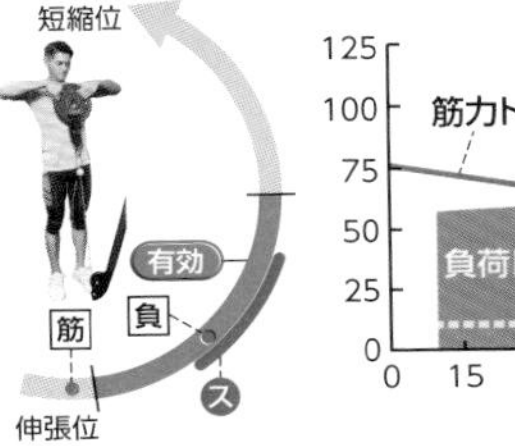

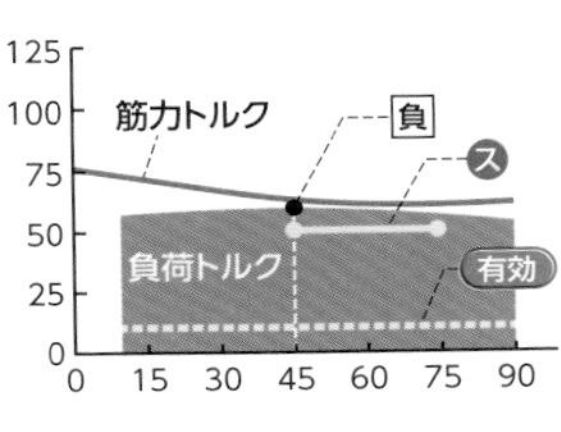

※ショルダープレス系種目の主働筋は「三角筋の前・中部」
※アップライトロー系種目の主働筋は「三角筋の中・後部」

メイン 三角筋(中部) サブ 僧帽筋(特に上部)、前鋸筋(下部)、棘上筋、棘下筋

ダンベルサイドレイズ

主要動作 肩関節外転+肩甲骨上方回旋+肩関節外旋(固定)

●刺激評価

負荷トルクの最大値	中
スティッキング領域	狭い
伸張位の負荷トルク	弱
負荷トルクの抜け	抜け大

●種目評価

運動ボリューム	やや小
負荷トルクの調節	可
煽りチーティング	可
セルフ補助	不可

シンプルな肩関節外転動作で三角筋を鍛える

基本となる肩関節外転種目。腕を下ろしたボトムで負荷が抜けるため有効負荷範囲とスティッキング領域がともに狭い。伸張位の負荷トルクも弱いが、フォーストレップがやりやすい種目であり、限界まで追い込むことで筋肥大を誘発するストレスが得られる。

追い込みテク チーティング

限界まで反復したら、上体を煽ってフォーストレップ。肘を曲げて上げ負荷トルクを下げる方法でもよい。

1
ダンベルを持ち背すじを伸ばす。体の側面に腕を下ろして手の甲を外側に向ける。負荷が抜けるのでダンベルは体につけない。

2
腕を伸ばしたまま、側方へ振り上げてダンベルを顔の高さまで上げる。小指側から上げていくと三角筋に効かせやすくなる。

メイン 三角筋(中・後部) サブ 僧帽筋(全体)、前鋸筋(全体)

ライイングサイドレイズ

主要動作 肩関節外転(水平外転をともなう)+肩甲骨上方回旋

強い力発揮と筋損傷のストレスを得られる

ベンチに横向きに寝て行うサイドレイズ。負荷トルクの最大値が大きく「強い力発揮」のストレスを得られる。ボトムで負荷が抜けないため伸張位の負荷トルクが強く、筋肥大を誘発する微細な筋損傷のストレスも得やすい。

●刺激評価

負荷トルクの最大値	大
スティッキング領域	やや広
伸張位の負荷トルク	強
負荷トルクの抜け	抜け大

●種目評価

運動ボリューム	やや小
負荷トルクの調節	可
煽りチーティング	不可
セルフ補助	不可

追い込みテク 負荷トルクの調節

限界まで反復したら、肘を曲げたまま上下させるフォームにして負荷トルクを下げ、フォーストレップで残りの力を出し切る。

メイン 三角筋（中・後部） サブ 僧帽筋（全体）、前鋸筋（下部）、棘上筋、棘下筋

インクラインサイドレイズ

主要動作 肩関節外転+肩甲骨上方回旋+肩関節外旋（固定）

●刺激評価

負荷トルクの最大値	大
スティッキング領域	やや広
伸張位の負荷トルク	中
負荷トルクの抜け	抜け中

●種目評価

運動ボリューム	やや小
負荷トルクの調節	可
煽りチーティング	不可
セルフ補助	不可

有効負荷範囲が伸張位に広がり強い力を発揮できる

背もたれの角度を45度にセットしたベンチで行うサイドレイズ。体の前に腕を下ろすことで、有効負荷範囲が伸張位まで広がる。ボトムで腕を深く下ろしても、負荷トルクの抜けは小さくなる。負荷トルクの最大値が大きく、三角筋が最大レベルの力を出せる。

1 片手にダンベルを持ち45度のベンチに横向きで寝る。脇を締め肩関節を内転する動きで体の前に腕を下ろしていく。

2 脇を開いて腕を側方へと振り上げダンベルを持ち上げる。腕の角度が60度程度になるまで上げていくのが目安。

追い込みテク

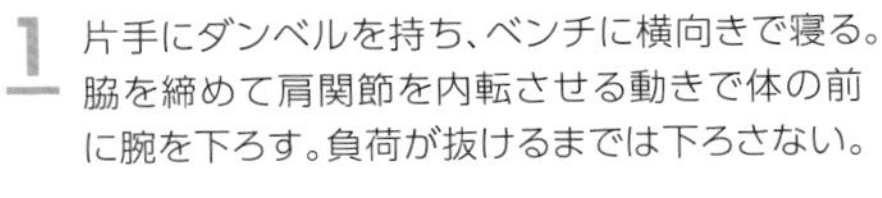

限界まで反復したら肘を曲げて負荷トルクを下げ、フォーストレップで残りの力を出し切る。

1 片手にダンベルを持ち、ベンチに横向きで寝る。脇を締めて肩関節を内転させる動きで体の前に腕を下ろす。負荷が抜けるまでは下ろさない。

2 脇を開いて腕を側方へと振り上げてダンベルを持ち上げる。負荷が抜けないように腕の角度が60度程度になるまで上げていくのが目安。

メイン 三角筋(中部) サブ 僧帽筋(全体)、前鋸筋(下部)、棘上筋、棘下筋

ケーブルサイドレイズ

主要動作 肩関節外転+肩甲骨上方回旋

●刺激評価

負荷トルクの最大値	大
スティッキング領域	広い
伸張位の負荷トルク	中
負荷トルクの抜け	抜け中

●種目評価

運動ボリューム	やや小
負荷トルクの調節	可
煽りチーティング	可
セルフ補助	不可

最大レベルの力を発揮できるサイドレイズ

ケーブルマシンで行うサイドレイズ。ボトムで腕を交差するためダンベルサイドレイズよりも有効負荷範囲が伸張位側に広がる。伸張位の負荷トルクも少し強まる。負荷トルクの最大値が大きく、スティッキング領域も広いため三角筋が最大レベルの力を出せる。

追い込みテク 負荷トルクの調節

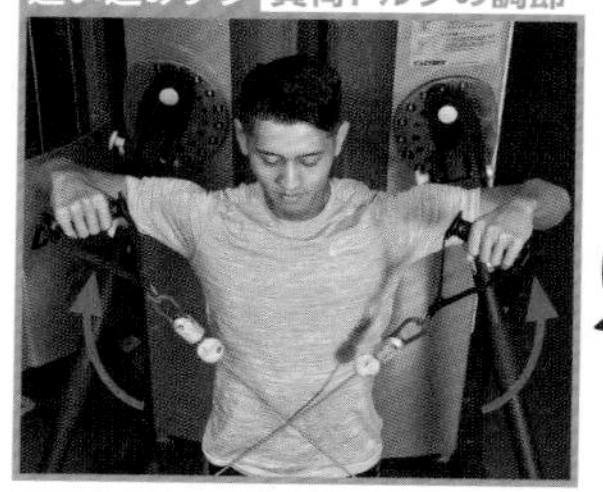

限界まで反復したら、肘を曲げて負荷トルクを下げ、フォーストレップで残りの力をすべて出し切る。

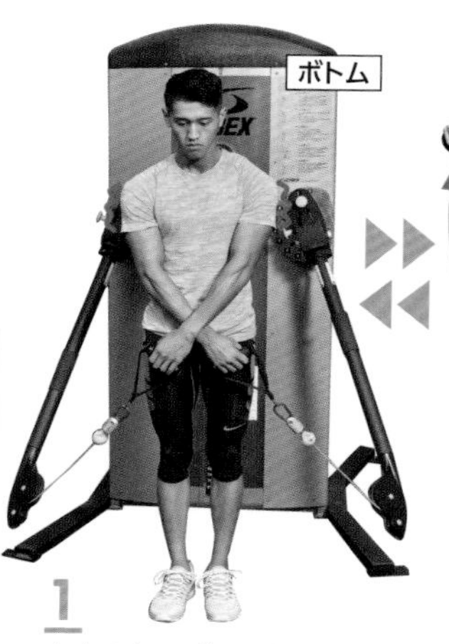

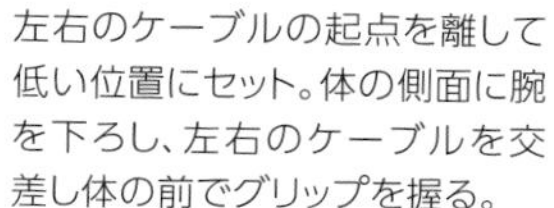

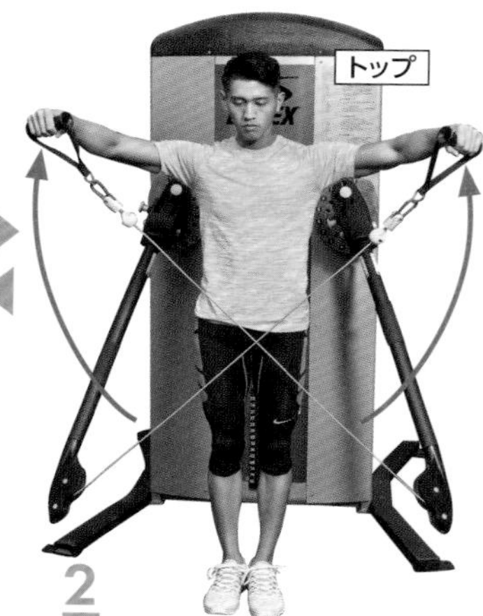

1

左右のケーブルの起点を離して低い位置にセット。体の側面に腕を下ろし、左右のケーブルを交差し体の前でグリップを握る。

2

手の甲を上に向け、脇を開いて腕を側方へ振り上げケーブルを顔の高さまで引き上げる。上げすぎると負荷が抜けるので注意。

メイン 三角筋(中・後部) サブ 僧帽筋(全体)、前鋸筋(下部)、棘上筋、棘下筋

ケーブルサイドローイング

主要動作 肩関節外転+肩甲骨上方回旋

複数の筋肥大誘発ストレスが得られる

ケーブルを左右に引くローイング種目。スティッキング領域が広く、三角筋が広範囲で最大レベルの力を出せる。負荷トルクの抜けが小さく代謝的ストレスも得られる。伸張位の負荷トルクが強く筋損傷のストレスも得やすい。

●刺激評価

負荷トルクの最大値	大
スティッキング領域	特に広い
伸張位の負荷トルク	強
負荷トルクの抜け	抜け小

●種目評価

運動ボリューム	やや小
負荷トルクの調節	可
煽りチーティング	不可
セルフ補助	不可

POINT 前額面で左右に引く

背すじを伸ばしたまま、体に近い位置で両腕を交差し、前額面(人体を前後面に分割する垂直の断面)でケーブルを左右に引いていく。

メイン 三角筋（前・中部） サブ 僧帽筋（全体）、前鋸筋（全体）、上腕二頭筋

肘曲げケーブルサイドレイズ

主要動作 肩関節外転+肩甲骨上方回旋+肘関節屈曲（固定）

●刺激評価

負荷トルクの最大値	大
スティッキング領域	広い
伸張位の負荷トルク	中
負荷トルクの抜け	抜け中

●種目評価

運動ボリューム	やや小
負荷トルクの調節	可
煽りチーティング	可
セルフ補助	不可

三角筋の前・中部がターゲットの片手サイドレイズ

肘を45度程度に曲げて行うケーブルサイドレイズ。腕を伸ばしたフォームと刺激はほぼ同じであるが、有効負荷範囲が伸張位側に少し広がる。肩関節外旋位で外転するためプレス系種目と同様に三角筋前部にも負荷がかかる。空いている手でセルフ補助も可能。

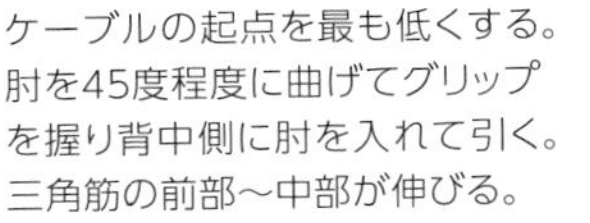

1 ケーブルの起点を最も低くする。肘を45度程度に曲げてグリップを握り背中側に肘を入れて引く。三角筋の前部〜中部が伸びる。

2 肘の角度を変えずに腕を側方へ振ってケーブルを引き上げる。肘の角度を固定したまま手先を頭の高さまで上げるのが目安。

POINT 背中側に引く

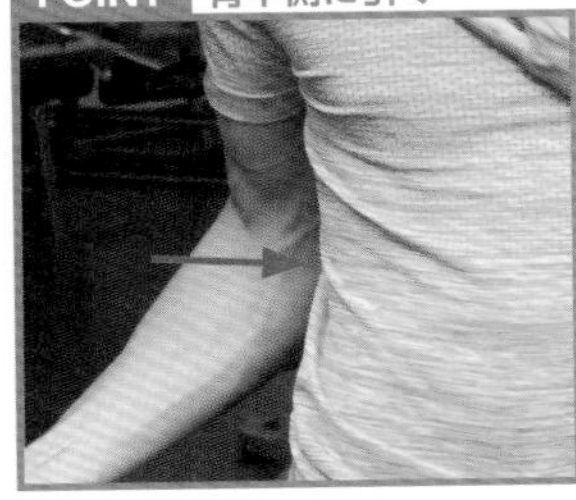

ボトムでは肘を背中側まで引いて三角筋を伸ばす。肘を引いても負荷が抜けないようにセットする。

1 左右のケーブルの起点を遠ざけて低めにセット。膝立ちで腕を交差させて左右のグリップを握る。ボトムでもケーブルを少し引いて負荷をかける。

2 肘を曲げながら脇を開き、肘を左右に引く動きでケーブルを引く。前腕部とケーブル線がほぼ一直線になるように引いていくのがポイント。

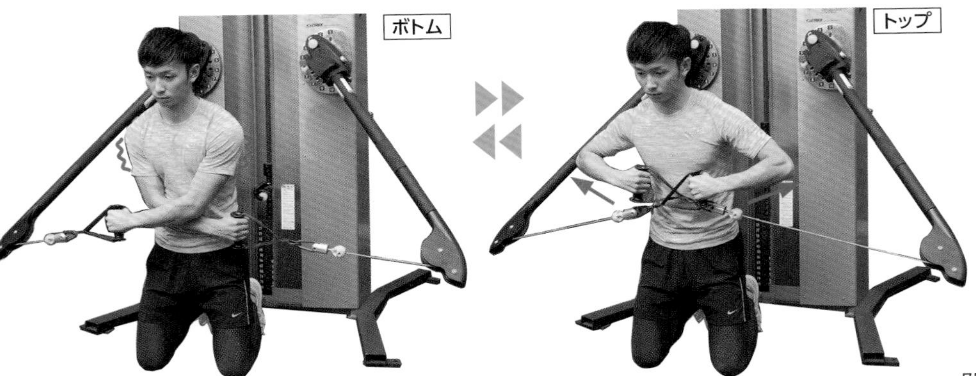

メイン 三角筋(中部)、僧帽筋(全体) サブ 前鋸筋(下部)、棘上筋、棘下筋

横引きバーベルアップライトロー

主要動作 肩関節外転+肩関節外旋+肩甲骨上方回旋+肩甲骨挙上

●刺激評価

負荷トルクの最大値	中
スティッキング領域	狭い
伸張位の負荷トルク	中
負荷トルクの抜け	抜け中

●種目評価

運動ボリューム	中
負荷トルクの調節	可
煽りチーティング	可
セルフ補助	不可

三角筋の中・後部がターゲットのアップライトロー

バーベルのバーを左右に引きながら上げていくアップライトロー。バーを横に引くことで肩関節外転の負荷トルクが抜けにくくなる。一般的なアップライトローのように肘先行で上げるのではなく、横引きアップライトローでは手を先行して上げると三角筋に効く。

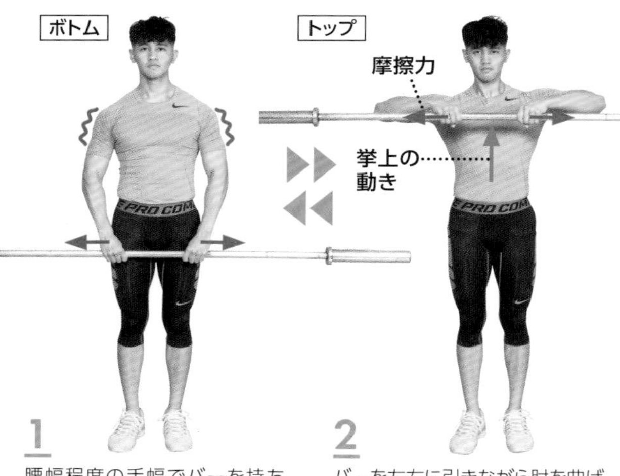

1 腰幅程度の手幅でバーを持ち、体の前で下ろす。手幅を広げるようにバーを左右に引くことでボトムから三角筋に負荷をかける。

2 バーを左右に引きながら肘を曲げて引き上げる。肘を肩より高く上げないことで横引きの動きがトップでも肩関節外転にかかり続ける。

POINT 手を先行して上げる

肘先行で上げるアップライトローでは横向きの力に対する負荷が肩関節の外転ではなく内転に対してかかるため、手を先行して上げることが三角筋に効かせるポイント。

メイン 三角筋(中部)、僧帽筋(全体) サブ 前鋸筋(下部)、棘上筋、棘下筋

横引きケーブルアップライトロー

主要動作 肩関節外転+肩関節外旋+肩甲骨上方回旋+肩甲骨挙上

高い負荷トルクをかけ続けられる優良種目

プレートを引き上げる横引きケーブルアップライトロー。腕を下ろしたボトムでの負荷トルクの抜けがより小さい。ストレートバーを引くのが一般的であるが、プレートで行うほうが横引きの力を加えやすくフォームも安定する。

●刺激評価

負荷トルクの最大値	大
スティッキング領域	広い
伸張位の負荷トルク	強
負荷トルクの抜け	抜け小

●種目評価

運動ボリューム	中
負荷トルクの調節	可
煽りチーティング	可
セルフ補助	不可

NG 手首が曲がっている

プレートを左右に引く際、手首が曲がっていると、肩関節外転トルクがかかりにくくなるため肘先を真っすぐにしたまま引く。

メイン 三角筋（中部）、僧帽筋（全体）　サブ 前鋸筋（下部）、棘上筋、棘下筋

横引きプレートアップライトロー

主要動作 肩関節外転+肩関節外旋+肩甲骨上方回旋+肩甲骨挙上

●刺激評価

負荷トルクの最大値	大
スティッキング領域	広い
伸張位の負荷トルク	強
負荷トルクの抜け	抜け小

●種目評価

運動ボリューム	中
負荷トルクの調節	可
煽りチーティング	可
セルフ補助	不可

追い込みテク 負荷トルクの調節

限界まで反復したら横引きの動きを止めて、上に引き上げるだけのフォームに切り替え負荷トルクを下げる。

肩関節外転の負荷トルクが抜けにくくなる

プレートで行う横引きアップライトロー。バーで行うより横引きの力を加えやすい。バーベルで行う場合と同様に、横方向に力を加えた反作用で肩関節が押し込まれて安定するため、上に力を加える一般的なアップライトローより肩を痛めにくい利点もある。

1
両手でプレートを持って下げる。肘は軽く曲げておく。プレートを左右に引っぱることでボトムから三角筋に負荷をかける。

2
プレートを左右に引きながら肘を曲げて引き上げる。肘を肩より高く上げないことで横引きの動きがトップでも肩関節外転にかかる。

1
ケーブルの起点を低くセットし両手でプレートを持つ。プレートを左右に引くことによって腕を下げたボトムから三角筋に負荷をかけられる。

2
プレートを左右に引きながら、肘を曲げて引き上げる。手から先行して上げていく。トップでも肘は肩より高く上げないことで横引きの動きが肩関節外転にかかる。

メイン 三角筋（前・中部） サブ 僧帽筋（全体）、前鋸筋（下部）、上腕三頭筋

ダンベルショルダープレス

主要動作 肩関節外転+肩甲骨上方回旋+肘関節伸展

●刺激評価

項目	評価
負荷トルクの最大値	大
スティッキング領域	広い
伸張位の負荷トルク	中
負荷トルクの抜け	抜け中

●種目評価

項目	評価
運動ボリューム	中
負荷トルクの調節	不可
煽りチーティング	可
セルフ補助	不可

三角筋の前・中部が短縮位側で強い力を発揮する

肩関節を外転しながら肘を伸ばしダンベルを上げる。肩関節外旋位で外転するため三角筋の前部寄りに負荷がかかる。有効負荷範囲は短縮位側に広がる。負荷トルクの最大値が大きく、スティッキング領域も広いため、三角筋が広範囲で最大レベルの力を発揮できる。

1 ベンチに座り、肩関節を内転する動きでダンベルを下げる。深く下ろしすぎず、ダンベルがアゴの高さにくるのが目安。

トップ

2 背すじを伸ばしたまま、肘を伸ばしながら弧を描いてダンベルを上げる。肘が伸びきる手前まで上げる。立位でも実施は可能。

追い込みテク チーティング

角度調節ができるベンチで背もたれを立てて行う場合、限界がきて上がらなくなったら上体を後ろに倒し、背もたれに体重を預けることで上体が固定され、フォーストレップを実施できる。

メイン 三角筋（前・中部） サブ 僧帽筋（全体）、前鋸筋（下部）、上腕三頭筋

バーベルバックプレス

主要動作 肩関節外転+肩甲骨上方回旋+肘関節伸展

三角筋前部の関与が小さくなる

首の後面からバーベルを挙げていくショルダープレス。フロントプレスと得られるストレスはほぼ変わらないが、バックプレスのほうが三角筋前部への負荷はやや小さい。立位で行うと追い込みやすいが、腰への負担が高まる。

●刺激評価

項目	評価
負荷トルクの最大値	大
スティッキング領域	広い
伸張位の負荷トルク	中
負荷トルクの抜け	抜け中

●種目評価

項目	評価
運動ボリューム	中
負荷トルクの調節	不可
煽りチーティング	可
セルフ補助	不可

POINT 手幅を広めにする

バーを握る手幅はフロントプレスより広く肩幅の2倍程度。手幅を広げるほど肘関節の貢献が小さくなって肩関節主体の動きになり、肩関節外転トルクが伸張位側に移る。

メイン 三角筋(前・中部)、前鋸筋(下部) サブ 僧帽筋(全体)、上腕三頭筋

バーベルフロントプレス

主要動作 肩関節外転+肩甲骨上方回旋+肘関節伸展

●刺激評価

負荷トルクの最大値	大
スティッキング領域	広い
伸張位の負荷トルク	中
負荷トルクの抜け	抜け中

●種目評価

運動ボリューム	中
負荷トルクの調節	不可
煽りチーティング	可
セルフ補助	不可

三角筋の中部と前部をやや伸張位側で鍛える

首の前面からバーベルから挙上するショルダープレス。ダンベルショルダープレスより最大負荷トルクが伸張位側にシフトする。上体を少し後傾させて挙げるため三角筋前部の貢献も高くなる。トップで手幅を狭める力を加えると負荷トルクが抜けなくなる。

追い込みテク チーティング

フラットベンチに座って行う場合、限界まで反復したら最後に立ち上がる勢いを使ってバーベルを挙上するフォーストレップができる。

1
背もたれを立てたベンチに座り、背もたれにもたれて胸を張る。前腕部を垂直にしてバーベルを持ち、鎖骨の上あたりに下ろす。

2
背すじを伸ばしたまま、肘を伸ばしながらバーベルを挙上。負荷が抜けないように、肘が伸びきる手前まで上げる。

1
背もたれを立てたベンチに座りバーを首の後ろに下ろして背すじを伸ばす。バーは耳の高さに合わせる。背もたれにもたれないほうが三角筋中部の貢献度は高い。

2
背すじを伸ばしたまま肘を伸ばしながらバーベルを挙げる。負荷が抜けないように肘が伸びきる手前まで挙げていく。

メイン 三角筋（前・中部） サブ 前鋸筋（下部）、僧帽筋（全体）、上腕三頭筋

スミスフロントプレス

主要動作 肩関節外転+肩甲骨上方回旋+肘関節伸展

安全に限界まで追い込めるフロントプレス

スミスマシンで行うフロントプレス。高重量を使用しても安全に限界まで追い込むことが可能。バーへの摩擦による影響を除けば可動域や負荷トルクの推移はバーベルフロントプレスと同じ。

「刺激評価」「種目評価」はバーベルで行う場合と同じであるため割愛。（※スミスバックプレスでも同様）スミスマシンでは摩擦によりバーを下ろすエキセントリック収縮局面の負荷が低減することから「伸張位の負荷トルク」「運動ボリューム」は同じ使用重量でもやや低くなる。

1 ボトム

背もたれを立てたベンチに座って胸を張り、ラックからバーを外す。バーが鎖骨の上にくるように調節。左右の手幅は肩幅の1.5倍程度。

2 トップ

胸を張ったままバーベルを挙げる。肘が伸びきる手前まで持ち上げる。バーの軌道が決まっているため、安定したフォームで反復できる。

POINT

セーフティを使う

スミスマシンにはバーの落下を防止するセーフティがあるため安全に追い込める。

メイン 三角筋（前・中部） サブ 前鋸筋（下部）、僧帽筋（全体）、上腕三頭筋、大胸筋（下部）

マシンショルダープレス

主要動作 肩関節外転（水平内転をともなう）+肩甲骨上方回旋+肘関節伸展

トップの短縮位で負荷が抜けにくくなる

マシンで行うショルダープレス。バーベルで行う場合と刺激評価はほとんど変わらないが、トップに向けて手幅が狭まるタイプのマシンは有効負荷範囲が少し広がり、トップ付近での負荷トルクの抜けもやや小さくなる。

●刺激評価

項目	評価
負荷トルクの最大値	最大
スティッキング領域	広い
伸張位の負荷トルク	中
負荷トルクの抜け	抜け中

●種目評価

項目	評価
運動ボリューム	中
負荷トルクの調節	不可
煽りチーティング	不可
セルフ補助	不可

バリエーション 逆向きに座る

逆向きに座るバリエーション。上体の角度が垂直に近くなり、バーを上げる軌道が純粋な肩関節外転となるため、三角筋の中部により効かせやすくなる。

メイン 三角筋（前・中部） サブ 前鋸筋（下部）、僧帽筋（全体）、上腕三頭筋

スミスバックプレス

主要動作 肩関節外転+肩甲骨上方回旋+肘関節伸展

安全に限界まで追い込めるバックプレス

スミスマシンで行うバックプレス。高重量を使用しても安全に限界まで追い込むことが可能。バーへの摩擦による影響を除けば可動域や負荷トルクの推移はバーベルバックプレスと同じ。

バリエーション

セーフティ

パワーラックで行う

スミスマシンがない場合でもパワーラック（上写真）があればセーフティを適切な高さにセットできるため、バーベルを持ち上げる種目であっても比較的安全に追い込める。

1 ボトム

背もたれを立てたベンチに座って背すじを伸ばし、ラックからバーを外し首の後ろに下ろしていく。左右の手幅は肩幅の2倍程度。

2 トップ

背すじを伸ばしたままバーを挙上。肘が伸びきる手前まで持ち上げる。バーの軌道が決まっているため、安定したフォームで反復できる。

1 ボトム

シートに深く座り背もたれで上体を固定。横向きのバーを持ちバーの高さは肘を肩より低い位置に下げても負荷が抜けない高さにセットする。

2 トップ

背すじを伸ばしたままバーを上げる。手幅が狭まるマシンはトップで負荷が抜けにくいため可動域を広げ、肘が伸びきる手前まで上げる。

三角筋
後部の働き

肩関節 水平外転

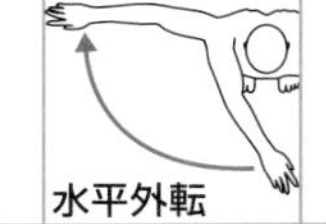

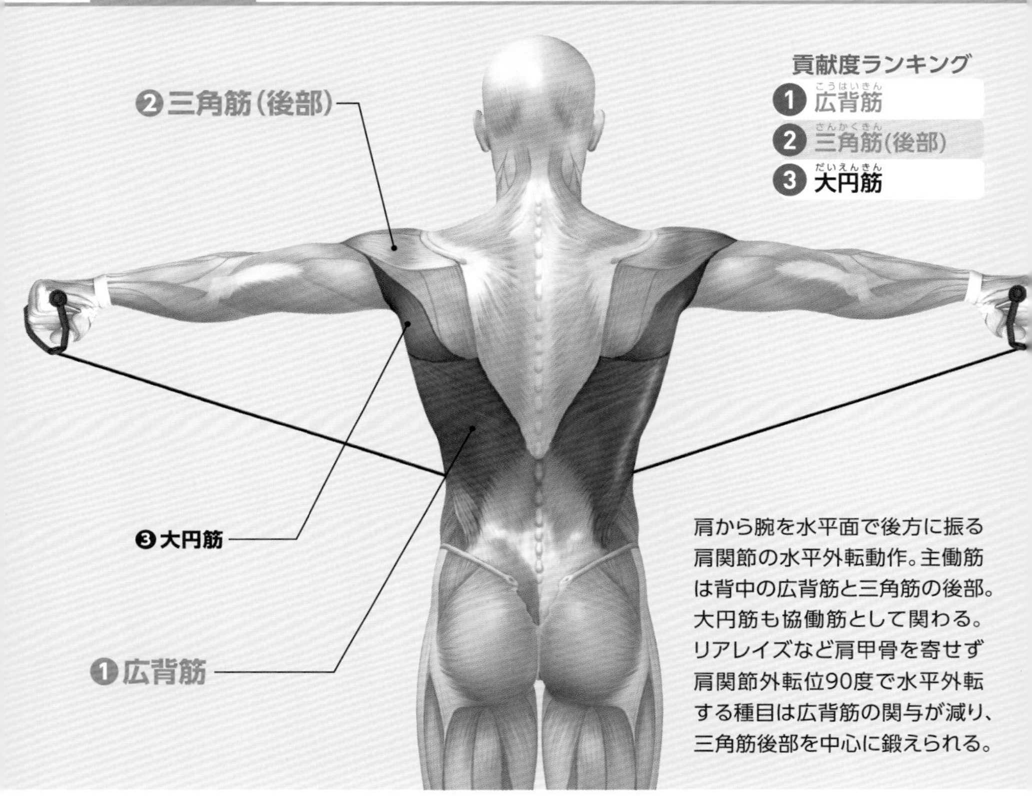

肩から腕を水平面で後方に振る肩関節の水平外転動作。主働筋は背中の広背筋と三角筋の後部。大円筋も協働筋として関わる。リアレイズなど肩甲骨を寄せず肩関節外転位90度で水平外転する種目は広背筋の関与が減り、三角筋後部を中心に鍛えられる。

肩関節水平外転の筋力トルク

肩関節の水平外転動作について、本書では水平面で腕を前方に伸ばした状態を0度と定義。そこから外側へ開くほど短縮位になる。水平外転動作の筋力トルクの適当なデータが現在は見当たらないため、類似の特徴をもつと考えられる肩関節外転の筋力トルクデータを参考に評価している。

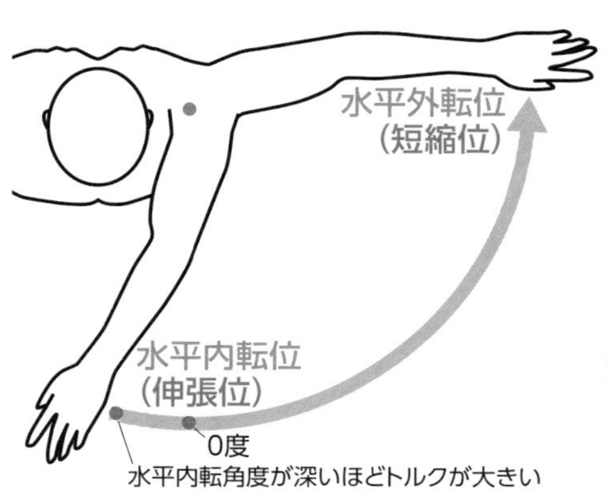

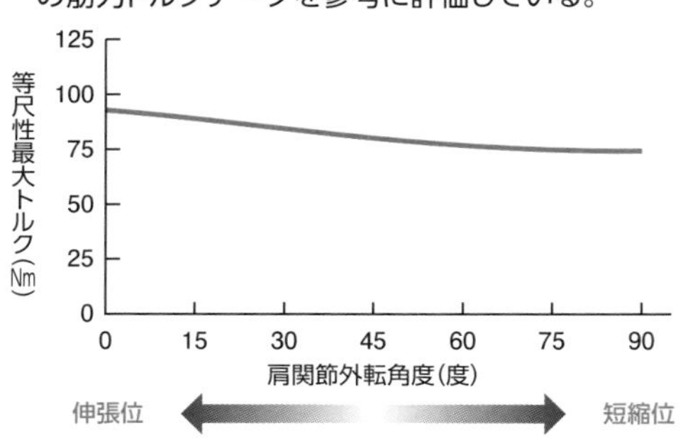

Garner and Pandy (2001)、Dehail et al. (2008)より改変

肩関節水平外転種目(主働筋:三角筋後部)の負荷トルク図

有効:有効負荷トルク(※最大負荷トルクの50%レベル)の範囲(青色) ※縞線範囲は有効負荷範囲外の稼働域
ス:スティッキング領域　負:最大負荷トルク　筋:最大筋力トルク(水平外転角度0度付近)

●ライイングデルトローイング(→P.86)
●ケーブルリアデルトローイング(→P.86)

有効負荷範囲の広さ:B

有効負荷範囲 伸張位〜中間位(水平外転角度−20〜60度付近)

スティッキング領域 伸張位〜やや伸張位(水平外転角度−5〜30度付近)

最大負荷トルク 水平外転角度0度前後

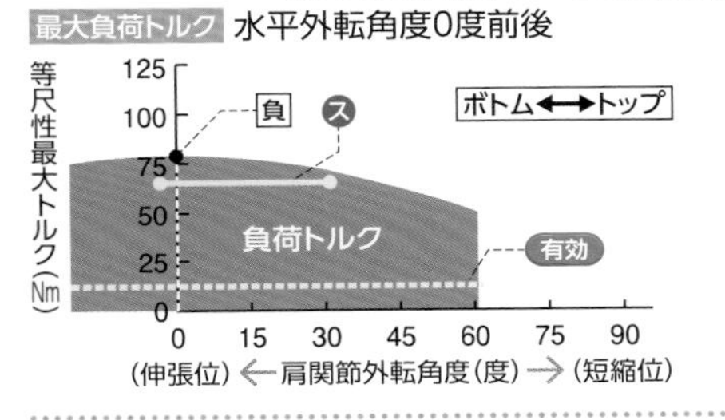

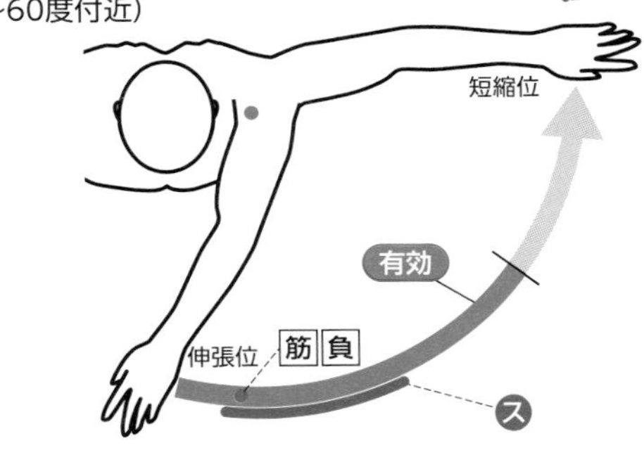

●ベントオーバーリアレイズ(→P.84)

有効負荷範囲の広さ:C

有効負荷範囲
中間位〜短縮位
(水平外転角度
35〜95度付近)

スティッキング領域
短縮位
(水平外転角度
85〜95度付近)

最大負荷トルク
水平外転角度
90度前後

短縮位　負　有効　ス　伸張位　筋

125　100　75　50　25　0
負　ス　有効　負荷トルク
0　15　30　45　60　75　90

●ライイングリアレイズ(→P.85)

有効負荷範囲の広さ:B

有効負荷範囲
伸張位〜中間位
(水平外転角度
−20〜55度付近)

スティッキング領域
伸張位
(水平外転角度
−10〜10度付近)

最大負荷トルク
水平外転角度
0度前後

短縮位　有効　筋　負　伸張位　ス

125　100　75　50　25　0
負　ス　負荷トルク　有効
0　15　30　45　60　75　90

●ケーブルリアレイズ(→P.84)

有効負荷範囲の広さ:B

有効負荷範囲
伸張位〜やや短縮位
(水平外転角度
−5〜80度付近)

スティッキング領域
やや伸張位
〜中間位
(水平外転角度
25〜45度付近)

最大負荷トルク
水平外転角度
25度前後

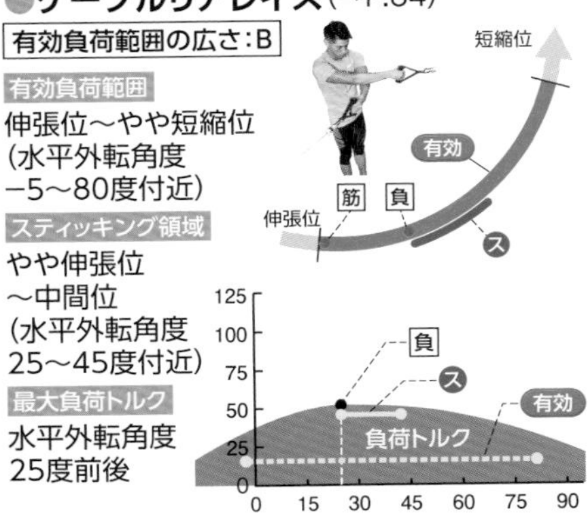

●リアデルトフライ(→P.86)

有効負荷範囲の広さ:A

有効負荷範囲
やや伸張位〜短縮位
(水平外転角度
0〜90度付近)

スティッキング領域
やや短縮位
〜短縮位
(水平外転角度
75〜90度付近)

最大負荷トルク
有効負荷範囲
全域

短縮位　ス　有効　負　筋　伸張位

125　100　75　50　25　0
ス
ボトムからトップまで
最大負荷トルクのレベルで推移
有効　負荷トルク
0　15　30　45　60　75　90

※「筋力トルク」のグラフは十分なデータが揃っていないため割愛

▶▶肩関節水平外転種目❶（リアレイズ系）：三角筋（後部）

メイン 三角筋（後部）　サブ 僧帽筋、大菱形筋、小菱形筋

ベントオーバーリアレイズ

主要動作 肩関節水平外転+肩甲骨内転

●刺激評価

負荷トルクの最大値	小
スティッキング領域	狭い
伸張位の負荷トルク	弱
負荷トルクの抜け	抜け大

●種目評価

運動ボリューム	やや小
負荷トルクの調節	可
煽りチーティング	可
セルフ補助	不可

純粋な肩関節水平外転動作に負荷をかける基本種目

基本的な肩関節水平外転種目。腕を下げたボトムで負荷が抜けるため有効負荷範囲とスティッキング領域がともに狭い。伸張位の負荷トルクも弱いが、フォーストレップがやりやすい種目であり、限界まで追い込むことで筋肥大を誘発するストレスが得られる。

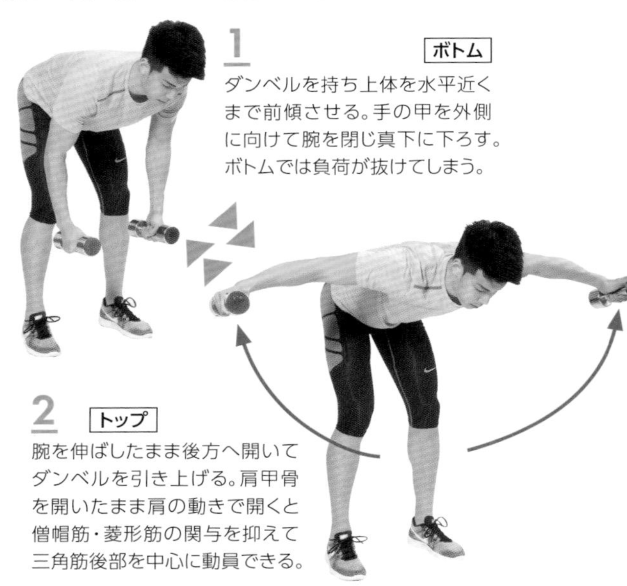

1 ボトム

ダンベルを持ち上体を水平近くまで前傾させる。手の甲を外側に向けて腕を閉じ真下に下ろす。ボトムでは負荷が抜けてしまう。

2 トップ

腕を伸ばしたまま後方へ開いてダンベルを引き上げる。肩甲骨を開いたまま肩の動きで開くと僧帽筋・菱形筋の関与を抑えて三角筋後部を中心に動員できる。

追い込みテク チーティング

限界まで反復したら、上体を煽ってフォーストレップする。または肘を曲げて負荷トルクを下げてもよい。

メイン 三角筋（後部）　サブ 僧帽筋、広背筋、大円筋

ケーブルリアレイズ

主要動作 肩関節水平外転+肩甲骨内転

有効負荷範囲が広く最大レベルの力を出せる

ケーブルマシンで行うリアレイズ。ボトムで両腕を交差させるため有効負荷範囲が広い。負荷トルクの最大値が大きく、スティッキング領域も広いため強い力を出せる。伸張位の負荷トルクも強いため筋損傷も起こりやすい。

●刺激評価

負荷トルクの最大値	大
スティッキング領域	広い
伸張位の負荷トルク	強
負荷トルクの抜け	抜け中

●種目評価

運動ボリューム	やや小
負荷トルクの調節	可
煽りチーティング	不可
セルフ補助	不可

追い込みテク 負荷トルクの調節

限界まで反復したら、肘を曲げてケーブルを引くフォームにして負荷トルクを下げ、フォーストレップで残りの力を出し切る。

メイン 三角筋(後部)　サブ 僧帽筋、大菱形筋、小菱形筋

ライイングリアレイズ

主要動作 肩関節水平外転+肩甲骨内転

●刺激評価

負荷トルクの最大値	大
スティッキング領域	やや広
伸張位の負荷トルク	強
負荷トルクの抜け	抜け大

●種目評価

運動ボリューム	やや小
負荷トルクの調節	可
煽りチーティング	不可
セルフ補助	不可

腕を下ろした伸張位で強い負荷トルクがかかる

ベンチに寝て行うリアレイズ。有効負荷範囲が伸張位側に移る。負荷トルクの抜けは多いが、最大値が大きいため「強い力発揮」のストレスが得られる。伸張位にスティッキング領域があるため伸張位の負荷トルクが強く、筋損傷によるストレスも得やすい。

1 片手にダンベルを持ちベンチに横向きで寝る。肩の前方に腕を伸ばし深く下ろす。負荷が抜けるまでは下ろさない。

2 腕を伸ばしたまま垂直に開きダンベルを引き上げる。腕の角度が60度程度になるまで上げていくのが目安。

追い込みテク 負荷トルクの調節

限界まで反復したら肘を曲げて負荷トルクを下げ、フォーストレップで力を出し切る。

1 左右のケーブルの起点を肩の高さに合わせ、左右の起点の距離を遠ざける。腕を交差させてグリップを握り左右のケーブルを軽く引く。

2 腕を伸ばしたまま水平面で交差した腕を開いて左右のケーブルを引く。肩甲骨を寄せずに引くことで三角筋の後部を中心に動員できる。

メイン 三角筋（後部） サブ 僧帽筋、大菱形筋、小菱形筋

ライイングデルトローイング

主要動作 肩関節水平外転＋肩甲骨内転

●刺激評価

負荷トルクの最大値	大
スティッキング領域	広い
伸張位の負荷トルク	強
負荷トルクの抜け	抜け小

●種目評価

運動ボリューム	中
負荷トルクの調節	可
煽りチーティング	不可
セルフ補助	可

1種目で複数の筋肥大誘発ストレスが得られる

ライイングリアレイズと同じボトムフォームから肘を曲げながら、ダンベルを垂直に引き上げる。有効負荷範囲が伸張位側に移る。負荷トルクの抜けが小さく代謝的ストレスを得やすい。スティッキング領域が広く広範囲にわたり三角筋が大きな力を発揮できる。

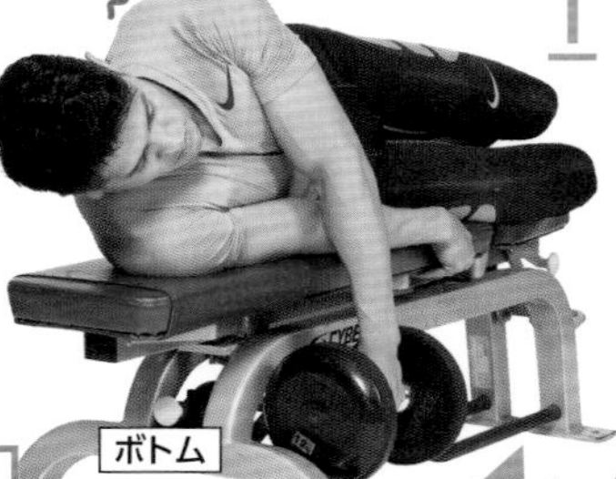

1 片手にダンベルを持ってベンチに横向きで寝る。肩の前で腕を真下に下ろす。上体が横向きのため、肩関節が深い水平内転位になる。

2 肘を曲げながらダンベルを垂直に引き上げる。トップで負荷が抜けないため、できるだけ肘を高く引き上げて肩を大きく水平外転する。

POINT 垂直に引き上げる

肩関節を水平外転する動きで肘先を垂直に引き上げていく。

メイン 三角筋（後部） サブ 僧帽筋（中・下部）、広背筋、大円筋

リアデルトフライ

主要動作 肩関節水平外転

可動域を通して負荷トルクが抜けない

座位で両腕を大きく開くマシン種目。バーを引く軌道にある程度自由があるため、水平外転の動きがやりやすい。負荷トルクが抜けにくく、代謝的ストレスを得やすい。チェストフライと切り替え式で実施するマシンもある。

●刺激評価

負荷トルクの最大値	中
スティッキング領域	やや広
伸張位の負荷トルク	中
負荷トルクの抜け	抜け小

●種目評価

運動ボリューム	やや小
負荷トルクの調節	可
煽りチーティング	不可
セルフ補助	不可

追い込みテク 負荷トルクの調節

限界まで反復したら肘を曲げて負荷トルクを下げ、フォーストレップで力を出し切る。できるだけ肩甲骨を寄せずに、肩関節の動きだけで腕を開きバーを後方に振る。

メイン 三角筋(後部) サブ 僧帽筋、広背筋、大円筋

ケーブルリアデルトローイング

主要動作 肩関節水平外転＋肩甲骨内転

●刺激評価

負荷トルクの最大値	大
スティッキング領域	広い
伸張位の負荷トルク	強
負荷トルクの抜け	抜け小

●種目評価

運動ボリューム	中
負荷トルクの調節	可
煽りチーティング	不可
セルフ補助	不可

効率よく複数の筋肥大誘発ストレスが得られる

腕を交差した状態から肘を曲げながら開いてケーブルを引く種目。ライイングデルトローイングと有効負荷範囲や刺激評価は同じ。刺激評価4項目で減点項目がないため複数のストレスが得られる。両腕で行う種目であるため片腕種目より実施時間を短縮できる。

POINT 肩甲骨を寄せない

肘を両肩の高さまで上げた外転位でケーブルを左右に引くと水平外転の動きになる。肩甲骨を寄せず三角筋後部の貢献を高める。

1 ボトム

ケーブルの起点を肩の高さに合わせて左右の起点を遠ざける。腕を交差させてグリップを握り左右のケーブルを軽く引く。

2 トップ

水平面で肘を曲げながら腕を開いて左右のケーブルを引く。肩甲骨を寄せずに左右の肘を遠ざける意識で引いていく。

1 ボトム

グリップを肩の高さに合わせてシートをセットする。腕を前方に伸ばし手の甲を上に向けてバーを握る。

2 トップ

肩甲骨を寄せずに腕を開きバーを後方に振る。肩甲骨の動きを抑えて肩の動きでバーを振ると三角筋の後部に負荷が集まる。

大胸筋の鍛え方

肩関節水平内転筋

大胸筋

胸板を形成する胸部の筋肉。腕を水平面で前方に振る動き（肩関節水平内転）の主働筋。腕を内向きにひねる動き（肩関節内旋）にも作用する。腹部（下部）は腕を内側へ振る動き（肩関節内転）にも働く。

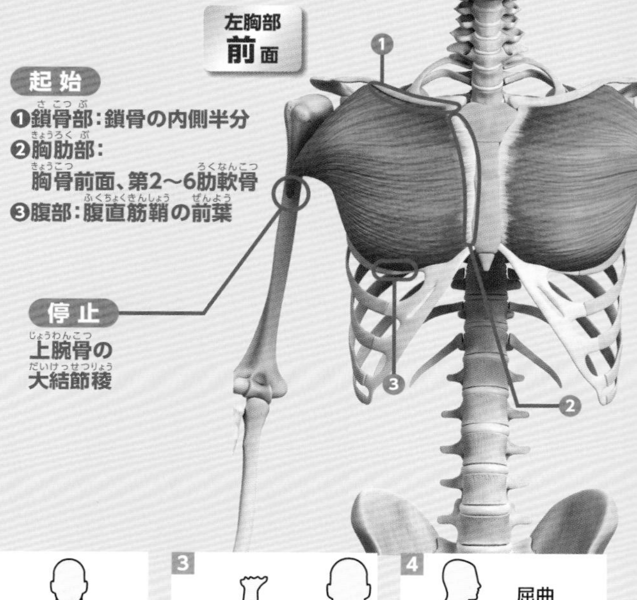

主な働き

肩関節の 1 水平内転・2 内転（下部）・3 内旋・4 屈曲（上部）・5 吸気の補助

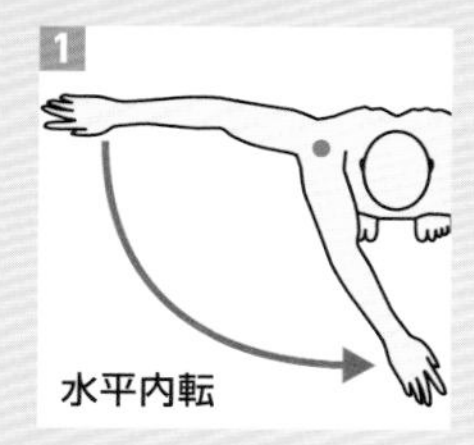

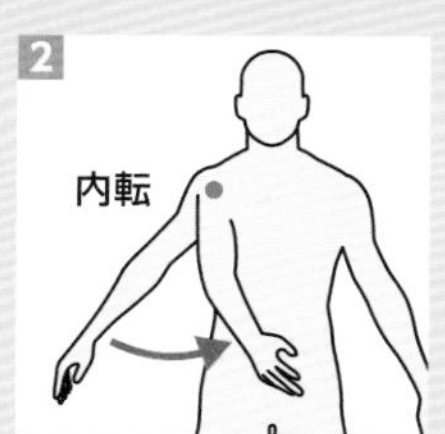

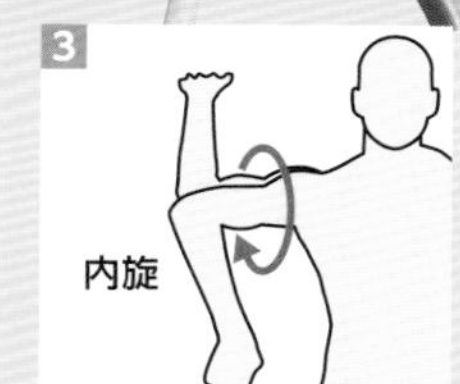

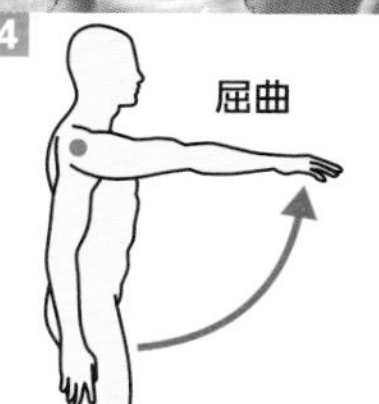

大胸筋は上部・中部・下部をそれぞれ狙って鍛えられる

大胸筋は肩関節水平内転種目で鍛えることが基本となるが、上部・中部・下部で起始部および筋線維の走行方向がそれぞれ異なるため、各部位にフォーカスして鍛え分けができる（→P.40～41参照）。

中部：垂直方向の水平内転
ベンチプレス（→P.92）

上部：斜め上方向の水平内転
インクラインダンベルプレス（→P.101）

下部：斜め下方向の水平内転
ディップス（→P.98）

大胸筋の働き

肩関節 水平内転

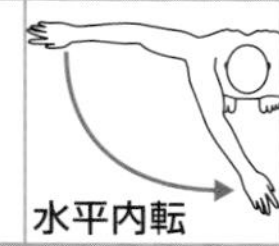

貢献度ランキング

1. 大胸筋（だいきょうきん）
2. 三角筋(前部)（さんかくきん）
3. 上腕二頭筋（じょうわんにとうきん）

肩から腕を水平面で前方に振る肩関節の水平内転動作。主働筋は大胸筋。三角筋の前部や上腕二頭筋も協働筋として働く。水平内転の軌道を斜め上方向にすると大胸筋の上部に、斜め下方向にすると下部に負荷が集まる。

肩関節水平内転の筋力トルク

肩関節の水平内転動作について、本書では水平面で腕を前方に伸ばした状態を0度と定義。そこから外側へ開くほど伸張位になる。水平内転動作の筋力トルクの適当なデータが現在は見当たらないため、類似の特徴をもつと考えられる肩関節内転の筋力トルクデータを参考に評価している。

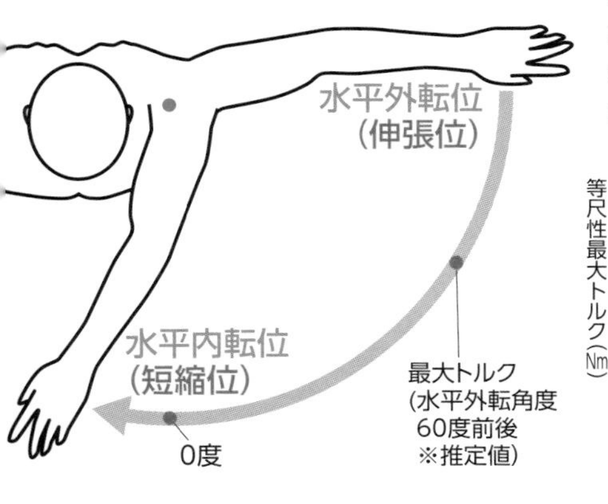

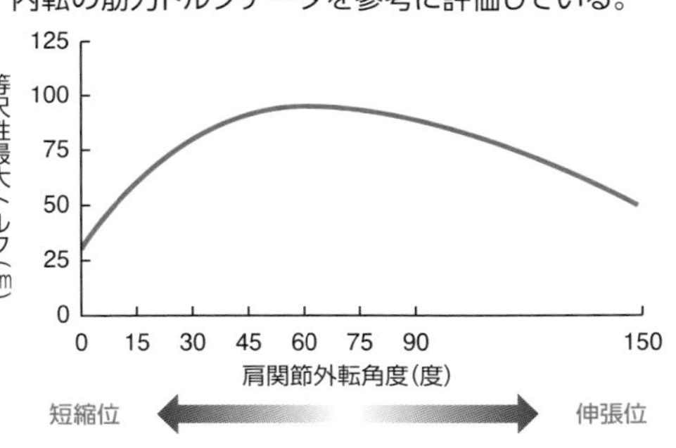

Garner and Pandy (2001)、Dehail et al. (2008)より改変

▶▶肩関節水平内転種目(主働筋:大胸筋)の負荷トルク図

●ベンチプレス(→P.92)

(※手幅が広いほど負荷トルクのピークは伸張位側へ移る)

有効負荷範囲の広さ:C

有効負荷範囲 伸張位〜中間位(水平外転角度55〜105度付近)

スティッキング領域 伸張位(水平外転角度85〜105度付近)

最大負荷トルク 水平外転角度105度前後

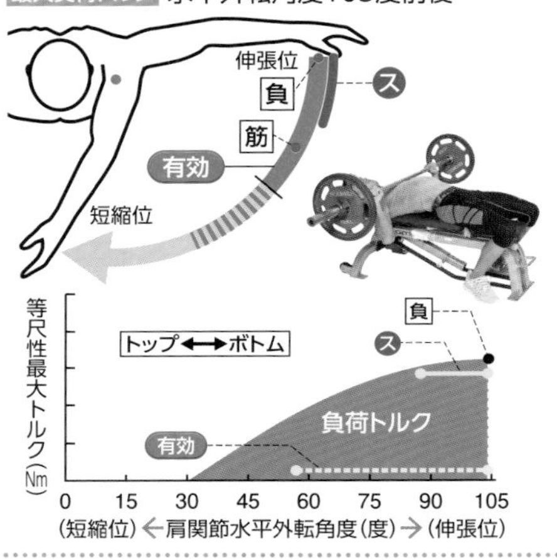

●ダンベルプレス(→P.93)

有効負荷範囲の広さ:A

有効負荷範囲 伸張位〜やや短縮位(水平外転角度30〜120度付近)

スティッキング領域 伸張位(水平外転角度90〜120度付近)

最大負荷トルク 水平外転角度90度前後

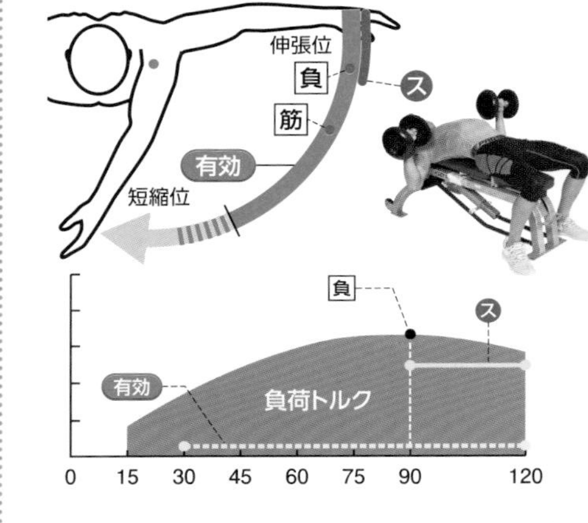

●ダンベルフライ(→P.92)

有効負荷範囲の広さ:C

有効負荷範囲 伸張位〜やや伸張位(水平外転角度65〜120度)

スティッキング領域 伸張位(水平外転角度110〜120度付近)

最大負荷トルク 水平外転角度120度前後

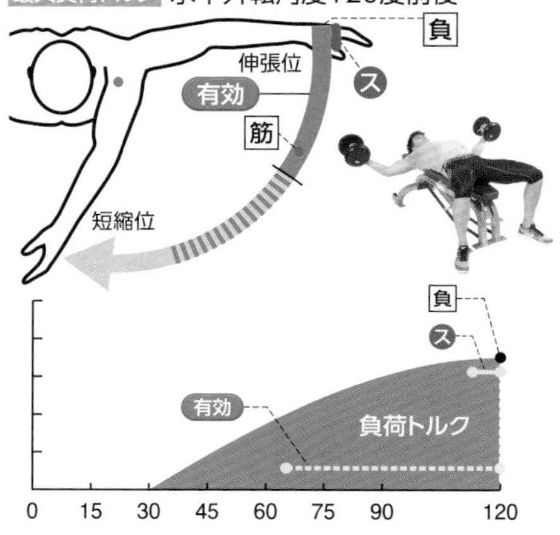

●プッシュアップ(→P.95)

有効負荷範囲の広さ:C

有効負荷範囲 伸張位〜中間位(水平外転角度55〜105度付近)

スティッキング領域 伸張位(水平外転角度90〜105度付近)

最大負荷トルク 水平外転角度105度前後

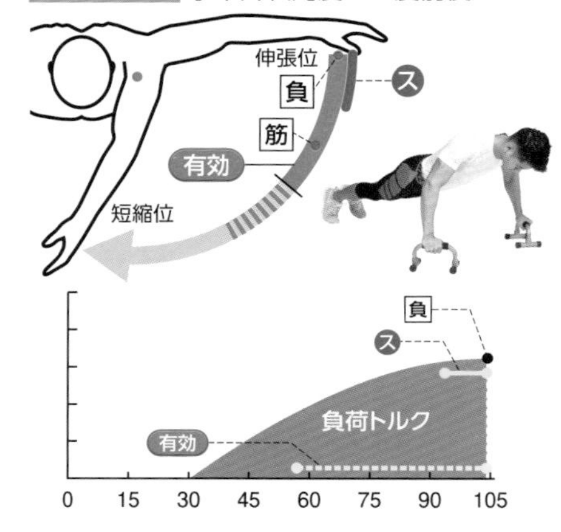

※肩関節水平内転の「筋力トルク」のグラフはデータ十分にが揃っていないため割愛

有効：有効負荷範囲（※最大負荷トルクの50％以上レベル）の範囲（青色）※縞線範囲は有効負荷範囲外の稼働域
ス：スティッキング領域　負：最大負荷トルク　筋：最大筋力トルク（水平外転角度60度付近※推定値）

ケーブルクロスオーバー（→P.94）

（→P.94）

有効負荷範囲の広さ：A　（※トップで腕を交差させないフォーム）

有効負荷範囲　やや伸張位～短縮位（水平外転角度10～105度付近）

スティッキング領域　短縮位（水平外転角度0～20度付近）

最大負荷トルク　水平外転角度75度前後

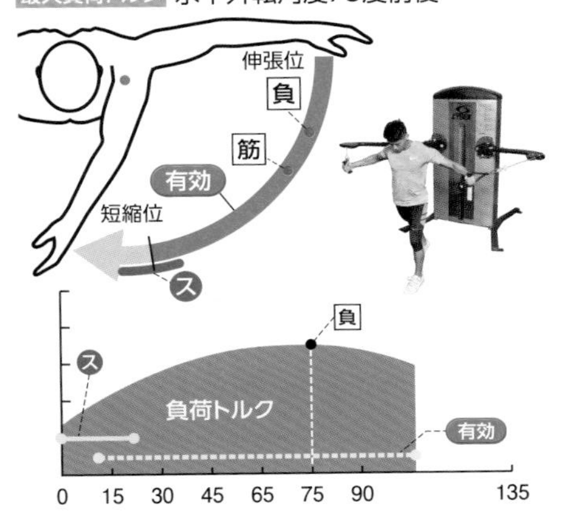

チェストプレス（→P.94）

（※トップに向けて手幅が狭まる軌道のタイプ）

有効負荷範囲の広さ：B

有効負荷範囲　伸張位～中間位（水平外転角度45～105度付近）

スティッキング領域　伸張位（水平外転角度90～105度付近）

最大負荷トルク　水平外転角度105度前後

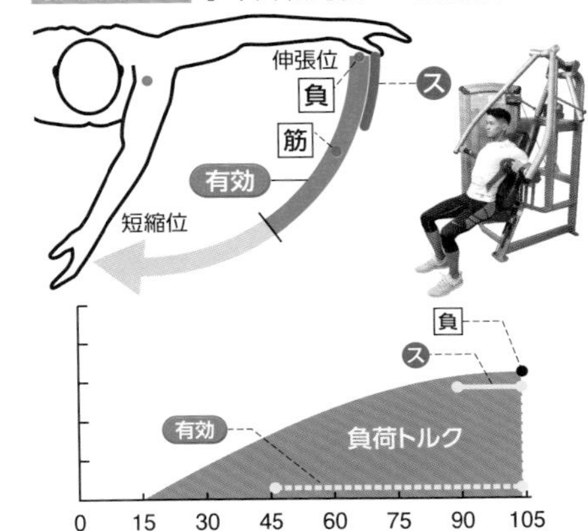

チェストフライ（→P.96）

有効負荷範囲の広さ：A

有効負荷範囲　伸張位～やや短縮位（水平外転角度30～120度）

スティッキング領域　伸張位、やや短縮位（水平外転角度30～40、110～120度）

最大負荷トルク　有効負荷範囲全域

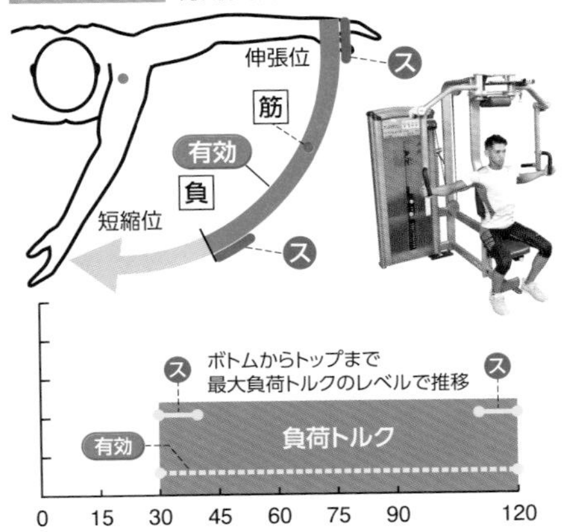

片手チェストプレス（→P.97）

（※トップに向けて手幅が狭まる軌道のタイプ）

有効負荷範囲の広さ：A

有効負荷範囲　中間位～短縮位（水平外転角度－30～60度）

スティッキング領域　短縮位（水平外転角度－15～－30度付近）

最大負荷トルク　水平外転角度0度前後

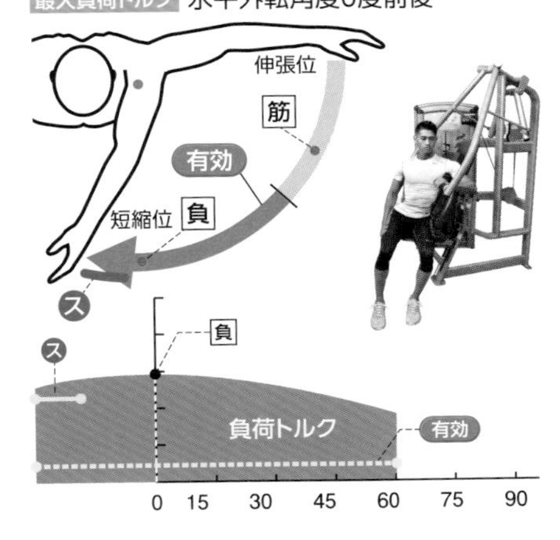

※「スミスベンチプレス」はバーベルで行った場合と同じであるため割愛
※大胸筋の上部および下部が主働筋の種目は割愛

メイン 大胸筋　サブ 三角筋（前部）、上腕三頭筋

ベンチプレス

主要動作 肩関節水平内転+肘関節伸展

●刺激評価

負荷トルクの最大値	大
スティッキング領域	やや広
伸張位の負荷トルク	強
負荷トルクの抜け	抜け中

●種目評価

運動ボリューム	中
負荷トルクの調節	不可
煽りチーティング	不可
セルフ補助	不可

高重量で大胸筋を追い込める王道種目

ベンチに寝た体勢で肩関節を水平内転する王道のバーベル種目。負荷トルクの最大値が大きいため大胸筋が強い力を発揮できる。ボトムでの伸張位の負荷トルクも強い。ダンベルプレスと比べて有効負荷範囲や負荷トルクの推移がやや伸張側にシフトしている。

1 ベンチに寝て肩幅の1.5倍程度の手幅でバーを握る。肩甲骨を寄せ胸を張った状態でラックからバーを外し、バーベルを保持する。

トップ

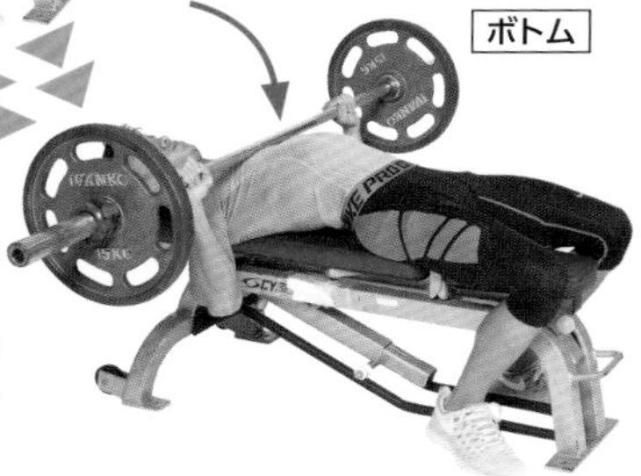

ボトム

2 胸を張ったままバーが体に触れるまでゆっくり下ろす。バーは乳頭かそのやや下の位置に下ろす。ここからバーを挙上して1に戻る。

POINT 肩甲骨を寄せる

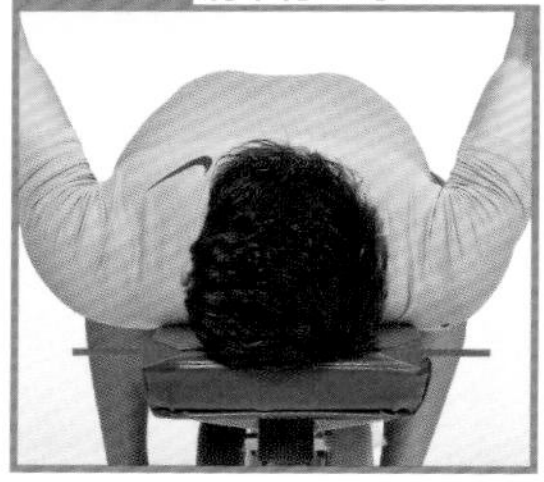

肩甲骨を寄せて胸を張ったまま挙上することによって、大胸筋への負荷が抜けにくくなる。

メイン 大胸筋　サブ 三角筋（前部）、上腕二頭筋

ダンベルフライ

主要動作 肩関節水平内転+肘関節屈曲（固定）

腕を開いた伸張位の負荷トルクが強い

肘を伸ばしたまま腕を閉じる水平内転種目。腕を閉じたトップで負荷トルクは抜けるが、腕を開いたボトムでの伸張位の負荷トルクが強く筋損傷のストレスを得やすい。ダンベルプレスよりもフォーストレップがやりやすい。

●刺激評価

負荷トルクの最大値	中
スティッキング領域	狭い
伸張位の負荷トルク	強
負荷トルクの抜け	抜け大

●種目評価

運動ボリューム	やや小
負荷トルクの調節	可
煽りチーティング	不可
セルフ補助	不可

追い込みテク 負荷トルクの調節

限界まで反復したら、肘を曲げてダンベルプレス気味に上げることで大胸筋への負荷トルクを下げ、フォーストレップを行う。

メイン 大胸筋 サブ 三角筋（前部）、上腕三頭筋

ダンベルプレス

主要動作 肩関節水平内転+肘関節伸展

●刺激評価

負荷トルクの最大値	大
スティッキング領域	広い
伸張位の負荷トルク	強
負荷トルクの抜け	抜け中

●種目評価

運動ボリューム	中
負荷トルクの調節	可
煽りチーティング	不可
セルフ補助	不可

ベンチプレスより有効負荷範囲が広い

ベンチに寝て肩関節を水平内転するダンベル種目。負荷トルクの最大値が大きく、ベンチプレスより可動域を広くとることが可能。ポジションに応じて肩関節の負荷トルクを変化させやすいため、挙上フォームで有効負荷範囲やスティッキング領域を広くできる。

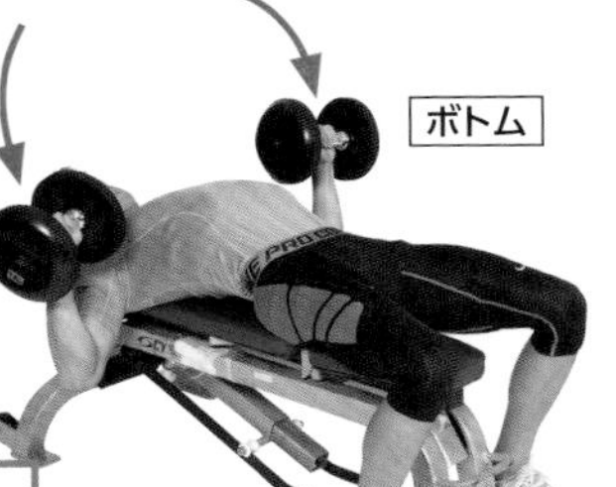

1 ダンベルを持ってベンチに寝る。親指を内側に向ける。肩甲骨を寄せて胸を張り、脇を開きながら肘を曲げてダンベルを下ろす。

2 胸を張ったまま肘を伸ばしながらダンベルを持ち上げる。ダンベルが肩の上方にくるまで弧を描いて上げていく。

バリエーション

肘を伸ばしフライ気味にする

ボトムで肘を少し伸ばしてフライ気味に上げていく方法。ボトムで肘をより深く下ろせるため伸張位で大胸筋をより強く刺激できる。

1 ダンベルを持ちベンチに寝る。胸を張ったまま手の平を上に向け腕を水平になる手前まで開く。肘の屈曲角度は150度前後で固定するのが目安。

2 胸を張ったまま腕を閉じてダンベルを上げる。負荷が抜けるため左右のダンベルはつけない。限界が来るまでは肘の角度は150度で固定する。

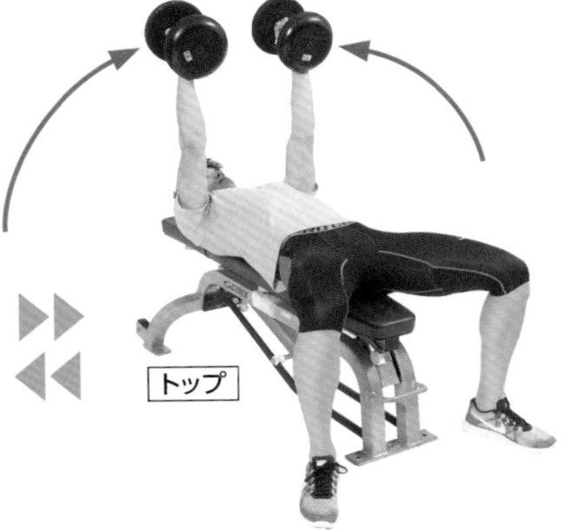

メイン 大胸筋　サブ 三角筋（前部）、上腕三頭筋

スミスベンチプレス

主要動作 肩関節水平内転+肘関節伸展

「刺激評価」「種目評価」は、ベンチプレスと同じのため割愛。ただしスミスマシンでは摩擦でバーを下ろすエキセントリック局面の負荷が低減することから、「伸張位の負荷トルク」「運動ボリューム」はベンチプレスと同じ使用重量であってもやや低くなる。

安全に限界まで追い込めるベンチプレス

スミスマシンで行うベンチプレス。バーへの摩擦の影響を除けば、有効負荷範囲や負荷トルクの推移などはベンチプレスとほぼ同じ。挙上する軌道が決まっていて、セーフティもセットできるため、高重量で行っても安全に限界まで追い込めるのが最大の長所。

ベンチプレス台の場合

スミスマシンがなくてもベンチプレス台やパワーラックでセーフティをセットすれば、比較的安全に追い込める。

軌道が斜めの場合

バーの軌道が斜めのタイプでは頭をラックの中側に向けて実施すると自然な軌道に近くなる。

トップ

ボトム

1
ベンチに寝て肩幅の1.5倍程度の手幅でバーを握る。肩甲骨を寄せて胸を張った状態でラックからバーを外して保持する。

2
胸を張ったままバーが体に触れるまで下ろす。バーは乳頭かそのやや下の位置に下ろす。ここからバーを挙上して1に戻る。

メイン 大胸筋　サブ 三角筋（前部）、前鋸筋、肘関節屈曲筋群

ケーブルクロスオーバー

主要動作 肩関節水平内転+肩甲骨外転+肘関節屈曲（固定）

腕を閉じたトップでも負荷が抜けにくい

ケーブルの水平内転種目。安全に限界まで追い込める。トップでも負荷が抜けずに代謝的ストレスを得られる。使用重量は低くなるが、負荷トルクの最大値は大きい。伸張位の負荷トルクが強く筋損傷のストレスも得やすい。

●刺激評価

負荷トルクの最大値	大
スティッキング領域	やや広
伸張位の負荷トルク	強
負荷トルクの抜け	抜け小

●種目評価

運動ボリューム	やや小
負荷トルクの調節	可
煽りチーティング	可
セルフ補助	不可

追い込みテク 負荷トルクの調節

限界まで反復したら肘を曲げて大胸筋への負荷トルクを下げフォーストレップを行う。ボトムから肘を曲げたまま行う方法もあり、肘を曲げると負荷トルクが伸張位側に移る。

メイン 大胸筋　サブ 三角筋(前部)、前鋸筋、上腕三頭筋

プッシュアップ

主要動作 肩関節水平内転+肩甲骨外転+肘関節伸展

●刺激評価

負荷トルクの最大値	大
スティッキング領域	やや広
伸張位の負荷トルク	中
負荷トルクの抜け	抜け中

●種目評価

運動ボリューム	中
負荷トルクの調節	可
煽りチーティング	可
セルフ補助	不可

大胸筋に高い負荷をかけられる自重種目

自重の肩関節水平内転種目。負荷トルクは大きめの評価であるが、自重の負荷が10RMを下回ると負荷トルクの最大値は小さくなる。ベンチに寝て行うプレス種目とは異なり肩甲骨が自由に動くため、肩甲骨の外転と連動した形で水平内転動作を行える特徴もある。

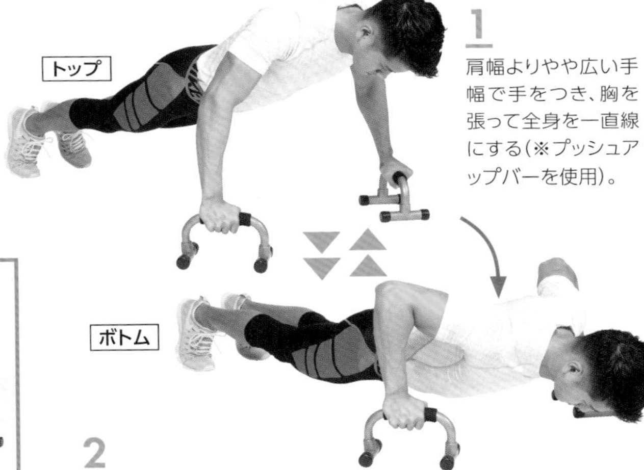

1 肩幅よりやや広い手幅で手をつき、胸を張って全身を一直線にする(※プッシュアップバーを使用)。

2 肩甲骨を寄せて胸を張ったまま、肘を曲げて上体を沈める。ここから肘を伸ばして上体を持ち上げ、1の体勢に戻す。前腕部の延長線上でバーを持ち、バーに力を真っすぐ伝える。

POINT 水平の力を加える

手幅を狭めるように力を入れながら反復すると、肘が伸びたトップでも大胸筋への負荷が抜けにくい。

1 ケーブルの左右の起点を胸の高さで遠ざける。胸を張り大胸筋が伸びる位置でグリップを握り、上体を少し前傾させて、ケーブルを軽く引く。

2 胸を張って肘を少し曲げた状態を保ったまま、腕を閉じてケーブルを引く。親指を上に向け、胸の前方で両手がつく寸前まで近づけていく。

メイン 大胸筋　サブ 三角筋（前部）、上腕三頭筋

チェストプレス

主要動作 肩関節水平内転+肘関節伸展

●刺激評価

負荷トルクの最大値	大
スティッキング領域	やや広
伸張位の負荷トルク	強
負荷トルクの抜け	抜け中

●種目評価

運動ボリューム	中
負荷トルクの調節	不可
煽りチーティング	不可
セルフ補助	不可

高重量でも安全に限界まで追い込めるプレス種目

座位で肩を水平内転するマシン種目。トップに向けて手幅が狭くなるタイプは負荷トルクの抜けがやや減る。バーの軌道が決まっているため安全に追い込める。負荷トルクの最大値は大きいが、バーを下ろすエキセントリック局面のトルクが摩擦で低減する。

POINT 手幅が狭まっていく

押す動きにともなって手幅が狭まるタイプは、バーを上げたトップでも水平内転トルクの抜けが小さくなる。

1 ボトム
バーを握って胸を張る。シートの高さはバーが乳頭の高さにくるように合わせる。バーの前後の位置は肘を深く引いても負荷が抜けない位置にセットする。

2 トップ
肩甲骨を寄せて胸を張ったまま肘を伸ばしながらバーを押す。押す際にお尻が前にズレて上体が後傾しないように注意する。

メイン 大胸筋　サブ 三角筋（前部）、肘関節屈曲筋群

チェストフライ

主要動作 肩関節水平内転+肘関節屈曲（固定）

可動域を通して負荷トルクが抜けにくい

マシンで行うフライ種目。バーの軌道に少し自由があり腕を閉じたトップでも負荷が抜けない。可動域を通して負荷トルクがかかるため、代謝的ストレスを得やすい。伸張位の負荷トルクが強く筋損傷のストレスも得られる。

●刺激評価

負荷トルクの最大値	中
スティッキング領域	広い
伸張位の負荷トルク	強
負荷トルクの抜け	抜け小

●種目評価

運動ボリューム	やや小
負荷トルクの調節	可
煽りチーティング	不可
セルフ補助	不可

追い込みテク 負荷トルクの調節

限界まで反復したら肘を曲げて大胸筋への負荷トルクを下げ、フォーストレップで力を出し切る。肘を曲げるフォームでは有効負荷範囲がわずかに伸張位側にシフトする。

メイン 大胸筋　サブ 三角筋(前部)、前鋸筋、上腕三頭筋

片手チェストプレス

主要動作 肩関節水平内転+肩甲骨外転

●刺激評価

負荷トルクの最大値	中
スティッキング領域	やや広
伸張位の負荷トルク	弱
負荷トルクの抜け	抜け小

●種目評価

運動ボリューム	やや小
負荷トルクの調節	不可
煽りチーティング	不可
セルフ補助	可

有効負荷範囲が腕を閉じた短縮位側に広くなる

シートに横向きに座り片手で行うチェストプレス。有効負荷範囲やスティッキング領域が短縮位側に移る。伸張位の負荷トルクは弱いものの、トルクが抜けにくいため代謝的ストレスを得やすい。空いている手でセルフ補助をするフォーストレップもできる。

1 シートに横向きに座り胸を張る。奥側の腕を曲げてバーを握る。シートの高さは、バーが乳頭の高さにくるように合わせる。

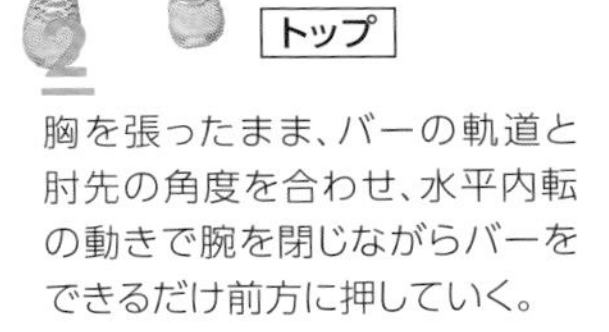

2 胸を張ったまま、バーの軌道と肘先の角度を合わせ、水平内転の動きで腕を閉じながらバーをできるだけ前方に押していく。

追い込みテク セルフ補助

限界まで反復したら空いているほうの手でバーを引いて補助することで、残りの力をすべて出し切る。

1 バーを大胸筋が伸びる後方の位置にセットし、胸を張りグリップを握る。シートの高さはバーが肩より少し低い位置にくるように合わせる。

2 胸を張ったままバーを押して腕を閉じていく。肘の角度は150度前後が目安となるが、バーを押しながらもう少し肘を曲げていってもOK。

メイン 大胸筋（下部）、三角筋（前部） サブ 上腕三頭筋、僧帽筋（下部）、前鋸筋（下部）

ディップス

主要動作 肩関節水平内転（屈曲と内転をともなう）＋肘関節伸展＋肩甲骨後傾

●刺激評価

負荷トルクの最大値	大
スティッキング領域	広い
伸張位の負荷トルク	強
負荷トルクの抜け	抜け中

●種目評価

運動ボリューム	中
負荷トルクの調節	不可
煽りチーティング	不可
セルフ補助	不可

大胸筋の下部に高負荷をかけられる自重種目

平行なバーにつかまり体を持ち上げる自重種目。上体を少し前傾させることで肩関節が屈曲と内転をともなう水平内転になるため、大胸筋の下部に効く。三角筋の前部や上腕三頭筋も鍛えられる。伸張位の負荷トルクも強く、自重で複数のストレスが得られる。

1 平行のバーにつかまり体を保持。肘を少し曲げて胸を張り、膝を曲げて上体を少し前傾させる。大胸筋下部が対象のディップスは両手の間隔を肩幅より広めに。

2 上体を前傾させたまま肘を曲げ上体を沈める。上腕部が水平になるまで下ろすのが目安。ここから体を持ち上げて1に戻る。

POINT 上体を前傾させる

上体を前傾させたまま反復することによって斜め下方向の水平内転で体を持ち上げる動きになる。

メイン 大胸筋（下部） サブ 前鋸筋、肘関節屈曲筋群

ケーブルクロスオーバー（斜め下方向）

主要動作 肩関節水平内転（内転をともなう）＋肘関節屈曲（固定）

大胸筋下部に負荷をかけ続けて追い込める

斜め下方向に腕を閉じていくケーブルクロスオーバー。引く軌道が肩関節の内転をともなう水平内転動作になる。トップで負荷が抜けないため代謝的ストレスを得やすい。負荷トルクの最大値が大きく伸張位の負荷トルクも強い。

●刺激評価

負荷トルクの最大値	大
スティッキング領域	広い
伸張位の負荷トルク	強
負荷トルクの抜け	抜け小

●種目評価

運動ボリューム	やや小
負荷トルクの調節	可
煽りチーティング	可
セルフ補助	不可

バリエーション トップで手を交差する

トップで腕を交差させると、大胸筋をより短縮位まで収縮できるが腕が重なり軌道が少し変わるため負荷は抜けやすくなる。

メイン 大胸筋(下部) サブ 三角筋(前部)、上腕三頭筋

デクラインベンチプレス

主要動作 肩関節水平内転(内転をともなう)+肘関節伸展

●刺激評価

負荷トルクの最大値	大
スティッキング領域	広い
伸張位の負荷トルク	強
負荷トルクの抜け	抜け中

●種目評価

運動ボリューム	中
負荷トルクの調節	不可
煽りチーティング	不可
セルフ補助	不可

お尻の位置を高くして挙上するベンチプレス

お尻を上げた体勢で行うベンチプレス。肩関節が内転をともなう水平内転の動きになるため大胸筋の下部に効く。ベンチプレスと同様に負荷トルクの最大値が大きく、スティッキング領域も広い。伸張位の負荷トルクも強いが、限界まで追い込むのはやや難しい。

1 ベンチに足を乗せて寝る。肩幅の1.5倍程度の手幅でバーを握る。肩甲骨を寄せ胸を張った状態でラックからバーを外して保持。

2 胸を張ったまま、バーが体に触れるまで下ろす。バーはみぞおち付近に下ろす。ここからバーを挙上して1に戻る。

バリエーション ブリッジする

ブリッジをしてお尻を浮かせたフォームでも挙上動作が斜め下方向への水平内転となるため、大胸筋の下部にフォーカスできる。

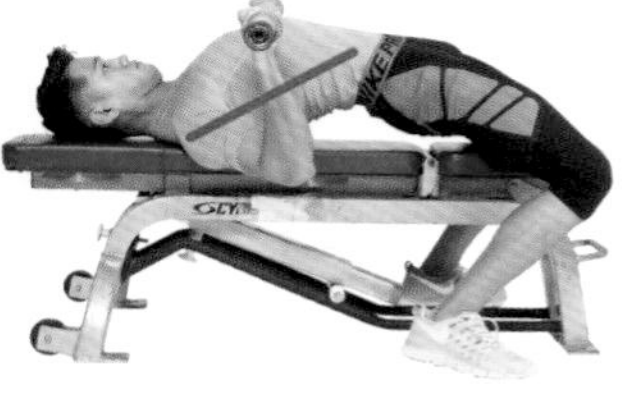

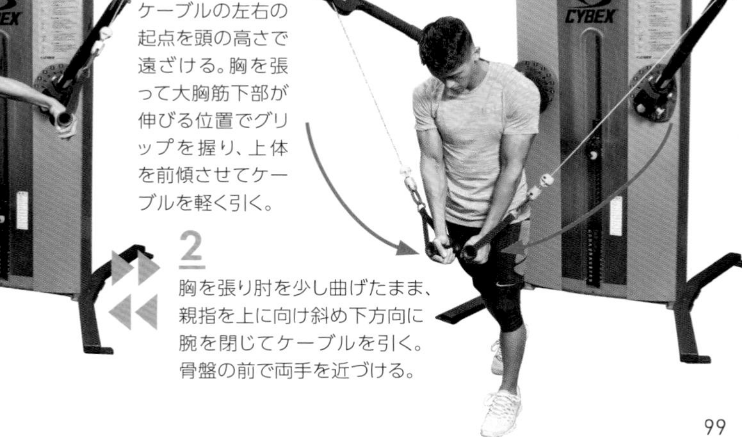

1 ケーブルの左右の起点を頭の高さで遠ざける。胸を張って大胸筋下部が伸びる位置でグリップを握り、上体を前傾させてケーブルを軽く引く。

2 胸を張り肘を少し曲げたまま、親指を上に向け斜め下方向に腕を閉じてケーブルを引く。骨盤の前で両手を近づける。

メイン 大胸筋(上部) サブ 三角筋(前部)、上腕三頭筋

インクラインベンチプレス

主要動作 肩関節水平内転(外転をともなう)+肘関節伸展

●刺激評価

負荷トルクの最大値	大
スティッキング領域	広い
伸張位の負荷トルク	強
負荷トルクの抜け	抜け中

●種目評価

運動ボリューム	中
負荷トルクの調節	不可
煽りチーティング	不可
セルフ補助	不可

上体を後傾させた体勢で挙上するベンチプレス

上体を斜めに傾けて行うベンチプレス。肩関節が外転をともなう水平内転の動きになるため大胸筋の上部に効く。ベンチプレスと同様に負荷トルクの最大値が大きく、スティッキング領域も広い。伸張位の負荷トルクも強い。パワーラックやハーフラックで行う。

1

背もたれを45度の角度に立てたベンチに座り、肩幅の1.5倍程度の手幅でバーを握る。そこから肩甲骨を寄せて胸を張りラックからバーを外して保持する。

2

胸を張ったまま、バーを鎖骨付近に下ろす。ここからバーを挙上して1に戻る。この種目はラックで実施しないと、バーのセッティングが難しい。

POINT 水平の力を加える

手幅を狭めるように力を入れながら反復することで、腕が伸びても大胸筋への負荷が抜けにくくなる。

メイン 大胸筋(上部) サブ 三角筋(前部)、肘関節屈曲筋群

インクラインダンベルフライ

主要動作 肩関節水平内転(外転をともなう)+肘関節屈曲(固定)

上体を後傾させた体勢で両腕を閉じる

上体を後傾させた体勢で行うダンベルフライ。腕の動きが肩関節の外転をともなう水平内転の軌道になるため、大胸筋の上部に効く。トップで負荷トルクが抜けやすく、強い力は発揮しにくいが、伸張位の負荷トルクが強い。

●刺激評価

負荷トルクの最大値	中
スティッキング領域	狭い
伸張位の負荷トルク	強
負荷トルクの抜け	抜け小

●種目評価

運動ボリューム	やや小
負荷トルクの調節	可
煽りチーティング	不可
セルフ補助	不可

追い込みテク 負荷トルクの調節

限界まで反復したら、肘を曲げてダンベルプレス気味に挙げることで大胸筋への負荷トルクを下げ、フォーストレップを行う。

メイン 大胸筋（上部）　サブ 三角筋（前部）、上腕三頭筋

インクラインダンベルプレス

主要動作 肩関節水平内転（外転をともなう）+肘関節伸展

●刺激評価

項目	評価
負荷トルクの最大値	大
スティッキング領域	広い
伸張位の負荷トルク	強
負荷トルクの抜け	抜け中

●種目評価

項目	評価
運動ボリューム	中
負荷トルクの調節	可
煽りチーティング	不可
セルフ補助	不可

上体を後傾させた体勢で上げるダンベルプレス

上体を斜めにして行うダンベルプレス。肩関節が外転をともなう水平内転の動きになり大胸筋の上部に刺激が入る。インクラインベンチプレスよりも肘を深く下ろせるため可動域は広くなるが、有効負荷範囲や負荷トルクの推移は全体的に短縮位側に移る。

1 背もたれを45度の角度に立てたベンチに座り両手にダンベルを持ち親指を内側に向ける。そこから肩甲骨を寄せて胸を張り、肘を曲げながら脇を開いてダンベルを深く下ろす。

2 胸を張ったまま、肘を伸ばしながらダンベルを持ち上げる。左右のダンベルが肩の上方にくるまで弧を描いて上げていく。

バリエーション

肘先を垂直にして上げる

肘先を少し内側に倒して上げるフォームが基本となるが肘先を垂直に上げると大胸筋の貢献が高まる。

1 背もたれを45度に立てたベンチに座りダンベルを持って胸を張る。そこから手の平を上に向けて腕を水平になる手前まで開く。

2 胸を張ったまま腕を閉じて左右のダンベルを肩の上方まで上げる。肘の角度を150度に固定して反復する。

メイン 大胸筋（上部）、三角筋（前部）　サブ 前鋸筋（下部）、肘関節屈曲筋群

ケーブル内転フロントレイズ

主要動作 肩関節水平内転（内転をともなう）+肘関節屈曲（固定）

●刺激評価

負荷トルクの最大値	大
スティッキング領域	広い
伸張位の負荷トルク	強
負荷トルクの抜け	抜け小

●種目評価

運動ボリューム	やや小
負荷トルクの調節	可
煽りチーティング	可
セルフ補助	不可

1種目で複数の筋肥大誘発ストレスが得られる

斜め上の方向に腕を閉じていく軌道のケーブルクロスオーバー。肩関節が外転をともなう水平内転の動きになり大胸筋上部に効く。使用重量は低くなるが刺激評価4項目で減点項目がない優良種目。肘を曲げたり上体を煽ったりすることでフォーストレップも可能。

1
ケーブルの左右の起点を膝の高さで遠ざける。胸を張り大胸筋上部が伸びる位置でグリップを握る。上体を前傾しケーブルを軽く引く。

2
胸を張り肘を少し曲げたまま親指を上に向け、斜め上方向に腕を閉じてケーブルを引く。顔の前で両手を近づける。

メイン 大胸筋（上部）　サブ 三角筋（前部）、上腕三頭筋

スミスインクラインベンチプレス

主要動作 肩関節水平内転（外転をともなう）+肘関節伸展

「刺激評価」と「種目評価」は、インクラインベンチプレスと同じ。ただしスミスマシンでは摩擦でバーを下ろすエキセントリック局面の負荷が低減することから、「伸張位の負荷トルク」「運動ボリューム」はフリーウエイトと同じ使用重量でもやや低くなる。

安全に追い込めるインクラインベンチプレス

スミスマシンで行うインクラインベンチプレス。スミスマシンで実施するとセッティングがしやすく高重量でも安全に追い込める。バーへの摩擦による影響を除けば、可動域や負荷トルクの推移はバーベルで行う場合とほぼ同じ。強い力を発揮することができる。

軌道が斜めの場合

バーの軌道が斜めのタイプでは、頭をラックの中側に向けて行うと斜め上方向の水平内転で挙上する軌道になり大胸筋の上部に効く。

1
背もたれを45度にしたベンチに座り、肩幅の1.5倍程度の手幅でバーを握る。胸を張りラックからバーを外して保持。

2
胸を張ったままバーを下ろす。バーが鎖骨の上に下りる位置にベンチを合わせる。ここからバーを挙上して1に戻る。

第3章

背中の筋肉を鍛える

背中を覆っている広背筋、上背部の僧帽筋がターゲットの種目を解説。各種目の「負荷トルク図」や「刺激評価」「種目評価」の内容から、異なる筋肥大誘発ストレスが得られる種目を組み合わせることで、トレーニング効果が複合的に高まり、筋肉の成長・発達が促進される。

（※「刺激評価」の4項目は「肩関節伸展種目」「肩関節内転種目」など主要動作が同じ種目だけをそれぞれ比較した場合の相対評価）
（※「種目評価」の「運動ボリューム」は全種目共通の絶対評価）

本書における負荷トルク曲線は、筋トレの各種目の挙上動作を、
❶一般的な姿勢・フォームで、❷加速度（勢いの急な増減）を最小限に行った場合の推定である。
ただし、❶に関しては、筋トレ実施時の姿勢・フォームが変われば、最大負荷トルクが増減したり、負荷トルクの推移が伸張位側もしくは短縮位側にシフトしたり、上に凸のカーブが平坦になったり、逆にカーブが尖ったり、といった影響を受ける。
❷に関しても、顕著な加減速をともなう筋トレ動作の場合には、加速度の影響が大きくなるため、負荷トルクが急に大きくなったり、逆に急に抜けたりする。
今回の評価はあくまで、一般的な姿勢・フォームで勢いをつけずに行った場合に、筋トレ動作の各ポジションにおける幾何学的フォームから静力学的に推定される負荷トルク曲線である。

広背筋の鍛え方

肩関節伸展・内転・水平外転筋

広背筋

面積が大きい背中の筋肉。肩から腕を後方に引く動き(肩関節伸展)と、腕を内側に振る動き(肩関節内転)の主働筋として働く。肩甲骨を介さず背中と上腕部をつないでおり、伸張位側で肩甲骨を広げ(外転・挙上)、停止部を背中から遠ざけると広背筋がより伸びる。同様に短縮位側で肩甲骨を寄せる(内転・下制)とより短くなる。

背中 左側面

停止

上腕骨の小結節稜

起始

❶第6(または7)胸椎～第5腰椎にかけての棘突起(胸腰筋膜を介して)

❷正中仙骨稜

❸腸骨稜の後方

❹第9(または10)～12肋骨、肩甲骨の下角

主な働き

肩関節の 1 伸展・ 2 内転・ 3 水平外転・ 4 内旋

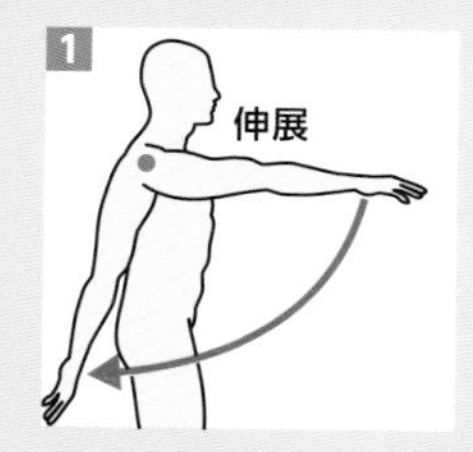

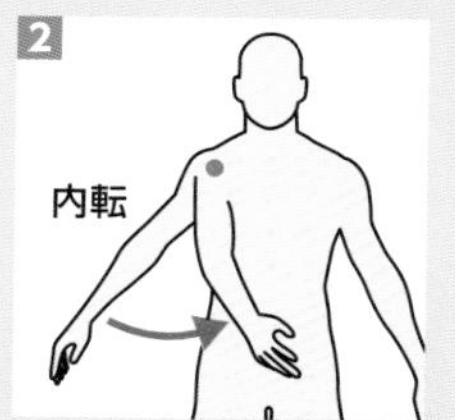

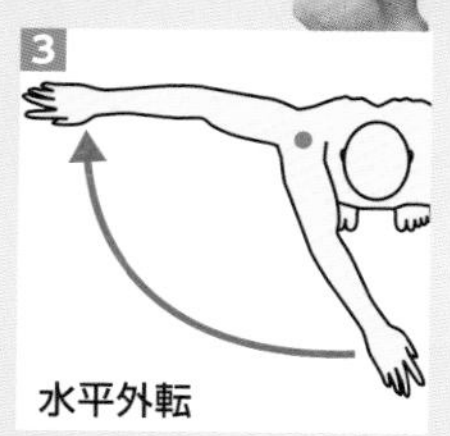

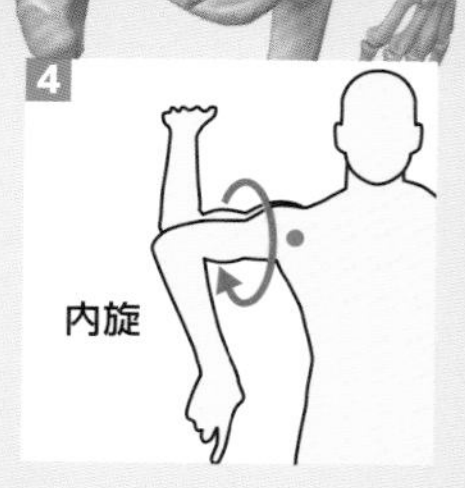

肩関節の伸展種目と内転種目で鍛える

主要な肩関節伸展種目はローイング系とチンアップ系の種目。特にローイング系種目は種類が多い。主要な肩関節内転種目はプルダウン系とプルアップ系の種目。バーベルでは鍛えにくい動きとなる。

肩関節伸展種目

ローイング系
(→P.108～111)

チンアップ系
(→P.112～113)

肩関節内転種目

プルダウン系
(→P.118～119)

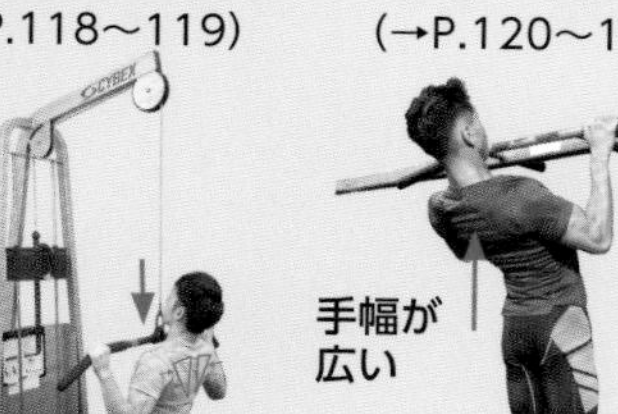
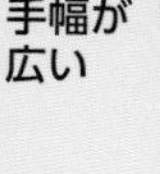

プルアップ系
(→P.120～121)

肩関節 伸展

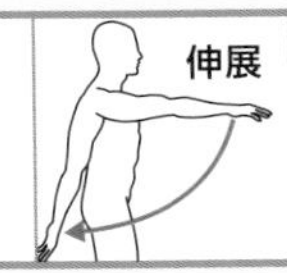

貢献度ランキング
1. 広背筋（こうはいきん）
2. 大円筋（だいえんきん）
3. 三角筋（さんかくきん）（後部）
4. 上腕三頭筋（じょうわんさんとうきん）（長頭（ちょうとう））

肩から腕を後方に振る肩関節の伸展動作。主働筋は背中の広背筋と、広背筋の働きを補助する大円筋。三角筋の後部や上腕三頭筋の長頭なども協働筋として働く。肩関節伸展種目では広背筋を中心に鍛えられる。

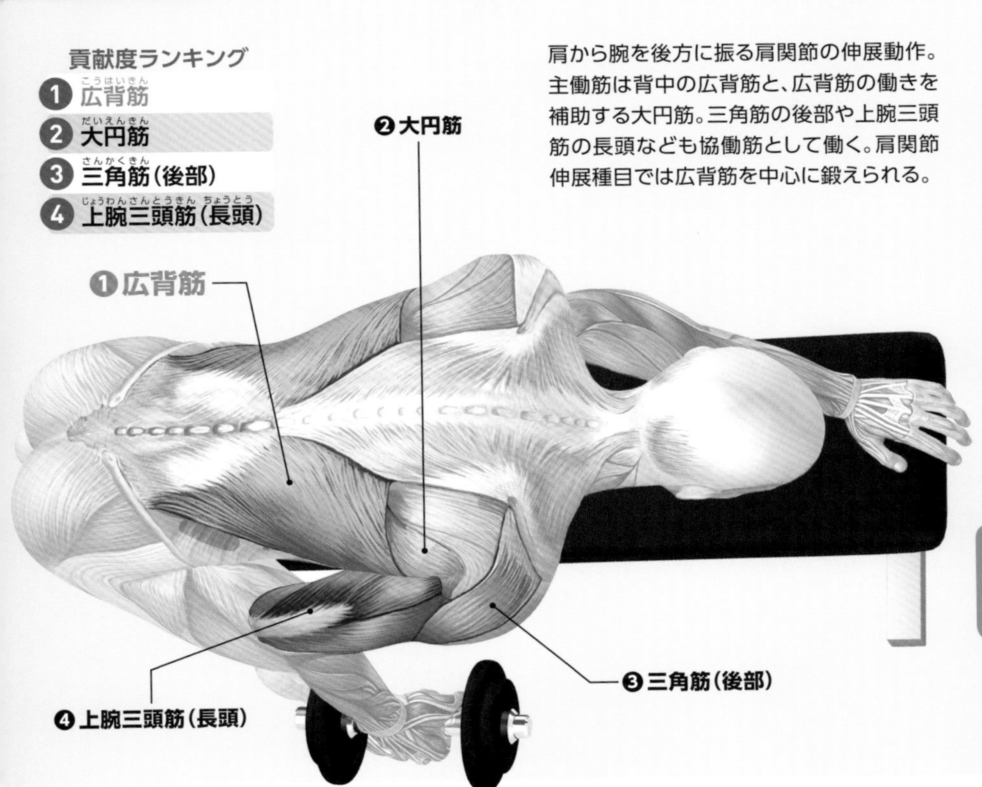

肩関節伸展の筋力トルク

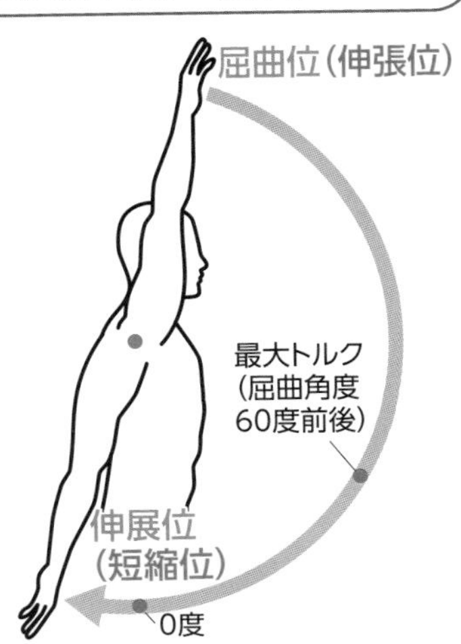

肩関節の屈曲動作について、本書では立位で腕を下ろした状態を0度と定義。そこから腕を前方に振るほど屈曲位（伸張位）に、後方に振るほど伸展位（短縮位）になる。肩関節伸展の筋力トルクは屈曲角度60度付近で最大となる。ただし関節角度の変化にともなう筋力トルクの変化は小さい。

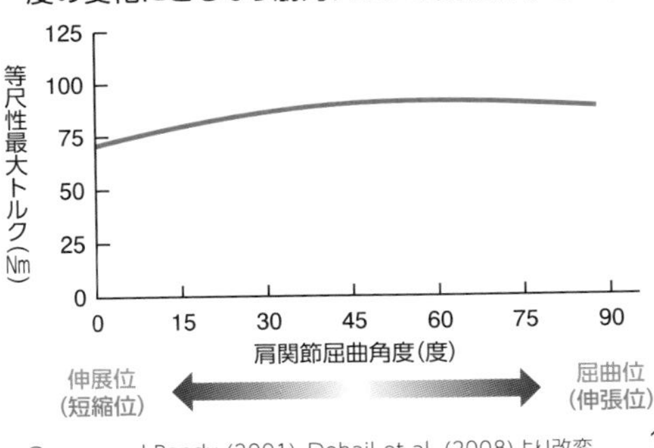

Garner and Pandy (2001)、Dehail et al. (2008)より改変

▶▶肩関節伸展種目（主働筋：広背筋）の負荷トルク図

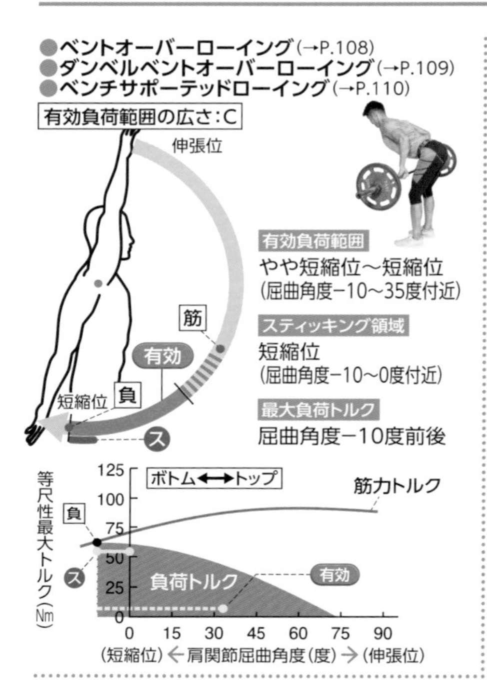

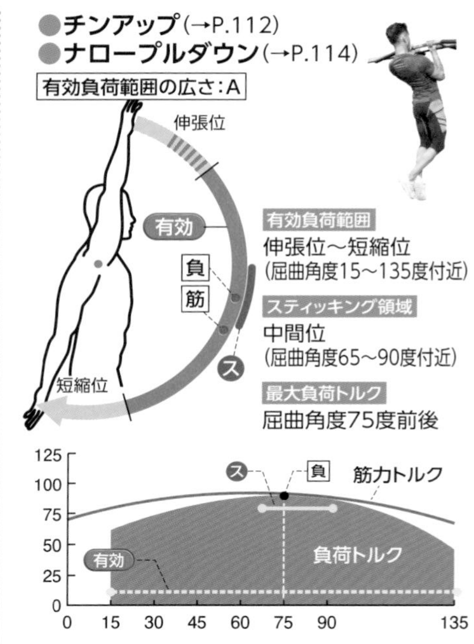

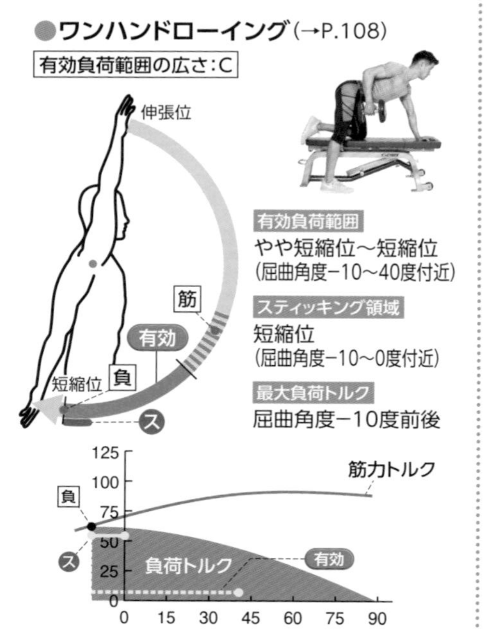

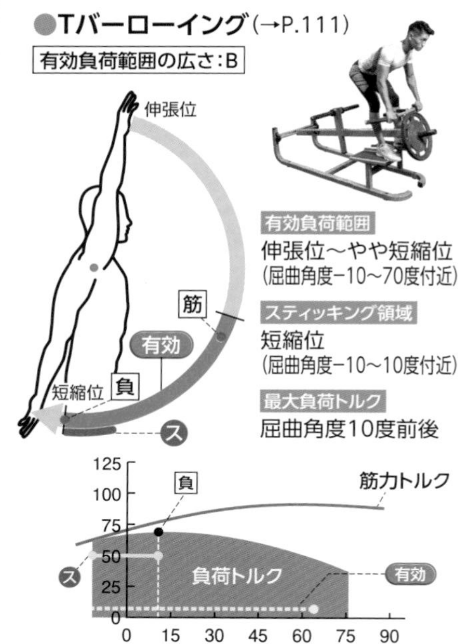

※「ベントオーバーローイング」「ダンベルベントオーバーローイング」の負荷トルクはボトムで腕を真下に下ろしたフォームでの評価

有効：有効負荷範囲（※最大負荷トルクの50%以上レベル）の範囲（青色）※縞線範囲は有効負荷範囲外の稼働域
ス：スティッキング領域　負：最大負荷トルク　筋：最大筋力トルク（屈曲角度60度付近）

●スターナムチンアップ（→P.113）

有効負荷範囲の広さ：A

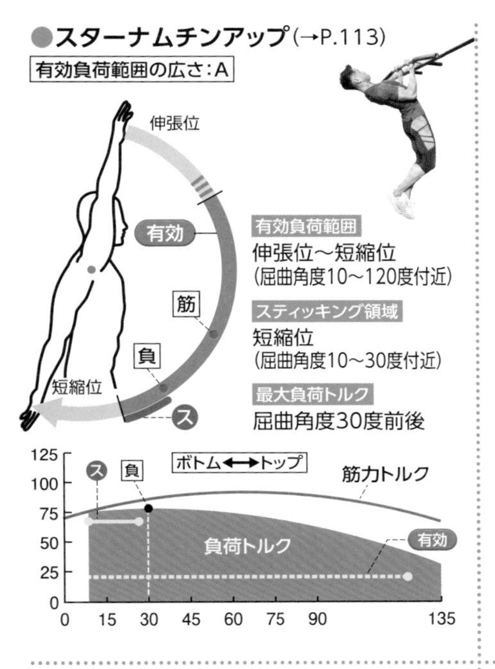

有効負荷範囲
伸張位～短縮位
（屈曲角度10～120度付近）

スティッキング領域
短縮位
（屈曲角度10～30度付近）

最大負荷トルク
屈曲角度30度前後

●ケーブルナローローイング（→P.115）

有効負荷範囲の広さ：A

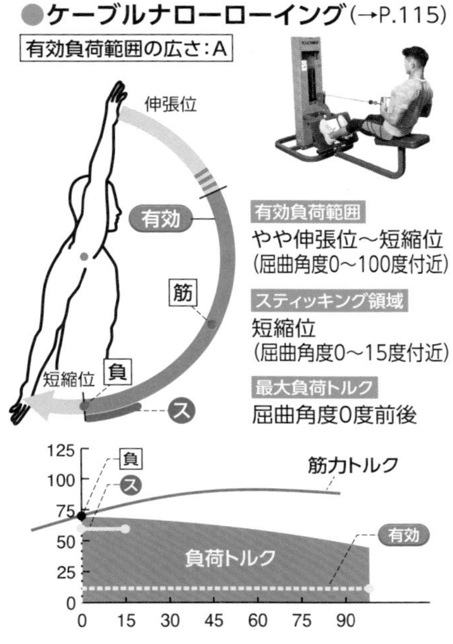

有効負荷範囲
やや伸張位～短縮位
（屈曲角度0～100度付近）

スティッキング領域
短縮位
（屈曲角度0～15度付近）

最大負荷トルク
屈曲角度0度前後

●ストレートアームプルダウン（→P.112）

有効負荷範囲の広さ：B

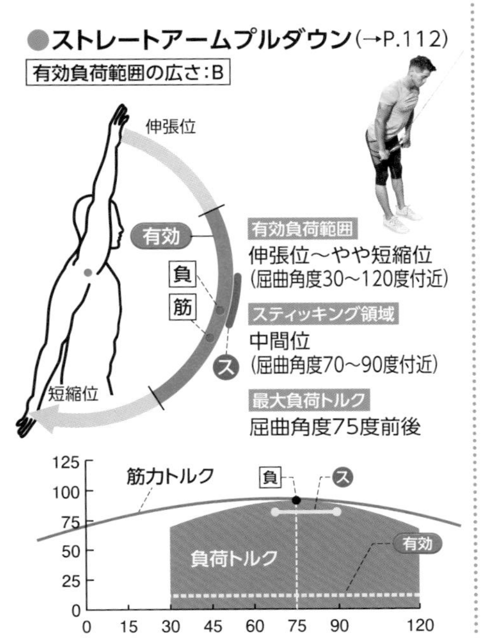

有効負荷範囲
伸張位～やや短縮位
（屈曲角度30～120度付近）

スティッキング領域
中間位
（屈曲角度70～90度付近）

最大負荷トルク
屈曲角度75度前後

●マシンローイング（→P.114）

有効負荷範囲の広さ：C

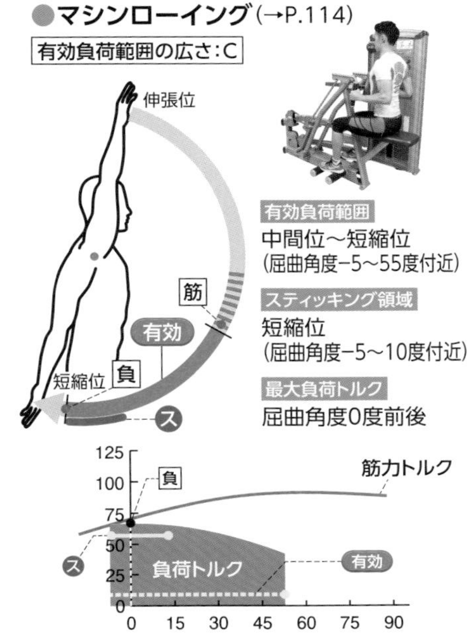

有効負荷範囲
中間位～短縮位
（屈曲角度−5～55度付近）

スティッキング領域
短縮位
（屈曲角度−5～10度付近）

最大負荷トルク
屈曲角度0度前後

※「ダンベルプルオーバー」は主働筋が広背筋ではないため割愛

メイン 広背筋、僧帽筋（中・下部） サブ 大円筋、肘関節屈曲筋群

ベントオーバーローイング

主要動作 肩関節伸展（水平外転をともなう）+肩甲骨内転

広背筋と僧帽筋を高重量で追い込める

バーベルを引き寄せるローイング種目。肩甲骨を内転させるため僧帽筋も一緒に鍛えられる。ボトムでバーを体のほうへ引きつけ、腕を垂直に垂らさず少し斜めにすることで負荷の抜けを防げる。煽りチーティングで限界まで追い込めるが腰にやや負担がかかる。

●刺激評価

負荷トルクの最大値	中
スティッキング領域	やや広
伸張位の負荷トルク	弱
負荷トルクの抜け	抜け小

●種目評価

運動ボリューム	大
負荷トルクの調節	不可
煽りチーティング	可
セルフ補助	不可

ボトム

1 肩幅よりやや広い手幅でバーベルを持つ。膝を軽く曲げて背すじを伸ばし、上体を60度程度の角度に前傾させる。バーは真下に下ろすのではなく体側に引きつける。

トップ

2 胸を張って肩甲骨を寄せながら、肘を曲げながら後方に引き上げ、バーを下腹部のほうへ引き寄せる。肩関節から腕を後方に振っていく。

POINT バーを引きつける

ボトムではバーを真下に下ろさず体側に引きつける。腕を少し斜めにすることで負荷の抜けを防げる。

メイン 広背筋、僧帽筋（中部） サブ 肘関節屈曲筋群、内腹斜筋（同側）、外腹斜筋（反対側）

ワンハンドローイング

主要動作 肩関節伸展+肩甲骨内転

限界まで追い込みやすいローイング種目

ベンチに片膝をついた体勢で行う片手のローイング種目。腰への負担が少なくなり、高重量でも安全に追い込める。ただし、腰が楽になるぶんだけボトムでダンベルを手前に引きつける意識が弱くなりボトムで負荷が抜けやすい。

●刺激評価

負荷トルクの最大値	中
スティッキング領域	やや広
伸張位の負荷トルク	弱
負荷トルクの抜け	抜け中

●種目評価

運動ボリューム	中
負荷トルクの調節	不可
煽りチーティング	可
セルフ補助	不可

追い込みテク チーティング

限界まで反復したら上体をひねる動きの反動を利用してフォーストレップ。通常のフォームでこの動きをするのは肩関節外転をともなう伸展動作となり、広背筋の作用方向とは異なるためNG。

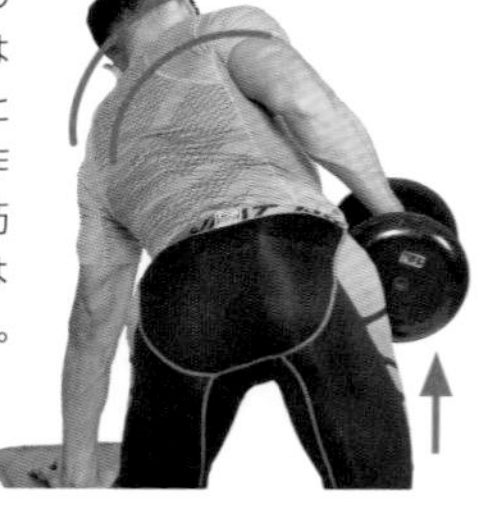

メイン 広背筋、僧帽筋(中・下部) サブ 大円筋、肘関節屈曲筋群

ダンベルベントオーバーローイング

主要動作 肩関節伸展(水平外転をともなう)+肩甲骨内転

●刺激評価

負荷トルクの最大値	中
スティッキング領域	やや広
伸張位の負荷トルク	弱
負荷トルクの抜け	抜け小

●種目評価

運動ボリューム	大
負荷トルクの調節	可
煽りチーティング	可
セルフ補助	不可

手軽に実施できるベントオーバーローイング

ダンベルを引き寄せるローイング種目。バーベルで行う場合と、刺激評価はほとんど同じであるが、腕の軌道がより自由になる。バーベルを引く動きと同様にボトムでダンベルを体側に引きつけ、腕を垂直に垂らさず少し斜めにすることで負荷の抜けを防げる。

1 ダンベルを持ち、膝を軽く曲げて背すじを伸ばし、上体を60度程度の角度に前傾させる。肩の下方で左右のダンベルをハの字にする。

2 胸を張って肩甲骨を寄せるとともに肘を曲げながら後方に引き、ダンベルを下腹部のほうへ引き寄せる。肘が胴体より少し後方にくるまで引き上げていく。

追い込みテク 重量を下げる

限界まで反復したらダンベルを下ろし、両手で1つのダンベルを持ってフォーストレップする。

1 片手にダンベルを持ち、もう片方の手と片膝をベンチにつく。上体は水平に近い角度まで前傾する。肩甲骨を開いてダンベルを下ろす。

2 胸を張って肩甲骨を寄せながら、肘を後方に引いてダンベルを引き上げる。上腕部が水平になる程度の高さまで上げるのが目安となる。

メイン 広背筋、僧帽筋（中部） サブ 大円筋、肘関節屈曲筋群

ベンチサポーテッドローイング

主要動作 肩関節伸展+肩甲骨内転

●刺激評価

負荷トルクの最大値	中
スティッキング領域	広い
伸張位の負荷トルク	弱
負荷トルクの抜け	抜け中

●種目評価

運動ボリューム	中
負荷トルクの調節	不可
煽りチーティング	可
セルフ補助	不可

腰に負担をかけずに追い込めるローイング種目

上体を固定して行うローイング種目。ベンチに寝て行うことで、腰への負担は軽減されるが、そのぶんボトムでダンベルを手前に引きつける意識が弱くなりボトムで負荷が抜けやすい。ベンチの脚部分の形状によってはバーベルでも同様に実施することが可能。

1 背もたれを30度程度に立てたベンチに腹ばいで寝てダンベルを持つ。肩甲骨を開きながら、ダンベルを下ろす。

2 胸を張って肩甲骨を寄せながら、肘を後方に引いてダンベルを上げる。肘が胴体より少し後ろにくるまで上げる。

追い込みテク チーティング

限界まで反復したら、背中を反らせるように上体を起こしてフォーストレップ。残りの力をすべて出し切る。

メイン 大胸筋、小胸筋、上腕三頭筋（長頭） サブ 広背筋、大円筋

ダンベルプルオーバー

主要動作 肩関節伸展（内転をともなう）+肩甲骨前傾

広背筋、大胸筋、上腕三頭筋を鍛える

両腕を頭上に大きく振り上げた肩関節の深い屈曲位から腕を前方に振る。有効負荷範囲、スティッキング領域が伸張位に集中しているため筋損傷のストレスを得やすい。広背筋よりも大胸筋、上腕三頭筋への負荷が大きくなる。

●刺激評価

負荷トルクの最大値	中
スティッキング領域	狭い
伸張位の負荷トルク	強
負荷トルクの抜け	抜け中

●種目評価

運動ボリューム	やや小
負荷トルクの調節	可
煽りチーティング	可
セルフ補助	不可

POINT プレートの裏側を持つ

縦にしたダンベルのプレート部分の裏側で左右の手の平（人差し指～小指の部分）を重ねる。親指はシャフトを巻いて重ねる。

メイン 広背筋、僧帽筋（中部） サブ 大円筋、肘関節屈曲筋群

Tバーローイング

主要動作 肩関節伸展+肩甲骨内転

●刺激評価

負荷トルクの最大値	中
スティッキング領域	広い
伸張位の負荷トルク	中
負荷トルクの抜け	抜け小

●種目評価

運動ボリューム	大
負荷トルクの調節	不可
煽りチーティング	可
セルフ補助	不可

POINT 手前に引く力を加える

バーを手前方向に引く力を加えながら下ろすことでボトム付近でも負荷トルクが抜けなくなる。

負荷トルクがトップで軽減しボトムで抜けにくい

トップ付近にかけて重りの軌道が斜めになるため、負荷トルクが軽減されて肩関節伸展の筋力トルクの変化に近づき、他のローイング種目よりスティッキング領域が広くなる。手前方向に引く力を加えながら下ろすとボトム付近で負荷トルクが抜けにくくなる。

1
上体を60度程度まで前傾させて胸を張り、膝を軽く曲げて重りをセットしたT字のバーを持つ。肘を少し引いて負荷をかける。

2
胸を張り肩甲骨を寄せながら、肘を後方に引いてT字バーを下腹部のほうへ引き寄せる。肘を引いたトップ付近では、負荷トルクが軽減する。

1
横向きにしたベンチに背中の上部を乗せ仰向けになる。両手でダンベルプレートの裏側を持って腕を伸ばし、胸を張って頭上へ下ろす。

2
胸を張って腕を伸ばしたまま、肩から腕を前方へ振り上げて、ダンベルを顔の上方まで上げていく。

▶▶肩関節伸展種目③(チンアップ系・プルダウン系):広背筋

メイン 広背筋、大円筋　**サブ** 肘関節屈曲筋群、僧帽筋(中・下部)、三角筋(後部)

チンアップ

主要動作 肩関節伸展+肩甲骨内転
+肩甲骨下方回旋(下制をともなう)+肘関節屈曲

●刺激評価

負荷トルクの最大値	大
スティッキング領域	広い
伸張位の負荷トルク	強
負荷トルクの抜け	抜け中

●種目評価

運動ボリューム	中
負荷トルクの調節	不可
煽りチーティング	可
セルフ補助	不可

複数の筋肥大誘発ストレスが得られる逆手懸垂

チンアップとは逆手でバーを握る懸垂のこと。逆手のグリップで脇が締まるため、挙上動作が純粋な肩関節伸展の動きに近くなる。負荷トルクの最大値が大きく、伸張位の負荷トルクも強いため、「強い力発揮」のストレスや筋損傷によるストレスが得られる。

POINT 背すじを反らせる

背すじを反らせて肩甲骨を寄せながら体を引き上げる。

1
頭上のバーに逆手でぶら下がる。手幅は肩幅程度。負荷が抜けないように肘は軽く曲げる。

2
上体を少し後傾して背中を反らせながら、肘を曲げて体を引き上げる。手先を胸に近づける。背中が丸まっていると腕の力で上げる動きになるので注意する。

メイン 広背筋　**サブ** 大円筋、上腕三頭筋(長頭)、腹直筋

ストレートアームプルダウン

主要動作 肩関節伸展

広背筋とともに大円筋、腹直筋も鍛える

腕を伸ばしたままケーブルを引き下げるプルダウン種目。大円筋も鍛えられる。上体を固定するため腹直筋も働く。負荷トルクの最大値が大きく広背筋が強い力を出せる。伸張位の負荷トルクも強いため筋損傷が起こりやすい。

●刺激評価

負荷トルクの最大値	大
スティッキング領域	やや広
伸張位の負荷トルク	強
負荷トルクの抜け	抜け中

●種目評価

運動ボリューム	やや小
負荷トルクの調節	可
煽りチーティング	可
セルフ補助	不可

追い込みテク チーティング

限界まで反復したら前傾するように上体を煽ってフォーストレップを行い、残りの力を出し切る。

メイン 広背筋、大円筋 サブ 僧帽筋（中・下部）、三角筋（後部）、肘関節屈曲筋群

スターナムチンアップ

主要動作 肩関節伸展+肩甲骨内転
+肩甲骨下方回旋（下制をともなう）+肘関節屈曲

●刺激評価

負荷トルクの最大値	大
スティッキング領域	やや広
伸張位の負荷トルク	中
負荷トルクの抜け	抜け小

●種目評価

運動ボリューム	中
負荷トルクの調節	不可
煽りチーティング	可
セルフ補助	不可

負荷トルクが抜けにくいハードな逆手懸垂

体を大きく後傾させるチンアップ。動きはローイング種目に近い。有効負荷範囲とスティッキング領域がトップの短縮位側に移る。スティッキング領域がかなり広く、負荷トルクの最大値も大きい。負荷トルクの抜けが小さくなるため代謝的ストレスも得やすい。

1
頭上のバーに逆手でぶら下がる。手幅は肩幅程度。負荷が抜けないように肘は軽く曲げる。

2
背中を反り、上体を大きく後傾してのけぞらせながら肘を曲げて体を引き上げる。できるだけ手先をお腹に近づけていく。

ナローグリップがない場合

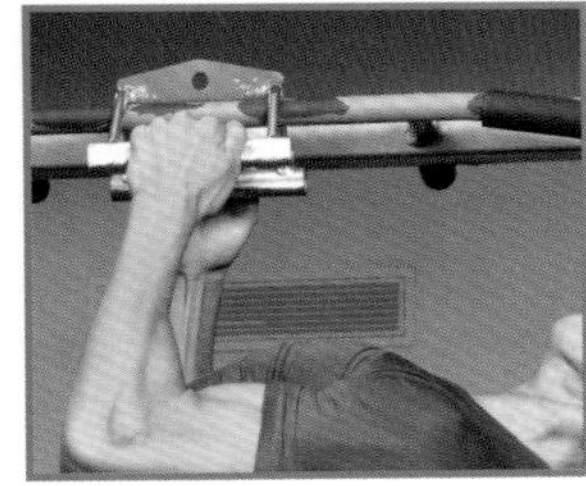

ケーブルマシン用アタッチメントをバーに引っ掛け、ナローのパラレルグリップで行う方法もある。

1
背すじを伸ばし、腕を伸ばしたまま顔の高さまでバーを引き下げる。足は前後に開き上体を60度程度まで前傾させる。

2
前傾した上体を固定し、腕を伸ばしたまま下方に振る肩関節の動きでバーを引き下げる。バーが体につく寸前まで引く。

メイン 広背筋 サブ 大円筋、僧帽筋(中・下部)、三角筋(後部)、肘関節屈曲筋群

マシンローイング

主要動作 肩関節伸展+肩甲骨内転

●刺激評価

負荷トルクの最大値	中
スティッキング領域	やや広
伸張位の負荷トルク	弱
負荷トルクの抜け	抜け大

●種目評価

運動ボリューム	中
負荷トルクの調節	不可
煽りチーティング	可
セルフ補助	不可

フォームを崩さず追い込める水平ローイング種目

マシンで行う水平ローイング種目。肩甲骨を寄せながら引くため僧帽筋も鍛えられる。腕を伸ばしたボトムで負荷が抜けやすく、有効負荷範囲は狭いが、トップのスティッキング領域はやや広め。バーの軌道が決まっているためフォームを崩さずに追い込める。

1 ボトム
シートの後ろ側に座り上体が垂直になる位置で胸にパッドを当てる。腕を伸ばし肩甲骨を開いてレバーを握る。

2 トップ
上体をパッドで固定し、胸を張り肩甲骨を寄せながら肘を後方に引いてレバーを引く。上体は後傾させない。肘が胴体よりも少し後方にくるまで引くのが目安。

NG ボトムで腕が伸びない

パッドの位置を手前にセットするとボトムで負荷トルクが抜けるため腕が伸びきる位置にセットする。

メイン 広背筋、大円筋 サブ 三角筋(後部)、僧帽筋(中・下部)、肘関節屈曲筋群

ナロープルダウン

主要動作 肩関節伸展+肩関節内旋+肩甲骨内転・下方回旋(下制をともなう)+肘関節屈曲

伸張位の負荷トルクが強いプルダウン種目

パラレルバーを引き寄せるケーブルのプルダウン種目。大円筋も鍛えられる。有効負荷範囲が伸張位側に広い。負荷トルクの最大値が大きくスティッキング領域も広い。パラレルバーの使用で肩関節内旋の負荷トルクもかかる。

●刺激評価

負荷トルクの最大値	大
スティッキング領域	広い
伸張位の負荷トルク	強
負荷トルクの抜け	抜け中

●種目評価

運動ボリューム	中
負荷トルクの調節	不可
煽りチーティング	可
セルフ補助	不可

追い込みテク

限界まで反復したら上体を大きく後傾し、その反動を使ってフォーストレップを行う。

メイン 広背筋 サブ 僧帽筋(中・下部)、大円筋、三角筋(後部)、肘関節屈曲筋群

ケーブルナローローイング

主要動作 肩関節伸展+肩関節内旋+肩甲骨内転+肘関節屈曲

●刺激評価

負荷トルクの最大値	大
スティッキング領域	やや広
伸張位の負荷トルク	中
負荷トルクの抜け	抜け小

●種目評価

運動ボリューム	中
負荷トルクの調節	不可
煽りチーティング	可
セルフ補助	不可

負荷が抜けにくく肩関節内旋の負荷トルクもかかる

ケーブルの水平ローイング種目。ボトムで上体を前傾させるため有効負荷範囲が広くなって、負荷トルクの最大値も大きくなる。スティッキング領域も広めであり、広範囲で強い力を発揮できる。負荷トルクの抜けが小さいため、代謝的ストレスも得やすい。

1 ボトム

シートに座り、膝を軽く曲げてパラレルバーをつかむ。ここで股関節から上体を前傾することによって肩関節および広背筋の可動域が大きくなり、ボトムで負荷トルクが抜けにくくなる。

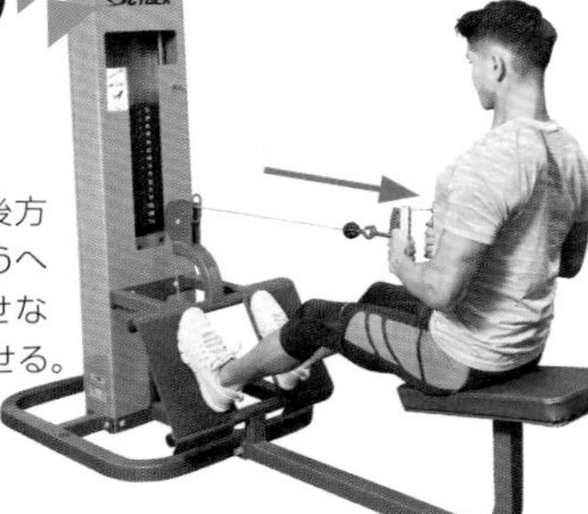

2 トップ

肩甲骨を寄せながら肘を後方に引いてバーをお腹のほうへ引き寄せる。背中を反らせながら上体を適度に後傾させる。限界が来たら大きく後傾して追い込むのもOK。

追い込みテク チーティング

上体を後方に倒す反動で追い込むことができる。そのとき、①最初に上体を前傾し、②次に手を戻す、とエキセントリックの刺激を大きくできる。

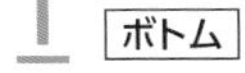

1 頭上のパラレルバーを握り少し下げる。シートに座りパッドで太ももを固定。そこから胸を張って背すじを伸ばし、肘を軽く曲げて広背筋に負荷をかける。

ボトム

2 トップ

胸を張り肩甲骨を寄せながらバーを胸のほうに引き寄せる。上体を少し後傾させて引く。上体を後傾させる反動を使わずに引くのが基本となる。

広背筋の働き❷

肩関節 内転

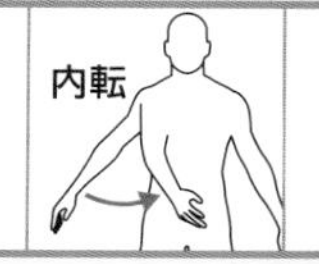

体の側面で腕を内側に振る肩関節の内転動作。主働筋は背中の広背筋。大胸筋下部や大円筋、上腕三頭筋の長頭なども協働筋として働く。肘先を下に向けた肩関節内旋位で内転する場合は大胸筋の下部が主働筋となる。基本的に肩関節内転種目では広背筋を中心に鍛えられる。

貢献度ランキング

1. 広背筋（こうはいきん）
2. 大胸筋（だいきょうきん）（下部）
3. 大円筋（だいえんきん）
4. 上腕三頭筋（じょうわんさんとうきん）（長頭（ちょうとう））

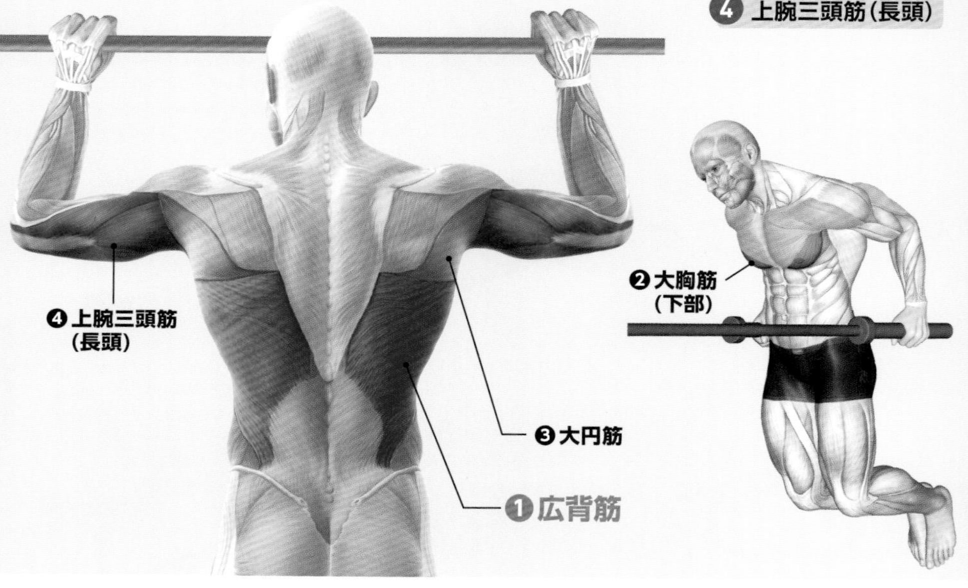

肩関節内転の筋力トルク

肩関節の内転動作について、本書では立位で腕を下ろした状態を0度と定義。そこから腕を側方に振り上げるほど外転位（伸張位）になり、内側に振るほど内転位（短縮位）になる。肩関節内転の筋力トルクは外転角度が60度付近で最大となり、そこから内転するにつれて急速に弱くなる。

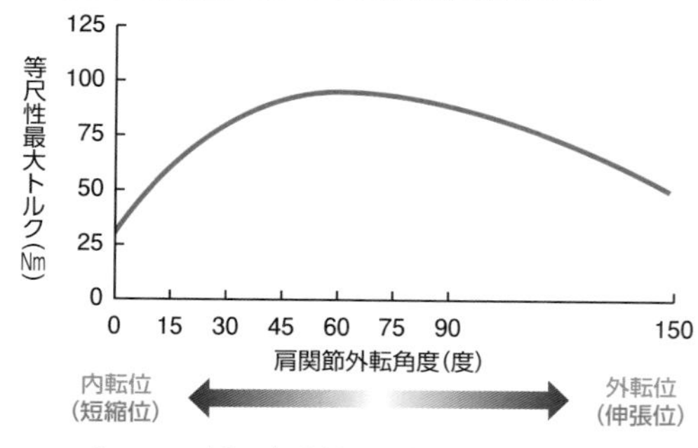

Garner and Pandy (2001)、Dehail et al. (2008)より改変

肩関節内転種目（主働筋：広背筋）の負荷トルク図

有効：有効負荷トルク（※最大負荷トルクの50%レベル）の範囲（青色）　※縞線範囲は有効負荷範囲外の稼働域

ス：スティッキング領域　負：最大負荷トルク　筋：最大筋力トルク（外転角度60度付近）

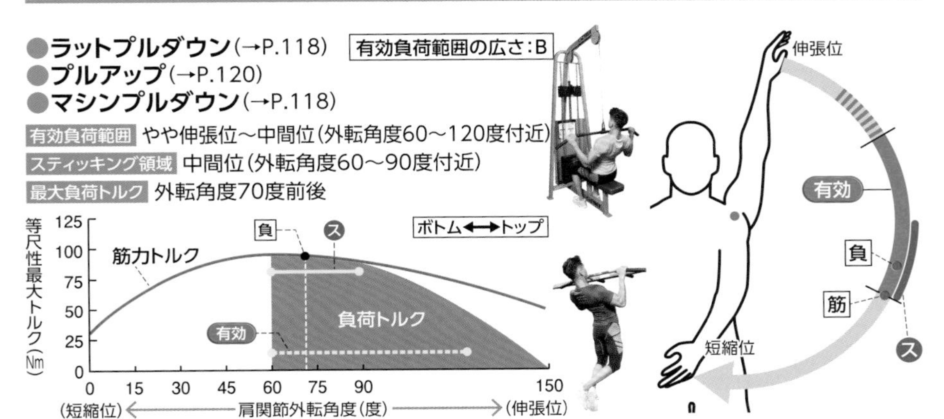

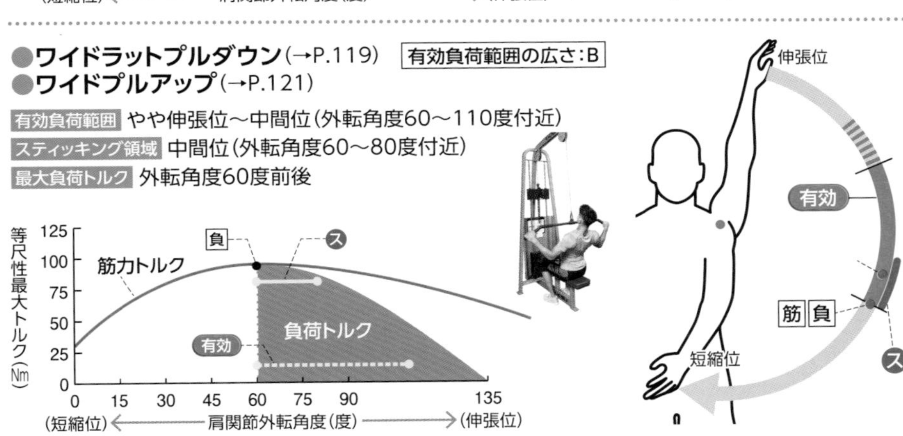

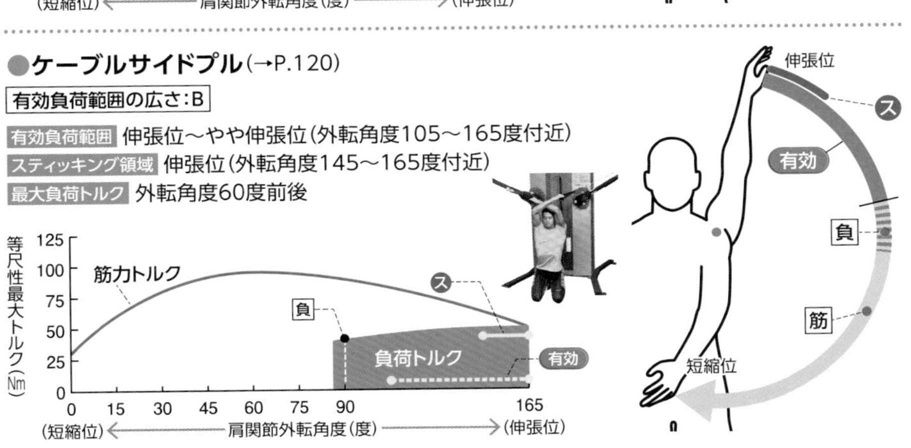

メイン 広背筋、大円筋　サブ 僧帽筋（中・下部）、三角筋（後部）、肘関節屈曲筋群

ラットプルダウン

主要動作 肩関節内転＋肩甲骨内転・下方回旋（下制をともなう）＋肘関節屈曲

●刺激評価

負荷トルクの最大値	最大
スティッキング領域	広い
伸張位の負荷トルク	強
負荷トルクの抜け	抜け中

●種目評価

運動ボリューム	中
負荷トルクの調節	不可
煽りチーティング	可
セルフ補助	不可

複数のストレスが得られるプルダウン種目

肩関節を内転するプルダウン種目。大円筋や僧帽筋も鍛えられる。有効負荷範囲が伸張位側に広がり、伸張位の負荷トルクも強い。負荷トルクの最大値が大きく、スティッキング領域も広いため、筋肥大を誘発する筋損傷のストレスと物理的ストレスが得られる。

追い込みテク チーティング

限界まで反復したら軽くお尻を浮かし、後傾するように上体を煽りフォーストレップを実践する。

1 ワイドバーを肩幅の1.5倍程度の手幅で持ってシートに座りパッドで太ももを固定する。そこから胸を張り、肘を軽く曲げて広背筋に負荷をかける。

2 胸を張り肩甲骨を寄せながら、肘を曲げてバーを引き下げる。背中を反らせて、上体を少し後傾させて引く。大きく後傾して反動をつけないのが基本。

メイン 広背筋、大円筋　サブ 僧帽筋（中・下部）、三角筋（後部）、肘関節屈曲筋群

マシンプルダウン

主要動作 肩関節内転＋肩甲骨内転・下方回旋（下制をともなう）＋肘関節屈曲

高重量でも安定したフォームで追い込める

マシンで行うラットプルダウン。ケーブルで行う場合と刺激評価はほぼ同じ。ケーブル種目と異なりバーの軌道が決まっているため、前後方向への力を加えて肩関節の屈曲方向の負荷トルクを生じさせるという工夫が可能。

●刺激評価

負荷トルクの最大値	最大
スティッキング領域	広い
伸張位の負荷トルク	強
負荷トルクの抜け	抜け中

●種目評価

運動ボリューム	中
負荷トルクの調節	不可
煽りチーティング	可
セルフ補助	不可

POINT 前方に押す力も加える

バー上げながら前方向に押す力を加えると、肩関節内転だけでなく屈曲の負荷トルクも生じて広背筋への負荷が抜けなくなる。

メイン 広背筋、大円筋　サブ 僧帽筋(中・下部)、三角筋(後部)、肘関節屈曲筋群

ワイドラットプルダウン

主要動作 肩関節内転+肩甲骨内転・下方回旋(下制をともなう)+肘関節屈曲

●刺激評価

負荷トルクの最大値	最大
スティッキング領域	やや広
伸張位の負荷トルク	強
負荷トルクの抜け	抜け中

●種目評価

運動ボリューム	中
負荷トルクの調節	不可
煽りチーティング	可
セルフ補助	不可

POINT 小指側を中心に握る

小指側を中心に力を入れてバーを握るとバーに引く力を加える位置がより外側になりワイドグリップ種目としての特性が強くなる。

手幅を広げて肘関節屈曲筋の関与を小さくする

より広い手幅で行うラットプルダウン。通常の手幅で行う場合と比べて有効負荷範囲が狭まるとともに、負荷トルクのピーク位置が短縮位側にシフトする。手幅を広げることで肘関節屈曲筋群の関与が減り、肩関節内転に働く広背筋、大円筋の貢献が高まる。

1 ワイドバーを肩幅の2倍程度の手幅で持ってシートに座り、パッドで太ももを固定する。そこから胸を張り、肘を軽く曲げて広背筋に負荷をかける。

2 胸を張り肩甲骨を寄せながら、肘を曲げてバーを引き下げる。背中を反らせて、上体を少し後傾させて引く。大きく後傾して反動をつけないのが基本。

1 頭上のバーを持って少し下げる。シートに座りパッドで太ももを固定する。胸を張り背すじを伸ばし、肘を軽く曲げて広背筋に負荷をかける。

2 胸を張り肩甲骨を寄せながらバーを引き下げる。背中を反らせて上体を少し後傾させながら引く。限界が来るまでは後傾した反動は使わない。

メイン 広背筋、大円筋 サブ 僧帽筋(中・下部)、三角筋(後部)、肘関節屈曲筋群

プルアップ

主要動作 肩関節内転+肩甲骨内転・下方回旋(下制をともなう)+肘関節屈曲

複数の筋肥大誘発ストレスが得られる順手の懸垂

プルアップとは懸垂のこと。刺激評価はラットプルダウンと同じ。有効負荷範囲が伸張位側に広がり、伸張位の負荷トルクも強い。負荷トルクの最大値が大きく、スティッキング領域も広いため、筋損傷のストレスと物理的ストレスが自重の負荷で得られる。

●刺激評価

負荷トルクの最大値	最大
スティッキング領域	広い
伸張位の負荷トルク	強
負荷トルクの抜け	抜け中

●種目評価

運動ボリューム	中
負荷トルクの調節	不可
煽りチーティング	可
セルフ補助	不可

1 ボトム
頭上のバーに順手でぶら下がる。左右の手幅は肩幅の1.5倍程度。広背筋への負荷が抜けないように胸を張って肘を軽く曲げる。

2 トップ
上体を少し後傾して肩甲骨を寄せながら肘を曲げて体を引き上げる。アゴがバーの高さにくるまで体を持ち上げるのが目安となる。

NG 背中が丸まる

背中が丸まっていると広背筋や僧帽筋が動員されにくくなるのでNGとなる。

メイン 広背筋、大円筋 サブ 僧帽筋(中・下部)、三角筋(後部)、肘関節屈曲筋群

ケーブルサイドプル

主要動作 肩関節内転+肩甲骨内転・下方回旋(下制をともなう)+肘関節屈曲

伸張位側で負荷が抜けにくいケーブル種目

頭上で腕を交差した体勢からケーブルを左右に引く種目。有効負荷範囲が腕を振り上げた伸張位側に広がっていて、伸張位の負荷トルクが強い。刺激評価で減点項目がなく、3種類(物理的、代謝的、筋損傷)のストレスが得られる。

●刺激評価

負荷トルクの最大値	最大
スティッキング領域	広い
伸張位の負荷トルク	強
負荷トルクの抜け	抜け小

●種目評価

運動ボリューム	やや小
負荷トルクの調節	可
煽りチーティング	不可
セルフ補助	不可

POINT

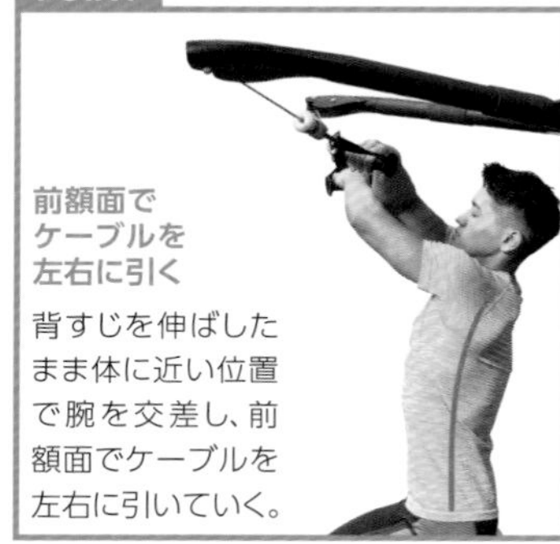

前額面でケーブルを左右に引く

背すじを伸ばしたまま体に近い位置で腕を交差し、前額面でケーブルを左右に引いていく。

メイン 広背筋、大円筋　サブ 僧帽筋(中・下部)、三角筋(後部)、肘関節屈曲筋群

ワイドプルアップ

主要動作 肩関節内転+肩甲骨内転・下方回旋(下制をともなう)+肘関節屈曲

手幅を広げて肘関節屈曲筋の関与を小さくする

より広い手幅で行うプルアップ。通常の手幅で行う場合と比べて有効負荷範囲が狭まるとともに、負荷トルクのピーク位置が短縮位側にシフトする。手幅を広げることによって肘関節屈曲筋群の関与が減り、肩関節内転に働く広背筋、大円筋の貢献が高まる。

●刺激評価

負荷トルクの最大値	最大
スティッキング領域	やや広
伸張位の負荷トルク	強
負荷トルクの抜け	抜け中

●種目評価

運動ボリューム	中
負荷トルクの調節	不可
煽りチーティング	可
セルフ補助	不可

1 頭上のバーに順手でぶら下がる。左右の手の幅は肩幅の2倍程度。広背筋への負荷が抜けないように胸を張って肘を軽く曲げる。

2 上体を少し後傾して肩甲骨を寄せながら肘を曲げて体を引き上げる。アゴがバーの高さにくるまで体を持ち上げるのが目安となる。

追い込みテク チーティング

限界まで反復したら脚を振る反動を使ってフォーストレップを行い残りの力を出し切る。

1 左右のケーブルの起点を高くセットし遠ざける。膝立ちで腕を交差させて頭上でグリップを握る。ケーブルを少し引いて広背筋に負荷をかける。

2 腕を側方へ振り下げて左右のケーブルを引く。肘の角度を60度程度に固定したまま引く。肘を深く曲げると負荷トルクを下げて追い込める。

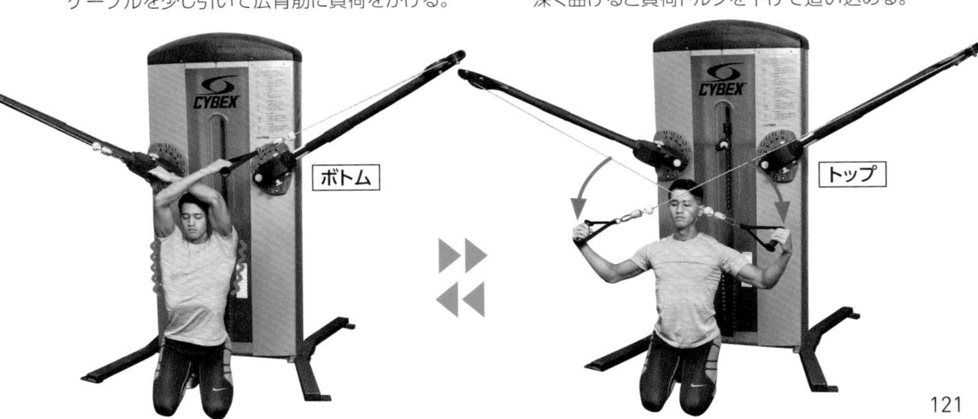

僧帽筋の鍛え方

肩甲骨挙上・下制・内転・上方回旋筋・後傾筋

僧帽筋

上背部に広がる大きな筋肉。上部線維・中部線維・下部線維でそれぞれ働きが異なる。筋全体では肩甲骨を上方回旋する働きがあり、肩関節を外転する三角筋の働きを補助する。肩甲骨を内転させるローイング系や懸垂系の種目などでは広背筋と一緒に鍛えられる。

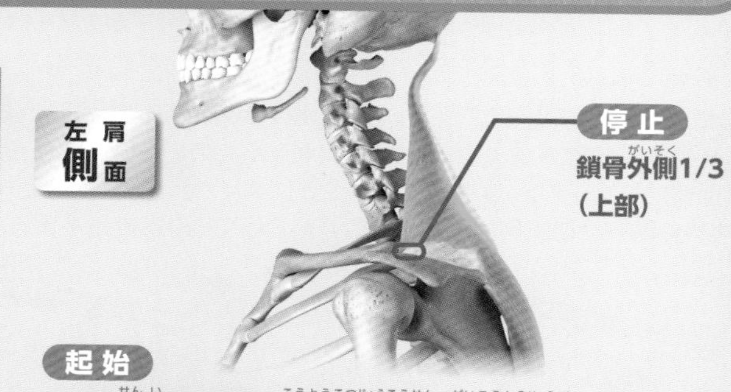

起始

❶上部線維（下行部）：後頭骨上項線、外後頭隆起、項靱帯を介して頸椎の棘突起

❷中部線維（横行部）：第7頸椎～第3胸椎の棘突起、棘上靭帯

❸下部線維（上行部）：第4～12胸椎の棘突起、棘上靭帯

主な働き ※肩甲骨の動きはP.42～43を参照

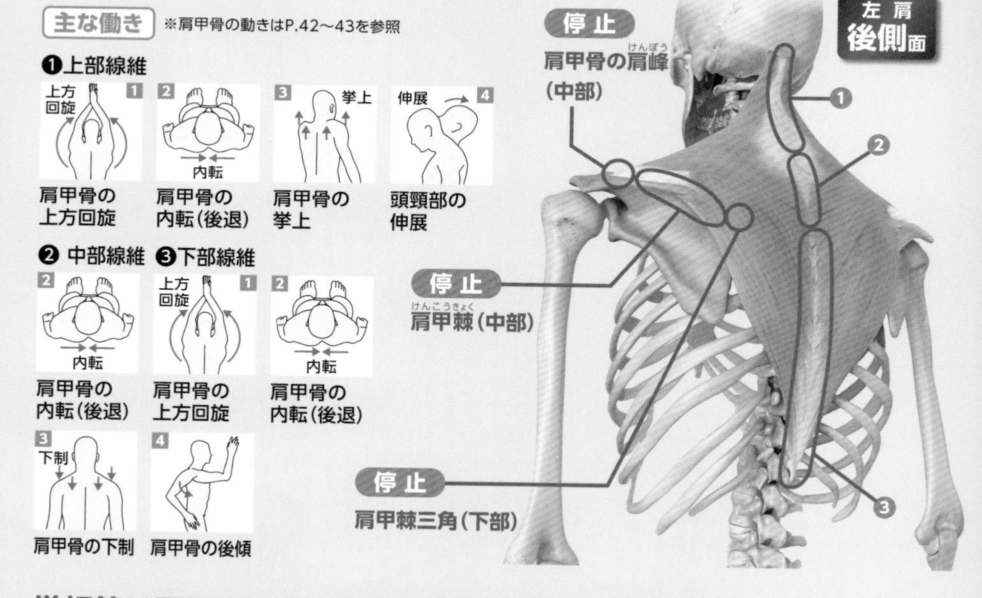

僧帽筋は肩甲骨の上方回旋&後傾を利用して鍛えられる

僧帽筋には上方回旋や後傾の働きもあり、上方回旋は肩関節の外転、後傾は肩関節の屈曲を行う際に連動して生じるため、一般的には三角筋の種目とされるアップライトロー系やフロントレイズ系種目を行う際に、あえて肩甲骨を意識的に動かすと僧帽筋に効果的に刺激を入れるバリエーションとなる。

●僧帽筋ライイングフロントレイズ

（→P.128）肩関節屈曲+肩甲骨後傾

僧帽筋上部の働き

肩甲骨 挙上

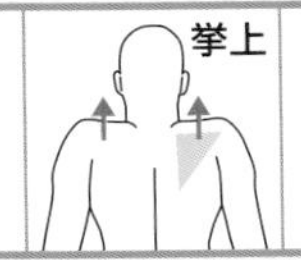

貢献度ランキング

1. 僧帽筋(上部)(そうぼうきん)
2. 肩甲挙筋(けんこうきょきん)
3. 大菱形筋(だいりょうけいきん)
4. 小菱形筋(しょうりょうけいきん)

肩甲骨を持ち上げる挙上動作の主働筋は僧帽筋の上部。上背部の深層にある肩甲挙筋、大菱形筋、小菱形筋が協働筋として働く。肩甲骨挙上種目のシュラッグでは僧帽筋上部を中心に鍛えられる。肩関節外転種目とされるアップライトローの際、肩関節の外転と同時に肩甲骨を挙上させると、僧帽筋の上部に効く種目となる。肩甲骨の一方向の動作に対する僧帽筋の働きおよび伸張・短縮は評価が難しいため、肩甲骨動作の筋力トルク、負荷トルクは割愛。

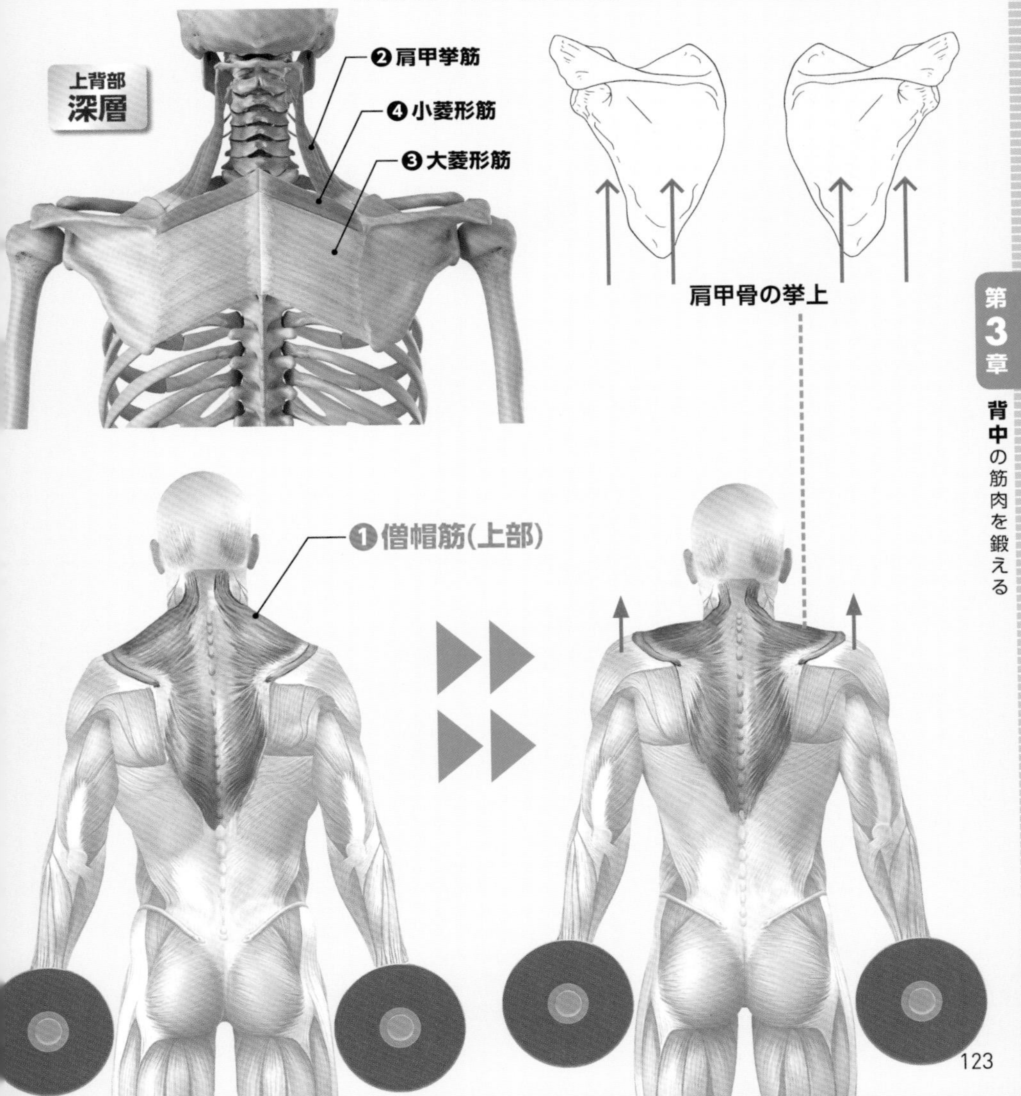

メイン 僧帽筋（上部） サブ 肩甲挙筋

ダンベルシュラッグ

主要動作 肩甲骨挙上

●刺激評価

伸張位の負荷トルク	強

※僧帽筋は上・中・下部が複合的に働くため「刺激評価」は「伸張位の負荷トルク」のみを評価

●種目評価

運動ボリューム	やや小
負荷トルクの調節	不可
煽りチーティング	可
セルフ補助	不可

僧帽筋の上部にフォーカスする肩甲骨挙上種目

肩甲骨を持ち上げる（挙上）動きで僧帽筋の上部を狙って鍛える。ボトムではダンベルの重さを利用して肩甲骨を深く下ろせるため、伸張位の負荷トルクが強く、筋損傷によるストレスを得やすい。膝の曲げ伸ばしによる反動を使ったフォーストレップができる。

POINT 頭部を後方に倒す

僧帽筋の上端は後頭部の骨に付着しているため、肩甲骨を上げながら頭部を後方に倒すと、僧帽筋上部をより強く収縮させられる。

1 ダンベルを下ろし、できるだけ肩を深く下げる。背中を少し丸めると肩甲骨外転の動きが加わり僧帽筋がより強く伸びる。

2 肩をすくめるように持ち上げ、肩の動きでダンベルを上げる。肩を高く上げるほど肩甲骨も高く挙上し僧帽筋がより短縮する。

メイン 僧帽筋（上部） サブ 僧帽筋（中部）、肩甲挙筋

バーベルシュラッグ

主要動作 肩甲骨挙上

肩関節の浅い屈曲位で挙上するシュラッグ

バーベルで行うシュラッグ。体の前でバーを上げるため、肩関節を少し屈曲したポジションで挙上する動きになり、ダンベルで行うよりも僧帽筋の中部の関与が少し高まる。僧帽筋上部にかかる負荷トルクはダンベルで行う場合とほとんど同じ。

●刺激評価

伸張位の負荷トルク	強

●種目評価

運動ボリューム	やや小
負荷トルクの調節	不可
煽りチーティング	可
セルフ補助	不可

バリエーション 水平の力を加える

バーを握る手幅を広げようとする方向に力を加えると、肩甲骨挙上に加えて上方回旋の働きをあわせ持つ僧帽筋がより強く動員される。

※「トルク」はテコにおける回転運動を想定した概念であり、並進運動である挙上動作でトルクは生じず、ニュアンス的には「力学的抵抗」の評価になる

メイン 僧帽筋(上部) サブ 肩甲挙筋

肘曲げダンベルシュラッグ

主要動作 肩甲骨挙上(上方回旋をともなう)+肩関節外転

●刺激評価

伸張位の負荷トルク	強

●種目評価

運動ボリューム	やや小
負荷トルクの調節	不可
煽りチーティング	可
セルフ補助	不可

追い込みテク チーティング

限界まで反復したら脚の力を使って煽ることでフォーストレップを実施し、残りの力を出し切る。

僧帽筋の可動域が広がるダンベルシュラッグ

肘を曲げながら肩甲骨を挙上するダンベルシュラッグ。肘を屈曲させることで肩甲骨が上方回旋しながら挙上する動きになるため、肩甲骨の可動域がより広くなり、僧帽筋上部の稼働範囲が広がる。僧帽筋上部にかかる負荷トルクは肘を曲げない場合とほぼ同じ。

1 体の側方でダンベルを下ろし、できるだけ肩を深く下げる。高重量で行うとダンベルの重さで肩甲骨を下制させやすい。

2 肩をすくめながら肘を曲げて、ダンベルを上げる。上方回旋の動きが加わるため僧帽筋上部の収縮もより感じやすくなる。

1 体の前でバーを下ろし、できるだけ肩を深く下げる。背中を少し丸めると、肩甲骨が開いて下制しやすくなる。

2 肩をすくめるように持ち上げバーを上げる。肩を上げるほど肩甲骨も高く挙上し、僧帽筋の上部が収縮する。

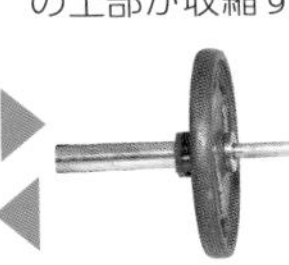

▶▶肩甲骨上方回旋種目(アップライトロー系):僧帽筋

メイン 僧帽筋(特に上部)　サブ 前鋸筋、肩甲挙筋、三角筋、肘関節屈曲筋群

僧帽筋ダンベルアップライトロー

主要動作 肩甲骨上方回旋+肩甲骨挙上+肩関節外転

●刺激評価

伸張位の負荷トルク	強

※僧帽筋は上・中・下部が複合的に働くため「刺激評価」は「伸張位の負荷トルク」のみを評価

●種目評価

運動ボリューム	中
負荷トルクの調節	不可
煽りチーティング	可
セルフ補助	不可

僧帽筋全体がターゲットのアップライトロー

肩甲骨を上方回旋しながら挙上する種目。僧帽筋上部が伸縮する可動域はシュラッグより広い。肩関節外転の動きをともなうが、サイドレイズとは異なり使用重量が重いため肩甲骨挙上の負担が相対的に大きくなり、三角筋中部への刺激はほとんど入らない。

POINT 肩をすくめる

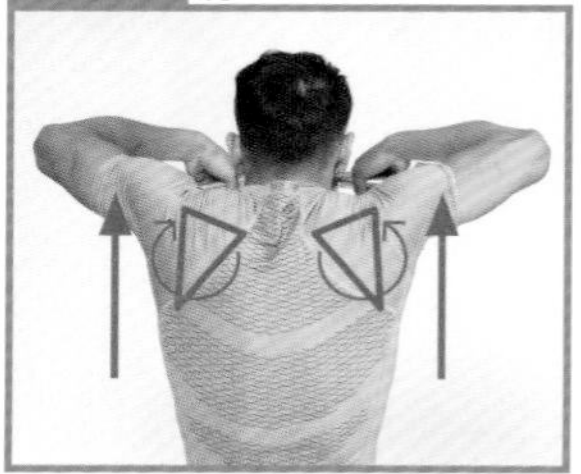

肩をすくめながら肘を高く上げることで、肩甲骨が上方回旋+挙上の動きになるため、僧帽筋をより強く収縮させることができる。

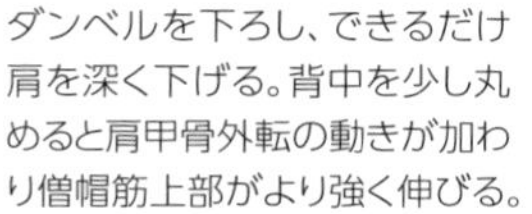

1 ダンベルを下ろし、できるだけ肩を深く下げる。背中を少し丸めると肩甲骨外転の動きが加わり僧帽筋上部がより強く伸びる。

2 肘を曲げながら側方へ振り上げダンベルを肩の高さまで上げる。肩をすくめながら肘を高く上げることで僧帽筋が強く収縮する。

メイン 僧帽筋　サブ 前鋸筋、肩甲挙筋、三角筋、肘関節屈曲筋群、肩関節外旋筋群

僧帽筋ケーブルアップライトロー

主要動作 肩甲骨上方回旋+肩甲骨挙上+肩関節外転・外旋(固定)

負荷トルクが抜けにくいアップライトロー

ケーブルマシンで二股ロープを引くアップライトロー。バーベルで行う場合と得られるストレスはほぼ同じであるが腕を下ろしたボトムでの負荷トルクの抜けが小さい。ケーブルで軌道が少し安定するため肘を高く上げやすい。

●刺激評価

伸張位の負荷トルク	強

●種目評価

運動ボリューム	中
負荷トルクの調節	不可
煽りチーティング	可
セルフ補助	不可

バーベルプレートで行う方法。プレートを左右へ引っぱる力を加えて行うと僧帽筋だけでなく三角筋への刺激も大きくなる。

バリエーション プレートで行う

メイン 僧帽筋（特に上部） サブ 前鋸筋、肩甲挙筋、三角筋、肘関節屈曲筋群

僧帽筋バーベルアップライトロー

主要動作 肩甲骨上方回旋+肩甲骨挙上+肩関節外転

●刺激評価

伸張位の負荷トルク	強

●種目評価

運動ボリューム	中
負荷トルクの調節	不可
煽りチーティング	可
セルフ補助	不可

水平方向に力を加えるアレンジができる

手幅が変わらないためダンベルよりもやや肘を高く上げにくいが、握り込む摩擦力を利用して水平方向に力を加えるアレンジが可能。外側に力を加えることで肩甲骨の上方回旋と内転の貢献が増し、僧帽筋への刺激がより増す。さらに三角筋中部にも刺激が入る。

バリエーション

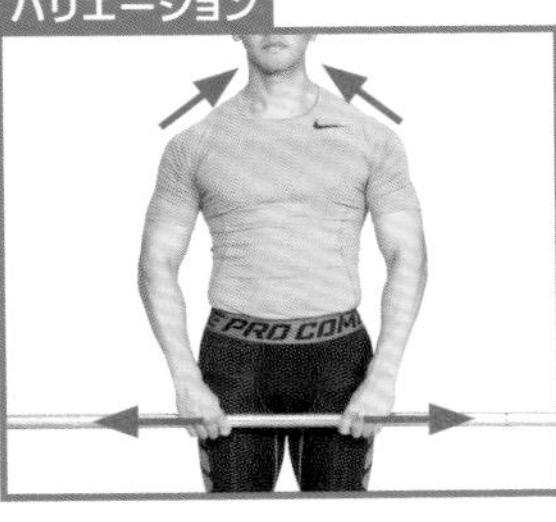

水平方向に力を加える

握り込む摩擦力を利用し、水平に引き合う力を加えながらバーを引き上げる方法。ボトムでは肩甲骨上方回旋、トップでは肩甲骨内転の貢献が増し、僧帽筋への刺激が増す。三角筋中部にも刺激が入る。

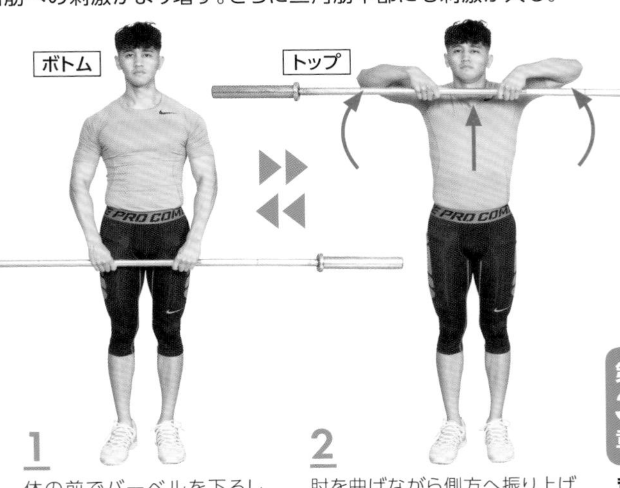

1

体の前でバーベルを下ろし、できるだけ肩を深く下げる。ダンベルより体の近くでバーを下ろせるので下制しやすい。

2

肘を曲げながら側方へ振り上げバーを肩の高さまで上げる。肩をすくめながら肘を高く上げることで僧帽筋が強く収縮する。

1

ケーブルの起点を低くセットし、二股ロープを握る。ケーブル線と腕の角度を合わせ背中を少し丸めると僧帽筋をより強く伸ばせる。

2

肘を曲げながら側方へ振り上げ、手先が肩の高さになるまでロープを引き上げる。肩をすくめながら肘を高く振り上げることで僧帽筋を強く収縮させる。

メイン 僧帽筋（特に下部）、前鋸筋（下部）、三角筋（前部） サブ 肘関節屈曲筋群

僧帽筋プッシュアップ

主要動作 肩甲骨後傾+肩関節屈曲+肘関節屈曲（固定）

●刺激評価

負荷トルクの最大値	ー
スティッキング領域	広い
伸張位の負荷トルク	中
負荷トルクの抜け	ー

●種目評価

運動ボリューム	中
負荷トルクの調節	可
煽りチーティング	可
セルフ補助	不可

僧帽筋の下部がターゲットのプッシュアップ

手のつく位置を腰あたりまで下げて行う変形のプッシュアップ。肩甲骨を後傾させる動きが主体となり僧帽筋下部が鍛えられる。プッシュアップバーを使用すると可動域が広がってより効果的。

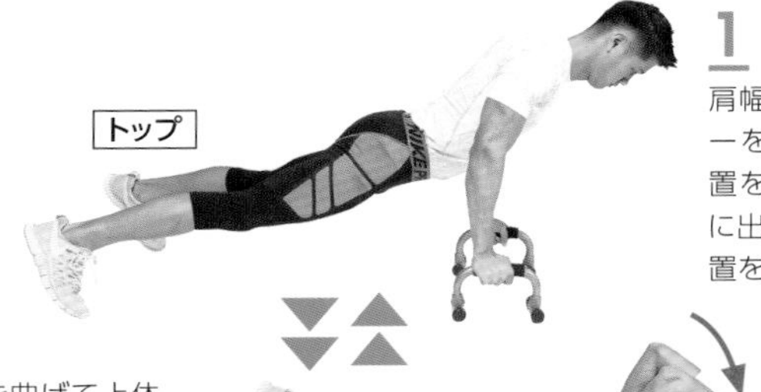

1 肩幅程度の手幅でバーを持つ。足先の位置をできるだけ前方に出して、手をつく位置を腰に近づける。

ボトム

2 頭部を前に出すように肘を曲げて上体を沈める。ボトムへの動きは背中上部を丸めて肩を前に出し、肩甲骨を前傾させる意識で行う。ここから1に戻る。

メイン 僧帽筋（特に下部）、前鋸筋 サブ 三角筋（前部）、大胸筋（上部）、肘関節屈曲筋群

僧帽筋ライイングフロントレイズ

主要動作 肩甲骨後傾+肩関節屈曲+肘関節屈曲（※固定）

●刺激評価

負荷トルクの最大値	ー
スティッキング領域	広い
伸張位の負荷トルク	中
負荷トルクの抜け	ー

●種目評価

運動ボリューム	やや小
負荷トルクの調節	可
煽りチーティング	不可
セルフ補助	不可

肩甲骨の後傾が主体となるフロントレイズ

ベンチに寝た体勢から逆手でダンベルを上げるフロントレイズ。肩甲骨を後傾させて上げる動きになり僧帽筋下部が鍛えられる。肘を深く曲げることで負荷トルクを下げ、追い込むことも可能。

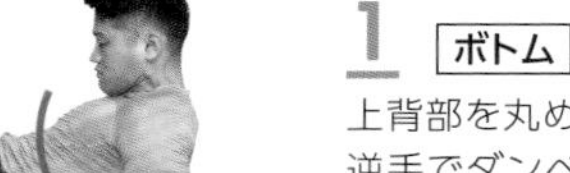

1 ボトム

上背部を丸めてベンチから浮かし、逆手でダンベルを持つ。肘を少し曲げながら肩から腕を後方に引く。肘の屈曲はできるだけ小さくする。

POINT 下げながら肩を前に出す

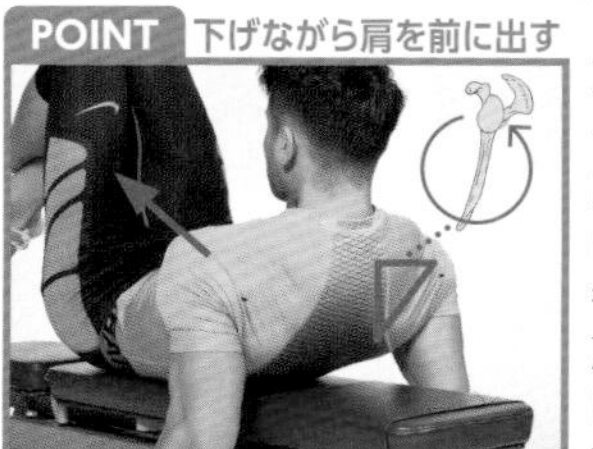

肩甲骨をベンチから浮かしたまま肩を前に出し、腕を後方に振ると肩甲骨が前傾し、僧帽筋の下部が伸びる。

2 トップ

肩を肩甲骨ごと回す意識で腕を前方に振りダンベルを上げる。肩甲骨の後傾で持ち上げる動きになる。

第4章
腕の筋肉を鍛える

上腕前面の上腕二頭筋、上腕筋・腕頭骨筋、上腕後面の上腕三頭筋、前腕前面の浅指屈筋・深指屈筋がターゲットの種目をそれぞれ解説。各種目の「負荷トルク図」や「刺激評価」「種目評価」の内容から、異なる筋肥大誘発ストレスが得られる種目を組み合わせることで、トレーニング効果が複合的に高まり、筋肉の成長・発達が促進される。

（※「刺激評価」の4項目は「肘関節屈曲種目」「肘関節伸展種目」など主要動作が同じ種目だけをそれぞれ比較した場合の相対評価）
（※「種目評価」の「運動ボリューム」は全種目共通の絶対評価）

本書における負荷トルク曲線は、筋トレの各種目の挙上動作を、
❶一般的な姿勢・フォームで、❷加速度（勢いの急な増減）を最小限に行った場合の推定である。
ただし、❶に関しては、筋トレ実施時の姿勢・フォームが変われば、最大負荷トルクが増減したり、負荷トルクの推移が伸張位側もしくは短縮位側にシフトしたり、上に凸のカーブが平坦になったり、逆にカーブが尖ったり、といった影響を受ける。
❷に関しても、顕著な加減速をともなう筋トレ動作の場合には、加速度の影響が大きくなるため、負荷トルクが急に大きくなったり、逆に急に抜けたりする。
今回の評価はあくまで、一般的な姿勢・フォームで勢いをつけずに行った場合に、筋トレ動作の各ポジションにおける幾何学的フォームから静力学的に推定される負荷トルク曲線である。

上腕二頭筋の鍛え方

肘関節屈曲筋（※二関節筋）

上腕二頭筋

上腕前面で肘関節をまたぐ筋肉。長頭と短頭からなり、長頭は肩関節もまたいでいる二関節筋。肘を曲げる動き（肘関節屈曲）の主働筋であり、前腕を外向きにひねる回外動作の主働筋でもある。肩関節屈曲動作にも協働筋として働く。上腕二頭筋は肘関節屈曲種目で鍛えられる。

左上腕 前面

起始

❶長頭：肩甲骨の関節上結節
❷短頭：肩甲骨の烏口突起先端

長頭

停止

❶橈骨粗面
❷上腕二頭筋腱膜を介して前腕筋膜に停止

短頭

橈骨

主な働き

1 肘関節の屈曲（全体）
2 前腕（橈尺関節）の回外（全体）
3 肩関節の屈曲（主に長頭）
4 肩関節の水平内転（主に短頭）

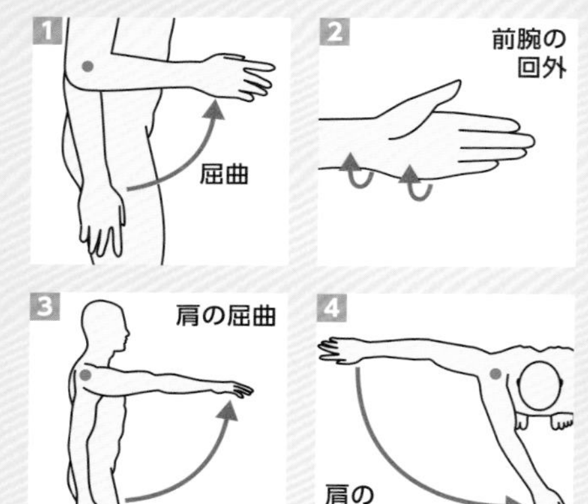

前腕回外位、肩関節伸展位で行うカール種目で鍛える

手の平を上に向けた前腕回外位のグリップで肘を曲げる種目（左下写真）では、上腕二頭筋のモーメントアーム（→P.22）が長くなり、上腕筋、腕橈骨筋より上腕二頭筋の貢献が高くなる。肩関節の伸展位で肘を曲げる種目では、二関節筋である上腕二頭筋長頭の関与が高くなる。

バーベルカール（→P.135）

インクラインカール（→P.134）

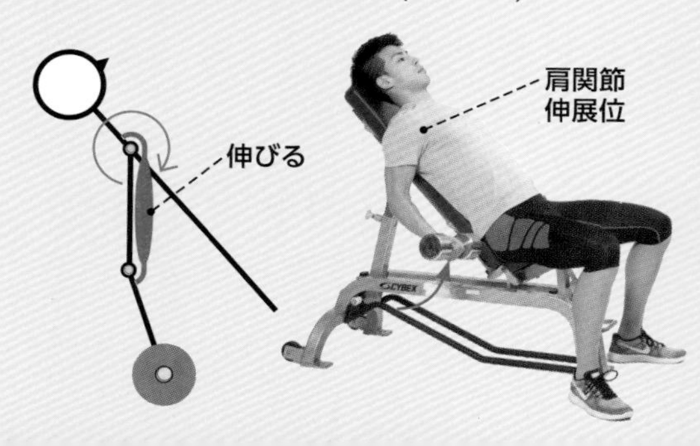

上腕筋・腕橈骨筋の鍛え方

肘関節屈曲筋（※単関節筋）

上腕筋

上腕二頭筋の深部にあり、肘関節のみをまたぐ単関節筋。上腕二頭筋とともに肘関節屈曲動作の主働筋であり、尺骨に停止するため前腕の向きに関係なく力を発揮できる。前腕の回内位で肘を曲げていくカール種目では上腕二頭筋の関与が小さくなり上腕筋を優先的に疲労させることができる。

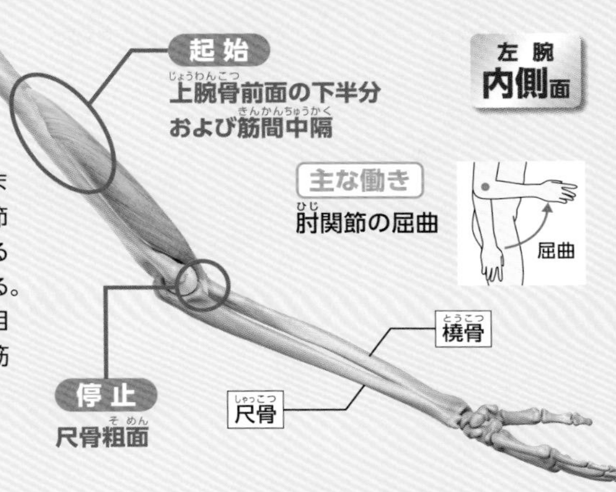

肘関節屈曲筋（※単関節筋）

腕橈骨筋

前腕前面で最も外側に位置し肘関節のみをまたぐ単関節筋。上腕二頭筋、上腕筋とともに肘関節屈曲動作の主働筋であり、橈骨神経に支配される唯一の肘関節屈曲筋。上腕筋と同様に回内位で肘を曲げる種目で関与が高まり効果的に鍛えられる。

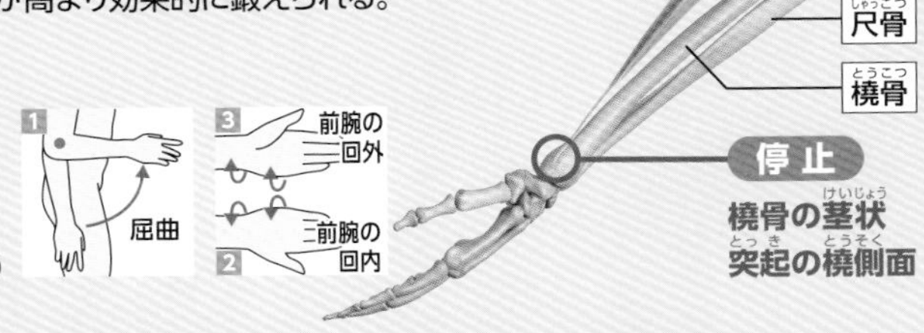

主な働き

1 肘関節の屈曲（回内位）、
2 前腕（橈尺関節）の回内（回外位～中間位に回旋）・
3 回外（回内位～中間位に回旋）

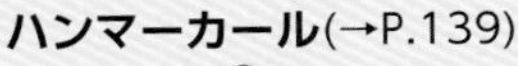

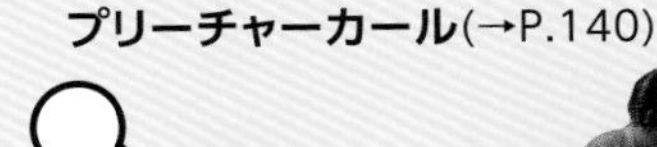

上腕二頭筋の関与を弱めた状態で行うカール種目で強化する

上腕筋と腕橈骨筋は上腕二頭筋とは反対に、手の甲を上に向けた前腕回内位や親指を上に向けた半回内位のグリップ（左写真）で肘を曲げる種目で効果的に鍛えられる。肩関節を屈曲し、二関節筋の上腕二頭筋長頭を緩めた状態で肘を曲げる種目（右写真）では、単関節筋の関与が高くなる。

ハンマーカール（→P.139）

プリーチャーカール（→P.140）

上腕二頭筋・上腕筋・腕橈骨筋の働き

肘関節 屈曲

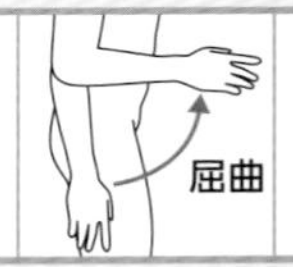

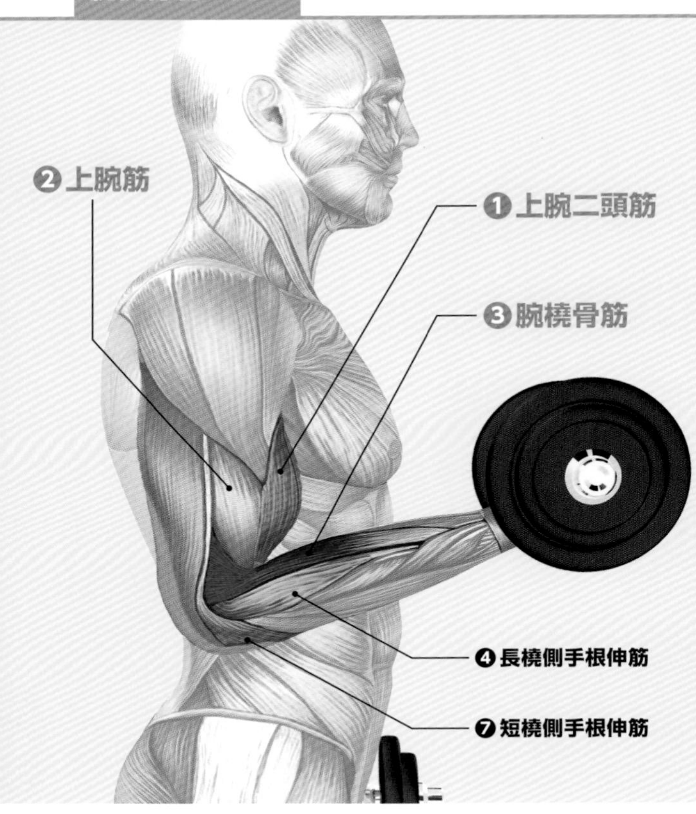

貢献度ランキング

1. 上腕二頭筋（じょうわんにとうきん）
2. 上腕筋（じょうわんきん）
3. 腕橈骨筋（わんとうこつきん）
4. 長橈側手根伸筋（ちょうとうそくしゅこんしんきん）
5. 円回内筋（えんかいないきん）
6. 橈側手根屈筋（とうそくしゅこんくっきん）
7. 短橈側手根伸筋（たんとうそくしゅこんしんきん）

肘を曲げる肘関節屈曲動作。主働筋は二関節筋の上腕二頭筋と単関節筋の上腕筋・腕橈骨筋。ほかにも肘関節をまたぐ複数の細長い筋肉が協働筋として働く。肘の屈曲動作は肩関節の屈曲・伸展角度や前腕の回内位・回外位により上腕二頭筋と上腕筋・腕橈骨筋の関与するバランスが変わってくる。

肘関節屈曲の筋力トルク

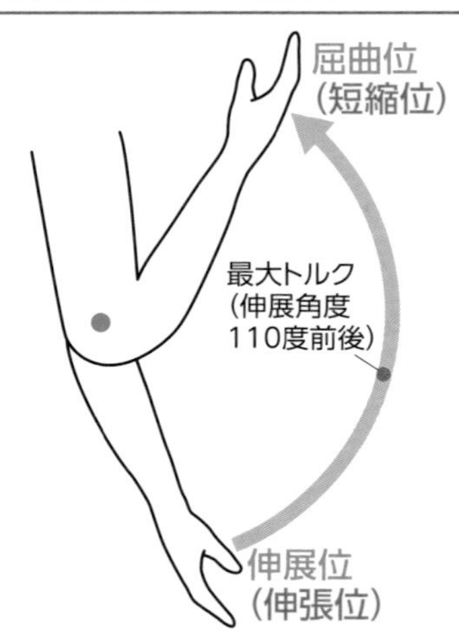

肘関節の屈曲動作について、本書では腕を下ろして肘を伸ばした状態を180度と定義。そこから肘を曲げるほど屈曲位(短縮位)になる。肘関節屈曲の筋力トルクは110度付近で最大となるが、前腕の角度(回内～回外)や肩関節の屈曲角度に応じて肘関節屈曲の筋力トルクは推移や最大位置が若干変化する。

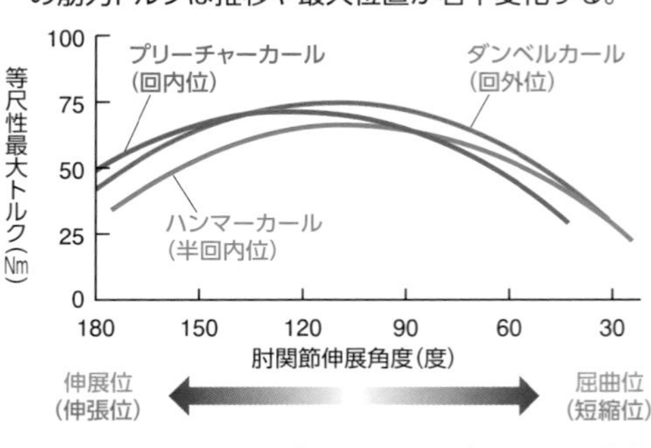

Garner and Pandy (2001)より改変

肘関節屈曲種目（主働筋：上腕二頭筋 ※二関節筋）の負荷トルク図

有効：有効負荷トルク（※最大負荷トルクの50％レベル）の範囲（青色）

ス：スティッキング領域　負：最大負荷トルク　筋：最大筋力トルク（伸展角度110度付近 ※前腕回外位のトルク）

ダンベルカール（→P.134）
バーベルカール（→P.135）

有効負荷範囲の広さ：A

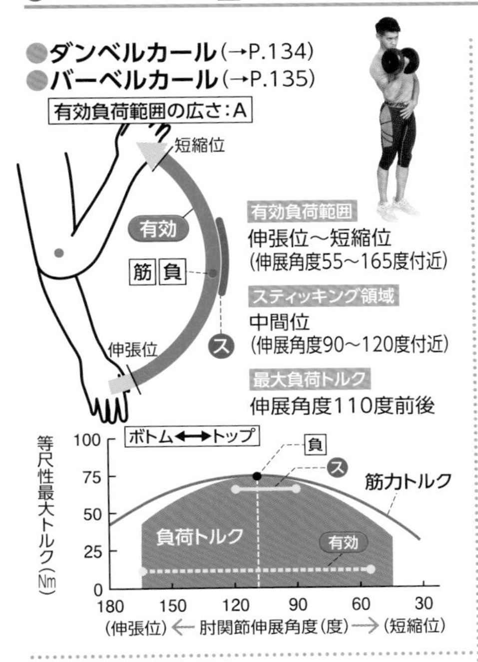

インクラインカール（→P.134）

有効負荷範囲の広さ：A

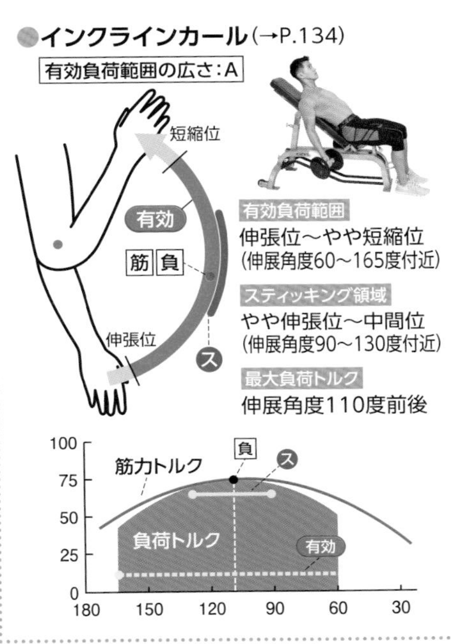

EZバーカール（→P.136）

有効負荷範囲の広さ：A

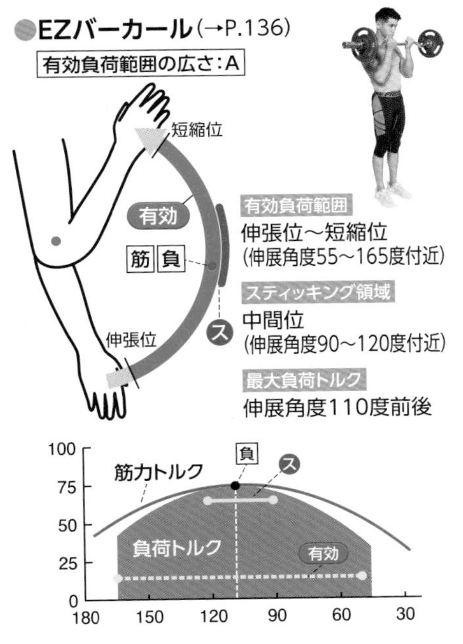

ケーブルアームカール（→P.136）

有効負荷範囲の広さ：A

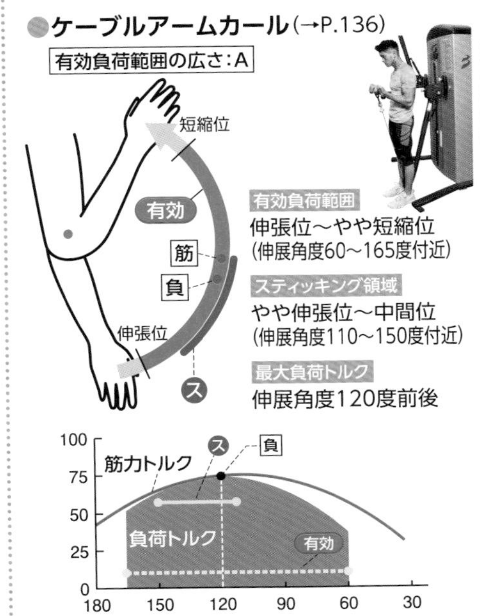

※「インクラインカール」以外の肘関節屈曲種目は、肘を胴体より少し前に出した状態（肩関節の浅い屈曲位）で肘を曲げるフォームで行った場合の評価

メイン 上腕二頭筋 サブ 上腕筋、腕橈骨筋

ダンベルカール（片手）

主要動作 肘関節屈曲（※前腕回外位）
＋肩関節屈曲（※肘の位置固定）

前腕の回外位で肘を曲げる基本的なカール種目

手の平を上に向けたポジション（前腕の回外位）で肘を曲げる。二関節筋の上腕二頭筋がメインターゲット。肘の位置を固定する肩関節の屈曲動作にも上腕二頭筋の長頭が働く。片腕ずつ行うとフォーストレップがやりやすくなり、より限界まで追い込める。

●刺激評価（※上腕二頭筋）

負荷トルクの最大値	大
スティッキング領域	やや広
伸張位の負荷トルク	弱
負荷トルクの抜け	抜け中

●種目評価

運動ボリューム	やや小
負荷トルクの調節	可
煽りチーティング	可
セルフ補助	可

1
片手にダンベルを持ち、肘の位置を体の側面より少し前にする。そこから肘を軽く曲げてボトムから上腕二頭筋に負荷をかける。

2
肘の位置を体の側面より少し前で固定したまま肘を曲げてダンベルを上げる。前腕部の角度が45度程度になるまで肘を曲げる。

追い込みテク セルフ補助

限界まで反復したら空いている方の手で補助してフォーストレップ。残りの力をすべて出し切る。

メイン 上腕二頭筋 サブ 上腕筋、腕橈骨筋

インクラインカール

主要動作 肘関節屈曲（※肩関節伸展位＆前腕回外位）
＋肩関節屈曲（※肘の位置固定）

肩関節伸展位で肘を曲げるダンベルカール

腕を後方に振った肩関節伸展位で肘を曲げるカール種目。二関節筋である上腕二頭筋の長頭を伸ばした状態で肘を曲げるため上腕二頭筋の関与が増しダンベルカールより負荷トルクの最大値や伸張位の負荷トルクが大きくなる。

●刺激評価（※上腕二頭筋）

負荷トルクの最大値	大
スティッキング領域	やや広
伸張位の負荷トルク	中
負荷トルクの抜け	抜け中

●種目評価

運動ボリューム	やや小
負荷トルクの調節	不可
煽りチーティング	可
セルフ補助	不可

バリエーション 肘を前に出して固定

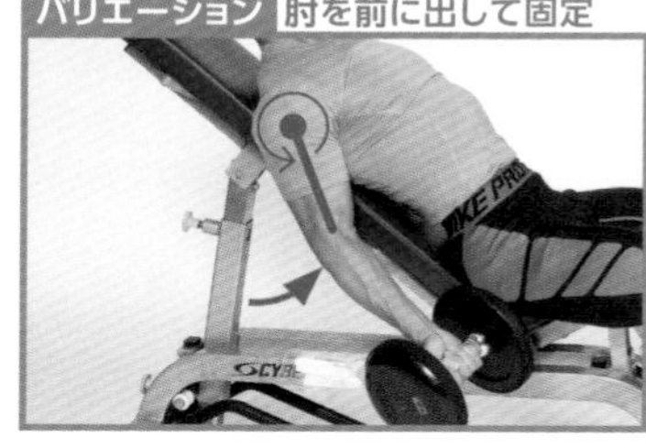

肘を前に出した状態で行うと、二関節筋である上腕二頭筋のストレッチは少し弱くなるものの、肩関節屈曲トルクが大きくなるため、やはり上腕二頭筋は強く動員される。

メイン 上腕二頭筋　サブ 上腕筋、腕橈骨筋

バーベルカール

主要動作　肘関節屈曲（※前腕回外位）
＋肩関節屈曲（※肘の位置固定）

上腕二頭筋が主働筋となるバーベルのカール種目

前腕回外位でバーベルを上げるカール種目。ダンベルで行うよりフォームが安定する。肘をパッドなどで固定しないカール種目では肩関節はほぼ動かないが肘の位置を固定する肩関節屈曲トルクが生じるため、二関節筋の上腕二頭筋がより動員されやすくなる。

●刺激評価（※上腕二頭筋）

項目	評価
負荷トルクの最大値	大
スティッキング領域	やや広
伸張位の負荷トルク	弱
負荷トルクの抜け	抜け中

●種目評価

項目	評価
運動ボリューム	やや小
負荷トルクの調節	可
煽りチーティング	可
セルフ補助	不可

1
肩幅程度の手幅でバーを持ち肘の位置を体の側面より少し前にする。そこから肘を軽く曲げてボトムから上腕二頭筋に負荷をかける。

2
肘の位置を体の側面より少し前で固定したまま肘を曲げてバーベルを上げる。前腕部の角度が45度程度になるまで肘を曲げていく。

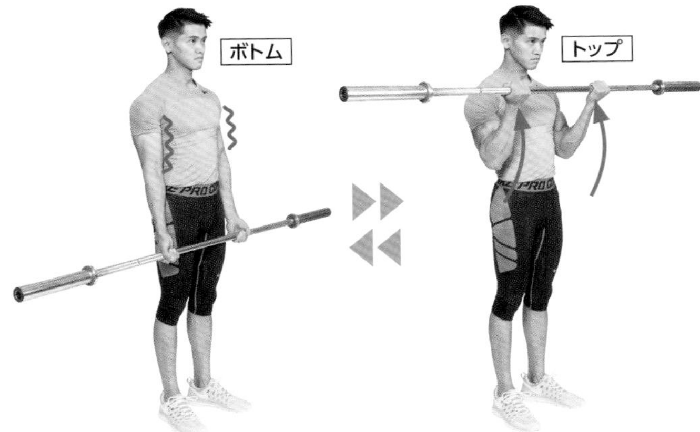

追い込みテク チーティング

限界まで反復したら上体を煽り反動を使ってフォーストレップ。

1 ダンベルを持ち背もたれを45度にセットしたベンチに座り腕を下ろす。上腕二頭筋が伸びる。肘は軽く曲げて上腕二頭筋に負荷をかける。

2 肘の位置を固定したまま、肘先だけを動かしてダンベルを巻き上げる。肘を曲げて巻き上げる動きの最後で肘の位置が少し前に出るのはOK。

メイン 上腕二頭筋　サブ 上腕筋、腕橈骨筋

ケーブルアームカール

主要動作 肘関節屈曲(※前腕回外位)＋肩関節屈曲(※肘の位置固定)

伸張位の負荷トルクが強いカール種目

ケーブルマシンで行うカール種目。バーを両手で引く。スティッキング領域がボトムに移動するため、伸張位の負荷トルクが強くなる。スティッキング領域が広くなり上腕二頭筋が広範囲で最大レベルの力を発揮できる。

1 ボトム

ケーブルの起点を低い位置にセットする。そこからバーを持ってケーブルをまたぎ、マシンに背を向けて立つ。肘は軽く曲げボトムから上腕二頭筋に負荷をかける。

●刺激評価(※上腕二頭筋)

項目	評価
負荷トルクの最大値	大
スティッキング領域	広い
伸張位の負荷トルク	強
負荷トルクの抜け	抜け中

●種目評価

項目	評価
運動ボリューム	やや小
負荷トルクの調節	可
煽りチーティング	可
セルフ補助	不可

バリエーション ケーブルの起点に体を向ける

ケーブルの起点に体を向けて肘を曲げると、有効負荷範囲やスティッキング領域が短縮位側に移り、肘を曲げたトップで負荷がより抜けにくくなる。

メイン 上腕二頭筋、上腕筋、腕橈骨筋

EZバーカール

主要動作 肘関節屈曲(※前腕やや回外位)＋肩関節屈曲(※肘の位置固定)

肘関節屈曲筋群をバランスよく鍛えられる

EZバーで行うカール種目。バーを握る前腕部の角度が少し内向き(浅い回外位)になりストレートバーで行うより単関節筋(上腕筋・腕橈骨筋)の関与が少し高まる。上腕二頭筋の負荷トルクの最大値は最大レベルになる。

●刺激評価(※上腕二頭筋)

項目	評価
負荷トルクの最大値	大
スティッキング領域	やや広
伸張位の負荷トルク	中
負荷トルクの抜け	抜け中

EZバーを「逆ハの字」で握り、肘の位置を体の側面より少し前で固定したまま、肘を曲げてバーを持ち上げる。前腕部の角度が45度程度になるまで、肘を曲げていく。トップで肘を深く曲げすぎると負荷が抜けるので注意。

※「種目評価」とフォーム解説はP.139を参照

2 トップ

肘の位置を体の側面よりも少し前で固定したまま肘を曲げてバーを引き上げる。前腕部の角度が45度程度になるまで肘を曲げていく。トップで肘を深く曲げすぎると負荷が抜けてしまうので注意する。

メイン 上腕筋、腕橈骨筋 サブ 上腕二頭筋

プリーチャーカール

主要動作 肘関節屈曲（※肩関節屈曲位&前腕回外位）

上腕二頭筋を緩めた状態で行うカール種目

腕を前方に振った肩関節屈曲位で肘を曲げる。二関節筋である上腕二頭筋長頭が緩み、なおかつ肘の位置を固定する肩関節屈曲トルクも生じないため上腕二頭筋の貢献が減り、単関節筋の上腕筋と腕橈骨筋が主働筋となる。

●刺激評価（※上腕二頭筋）

負荷トルクの最大値	大
スティッキング領域	やや広
伸張位の負荷トルク	中
負荷トルクの抜け	抜け中

EZバーを「逆ハの字」で握り、プリーチャーカール台に座る。腕が前方に振られた状態（肩関節屈曲位）で固定され、上腕二頭筋の長頭が緩む。そこから肘を曲げてバーを持ち上げる。

※「種目評価」とフォームの解説は、P.140参照

メイン 上腕筋、腕橈骨筋、上腕二頭筋（主に短頭）

コンセントレーションカール

主要動作 肘関節屈曲（※前腕回外位）

上腕二頭筋を緩めた状態で行う片手カール

腕を前方に振った肩関節屈曲位で行うダンベルカール。二関節筋の上腕二頭筋長頭を緩めた状態から肘を曲げるためメインターゲットは単関節筋の上腕筋と腕橈骨筋。（※このページでは上腕二頭筋の刺激評価を掲載）

●刺激評価（※上腕二頭筋）

負荷トルクの最大値	中
スティッキング領域	やや広
伸張位の負荷トルク	弱
負荷トルクの抜け	抜け中

片手にダンベルを持ってベンチに座る。太ももの内側に腕を当てて肘を固定し、肘を曲げてダンベルを巻き上げる。肘は前腕部が60度程度になるまで曲げる。

※「種目評価」とフォームの解説は、P.140〜141を参照

▶▶肘関節屈曲種目（主働筋：上腕筋・腕橈骨筋 ※単関節筋）の負荷トルク図

有効：有効負荷トルク（※最大負荷トルクの50%レベル）の範囲（青色） ※縞線範囲は有効負荷範囲外の稼働域
ス：スティッキング領域　負：最大負荷トルク　筋：最大筋力トルク（伸展角度110度付近 ※種目により若干移動）

●ハンマーカール（→P.139）

（→P.139）

有効負荷範囲の広さ：A

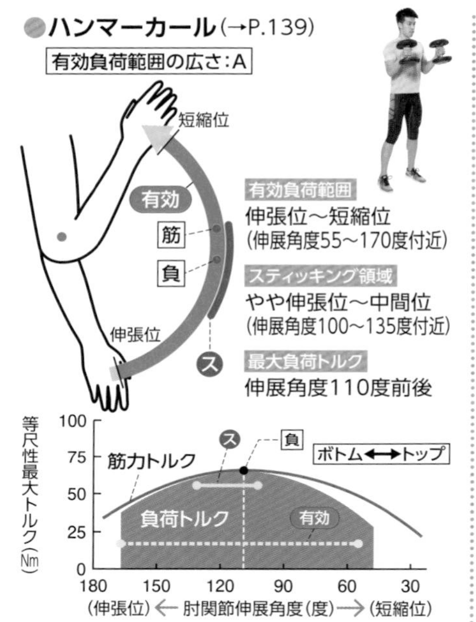

●プリーチャーカール（→P.140）

有効負荷範囲の広さ：B

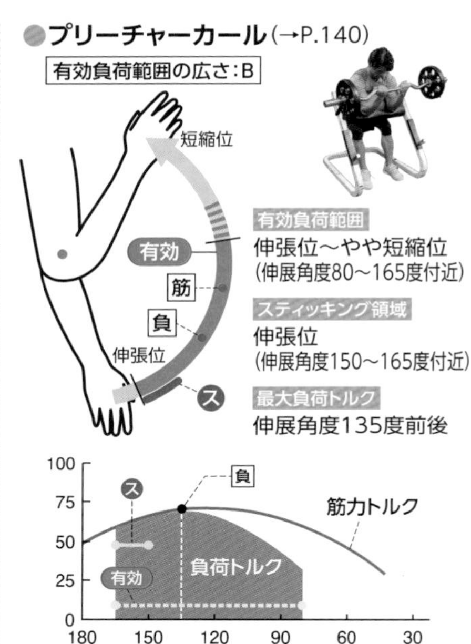

●コンセントレーションカール（→P.140）

有効負荷範囲の広さ：A

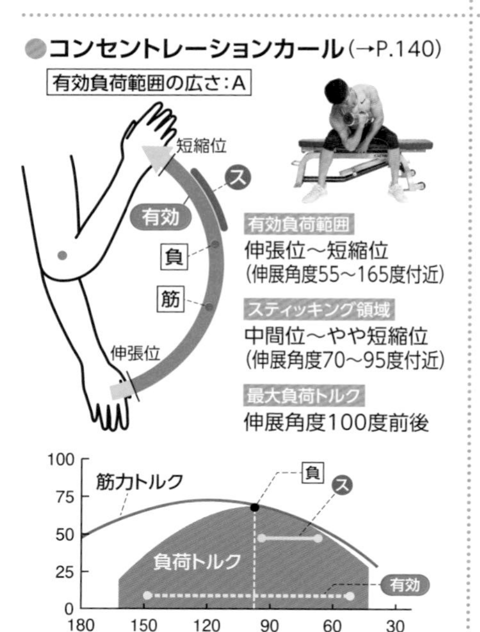

●リバースEZバーカール（→P.141）

有効負荷範囲の広さ：A

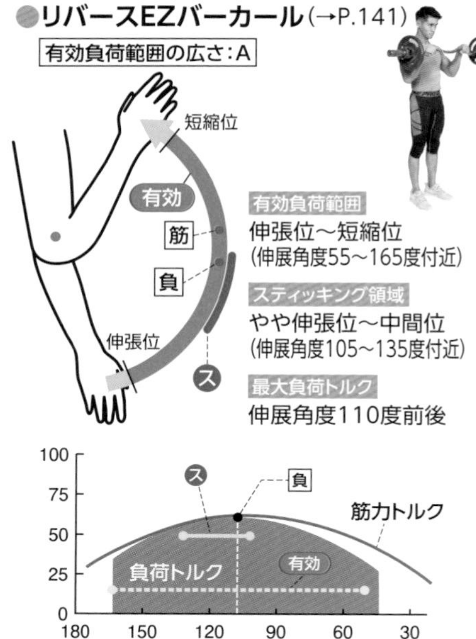

※「ハンマーカール」「リバースEZバーカール」は、肘を胴体より少し前に出した状態（肩関節の浅い屈曲位）で肘を曲げるフォームで行った場合の評価
※種目により手関節のポジション（回外位～回内位）が異なりモーメントアームの長さが変わるため筋力トルクは若干ズレる

メイン 腕橈骨筋、上腕筋　サブ 上腕二頭筋

ハンマーカール

主要動作 肘関節屈曲（前腕の回内・回外中間位）
＋肩関節屈曲（※肘の位置固定）

●刺激評価（※単関節筋）

項目	評価
負荷トルクの最大値	大
スティッキング領域	やや広
伸張位の負荷トルク	中
負荷トルクの抜け	抜け中

●種目評価

項目	評価
運動ボリューム	やや小
負荷トルクの調節	可
煽りチーティング	可
セルフ補助	不可

腕橈骨筋と上腕筋がターゲットのダンベルカール

親指を上に向けて行うダンベルカール。前腕が半回内位になって上腕二頭筋の関与が小さくなり、単関節筋の関与が高まる。腕橈骨筋と上腕筋の負荷トルクの最大値は最大レベルになる。

バリエーション 二股ロープ

ケーブルマシンに二股ロープをセットして行う方法。ボトムの伸張位側で負荷が抜けにくい。

1
ダンベルを持って親指を上に向ける。肘の位置は体の横に合わせる。そこから肘を軽く曲げボトムから単関節筋に負荷をかける。

2
肘の位置を固定したまま肘先だけを動かして親指からダンベルを上げる。前腕部の角度が45度程度になるまで肘を曲げていく。

メイン 上腕二頭筋、上腕筋、腕橈骨筋

EZバーカール

主要動作 肘関節屈曲（※前腕やや回外位）
＋肩関節屈曲（※肘の位置固定）

●刺激評価（※単関節筋）

項目	評価
負荷トルクの最大値	大
スティッキング領域	やや広
伸張位の負荷トルク	中
負荷トルクの抜け	抜け中

●種目評価

項目	評価
運動ボリューム	やや小
負荷トルクの調節	可
煽りチーティング	可
セルフ補助	不可

肘関節屈曲筋群全体をバランスよく鍛えられる

EZバーで行うカール種目。バーを握る手首の角度が浅い回外位になるため単関節筋の関与が少し高くなる。二関節筋の上腕二頭筋とともに上腕筋・腕橈骨筋の負荷トルクの最大値も最大レベルになる。

1
EZバーを「逆ハの字」で握り、肘の位置を体の側面より少し前で固定。そこから肘を少し曲げる。

2
肘の位置を固定したままバーを上げる。前腕部の角度が45度程度になるまで肘を曲げる。トップで肘を深く曲げすぎると、負荷が抜けるので注意。

メイン 上腕筋、腕橈骨筋 サブ 上腕二頭筋

プリーチャーカール

主要動作 肘関節屈曲
(※肩関節屈曲位&前腕やや回外位)

●刺激評価(※単関節筋)

負荷トルクの最大値	大
スティッキング領域	やや広
伸張位の負荷トルク	強
負荷トルクの抜け	抜け中

●種目評価

運動ボリューム	やや小
負荷トルクの調節	不可
煽りチーティング	可
セルフ補助	不可

上腕筋・腕橈骨筋がメインターゲットのカール種目

肩関節屈曲位で行うカール種目。二関節筋である上腕二頭筋長頭が緩んで上腕二頭筋の関与が小さくなり単関節筋の貢献が高まる。肘の位置が前に出るため上腕筋・腕橈骨筋の負荷トルクは伸張位側に移動し、135度付近で最大トルクとなる。専用台で行う。

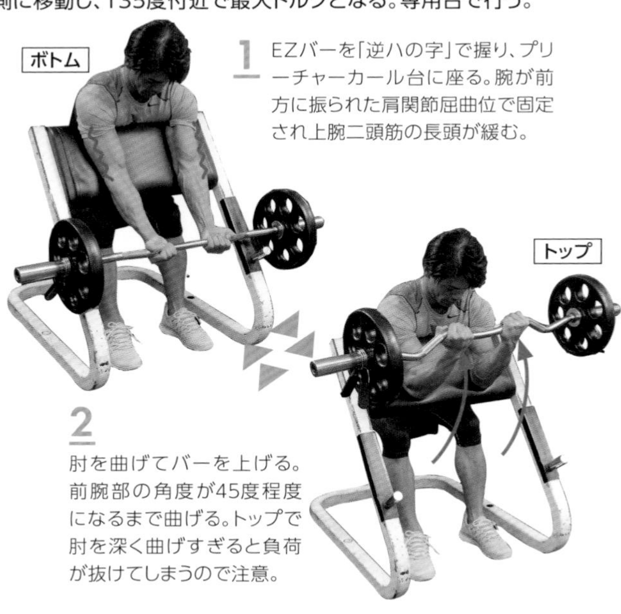

1 EZバーを「逆ハの字」で握り、プリーチャーカール台に座る。腕が前方に振られた肩関節屈曲位で固定され上腕二頭筋の長頭が緩む。

2 肘を曲げてバーを上げる。前腕部の角度が45度程度になるまで曲げる。トップで肘を深く曲げすぎると負荷が抜けてしまうので注意。

プリーチャー台がない場合

プリーチャー台がなくても、片腕ずつであればベンチの背もたれを立てて、そこに腕を乗せれば実施できる。

メイン 上腕筋、上腕筋、上腕二頭筋(主に短頭)

コンセントレーションカール

主要動作 肘関節屈曲
(※肩関節屈曲位&前腕回外位)

単関節筋の関与が高まるダンベルカール

腕を前方に振った肩関節屈曲位で行うダンベルカール。二関節筋である上腕二頭筋長頭が緩み、肘の位置を固定する肩関節屈曲トルクも生じないため上腕二頭筋の関与が減り、単関節筋の上腕筋と腕橈骨筋の貢献が高まる。

●刺激評価(※単関節筋)

負荷トルクの最大値	中
スティッキング領域	やや広
伸張位の負荷トルク	中
負荷トルクの抜け	抜け中

●種目評価

運動ボリューム	小
負荷トルクの調節	可
煽りチーティング	可
セルフ補助	可

追い込みテク セルフ補助

限界まで反復したら空いている方の手で下から押してフォーストレップを実施する。セルフ補助で残りの力をすべて出し切る。

メイン 腕橈骨筋 サブ 上腕筋、上腕二頭筋

リバースEZバーカール

主要動作 肘関節屈曲(※前腕回内位)
+肩関節屈曲(※肘の位置固定)

●刺激評価(※単関節筋)

負荷トルクの最大値	大
スティッキング領域	やや広
伸張位の負荷トルク	中
負荷トルクの抜け	抜け中

●種目評価

運動ボリューム	やや小
負荷トルクの調節	可
煽りチーティング	可
セルフ補助	不可

腕橈骨筋がメインターゲットのカール種目

手の甲を上に向けた前腕の半回内位で肘を曲げるEZバー種目。上腕二頭筋の関与が減り、腕橈骨筋を優先的に疲労させられる。負荷トルクの最大値が大きく腕橈骨筋が強い力を出せる。ストレートバーで行うと前腕回内位になり腕橈骨筋の貢献がより高まる。

バリエーション 内側を握る

EZバーの内側(中心)を握る方法。わずかに肩関節の動きが生じて、使用重量が少し増えるとともに、負荷トルク曲線が平坦になる。

1 EZバーを「ハの字」で握り、肘の位置を体の側面より少し前で固定する。そこから肘を軽く曲げ腕橈骨筋に負荷をかける。

2 肘の位置を体の側面より少し前で固定したまま肘を曲げてバーを持ち上げる。前腕部の角度が45度程度になるまで上げる。

1 片手にダンベルを持ちベンチに座る。足を広めに開き、太ももの内側に腕を当てて肘を固定。肘は軽く曲げて単関節筋に負荷をかける。

2 肘の位置を固定したまま、肘先だけを動かしてダンベルを巻き上げる。肘は前腕部の角度が60度程度になるまで曲げて単関節筋を収縮する。

上腕三頭筋の鍛え方

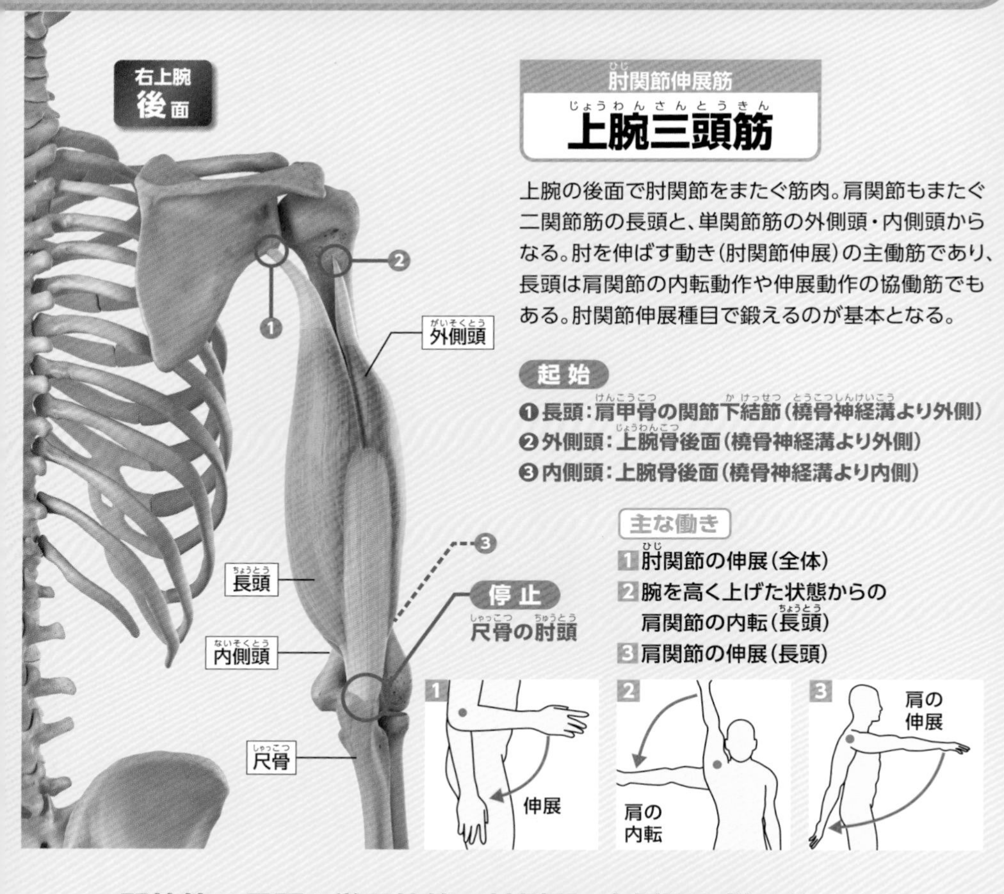

肘関節伸展筋

上腕三頭筋

上腕の後面で肘関節をまたぐ筋肉。肩関節もまたぐ二関節筋の長頭と、単関節筋の外側頭・内側頭からなる。肘を伸ばす動き（肘関節伸展）の主働筋であり、長頭は肩関節の内転動作や伸展動作の協働筋でもある。肘関節伸展種目で鍛えるのが基本となる。

起始

❶ 長頭：肩甲骨の関節下結節（橈骨神経溝より外側）
❷ 外側頭：上腕骨後面（橈骨神経溝より外側）
❸ 内側頭：上腕骨後面（橈骨神経溝より内側）

主な働き

1 肘関節の伸展（全体）
2 腕を高く上げた状態からの肩関節の内転（長頭）
3 肩関節の伸展（長頭）

二関節筋の長頭と単関節筋の外側頭・内側頭を鍛え分ける

肩関節を屈曲した状態で肘を伸ばす種目では二関節筋の長頭を中心に上腕三頭筋全体が動員される。肩関節を伸展し長頭を緩めた状態で肘を伸ばす種目では主に単関節筋の外側頭・内側頭が動員される。

長頭を中心に鍛える
フレンチプレス（→P.148）

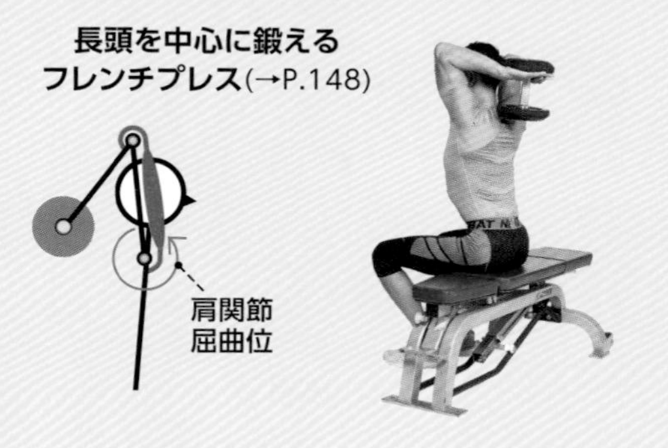

外側頭・内側頭を中心に鍛える
プレスダウン（→P.150）

上腕三頭筋の働き 肘関節 伸展

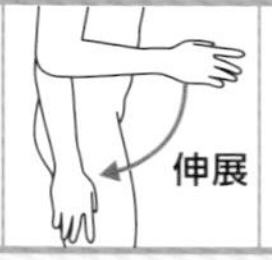

貢献度ランキング

1. 上腕三頭筋（じょうわんさんとうきん）
2. 肘筋（ちゅうきん）

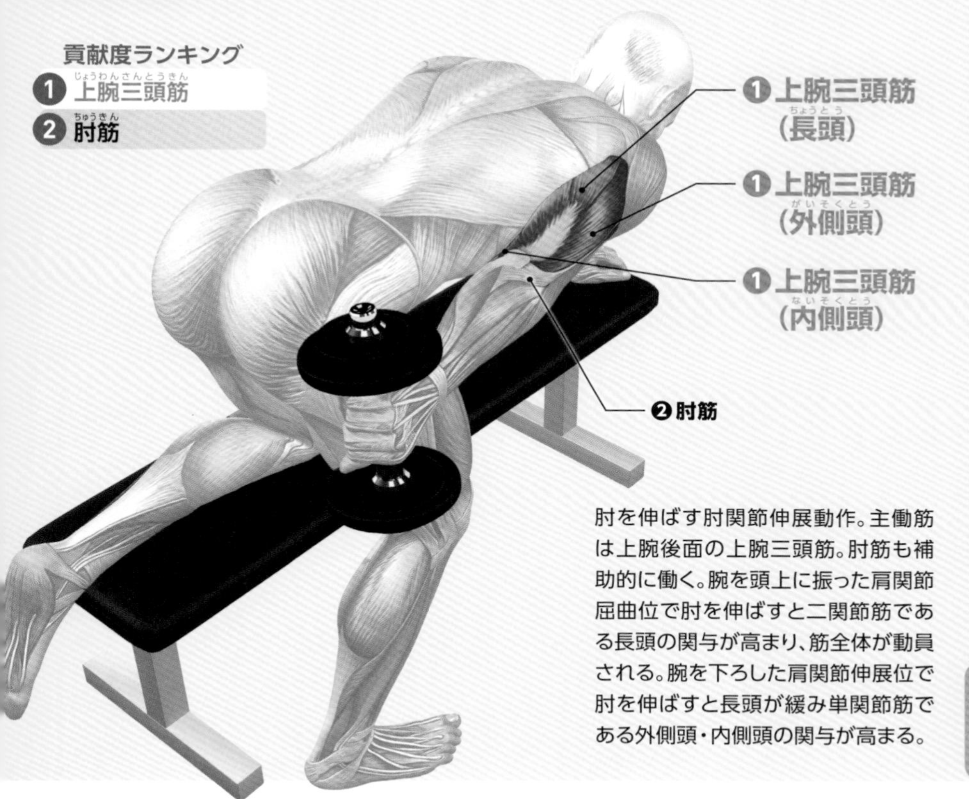

肘を伸ばす肘関節伸展動作。主働筋は上腕後面の上腕三頭筋。肘筋も補助的に働く。腕を頭上に振った肩関節屈曲位で肘を伸ばすと二関節筋である長頭の関与が高まり、筋全体が動員される。腕を下ろした肩関節伸展位で肘を伸ばすと長頭が緩み単関節筋である外側頭・内側頭の関与が高まる。

肘関節伸展の筋力トルク

肘関節の伸展動作について、本書では肘を完全に伸ばした状態を180度と定義。そこから肘を曲げるほど伸展角度が小さくなり屈曲位（上腕三頭筋の伸張位）になり、肘が伸びるほど上腕三頭筋は短縮位になる。肘関節伸展の筋力トルクは110度付近で最大となり、そこから肘を伸ばすほど弱くなっていく。

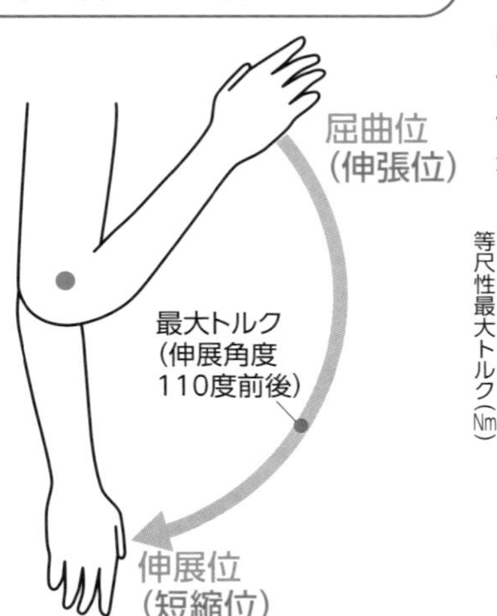

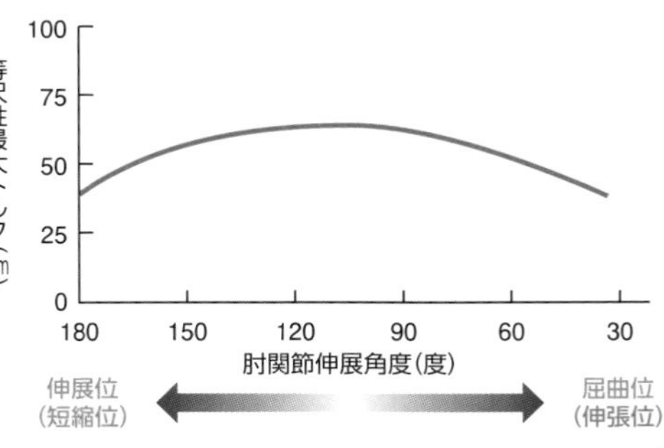

Garner and Pandy (2001)より改変

▶▶肘関節伸展種目（主働筋：上筋三頭筋）の負荷トルク図

●トライセプスエクステンション（→P.146）
●トライセプスエクステンション（肩可動）
（→P.147）

有効負荷範囲の広さ：B

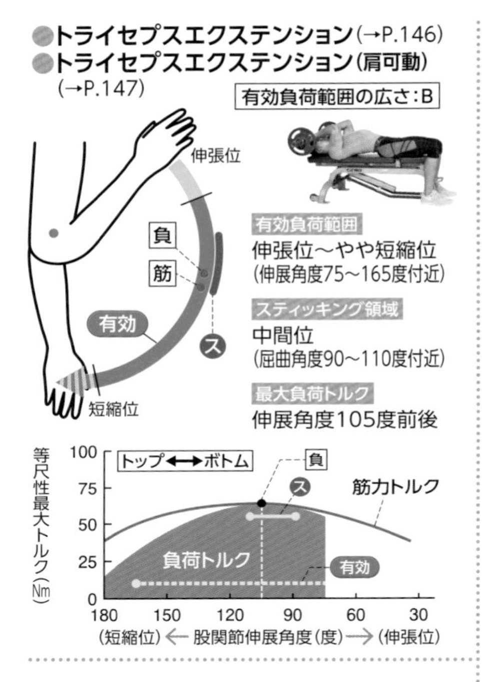

有効負荷範囲
伸張位〜やや短縮位
（伸展角度75〜165度付近）

スティッキング領域
中間位
（屈曲角度90〜110度付近）

最大負荷トルク
伸展角度105度前後

●片手トライセプスエクステンション
（→P.146）

有効負荷範囲の広さ：B

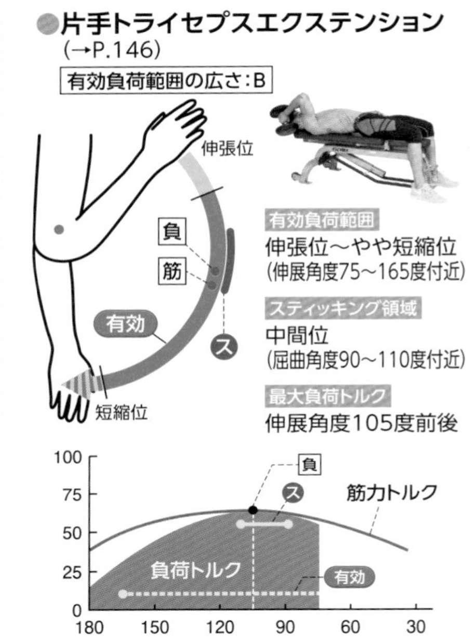

有効負荷範囲
伸張位〜やや短縮位
（伸展角度75〜165度付近）

スティッキング領域
中間位
（屈曲角度90〜110度付近）

最大負荷トルク
伸展角度105度前後

●フレンチプレス（→P.148）

有効負荷範囲の広さ：B

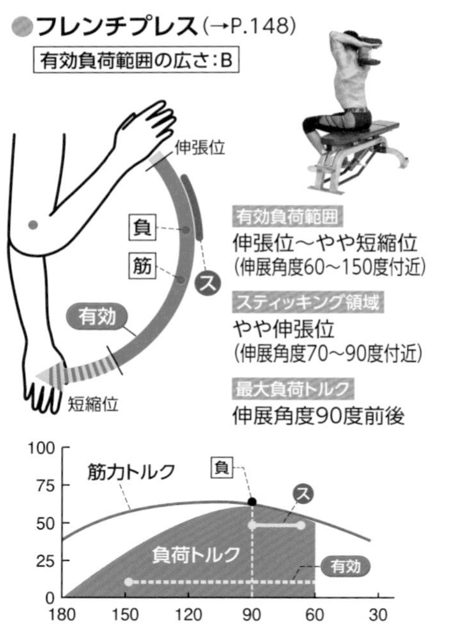

有効負荷範囲
伸張位〜やや短縮位
（伸展角度60〜150度付近）

スティッキング領域
やや伸張位
（伸展角度70〜90度付近）

最大負荷トルク
伸展角度90度前後

●ケーブルフレンチプレス（→P.149）

有効負荷範囲の広さ：A

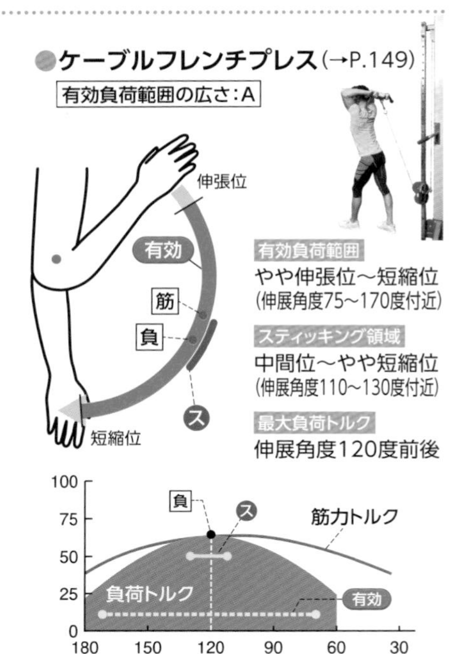

有効負荷範囲
やや伸張位〜短縮位
（伸展角度75〜170度付近）

スティッキング領域
中間位〜やや短縮位
（伸展角度110〜130度付近）

最大負荷トルク
伸展角度120度前後

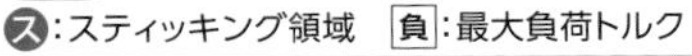

有効:有効負荷範囲(※最大負荷トルクの50%以上レベル)の範囲(青色) ※縞線範囲は有効負荷範囲外の稼働域
ス:スティッキング領域 負:最大負荷トルク 筋:最大筋力トルク(伸展角度110度付近)

ナローベンチプレス(→P.148)

有効負荷範囲の広さ:B

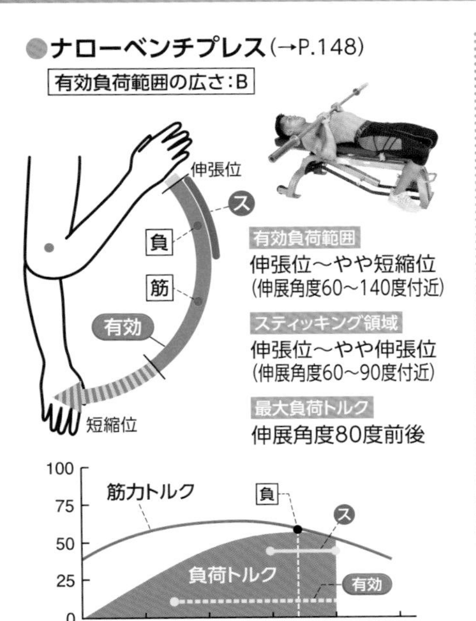

キックバック(→P.150)

有効負荷範囲の広さ:C

(※上腕部の角度を水平より高い15度で固定)

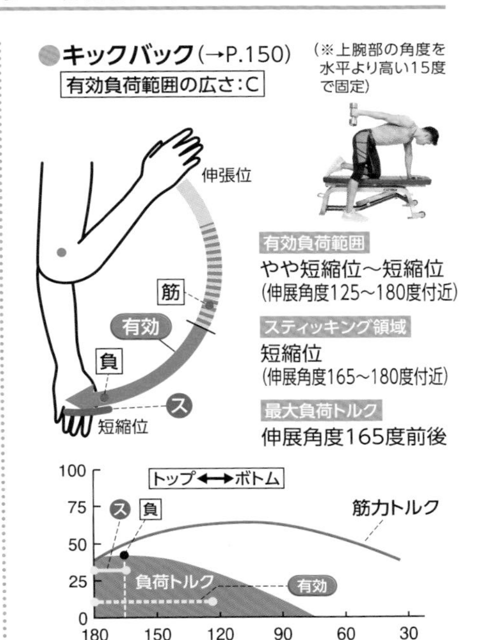

ナローディップス(→P.151)

有効負荷範囲の広さ:B

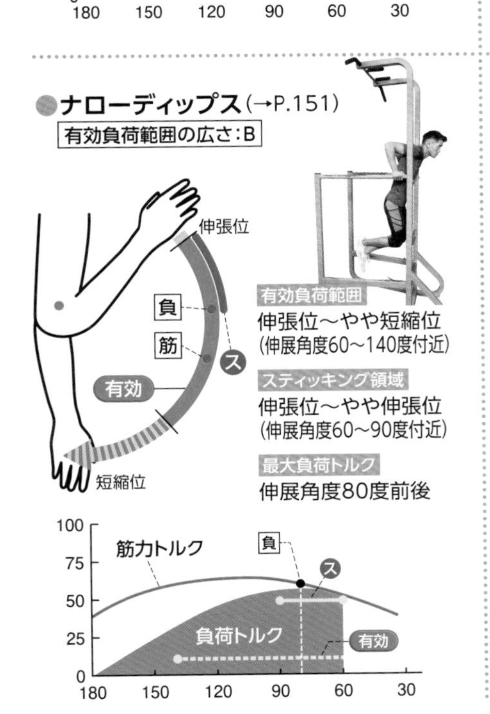

プレスダウン(→P.150)

有効負荷範囲の広さ:A

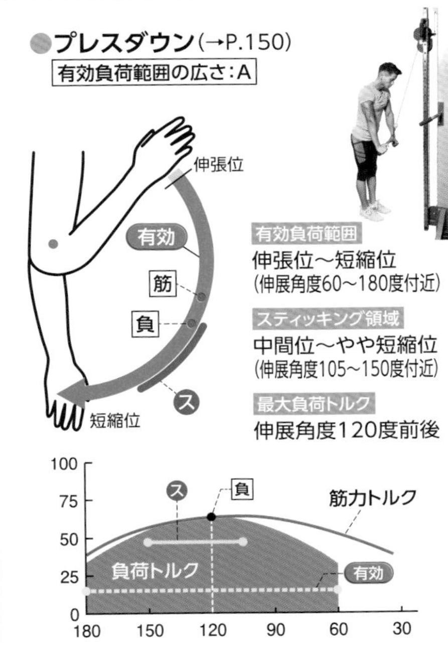

※「キックバック」「ナローディップス」「プレスダウン」の主働筋は上腕三頭筋の主に外側頭・内側頭

メイン 上腕三頭筋

トライセプスエクステンション

主要動作 肘関節伸展(※肩関節中間屈曲位)+肩関節伸展(固定)

肩関節屈曲位で肘を伸ばし上腕三頭筋全体を鍛える

両腕を頭上へ少し振った肩関節の中間屈曲位で肘を伸ばす種目。二関節筋の長頭と単関節筋の外側頭・内側頭がバランスよく動員される。長頭は肘の位置を固定する肩関節伸展の動きにも働く。負荷トルクの最大値が大きく上腕三頭筋が強い力を発揮できる。

●刺激評価(※長頭)

負荷トルクの最大値	大
スティッキング領域	やや広
伸張位の負荷トルク	中
負荷トルクの抜け	抜け中

●種目評価

運動ボリューム	やや小
負荷トルクの調節	可
煽りチーティング	可
セルフ補助	不可

1

EZバーの中心部分を「ハの字」で握ってベンチに仰向けで寝る。腕を伸ばしてバーを持ち上げ、そのまま腕を頭のほうへ少し倒す。

ボトム

2

肘の位置を固定したままゆっくり肘を曲げてバーを下ろす。頭部にバーがつく寸前まで下ろす。ここから肘を伸ばして1の体勢に戻る。

追い込みテク 負荷トルクの調節

限界まで反復したら肩を伸展し、肘の位置を少し脚側へ移動する。そこからプレス気味の動きで肘を伸ばしフォーストレップを行う。

メイン 上腕三頭筋

片手トライセプスエクステンション

主要動作 肘関節伸展(※肩関節中間屈曲位)+肩関節伸展(固定)

片手で行うトライセプスエクステンション

ダンベルで行う片手のトライセプスエクステンション。EZバーで行う場合と有効負荷範囲はほぼ変わらないが、片手で行うと肘を深く曲げやすく、セルフ補助も可能。左右の手にそれぞれダンベルを持って行う方法もある。

●刺激評価(※長頭)

負荷トルクの最大値	大
スティッキング領域	やや広
伸張位の負荷トルク	中
負荷トルクの抜け	抜け中

●種目評価

運動ボリューム	やや小
負荷トルクの調節	可
煽りチーティング	可
セルフ補助	可

追い込みテク セルフ補助

限界まで反復したら空いているほうの手で下から押してフォーストレップを実施。片手で行うことでセルフ補助ができる。

メイン 上腕三頭筋(主に長頭) サブ 広背筋、大円筋

トライセプスエクステンション(肩可動)

主要動作 肘関節伸展＋肩関節伸展

肘と肩を伸展して上腕三頭筋長頭への負荷を高める

腕を頭上へ振った肩関節の深い屈曲位からEZバーを上げる種目。肘を伸ばしながら肩関節も伸展することにより両方の動きに働く上腕三頭筋長頭の関与が総合的に高まる。負荷トルクの最大値が大きく長頭を中心に上腕三頭筋が最大レベルの力を発揮できる。

●刺激評価(※長頭)

負荷トルクの最大値	大
スティッキング領域	やや広
伸張位の負荷トルク	強
負荷トルクの抜け	抜け中

●種目評価

運動ボリューム	やや小
負荷トルクの調節	可
煽りチーティング	可
セルフ補助	不可

1
EZバーの中心部分を「ハの字」で握ってベンチに仰向けで寝る。腕を伸ばしてバーを持ち上げ、そのまま腕を頭のほうへ少し倒す。

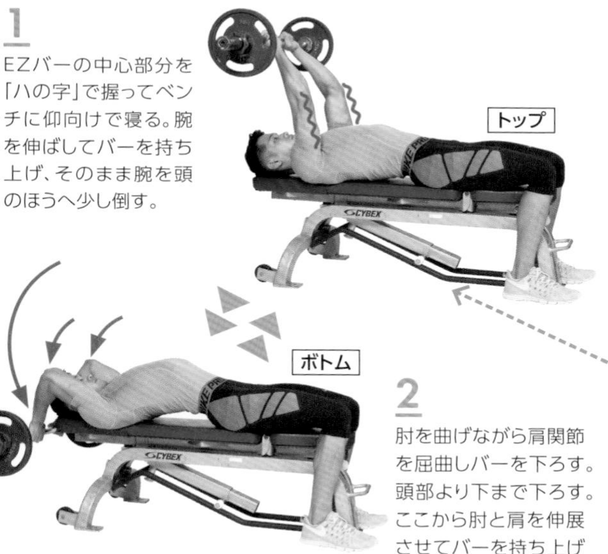

2
肘を曲げながら肩関節を屈曲しバーを下ろす。頭部より下まで下ろす。ここから肘と肩を伸展させてバーを持ち上げ1の体勢に戻る。

追い込みテク 負荷トルクの調節

限界まで反復したら肩を伸展してバーベルを胸の上まで移動し、プレス気味の動きでフォーストレップ。

1 片手にダンベルを持ちベンチに仰向けで寝る。ダンベルを持ち上げ伸ばした腕を頭のほうへ少し倒して上腕三頭筋に負荷をかける。

2 肘の位置を固定したまま肘を曲げてダンベルを下ろす。頭部の横まで深く下ろしていく。ここから肘を伸ばして1の体勢に戻る。

メイン 上腕三頭筋(長頭) サブ 上腕三頭筋(外側頭・内側頭)

フレンチプレス

主要動作 肘関節伸展(※肩関節屈曲位)

上腕三頭筋の長頭をボトムの伸張位で強く刺激

腕を頭上まで振り上げた肩関節の深い屈曲位で肘を伸ばす種目。二関節筋である上腕三頭筋の長頭が伸ばされ動員されやすくなる。負荷トルクの最大値が大きく、伸張位の負荷トルクも強いため、複数の筋肥大誘発ストレスが得られる。立位での実施も可能。

●刺激評価(※長頭)

負荷トルクの最大値	大
スティッキング領域	やや広
伸張位の負荷トルク	強
負荷トルクの抜け	抜け中

●種目評価

運動ボリューム	やや小
負荷トルクの調節	可
煽りチーティング	可
セルフ補助	不可

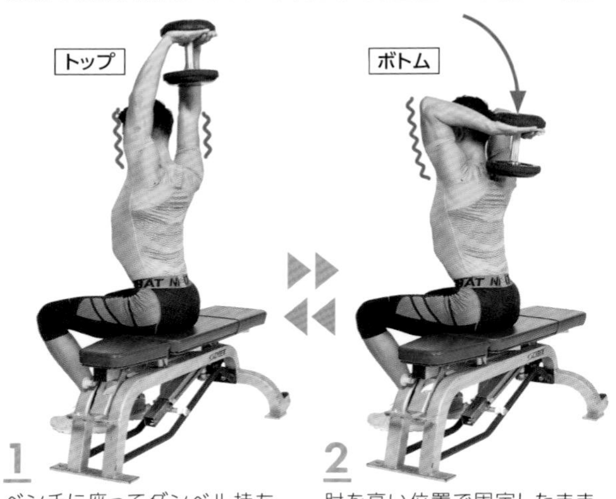

1 ベンチに座ってダンベル持ち、プレートの裏側で両手を重ねる。そこから肘を伸ばしダンベルを頭頂部より少し後方で上げる。

2 肘を高い位置で固定したまま、深く曲げてダンベルを頭の後方に下ろす。上腕三頭筋が伸びる。ここから肘を伸ばして1に戻る。

バリエーション 片手で行う

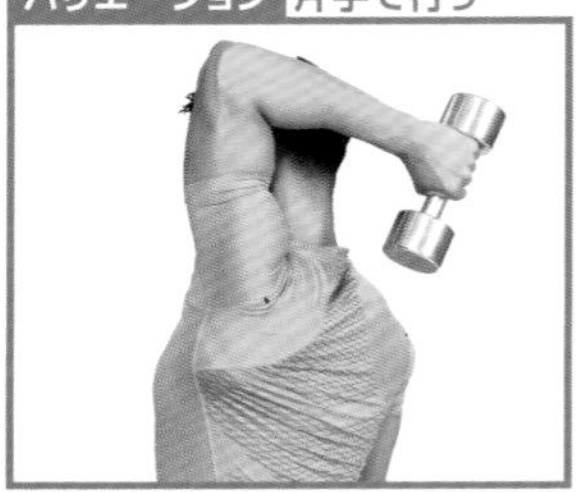

片手で行う方法。両手で行うよりも肘を深く曲げやすい。空いているほうの手でセルフ補助もできる。

メイン 上腕三頭筋 サブ 大胸筋、三角筋(前部)

ナローベンチプレス

主要動作 肘関節伸展+肩関節水平内転

上腕三頭筋がターゲットのベンチプレス

狭い手幅で挙上するベンチプレス。肘関節の伸展動作が主体となるため上腕三頭筋がターゲット。負荷トルクの最大値が大きく上腕三頭筋が最大レベルの力を出せる。高重量を扱える種目で大胸筋や三角筋前部も鍛えられる。

●刺激評価(※長頭)

負荷トルクの最大値	大
スティッキング領域	広い
伸張位の負荷トルク	弱
負荷トルクの抜け	抜け中

●種目評価

運動ボリューム	中
負荷トルクの調節	不可
煽りチーティング	不可
セルフ補助	不可

POINT 肩甲骨を寄せない

脇を締めながら肘を伸ばす動きで挙げる。胸は張らず肩甲骨を開いたまま反復する。

メイン 上腕三頭筋(長頭) サブ 上腕三頭筋(外側頭・内側頭)

ケーブルフレンチプレス

主要動作 肘関節伸展(※肩関節屈曲位)

安全に限界まで追い込めるフレンチプレス

ケーブルマシンで行うフレンチプレス。ダンベルで行う場合と、得られるストレスはほぼ変わらないがバーを斜め方向に引くため、両肘を伸ばしたトップ付近での負荷トルクの抜けが小さくなる。立位で行うことで反動を使ったチーティングもやりやすくなる。

●刺激評価(※長頭)

負荷トルクの最大値	大
スティッキング領域	やや広
伸張位の負荷トルク	強
負荷トルクの抜け	抜け中

●種目評価

運動ボリューム	やや小
負荷トルクの調節	可
煽りチーティング	可
セルフ補助	不可

1 ケーブルの起点を低くセット。W字バーを「ハの字」で持ち、マシンに背を向ける。そこから肘を伸ばしてバーを頭頂部よりも少し後方で上げる。

2 肘を高い位置で固定したまま深く曲げてバーを頭の後方に下ろす。上腕三頭筋が伸びる。ここから肘を伸ばし1に戻る。

トップ

ボトム

追い込みテク 負荷トルクの調節

限界まで反復したら、肘を外側に開いた状態で伸ばすと負荷トルクが下がりフォーストレップができる。

1 肩幅程度の手幅でバーを握る。ラックからバーを外し、肘を伸ばして肩の上方でバーを支える。負荷が抜けるためトップで肘は伸ばしきらない。

2 脇を締めたまま肘を曲げてバーを乳頭付近に下ろす。ここから肘を伸ばしてバーを挙上し1に戻る。肩甲骨を寄せずに挙げていく。

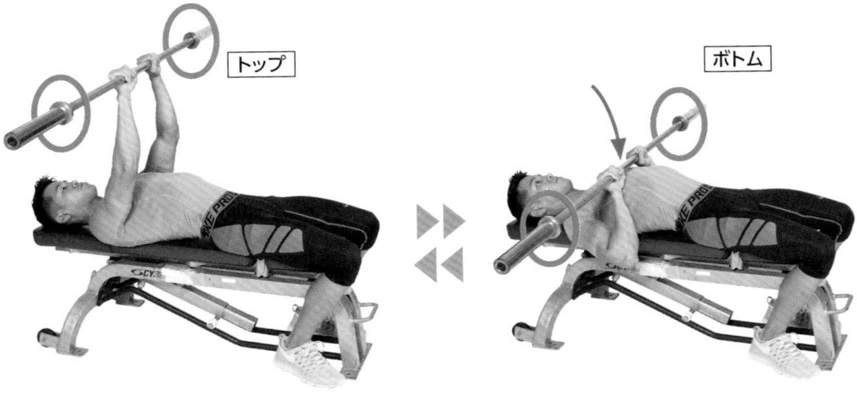

トップ

ボトム

メイン 上腕三頭筋（主に外側頭・内側頭） サブ 上腕三頭筋（長頭）

キックバック

主要動作 肘関節伸展（※肩関節伸展位）

上腕三頭筋の外側頭・内側頭がメインターゲット

腕を下ろした肩関節の浅い伸展位で肘を伸ばす片手ダンベル種目。二関節筋の上腕三頭筋長頭が緩み外側頭・内側頭の関与が高まる。有効負荷範囲とスティッキング領域が狭く、負荷トルクも小さいが、上体をひねるチーティングが可能で安全に限界まで追い込める。

●刺激評価（※単関節筋）

負荷トルクの最大値	小
スティッキング領域	狭い
伸張位の負荷トルク	弱
負荷トルクの抜け	抜け中

●種目評価

運動ボリューム	小
負荷トルクの調節	不可
煽りチーティング	可
セルフ補助	不可

1
片手にダンベルを持ち、もう片方の手と片膝をベンチにつく。上腕部を水平以上の高さで固定し、肘の角度を90度より少し広げる。

2
上腕部を水平程度の高さで固定したまま肘を伸ばしてダンベルを上げる。トップでは負荷が抜けにくいため肘は伸ばしきってよい。

NG 肘の位置が下がる

肘が下がると有効負荷範囲が狭くなり、上腕三頭筋への負荷も抜けやすくなるため、肘の位置は上腕が水平以上になる高さでキープ。

メイン 上腕三頭筋（主に外側頭・内側頭）

プレスダウン

主要動作 肘関節伸展（※肩関節伸展位）＋肩関節伸展（固定）

複数のストレスが得られる優良種目

肘を伸ばす動きでケーブルを引き下げる種目。単関節筋である上腕三頭筋の外側頭・内側頭がターゲットとなる。負荷トルクの抜けは小さく、最大値が大きい。スティッキング領域も広く複数の筋肥大誘発ストレスが得られる。

●刺激評価（※単関節筋）

負荷トルクの最大値	大
スティッキング領域	広い
伸張位の負荷トルク	中
負荷トルクの抜け	抜け小

●種目評価

運動ボリューム	中
負荷トルクの調節	可
煽りチーティング	可
セルフ補助	不可

追い込みテク 負荷トルクの調節

限界まで反復したら肘を外側に開いて伸ばすと、上腕三頭筋への負荷トルクが下がりフォーストレップができる。

メイン 上腕三頭筋　サブ 大胸筋(上部)、三角筋(前部)、僧帽筋(下部)、前鋸筋(下部)

ナローディップス

主要動作 肘関節伸展+肩関節屈曲(内転をともなう)+肩甲骨後傾

多関節の動きで上腕三頭筋を鍛える自重種目

手幅を狭めて行うディップス。肘関節伸展の動きが主体となる。腕を後方に引いた肩関節の深い伸展位で肘を伸ばすため二関節筋である上腕三頭筋の長頭が緩み外側頭・内側頭の関与が高まる。負荷トルクの最大値が大きくスティッキング領域も広い自重種目。

●刺激評価(※単関節筋)

負荷トルクの最大値	大
スティッキング領域	広い
伸張位の負荷トルク	中
負荷トルクの抜け	抜け中

●種目評価

運動ボリューム	中
負荷トルクの調節	不可
煽りチーティング	不可
セルフ補助	不可

1
肩幅程度の幅の平行バーにつかまり脇を締めて体を保持。上腕三頭筋への負荷が抜けないようにトップでも肘は少し曲げる。

2
脇を締めたまま肘を曲げて体を深く下ろす。肘より肩の位置が低くなるまで下ろすのが目安。ここから肘を伸ばして体を持ち上げ、1の体勢に戻る。

POINT 狭い手幅で行う

脇を締めたまま、肘を曲げ伸ばしできる手幅で行う。手幅が広いと肩関節の内転動作が主体になる。

1
ケーブルの起点を高くセットする。上体を少し前傾させて背すじを伸ばす。そこから脇を締め肩の高さまでバーを引き下げる。バーはストレートバーでもよいが、「く」の字のバーやW字バーを使用して、浅い回内位のグリップで行ったほうが、肘の曲げ伸ばしがやりやすい。

ボトム

2
肘の位置を体の側面よりも少し前で固定したまま肘を伸ばしてバーを引き下げていく。肘先だけを動かし、バーが体につく寸前まで引き下げる。この種目はラットプルダウンのマシンでも実施できる。

トップ

浅指屈筋・深指屈筋の鍛え方

手関節掌屈筋・手指屈曲筋

浅指屈筋

前腕の前面で最も大きな筋肉。手首（手関節）を手の平側に曲げる掌屈動作の主働筋。親指を除く手指の屈曲動作の主働筋でもある。

主な働き

1 第2〜5指PIP（第2）関節の屈曲
2 手関節の掌屈（屈曲）

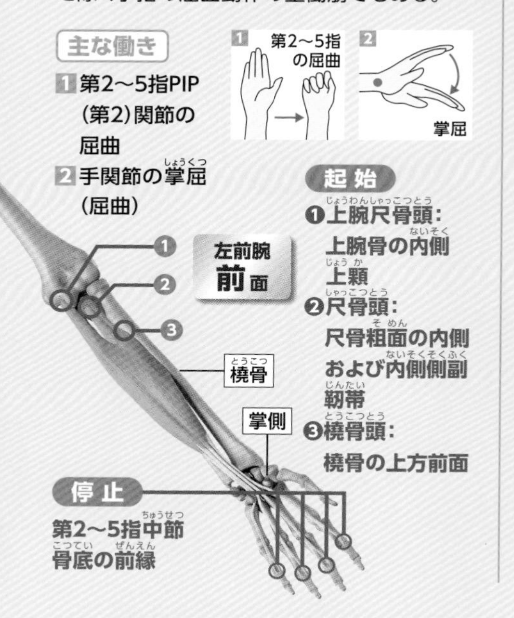

手関節掌屈筋・手指屈曲筋

深指屈筋

前腕前面の深層を走る筋肉。停止腱が親指を除く指先まで伸びている。浅指屈筋とともに手関節掌屈と手指屈曲の主働筋である。

主な働き

1 第2〜5指DIP（第1）・PIP（第2）関節の屈曲
2 手関節の掌屈（屈曲）

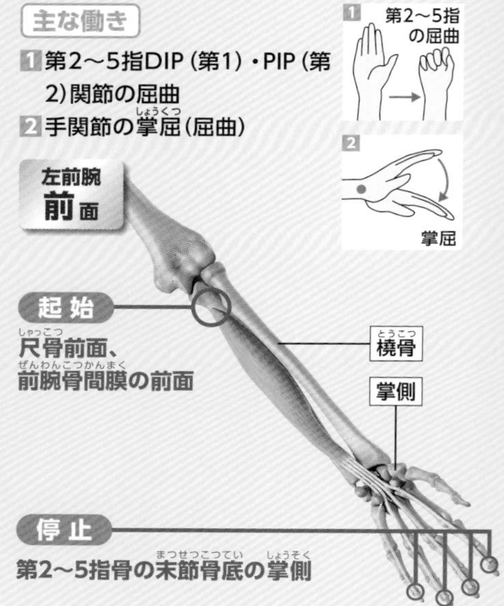

手関節掌屈種目は握力の強化にもつながる

浅指屈筋と深指屈筋は、リストカールなどの手関節掌屈種目（→P.154〜155）で鍛えるのが基本。浅指屈筋と深指屈筋は人差し指〜小指の屈曲動作の主働筋でもある。手を「握る」動作は親指を除く4本指の屈曲が主体となるため、手関節掌屈種目は手首の掌屈力だけでなく握力強化にもつながる。

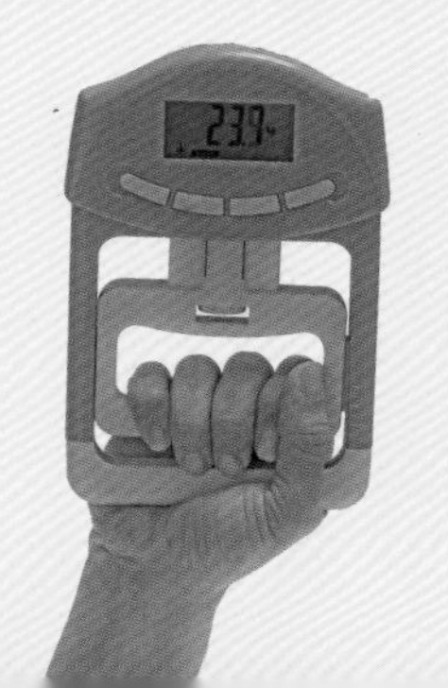

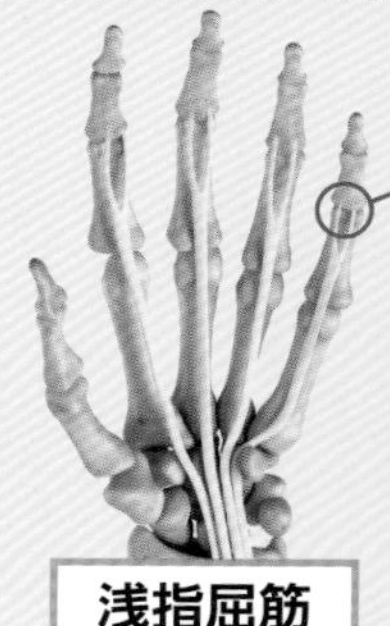

浅指屈筋

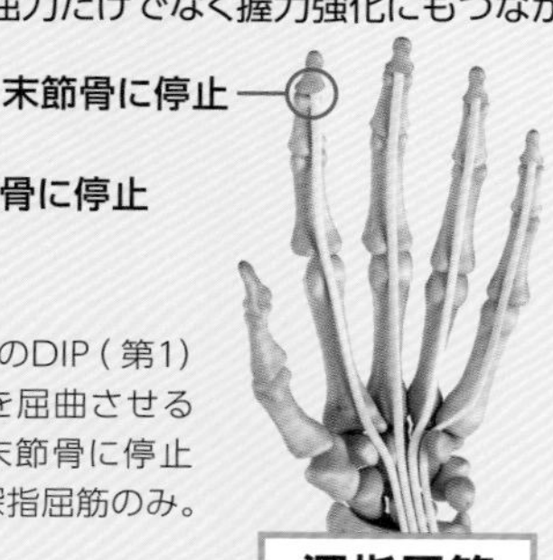

深指屈筋

指先のDIP（第1）関節を屈曲させるのは末節骨に停止する深指屈筋のみ。

浅指屈筋・深指屈筋の働き

手関節 掌屈(屈曲)

貢献度ランキング

1. 浅指屈筋
2. 深指屈筋
3. 尺側手根屈筋
4. 橈側手根屈筋
5. 長掌筋
6. 長母指屈筋

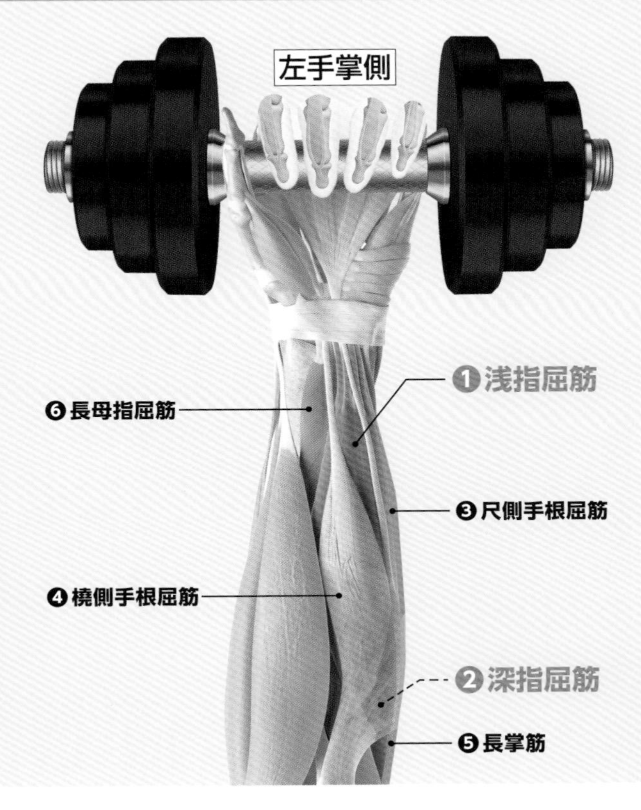

手首(手関節)を手の平側に曲げる掌屈動作。主働筋は前腕前面の浅指屈筋とその深部にある深指屈筋。尺側手根屈筋や橈側手根屈筋など手関節をまたぐ複数の屈筋群が協働筋として働く。手関節掌屈種目では浅指屈筋・深指屈筋を中心に前腕前面の屈筋群が鍛えられる。

手関節掌屈の筋力トルク

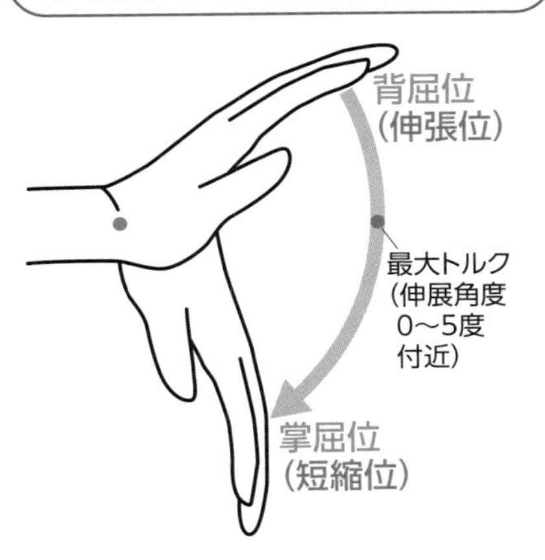

手関節の掌屈動作について、本書では手首を真っすぐ伸ばした状態を0度と定義。そこから手首を手の平側に曲げるほど掌屈位(短縮位)になり、手の甲側に曲げると背屈位(伸張位)になる。手関節掌屈の筋力トルクは10度付近で最大となり、そこから掌屈して短縮位になるほどトルクは緩やかに弱まる。

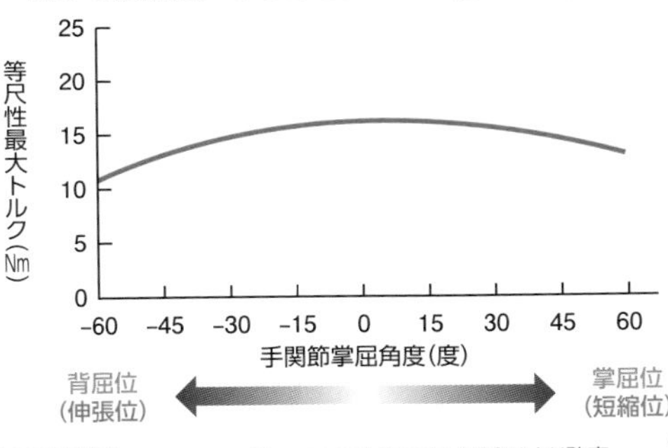

Garner and Pandy (2001)より改変

※手関節掌屈種目は可動域が狭く、種目数も少ないため負荷トルク図は割愛

メイン 浅指屈筋、深指屈筋 サブ 尺側手根屈筋、橈側手根屈筋

バーベルリストカール

主要動作 肩関節水平内転+肘関節伸展

●刺激評価

負荷トルクの最大値	大
スティッキング領域	やや広
伸張位の負荷トルク	中
負荷トルクの抜け	抜け小

●種目評価

運動ボリューム	小
負荷トルクの調節	不可
煽りチーティング	可
セルフ補助	不可

手首の掌屈+手指の屈曲でバーベルを巻き上げる

手首(手関節)を掌屈する動きでバーベルを上げるリストカール。ボトムで手の平を開くことによって手指の屈曲動作が加わるため、両方の動きに働く浅指屈筋・深指屈筋への負荷トルクが高まる。肘を浮かし上体を煽るチーティングでフォーストレップができる。

1
バーを指先で握りベンチに前腕部をおく。手首を伸ばしバーを下ろしながら手の平を開いて指も伸ばす。前腕前面が伸びる。

2
ベンチで前腕部を固定したまま手首を曲げてバーを巻き上げる。指先から丸め込むように上げる。手首が硬い人はEZバーで行ってもよい。

POINT 指まで伸ばす

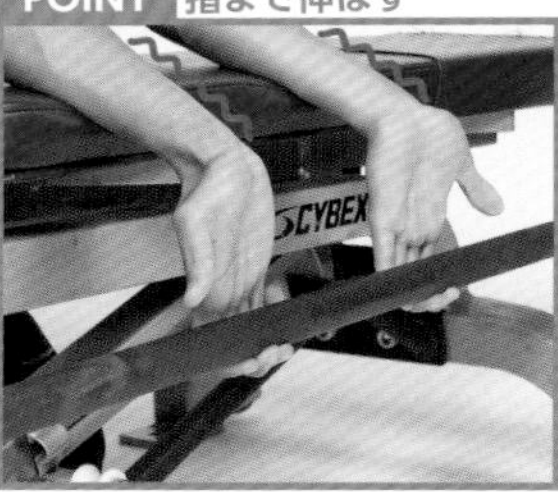

ボトムでは手首を返すとともに、手の指を伸ばすことで浅指屈筋、深指屈筋の可動域が広くなる。

メイン 浅指屈筋、深指屈筋 サブ 尺側手根屈筋、橈側手根屈筋

ケーブルリストカール

主要動作 手関節掌屈+手指屈曲

手首を曲げたトップでも負荷が抜けにくい

ケーブルマシンで行うリストカール。水平に引く動きになるため、手首を曲げたトップでも負荷が抜けにくい。ボトムで指を伸ばす動きはダンベルで行う場合と同じ。腕相撲のように腕を振って煽るチーティングが可能。

●刺激評価

負荷トルクの最大値	大
スティッキング領域	やや広
伸張位の負荷トルク	中
負荷トルクの抜け	抜け小

●種目評価

運動ボリューム	小
負荷トルクの調節	不可
煽りチーティング	可
セルフ補助	可

POINT 指まで伸ばす

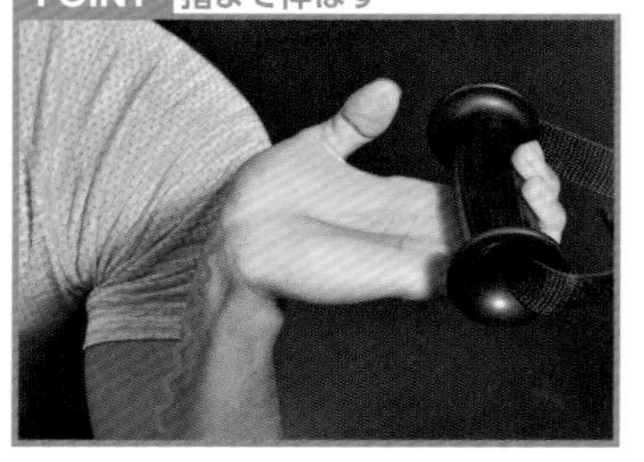

ボトムでは手首を返して、さらに手の指も伸ばし指先にグリップを引っかける。この状態で負荷が抜けないようにセットする。

メイン 浅指屈筋、深指屈筋　サブ 尺側手根屈筋、橈側手根屈筋

ダンベルリストカール

主要動作 手関節掌屈+手指屈曲

●刺激評価

負荷トルクの最大値	大
スティッキング領域	やや広
伸張位の負荷トルク	中
負荷トルクの抜け	抜け中

●種目評価

運動ボリューム	小
負荷トルクの調節	不可
煽りチーティング	可
セルフ補助	不可

手首が硬い人でも無理なく実施できるリストカール

ダンベルを上げるリストカール。グリップが固定されないため、バーベルリストカールより掌屈動作の可動域は少し広くなるが、浅指屈筋・深指屈筋に対する負荷トルクがやや抜けやすくなる。ボトムで手の平と指を伸ばす動きはバーベルで行う場合と同じ。

1 ダンベルを指先で持ってベンチに前腕部をおく。手首を伸ばしてバーを下ろしながら手の平を開いて指も伸ばしていく。

2 ベンチで前腕部を固定したまま手首を曲げてダンベルを巻き上げる。指先から丸め込むように上げる。グリップを少し回内させると深く掌屈できる。

POINT 手首を丸め込む

手首を丸めながら、ダンベルを握り込むように手指を曲げていくと、前腕前面の筋群が強く収縮する。

1 ケーブルの起点を肩の高さに合わせ片膝をつく。グリップを指先で浅く握り肘を膝の上におく。手首を反らせても負荷が抜けない位置で行う。

2 膝の上で前腕部を立てたまま手首を曲げていく。指先から丸め込むように曲げてケーブルを引く。グリップを少し回内させると深く掌屈できる。

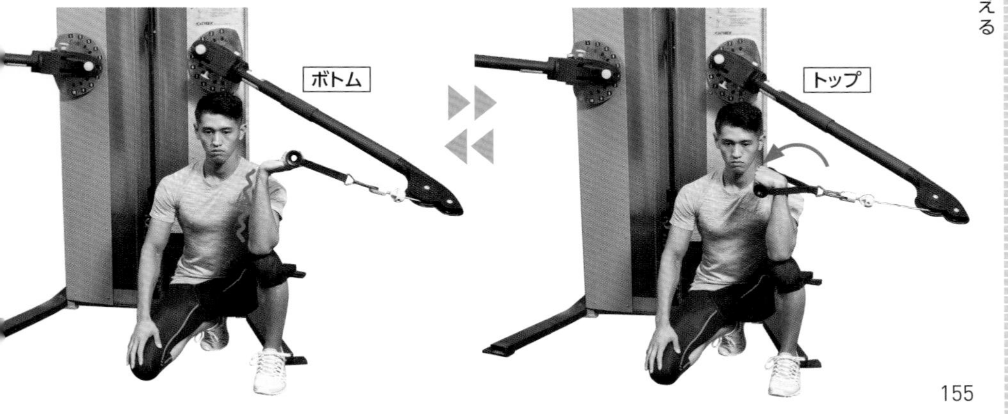

メイン 浅指屈筋、深指屈筋

ハンドグリップ

主要動作 手指（人差し指〜小指）屈曲

比較的安価で購入できる握力強化の定番アイテム

人差し指〜小指を屈曲してバネのついたグリップを握り、前腕前面の浅指屈筋・深指屈筋を鍛える。握力強化の最も手軽な方法。バネの硬さが段階別に販売されているため、自分の握力に合ったハンドグリップを選べる。片手で行えば空いている手も使って握るセルフ補助でフォーストレップが可能。

1 ハンドグリップを持つ。人差し指から小指は離さずに揃える。強度の選択は8〜10回の反復が限界となるグリップを選ぶ。

2 人差し指〜小指を曲げてグリップを握り込む。手を開き1に戻る際は、完全に負荷が抜けてしまう手前まで戻す。

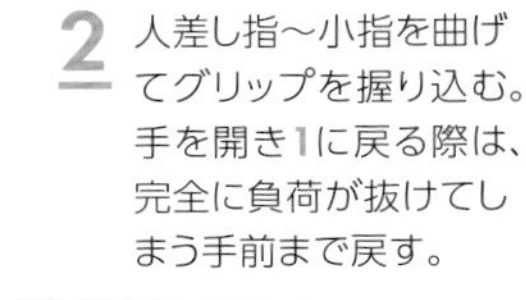

メイン 浅指屈筋、深指屈筋

ハンギングフィンガーカール

主要動作 手指（人差し指〜小指）屈曲

自重を負荷にして握力を鍛える種目

指先でぶら下がった状態から手を握る握力強化種目。指を曲げたトップでも負荷が抜けない。自重で物足りない場合は加重用ベルトでバーベルプレートを装着してもよい。足がつく場合は床を蹴るセルフ補助が可能。

1 人差し指〜小指の指先を引っかけるようにしてぶら下がる。手幅は肩幅程度。ボトムのこの状態でも浅指屈筋・深指屈筋には強い負荷がかかる。

2 ぶら下がったまま指を曲げて手を握り込む。手首を反らせるように握るのがポイント。手を握ったトップで1〜2秒キープするとより強度が高まる。

バリエーション ぶら下がる

手の指を握り込まずぶら下がるだけでも握力強化につながる。特に体重が重い人には有効。

第5章

お尻と脚の筋肉を鍛える

お尻の大殿筋、太もも前面の大腿四頭筋、太もも裏のハムストリング、大内転筋をはじめとする股関節内転筋群、股関節深部にある腸腰筋、ふくらはぎの腓腹筋・ヒラメ筋がターゲットの種目をそれぞれ解説。各種目の「負荷トルク図」や「刺激評価」「種目評価」の内容から、異なる筋肥大誘発ストレスが得られる種目を組み合わせることで、トレーニング効果が複合的に高まり、筋肉の成長・発達が促進される。

（※「刺激評価」の4項目は「股関節屈曲種目」「膝関節伸展種目」など主要動作が同じ種目だけをそれぞれ比較した場合の対評価）（※「種目評価」の「運動ボリューム」は全種目共通の絶対評価）

本書における負荷トルク曲線は、筋トレの各種目の挙上動作を、
❶一般的な姿勢・フォームで、❷加速度（勢いの急な増減）を最小限に行った場合の推定である。
ただし、❶に関しては、筋トレ実施時の姿勢・フォームが変われば、最大負荷トルクが増減したり、負荷トルクの推移が伸張位側もしくは短縮位側にシフトしたり、上に凸のカーブが平坦になったり、逆にカーブが尖ったり、といった影響を受ける。
❷に関しても、顕著な加減速をともなう筋トレ動作の場合には、加速度の影響が大きくなるため、負荷トルクが急に大きくなったり、逆に急に抜けたりする。
今回の評価はあくまで、一般的な姿勢・フォームで勢いをつけずに行った場合に、筋トレ動作の各ポジションにおける幾何学的フォームから静力学的に推定される負荷トルク曲線である。

腸腰筋の鍛え方

股関節屈曲筋

腸腰筋① **大腰筋**

腸腰筋は大腰筋・小腰筋・腸骨筋からなる複合筋。股関節を屈曲する動作の主働筋であり、姿勢の維持にも貢献している。大腰筋と小腰筋は腰椎と大腿骨をつないでいる筋肉であるが、小腰筋は大腰筋の分束であり、約半数の人は生まれつき存在しない。

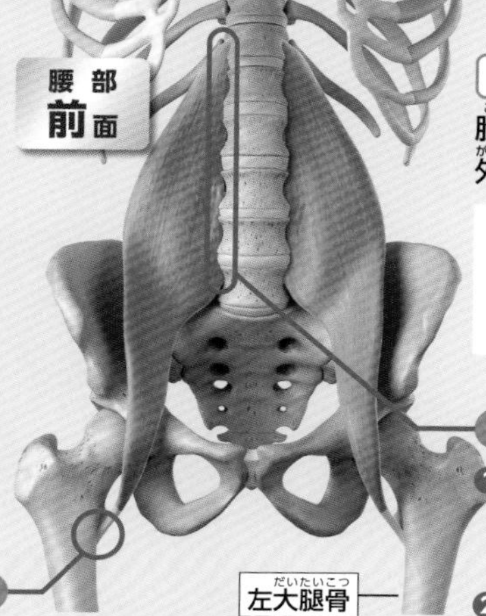

主な働き

股関節の 1 屈曲・2 わずかに外旋、3 脊柱の安定に貢献

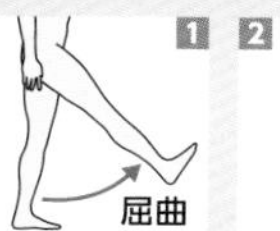

起始

❶浅頭：第12胸椎〜第4腰椎の椎体側面および椎間円板側面
❷深頭：全腰椎の肋骨突起

股関節屈曲筋

腸腰筋② **腸骨筋**

大腰筋とともに股関節屈曲動作の主働筋として働く。骨盤の腸骨前面と大腿骨をつないでいる筋肉であり、大腰筋よりも股関節の深層にある。骨盤の正常な前傾角度を維持する働きにも関わっている。

主な働き

股関節の
1 屈曲・2 外旋

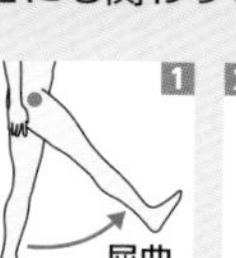

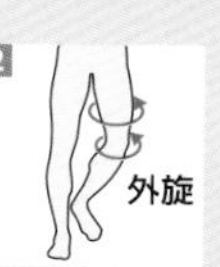

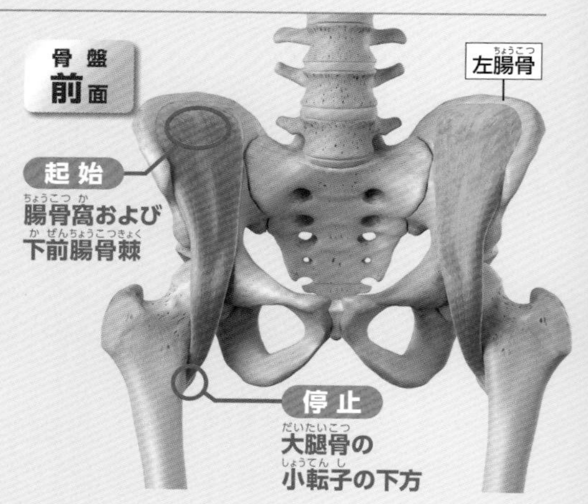

起始

腸骨窩および下前腸骨棘

停止

大腿骨の小転子の下方

股関節屈曲種目で大腰筋と腸骨筋を鍛える

腸腰筋は股関節屈曲種目で鍛えるのが基本。股関節屈曲種目では、体幹と股関節の動きを区別し(→P.44)、脚の付け根を支点にして動くことが腸腰筋を効果的に鍛えるポイントとなる。自重が負荷のレッグレイズ系は多くの人にとって負荷が軽すぎるため筋力がある人はそれ以外の種目で鍛えよう。

シットアップ
(体幹屈曲+股関節屈曲)

片脚シットアップ
(股関節屈曲)

腸腰筋の働き

股関節 屈曲

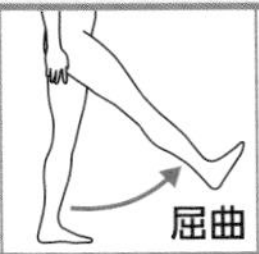

脚を付け根から前方に上げる股関節屈曲動作。主働筋となるのは腸腰筋（大腰筋・腸骨筋）。ほかにも太もも前面の大腿直筋や、太もも側面の大腿筋膜張筋が協働筋として働く。太もも内側にある恥骨筋、長内転筋は股関節を伸ばした伸展位の状態で屈曲する動きに協働筋として関わる。

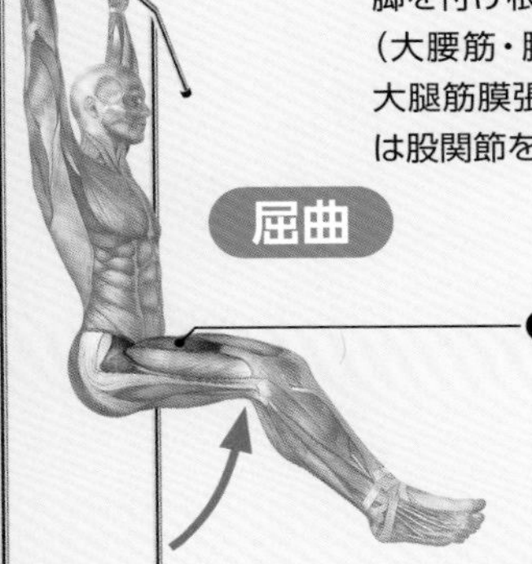

❸ 大腿直筋 大腿四頭筋

股関節前面（深層）

❶ 大腰筋 腸腰筋

❷ 腸骨筋 腸腰筋

❹ 大腿筋膜張筋

❺ 恥骨筋

❻ 長内転筋

貢献度ランキング

1. 大腰筋（だいようきん） 腸腰筋（ちょうようきん）
2. 腸骨筋（ちょうこつきん） 腸腰筋（ちょうようきん）
3. 大腿直筋（だいたいちょっきん） 大腿四頭筋（だいたいしとうきん）
4. 大腿筋膜張筋（だいたいきんまくちょうきん）
5. 恥骨筋（ちこつきん）（※伸展位で貢献）
6. 長内転筋（ちょうないてんきん）（※伸展位で貢献）

股関節屈曲の筋力トルク

股関節屈曲動作について、本書では直立した状態を屈曲角度0度と定義。そこから脚を上げる（上体を倒す）ほど屈曲位（短縮位）になり、脚を後方に引く（上体を起こす）ほど伸展位（伸張位）になる。股関節屈曲の筋力トルクは、屈曲角度25度付近で最大となり、そこから屈曲位になるほど弱くなる。

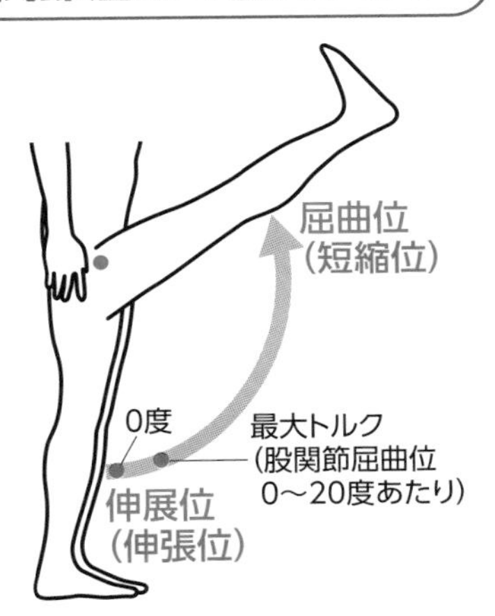

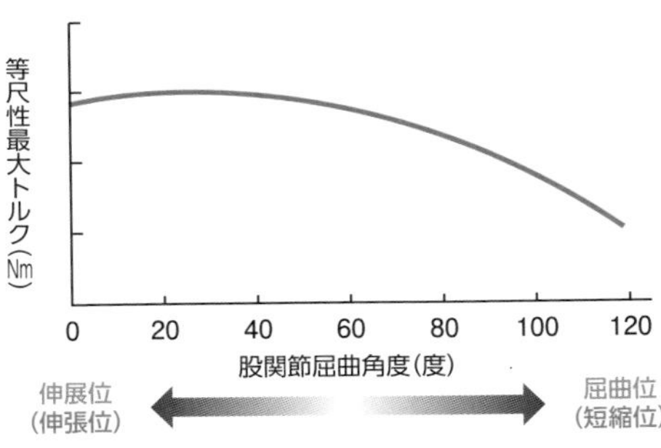

Kulig et al. (1984)、Anderson et al. (2007)、Arnold et al. (2010)より改変

▶▶股関節屈曲種目（主働筋：腸腰筋）の負荷トルク図

●ライイングレッグレイズ（→P.162）　有効負荷範囲の広さ：C

有効負荷範囲 やや伸張位～中間位（屈曲角度10～65度付近）

スティッキング領域 やや伸張位（屈曲角度10～20度付近）

最大負荷トルク 屈曲角度10度前後

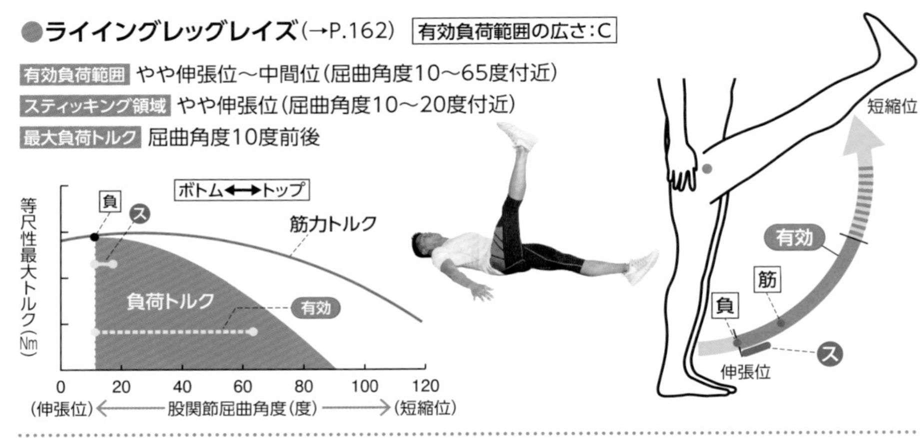

●股関節ハンギングレッグレイズ（→P.162）　有効負荷範囲の広さ：C

有効負荷範囲 やや伸張位～中間位（屈曲角度30～70度付近

スティッキング領域 中間位（屈曲角度60～70度付近）

最大負荷トルク 屈曲角度70度前後

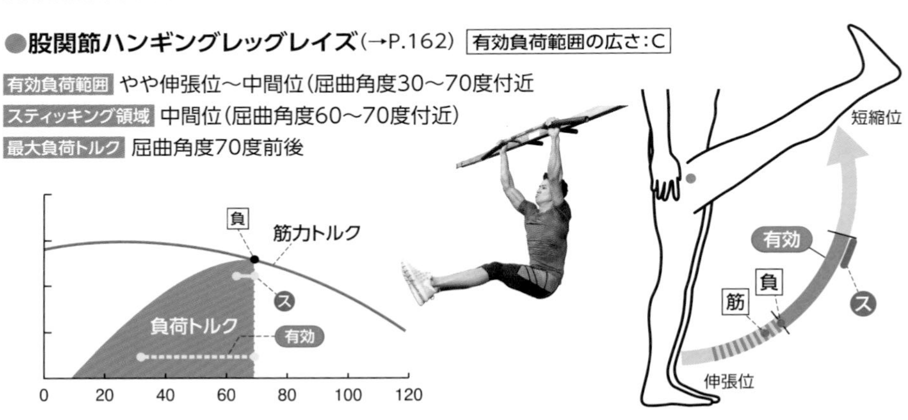

●ダンベルニーレイズ（→P.163）　有効負荷範囲の広さ：B

有効負荷範囲 やや伸張位～短縮位（屈曲角度10～90度付近）

スティッキング領域 やや伸張位～中間位（屈曲角度20～40度付近）

最大負荷トルク 屈曲角度30度前後

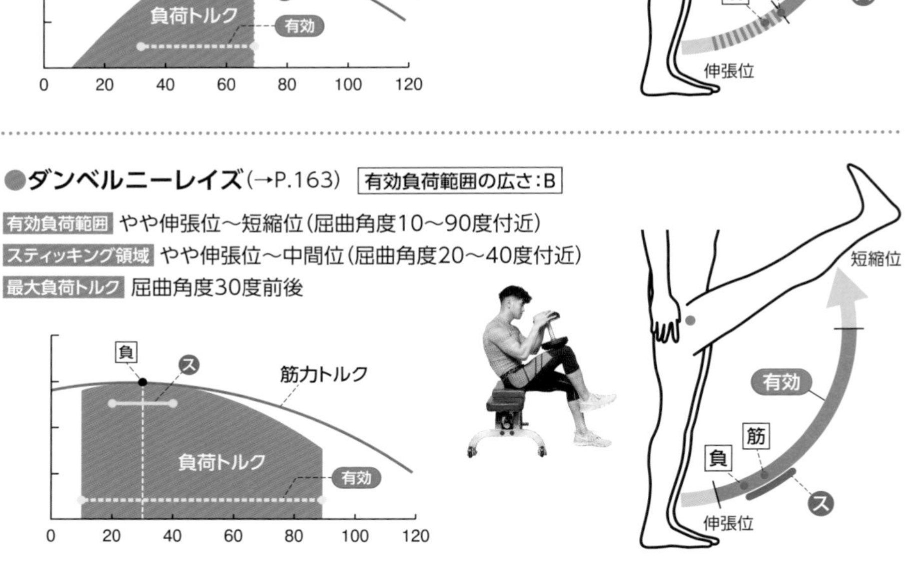

有効：有効負荷範囲（※最大負荷トルクの50%以上レベル）の範囲（青色）※縞線範囲は有効負荷範囲外の稼働域
ス：スティッキング領域　負：最大負荷トルク　筋：最大筋力トルク（屈曲角度25度付近）

●片脚シットアップ（足固定）（→P.164） 有効負荷範囲の広さ：B

有効負荷範囲 伸張位〜やや短縮位（屈曲角度0〜75度付近）

スティッキング領域 伸張位〜やや伸張位（屈曲角度0〜15度付近）

最大負荷トルク 屈曲角度0度前後

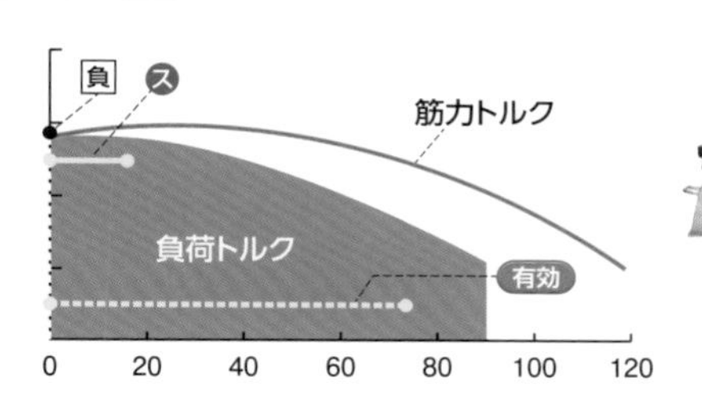

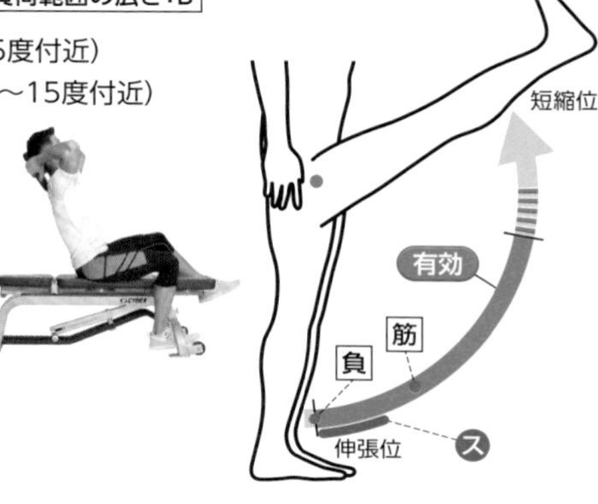

●マシンヒップフレクション（→P.165） 有効負荷範囲の広さ：A

有効負荷範囲 伸張位〜短縮位（屈曲角度0〜90度付近）

スティッキング領域 やや短縮位〜短縮位（屈曲角度80〜90度付近）

最大負荷トルク 屈曲角度90度前後

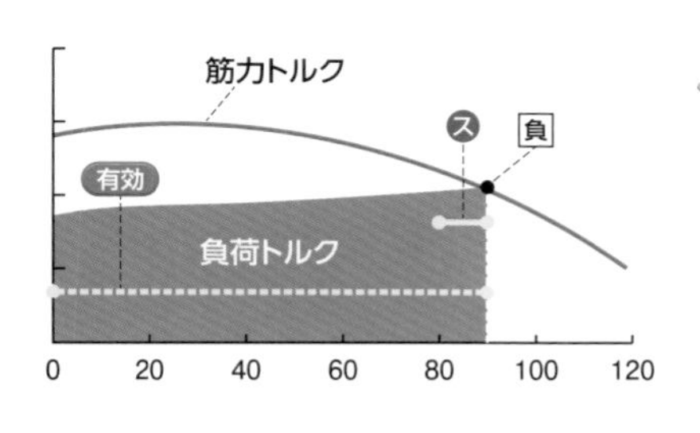

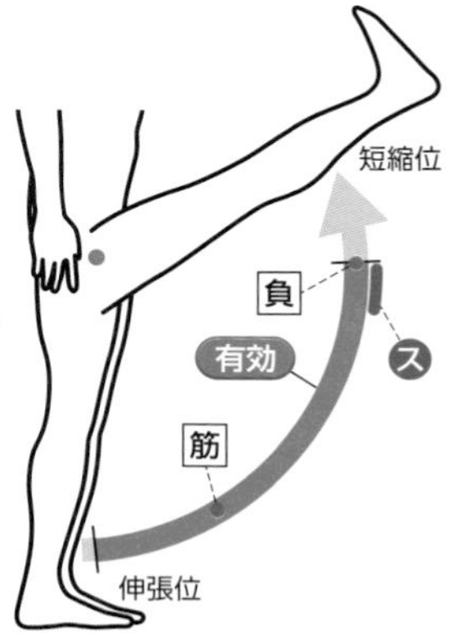

●ケーブルヒップフレクション（→P.164） 有効負荷範囲の広さ：B

有効負荷範囲 伸張位〜中間位（屈曲角度0〜70度付近）

スティッキング領域 やや伸張位〜中間位（屈曲角度30〜45度付近）

最大負荷トルク 屈曲角度30度前後

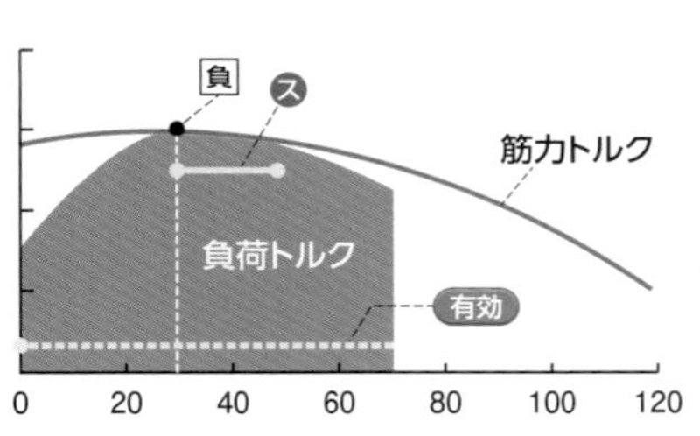

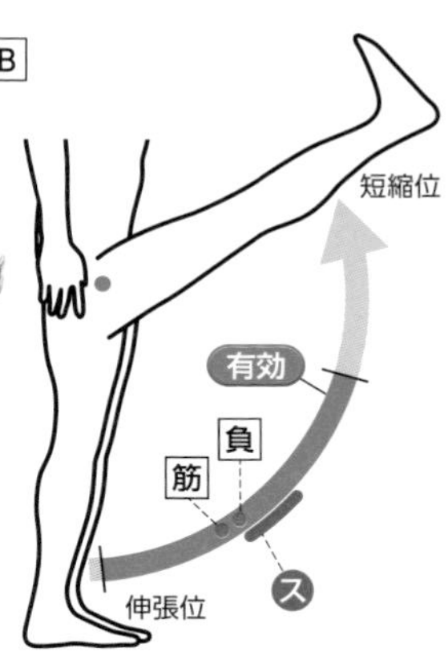

メイン 腸腰筋 サブ 大腿直筋、腹直筋

股関節ハンギングレッグレイズ

主要動作 股関節屈曲+体幹屈曲

●刺激評価

負荷トルクの最大値	小
スティッキング領域	狭い
伸張位の負荷トルク	弱
負荷トルクの抜け	抜け中

●種目評価

運動ボリューム	中
負荷トルクの調節	可
煽りチーティング	可
セルフ補助	不可

追い込みテク 負荷トルクの調節

限界まで反復したら、膝を曲げて負荷トルクを下げ、フォーストレップを行う。

脚を上げたトップで負荷トルクが抜けにくい

ぶら下がった状態で股関節を屈曲し、脚を前方へ持ち上げる種目。ボトムで負荷が抜けるが脚を上げたトップでは負荷が抜けにくい。脚を上げる際に骨盤が後傾すると可動域が狭くなるので注意する。自重だけで負荷が足りなければアンクルウエイトをつけるとよい。

1
バーにぶら下がって両脚を揃えて伸ばす。腸腰筋への負荷が抜けないように股関節は少し屈曲させる。

2
股関節から脚を前方に持ち上げる。水平の高さまで上げるのが目安。上体を固定する腹直筋も働く。

メイン 腸腰筋、腹直筋(下部) サブ 大腿直筋

ライイングレッグレイズ

主要動作 股関節屈曲

器具を使わず手軽に実施できる自重種目

寝た状態で脚を上方に持ち上げる種目。トップで負荷が抜けるが、脚を下ろしたボトムでは負荷が抜けにくい。脚を左右交互に上げると下ろした側の脚の重みで骨盤が固定され、上げる側の脚が股関節を支点に動作しやすい。

●刺激評価

負荷トルクの最大値	大
スティッキング領域	やや広
伸張位の負荷トルク	強
負荷トルクの抜け	抜け大

●種目評価

運動ボリューム	中
負荷トルクの調節	可
煽りチーティング	不可
セルフ補助	不可

バリエーション 両脚を上げる

両脚を一緒に上げ下げする方法。時間短縮になるが、両脚を上げると骨盤が動きやすくなり腸腰筋にフォーカスしにくくなる。

※「ライイングレッグレイズ」の刺激評価は、他の種目と同様に8-10RMの適性負荷で行った場合

メイン 腸腰筋 サブ 大腿直筋

ダンベルニーレイズ

主要動作 股関節屈曲

●刺激評価

負荷トルクの最大値	大
スティッキング領域	やや広
伸張位の負荷トルク	中
負荷トルクの抜け	中

●種目評価

運動ボリューム	やや小
負荷トルクの調節	可
煽りチーティング	可
セルフ補助	可

腸腰筋に高負荷をかけられる貴重なダンベル種目

太ももにダンベルを乗せて脚を持ち上げる。ダンベルの重さ次第で腸腰筋に10RM以上の高負荷をかけられるフリーウエイト種目。ダンベルを乗せる位置を体に近づけると負荷トルクを下げられる。片手でダンベルを押さえれば、もう片方の手でセルフ補助も可能。

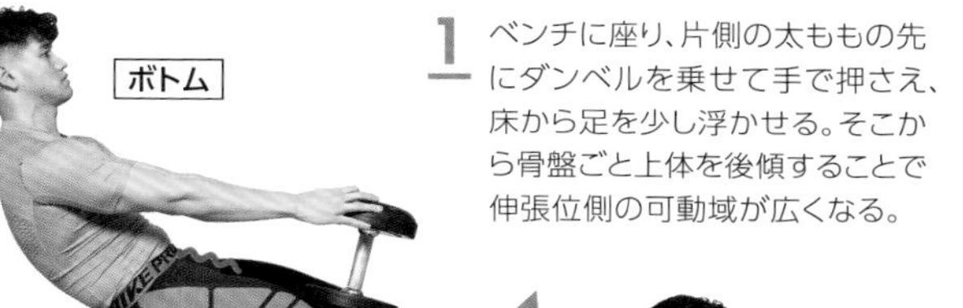

1 ベンチに座り、片側の太ももの先にダンベルを乗せて手で押さえ、床から足を少し浮かせる。そこから骨盤ごと上体を後傾することで伸張位側の可動域が広くなる。

2 ダンベルを乗せている脚をできるだけ高く持ち上げる。膝を曲げながら脚を上げる。上体も少し起こし挙上動作のバランスを安定させる。

POINT ボトムで骨盤を後傾

お尻にパッドを敷いて、なおかつボトムで骨盤を後傾させることにより股関節が伸展し、脚を上げて股関節を屈曲する可動域が広がる。

1 寝た状態で両脚を揃えて伸ばし床から浮かせる。そこから片側の股関節を屈曲させて脚を上げる。負荷が抜けないように垂直の手前まで上げる。

2 上げた脚を下ろしながら、反対の脚を上げる。下ろす脚は床につけない。負荷が足りなければアンクルウエイトを装着して行ってもよい。

メイン 腸腰筋 サブ 腹直筋（※固定）、大腿直筋、内転筋群（前側）

片脚シットアップ（足固定）

主要動作 股関節屈曲+体幹屈曲（固定）

●刺激評価

負荷トルクの最大値	大
スティッキング領域	やや広
伸張位の負荷トルク	強
負荷トルクの抜け	抜け中

●種目評価

運動ボリューム	中
負荷トルクの調節	可
煽りチーティング	可
セルフ補助	可

寝た状態で股関節から上体を起こす種目

ベンチに寝た状態で股関節を屈曲し、上体を持ち上げていく種目。足先をベンチに固定することで股関節の屈曲動作に集中しやすい。片脚ずつ行うことで体幹の負荷トルクを低減させつつ、1脚あたりの股関節（腸腰筋）の負荷トルクを大きくできる（→P.46）。

1 バーベルプレートを後頭部で抱えベンチに寝る。片方の足先をベンチの脚部分やベンチ台の裏側に引っかけて固定する。

2 股関節の動きで上体を起こす。上体が垂直になる手前まで起こす。背すじを伸ばし背中を丸めずに上体を起こす。初心者はプレートを持たずに行ってもよい。

起き上がる動作中に背中が丸まると腹直筋の関与が大きくなり、腸腰筋があまり使われなくなる。

メイン 腸腰筋 サブ 大腿直筋、内転筋群（前側）

ケーブルヒップフレクション

主要動作 股関節屈曲

限界まで追い込みやすい股関節屈曲種目

脚を振り上げてケーブルを引く種目。マシンヒップフレクションに脚の動きは近いが、多関節の動きになるため股関節可動域の中間位の位置で負荷トルクが大きくなる。脚の動きの自由度が高くフォーストレップがやりやすい。

●刺激評価

負荷トルクの最大値	中
スティッキング領域	やや広
伸張位の負荷トルク	中
負荷トルクの抜け	抜け中

●種目評価

運動ボリューム	やや小
負荷トルクの調節	可
煽りチーティング	可
セルフ補助	可

バリエーション 両手をついて行う

四つん這いの体勢で行う方法。股関節を屈曲したトップで腸腰筋への負荷が抜けにくくなる。逆に股関節を伸展したボトムでは負荷が抜けやすくなる。

メイン 腸腰筋 サブ 大腿直筋、内転筋群(前側)

マシンヒップフレクション

主要動作 股関節屈曲

●刺激評価

負荷トルクの最大値	大
スティッキング領域	やや広
伸張位の負荷トルク	強
負荷トルクの抜け	抜け小

●種目評価

運動ボリューム	やや小
負荷トルクの調節	不可
煽りチーティング	不可
セルフ補助	可

股関節屈曲動作にダイレクトで負荷をかける種目

脚を前方に振り出す股関節屈曲動作でパッドを押すマシン種目。ボトムで脚を引いても負荷が抜けないため有効負荷範囲が広い。負荷トルクの最大値が大きく、伸張位の負荷トルクも強いため、限界まで追い込むことで複数の筋肥大誘発ストレスが得られる。

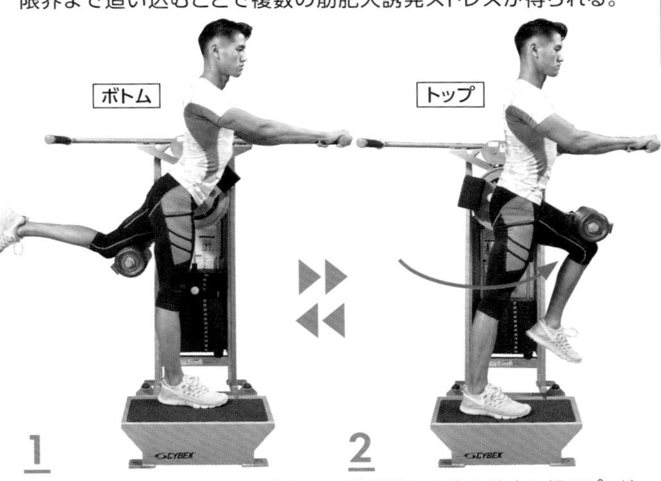

1 横向きで台の上に乗りマシン側の太ももの下部にパッドを当てる。パッドは脚を後方に引いても負荷が抜けない位置にセットする。

2 股関節から脚を前方に振りパッドを押す。太ももが水平になる手前まで押すのが目安。脚を下ろす際に上体が前傾しないように注意。

NG 背中が丸まる

背中が丸まると骨盤が後傾し、股関節の屈曲が小さくなって腸腰筋が十分に使われない。

1 ケーブルを低い位置にセットし、片方の足首にストラップをつける。そこから横を向きポールや壁につかまる。立ち位置は脚を引いても負荷が抜けない位置に合わせる。

2 背すじを伸ばしたまま、股関節から脚を前方に振りケーブルを引く。太ももが水平になるまで引くのが目安。脚を引く際に上体が前傾すると可動域が小さくなるので注意。

大殿筋の鍛え方

股関節伸展・外旋筋

大殿筋

お尻を形成する大きな筋肉で、脚を付け根から後方に振る動き（股関節伸展）の主働筋として働く。脚を外方向にひねる動き（股関節外旋）の主働筋でもある。大殿筋は歩行動作や走行動作などにおける片脚で体を支える状態において、より貢献度が高くなる。

起始

❶浅部：腸骨稜、上後腸骨棘、仙骨、尾骨
❷深部：腸骨翼の殿筋面、仙結節靭帯

主な働き

1 股関節の伸展（全体）
2 股関節の外旋（全体）
3 股関節の外転（上側）
4 股関節の内転（下側）

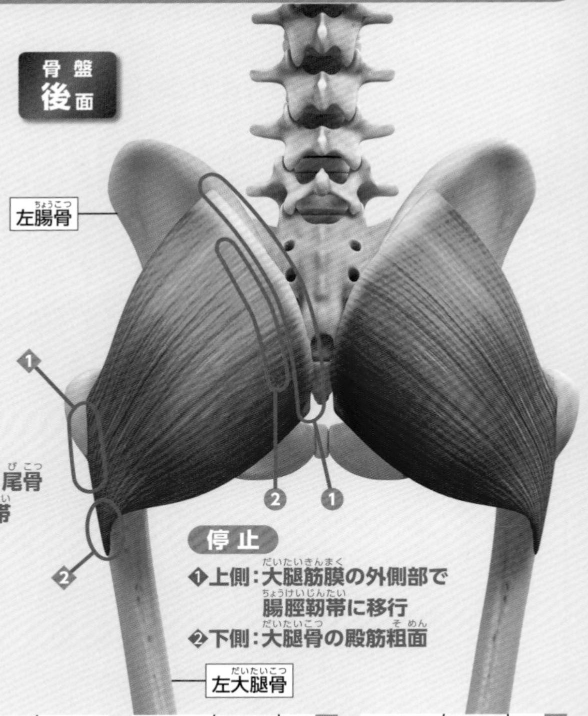

骨盤後面

左腸骨

停止

❶上側：大腿筋膜の外側部で腸脛靭帯に移行
❷下側：大腿骨の殿筋粗面

左大腿骨

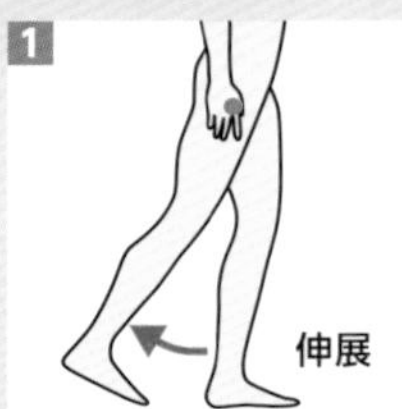

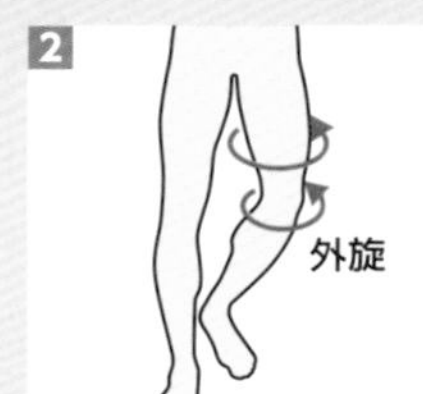

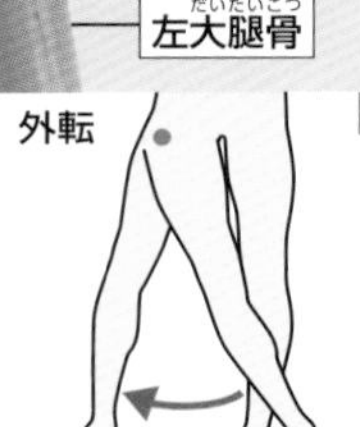

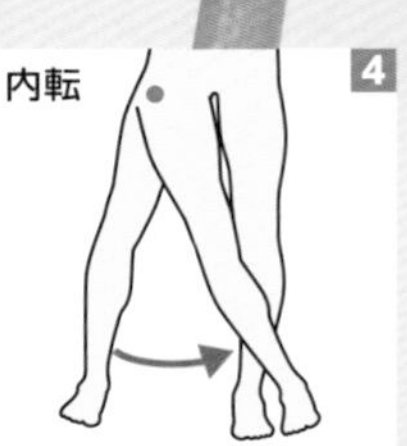

両脚種目だけでは大殿筋の下部しか鍛えられない

大殿筋は股関節伸展種目で鍛えるのが基本。筋肉が大きいため、主に上部〜中部をランジなどの片脚種目、下部をスクワットなどの両脚種目でそれぞれ鍛える。両脚種目だけでは大殿筋の上部〜中部が十分に鍛えられないため片脚種目も行うことで大殿筋全体をバランスよく鍛えていく。

上部〜中部：片脚種目
バーベルランジ（→P.170）

下部：両脚種目
ローバースクワット
（→P.178）

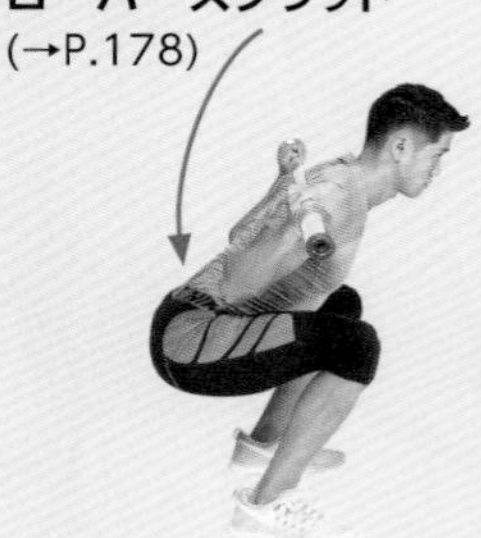

大殿筋の働き

股関節 伸展

伸展 伸展

貢献度ランキング

1. 大殿筋（だいでんきん）
2. 大腿二頭筋（長頭）（だいたいにとうきん ちょうとう） ハムストリング
3. 大内転筋（だいないてんきん）
4. 半膜様筋（はんまくようきん） ハムストリング
5. 半腱様筋（はんけんようきん） ハムストリング
6. 中殿筋（後部）（ちゅうでんきん）
7. 梨状筋（りじょうきん）

脚を付け根から後方に振る、または立位で上体を起こす股関節の伸展動作。主働筋はお尻の大殿筋と太もも裏にあるハムストリングの大腿二頭筋（長頭 ※二関節筋）。同じハムストリングの半膜様筋と半腱様筋、太もも内側の大内転筋も主働筋レベルで働く。大殿筋は股関節伸展種目で鍛えるのが基本となるが、股関節の伸展種目にはハムストリングをメインターゲットにした種目もある。

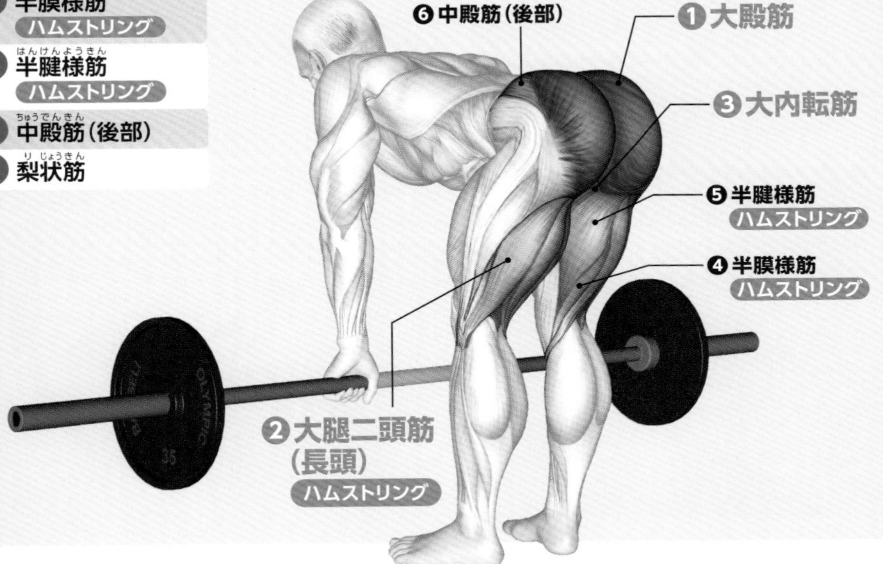

股関節伸展の筋力トルク

股関節伸展動作について、本書では直立した状態を伸展角度0度と定義。そこから脚を後方に振るほど伸展位（短縮位）になり、前方に振り上げるほど屈曲位（伸張位）になる。股関節伸展の筋力トルクは股関節の屈曲角度が深くなるほど発揮されるトルクが大きくなり、浅くなるほどトルクは小さくなる。

屈曲位（伸張位）

最大トルク（屈曲角度が深くなるほどトルクが大きくなる）

0度

伸展位（短縮位）

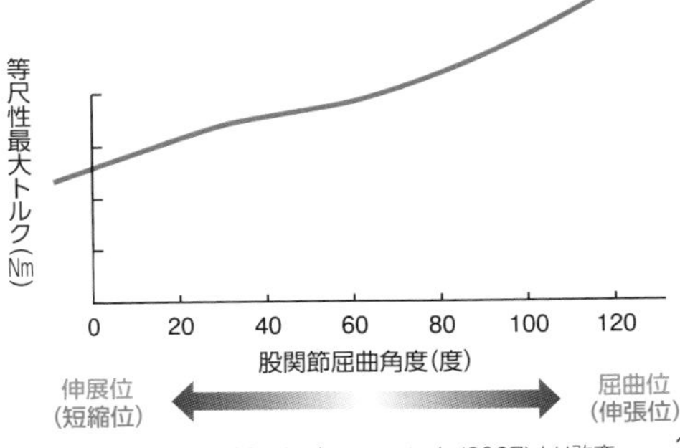

Németh et al. (1985)、Dehail et al. (2008)、Anderson et al. (2007)より改変

第5章 お尻と脚の筋肉を鍛える

▶▶股関節伸展種目（主働筋：大殿筋）の負荷トルク図

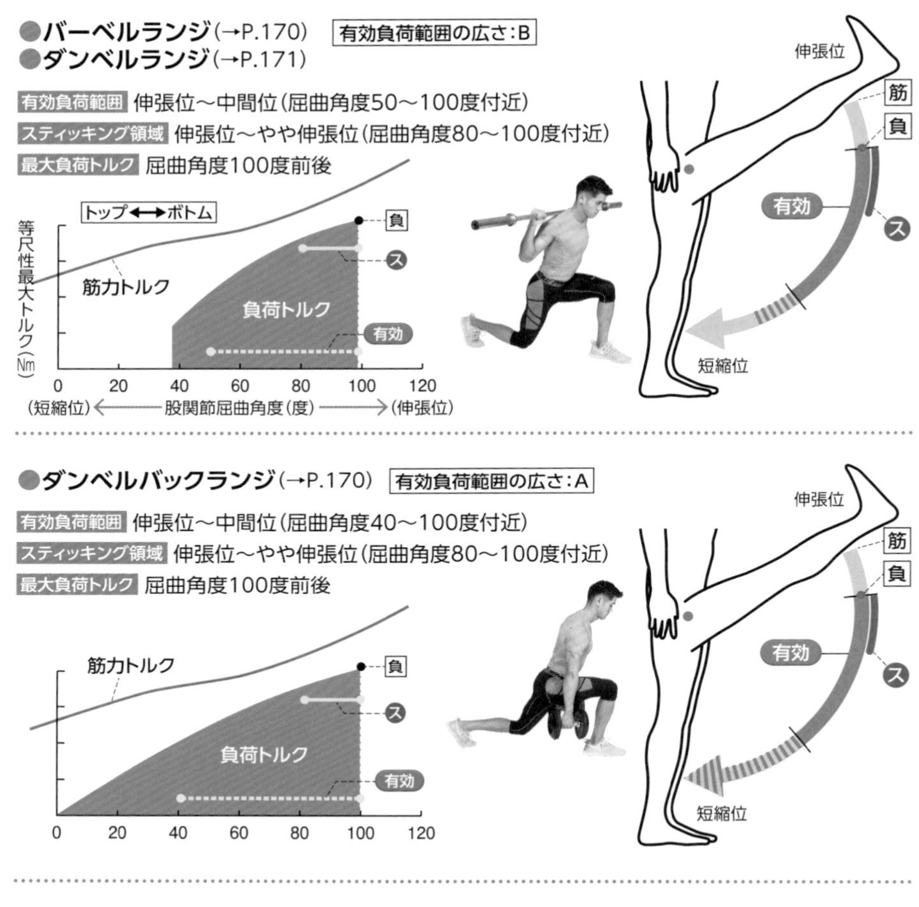

●バーベルランジ（→P.170）
●ダンベルランジ（→P.171）

有効負荷範囲の広さ：B

有効負荷範囲 伸張位〜中間位（屈曲角度50〜100度付近）

スティッキング領域 伸張位〜やや伸張位（屈曲角度80〜100度付近）

最大負荷トルク 屈曲角度100度前後

●ダンベルバックランジ（→P.170）

有効負荷範囲の広さ：A

有効負荷範囲 伸張位〜中間位（屈曲角度40〜100度付近）

スティッキング領域 伸張位〜やや伸張位（屈曲角度80〜100度付近）

最大負荷トルク 屈曲角度100度前後

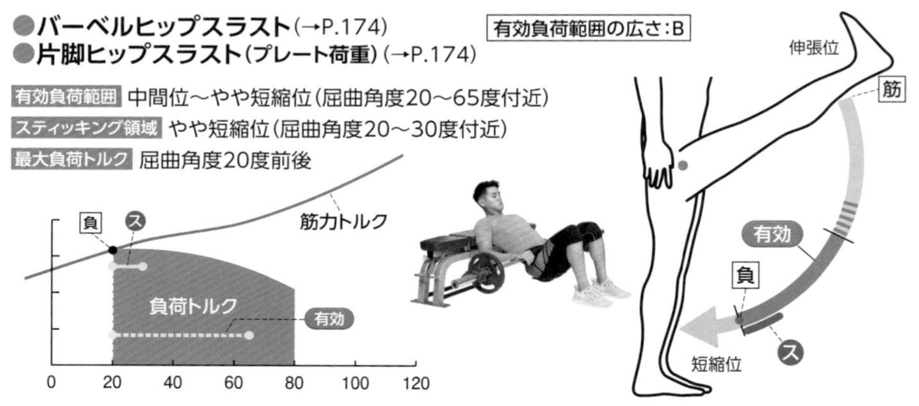

●バーベルヒップスラスト（→P.174）
●片脚ヒップスラスト（プレート荷重）（→P.174）

有効負荷範囲の広さ：B

有効負荷範囲 中間位〜やや短縮位（屈曲角度20〜65度付近）

スティッキング領域 やや短縮位（屈曲角度20〜30度付近）

最大負荷トルク 屈曲角度20度前後

※ランジやブルガリアンスクワット、片脚デッドリフト（前傾浅め）の股関節伸展トルクにおいて大殿筋は全力を発揮するが、ハムストリングは膝関節伸展トルクにも働くため、股関節の伸展に全力を出すことはない

有効 :有効負荷範囲(※最大負荷トルクの50%以上レベル)の範囲(青色) ※縞線範囲は有効負荷範囲外の稼働域
ス:スティッキング領域 負:最大負荷トルク 筋:最大筋力トルク(深く屈曲するほど大きくなる)

●ブルガリアンスクワット(→P.172)

有効負荷範囲の広さ:A

(※上体の前傾角度は20度前後)

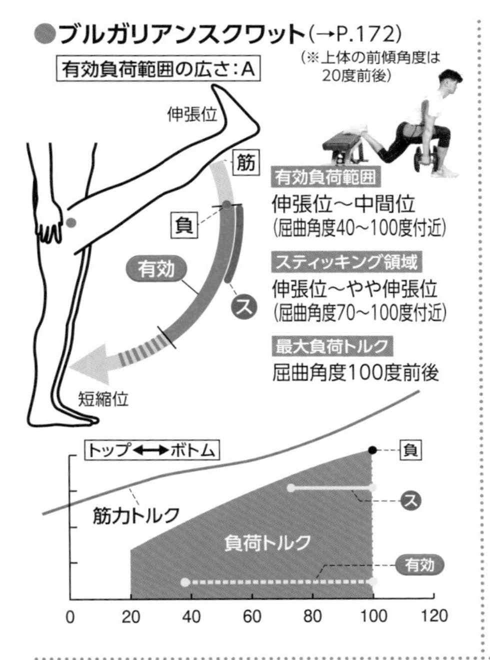

有効負荷範囲
伸張位〜中間位
(屈曲角度40〜100度付近)

スティッキング領域
伸張位〜やや伸張位
(屈曲角度70〜100度付近)

最大負荷トルク
屈曲角度100度前後

●片脚デッドリフト(前傾浅め)(→P.173)

有効負荷範囲の広さ:A

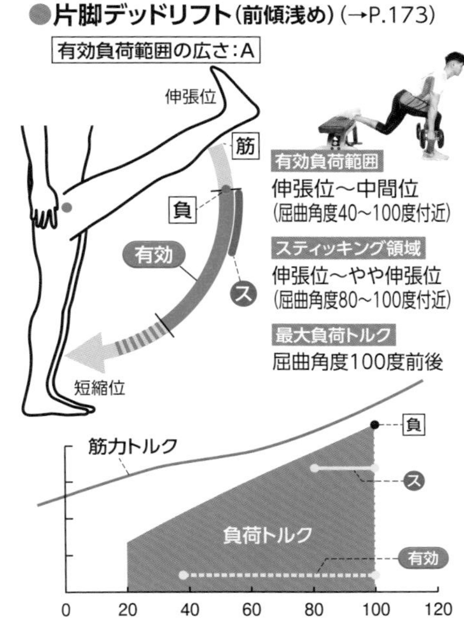

有効負荷範囲
伸張位〜中間位
(屈曲角度40〜100度付近)

スティッキング領域
伸張位〜やや伸張位
(屈曲角度80〜100度付近)

最大負荷トルク
屈曲角度100度前後

●片脚デッドリフト(前傾深め)(→P.172)

有効負荷範囲の広さ:A

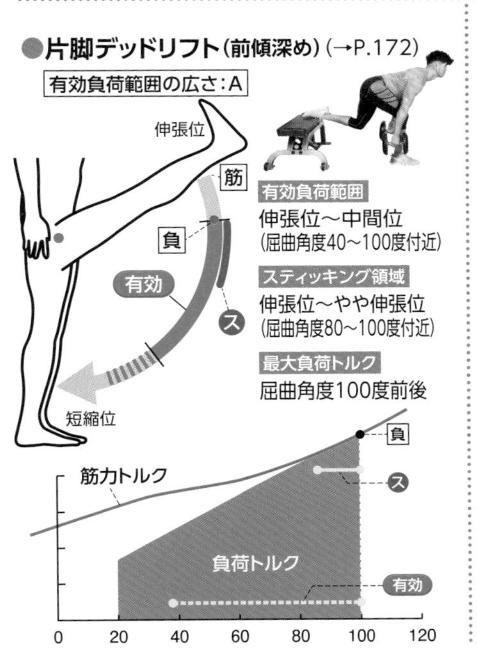

有効負荷範囲
伸張位〜中間位
(屈曲角度40〜100度付近)

スティッキング領域
伸張位〜やや伸張位
(屈曲角度80〜100度付近)

最大負荷トルク
屈曲角度100度前後

●マシンヒップエクステンション(→P.175)

有効負荷範囲の広さ:A

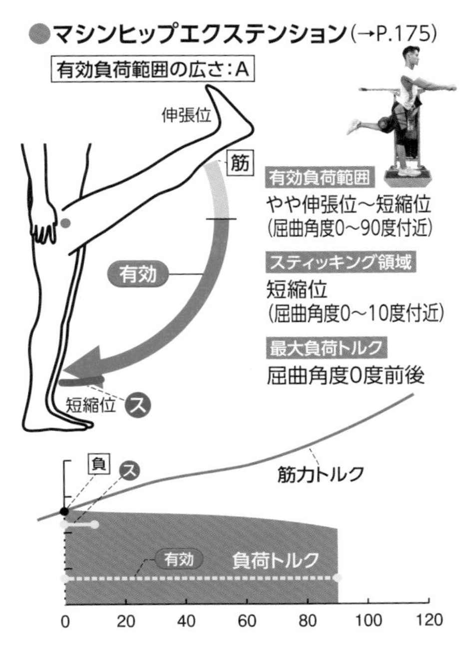

有効負荷範囲
やや伸張位〜短縮位
(屈曲角度0〜90度付近)

スティッキング領域
短縮位
(屈曲角度0〜10度付近)

最大負荷トルク
屈曲角度0度前後

メイン 大殿筋 サブ 大腿四頭筋、大内転筋（内転筋群後ろ側）、中殿筋、股関節外旋筋群、ハムストリング

バーベルランジ

主要動作 股関節伸展（外転・外旋をともなう）＋膝関節伸展

●刺激評価

負荷トルクの最大値	大
スティッキング領域	広い
伸張位の負荷トルク	強
負荷トルクの抜け	抜け大

●種目評価

運動ボリューム	大
負荷トルクの調節	不可
煽りチーティング	不可
セルフ補助	不可

股関節を伸展してバーベルを挙上する片脚種目

スクワットでは鍛えにくい大殿筋の上部まで鍛えられる片脚種目。挙上したトップで負荷は抜けるが、負荷トルクの最大値が大きい。さらにスティッキング領域が広く、伸張位の負荷トルクも強い。限界まで追い込む場合はラックでセーフティをセットして行おう。

1
バーベルを肩に担いで背すじを伸ばす。片足を前方に大きく踏み出し、上体を少し前傾しながら膝を曲げ前脚の太ももが水平程度になるまでお尻を沈める。

2
前足で床を押しながら膝を伸ばして上体を持ち上げ、1の体勢に戻る。同じ足を連続で踏み出す方法のほうが大殿筋を追い込める。

NG 膝が前に出る

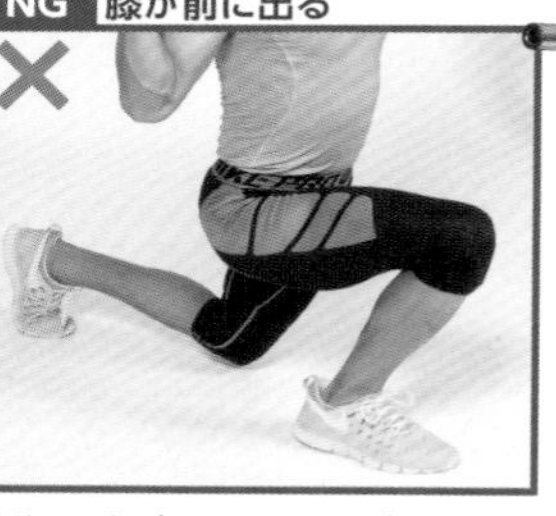

前脚の膝が前方に出すぎると膝に体重が乗って膝関節の貢献が増すため大殿筋が十分に鍛えられない。

メイン 大殿筋 サブ 大腿四頭筋、中殿筋、大内転筋（内転筋群後ろ側）、ハムストリング

ダンベルバックランジ

主要動作 股関節伸展（外転・外旋をともなう）＋膝関節伸展

足を後方に引いて大殿筋の関与を高める

足を後方に引くダンベルランジ。通常のランジと違って上体を前方へ持ち上げるため大殿筋の関与がより高まる。可動域がトップ側に広がり有効負荷範囲も少し広くなる。ボトムで前足に体重を乗せる動きになりやすいのも長所。

●刺激評価

負荷トルクの最大値	大
スティッキング領域	広い
伸張位の負荷トルク	強
負荷トルクの抜け	抜け大

●種目評価

運動ボリューム	大
負荷トルクの調節	不可
煽りチーティング	不可
セルフ補助	不可

バリエーション スミスマシンで行う

スミスマシンで行う方法。高重量でも安全に追い込める。摩擦によってバーを下ろすエキセントリック局面の負荷は低減する。

メイン 大殿筋　サブ 大腿四頭筋、大内転筋（内転筋群後ろ側）、中殿筋、ハムストリング、腸腰筋（後ろ脚側）

ダンベルランジ

主要動作 股関節伸展（外転・外旋をともなう）＋膝関節伸展

●刺激評価

負荷トルクの最大値	大
スティッキング領域	広い
伸張位の負荷トルク	強
負荷トルクの抜け	抜け大

●種目評価

運動ボリューム	大
負荷トルクの調節	不可
煽りチーティング	不可
セルフ補助	不可

追い込みテク 重量を下げる

限界まで反復したら、踏み出した足側のダンベルだけ床に下ろして、負荷重量を下げてフォーストレップ。

安全に限界まで追い込めるダンベルのランジ種目

ダンベルで行うランジ種目。バーベルランジと得られるストレスはほとんど変わらず、大殿筋全体が最大レベルの力を発揮できる。バーベルのように肩に担がないため安全に追い込める長所もある。ダンベルがあればラックがないジムや自宅でも手軽に実施できる。

1
両手にダンベルを持ち背すじを伸ばす。片足を前方に大きく踏み出し、上体を少し前傾しながら膝を曲げ前脚の太ももが水平程度になるまでお尻を沈める。

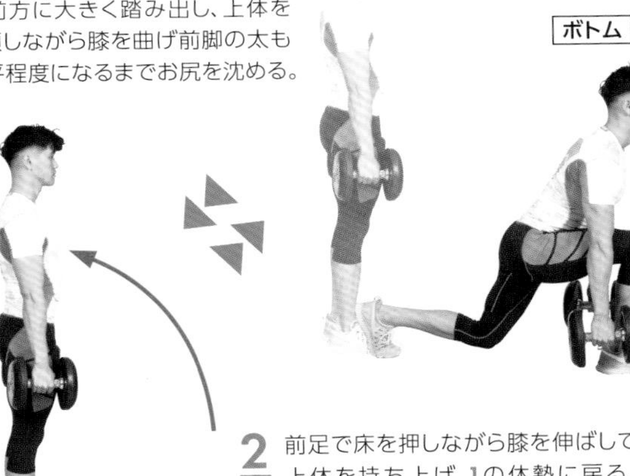

2
前足で床を押しながら膝を伸ばして上体を持ち上げ、1の体勢に戻る。ボトムでの上体の前傾角度により負荷トルクのピークは移動する。

1
両手にダンベルを持って背すじを伸ばす。片足を大きく後方に引き、上体を少し前傾しながら膝を曲げて前脚の太ももが水平程度になるまでお尻を沈める。このとき膝が前に出すぎないように注意。

2
前足で床を押しながら膝を伸ばして上体を持ち上げ1の体勢に戻る。このときに後ろ足で床を押す力が強いとターゲットである前脚側の大殿筋の働きが小さくなるので注意する。

メイン 大殿筋　サブ 大腿四頭筋、中殿筋、大内転筋（内転筋群後ろ側）、ハムストリング、腸腰筋（後ろ脚側）

ブルガリアンスクワット

主要動作 股関節伸展（外転・外旋をともなう）＋膝関節伸展

●刺激評価

負荷トルクの最大値	大
スティッキング領域	広い
伸張位の負荷トルク	強
負荷トルクの抜け	抜け中

●種目評価

運動ボリューム	大
負荷トルクの調節	不可
煽りチーティング	不可
セルフ補助	不可

大殿筋が最大レベルの力を出せる片脚スクワット

大殿筋の上部まで鍛えられる片脚スクワット。両脚のスクワットは股関節および大殿筋を追い込みにくいものの（→P.46〜47）、片脚のスクワットでは使用重量を下げて行っても片側の股関節に限界負荷をかけられて、大殿筋が最大レベルの力を発揮できる。

両手にダンベルを持ち、片足を引いて足先をベンチに乗せる。そこから背すじを伸ばし、前脚の膝を軽く曲げ重心を少し下げる。前脚側のダンベルを手放せば、負荷重量を下げて追い込める。

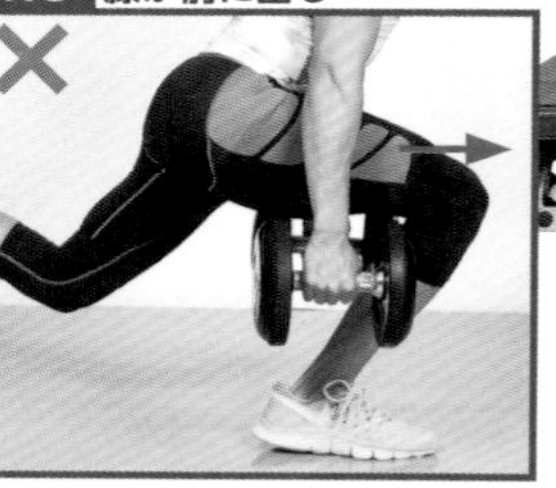

前脚の膝が前方に出すぎると膝に体重が乗り股関節への負荷が下がる。膝はつま先より前に出さない。

2 膝下をほぼ垂直に立てたまま上体を前傾し、太ももが水平程度になるまでお尻を沈める。後ろ脚の膝を曲げながらお尻引いてしゃがむ。ここから1に戻る。

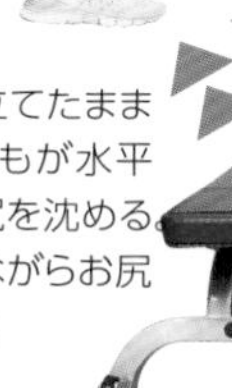

メイン 大殿筋、ハムストリング　サブ 中殿筋、大内転筋（内転筋群後ろ側）、腸腰筋（後ろ脚側）、脊柱起立筋

片脚デッドリフト（前傾深め）

主要動作 股関節伸展（外転・外旋をともなう）＋膝関節屈曲（固定）

股関節に負荷を集める片脚のデッドリフト

上体をより深く前傾する片脚デッドリフト。膝関節伸展の負荷トルクがほぼゼロ、もしくは反対（膝関節屈曲）方向となり、股関節および大殿筋の貢献がより高まる。動きとしては片脚のルーマニアンデッドリフトに近い。

●刺激評価

負荷トルクの最大値	大
スティッキング領域	広い
伸張位の負荷トルク	強
負荷トルクの抜け	抜け中

●種目評価

運動ボリューム	大
負荷トルクの調節	不可
煽りチーティング	不可
セルフ補助	不可

追い込みテク 重量を下げる

限界まで反復したら、踏み出した前足側のダンベルだけを手放すことで負荷重量を下げればフォーストレップを実施できる。

メイン 大殿筋　サブ 大腿四頭筋、中殿筋、大内転筋（内転筋群後ろ側）、ハムストリング、腸腰筋（後ろ脚側）

片脚デッドリフト（前傾浅め）

主要動作 股関節伸展（外転・外旋をともなう）＋膝関節伸展

●刺激評価

負荷トルクの最大値	大
スティッキング領域	広い
伸張位の負荷トルク	強
負荷トルクの抜け	抜け中

●種目評価

運動ボリューム	大
負荷トルクの調節	不可
煽りチーティング	不可
セルフ補助	不可

膝関節の関与を減らし股関節中心に負荷をかける

膝関節の関与を減らし股関節中心で動くブルガリアンスクワット。スクワットとデッドリフトの中間の種目であり、本書では片脚デッドリフトとよぶ。通常のブルガリアンスクワットで大腿四頭筋にばかり効いてしまうという人はこの種目を試してみるとよい。

1 両手にダンベルを持ち、片足を引いて足先をベンチに乗せる。そこから背すじを伸ばし、前脚の膝を軽く曲げ重心を少し下げる。前脚側のダンベルを手放せば、負荷重量を下げて追い込める。

2 膝を軽く曲げながら上体を倒し、お尻を斜め後ろに引きながら沈める。上体が45度程度になるまで前傾する。ここから上体を持ち上げ1に戻る。

POINT 股関節から前傾する

背すじを伸ばしたまま股関節から上体を倒す。背中が丸まると股関節の屈曲が小さくなるので注意。

1 ダンベルを持ち、片脚を引いてベンチに乗せる。背すじを伸ばしたまま、股関節から上体を前方へ倒していく。膝を少し曲げながら上体を深く倒す。膝は深く曲げずに、最大屈曲位でも135度程度にする。

2 背すじを伸ばしたまま股関節から上体を起こし1の体勢に戻る。この種目やブルガリアンスクワットは危険が少ないため安全に追い込める。

メイン 大殿筋　サブ 大腿四頭筋、脊柱起立筋

バーベルヒップスラスト

主要動作 股関節伸展+膝関節伸展

大殿筋をピンポイントで鍛える股関節伸展種目

股関節を伸展してお尻を持ち上げる動きでバーベルを挙げる種目。スクワット系種目とは異なりトップの短縮位側で強い負荷トルクをかけられる。可動域を通して負荷トルクの抜けが小さいため、高重量で限界まで追い込むことにより代謝的ストレスを得られる。

●刺激評価

負荷トルクの最大値	小
スティッキング領域	やや広
伸張位の負荷トルク	弱
負荷トルクの抜け	抜け小

●種目評価

運動ボリューム	大
負荷トルクの調節	不可
煽りチーティング	不可
セルフ補助	不可

1

ベンチに背中の上部を乗せ、お尻を下げて脚の付け根にバーベルのバーを乗せる。お尻を床から浮かし、ボトムから大殿筋に負荷をかける。

NG カカトで押す

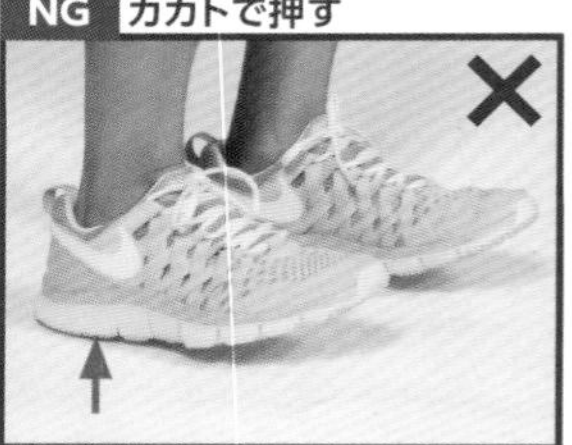

お尻を持ち上げる際に、カカトで床を押す動きになると大腿四頭筋の貢献が増すため、足裏全体で押して大殿筋に負荷をかけていく。

2

バーが傾かないように手で押さえながら、お尻を持ち上げる。体が反るぐらいまで持ち上げるのが目安。バーが体に食い込まないようにパッドを巻いて実施する。

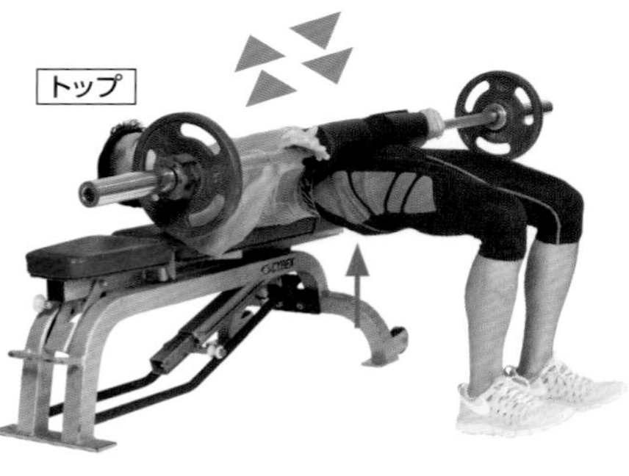

メイン 大殿筋　サブ 大腿四頭筋、脊柱起立筋

片脚ヒップスラスト

主要動作 股関節伸展+膝関節伸展

片側の大殿筋に負荷を集めるヒップスラスト

高重量のバーベルを使わず大殿筋に高負荷をかける方法。片側の股関節および大殿筋に負荷トルクが集中するため自重だけでも高負荷をかけられる。バーベルプレートを乗せて実施すると、最後に負荷重量を下げて追い込める。

●刺激評価

負荷トルクの最大値	小
スティッキング領域	やや広
伸張位の負荷トルク	弱
負荷トルクの抜け	抜け小

●種目評価

運動ボリューム	中
負荷トルクの調節	不可
煽りチーティング	不可
セルフ補助	可

バリエーション 足を遠くにつく

足のつく位置を体から遠ざけると大殿筋だけでなく、同じ股関節伸展筋である太もも裏のハムストリングも動員される。

メイン 大殿筋　サブ ハムストリング、大内転筋（内転筋群後ろ側）

マシンヒップエクステンション

主要動作 股関節伸展

股関節伸展動作にダイレクトで負荷をかける種目

脚を後方に振る股関節伸展動作でパッドを押し下げるマシン種目。スクワット系種目と異なりトップの短縮位側でも強い負荷トルクをかけられる。負荷トルクの抜けが小さく安全に追い込めるため、限界まで力を出し切ることによって代謝的ストレスが得られる。

●刺激評価

負荷トルクの最大値	中
スティッキング領域	やや広
伸張位の負荷トルク	中
負荷トルクの抜け	抜け小

●種目評価

運動ボリューム	中
負荷トルクの調節	不可
煽りチーティング	不可
セルフ補助	可

1 横向きで台に乗り、マシン側の脚の膝裏にパッドを当てる。パッドはボトムでも負荷が抜けない位置にセットする。

2 股関節から脚を後方に振ってパッドを押し下げる。お尻よりも後方までパッドを押す。脚を戻す（上げる）ときに骨盤が後傾しないように注意する。

NG 背中が丸まる

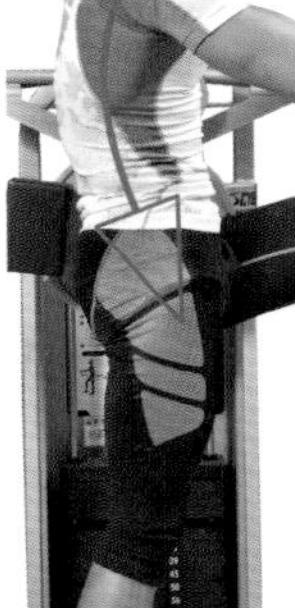

背中が丸まると骨盤が後傾して股関節の屈曲が小さくなるためボトムで大殿筋を伸ばせない。

ボトム

1 ベンチに背中の上部を乗せ、お尻を下げて脚の付け根にバーベルのバーを乗せる。お尻を床から浮かして、ボトムから大殿筋に負荷をかける。ここではバーベルプレートをお腹に乗せ加重する方法を紹介。

トップ

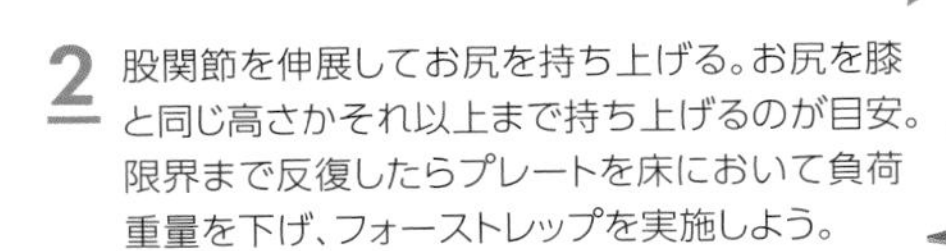

2 股関節を伸展してお尻を持ち上げる。お尻を膝と同じ高さかそれ以上まで持ち上げるのが目安。限界まで反復したらプレートを床において負荷重量を下げ、フォーストレップを実施しよう。

▶▶股関節伸展種目(主働筋:大殿筋下部)の負荷トルク図

有効:有効負荷トルク(※最大負荷トルクの50%以上レベル)の範囲(青色) ※縞線範囲は有効負荷範囲外の稼働域

ス:スティッキング領域　負:最大負荷トルク　筋:最大筋力トルク(深く屈曲するほど大きくなる)

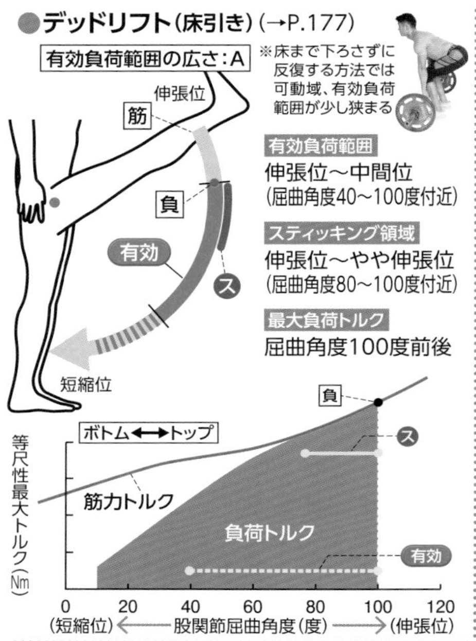

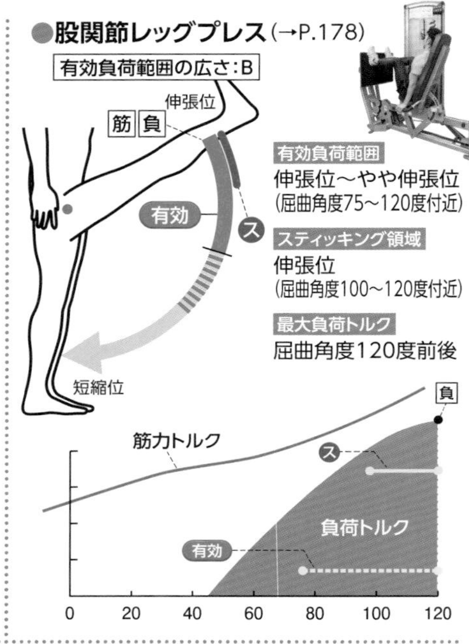

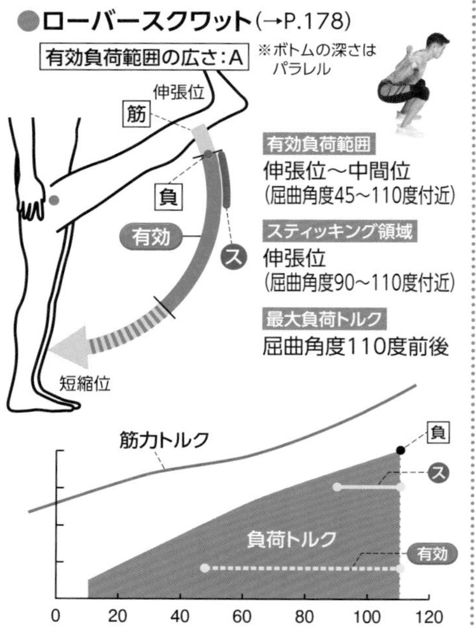

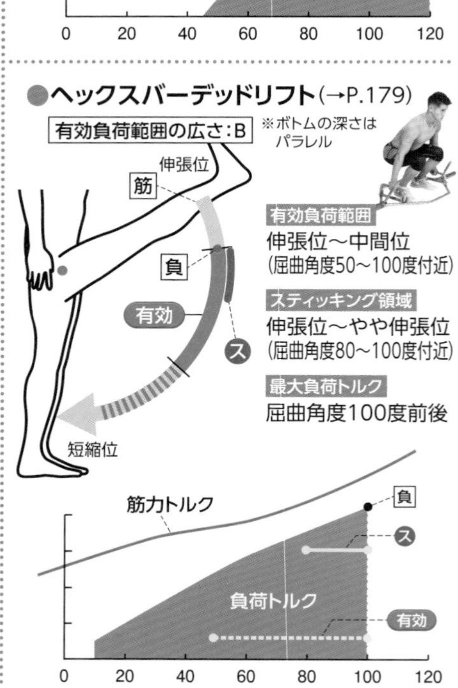

※デッドリフトを除く3種目の股関節伸展トルクにおいて、大殿筋は全力を発揮するが、ハムストリングは膝関節伸展トルクにも働くため股関節の伸展に全力を出すことはない

▶▶股関節伸展種目④（デッドリフト系）：大殿筋（下部）

メイン 大殿筋（下部）、脊柱起立筋 **サブ** ハムストリング、大腿四頭筋、大内転筋（内転筋群後ろ側）、僧帽筋

デッドリフト（床引き）

主要動作 股関節伸展＋体幹伸展（固定）

大殿筋や脊柱起立筋など身体後面を鍛える

股関節と体幹を同時に伸展してバーベルを引き上げる。大殿筋や脊柱起立筋など身体後面の筋肉を鍛える種目。床引き方式ではトップでもボトムでも負荷は抜けるが、伸張位の負荷トルクが強く筋損傷のストレスを得やすい。

●刺激評価

負荷トルクの最大値	中
スティッキング領域	やや広
伸張位の負荷トルク	強
負荷トルクの抜け	抜け大

●種目評価

運動ボリューム	特大
負荷トルクの調節	不可
煽りチーティング	不可
セルフ補助	不可

ボトム

1

足を肩幅程度に開き膝を曲げる。上体を前傾し肩幅程度の手幅でバーベルのバーを持って背すじを伸ばす。高重量を扱う場合はストラップなどをつけて行う。

2

背すじを伸ばしたまま、膝を伸ばしながら股関節を伸展し、バーベルを引き上げる。バーを身体に引きつける力を加えると広背筋も動員される。

トップ

3

上体が立つまでバーベルを上げる。床引き方式は毎回バーベルを床に下ろして反復するため負荷は抜けるが、伸張位の負荷トルクはより強くなる。

メイン 大殿筋（下部）、脊柱起立筋 **サブ** ハムストリング、大腿四頭筋、大内転筋（内転筋群後ろ側）、僧帽筋

デッドリフト

主要動作 股関節伸展＋体幹伸展（固定）

ボトムで負荷トルクの抜けが小さくなる

バーベルを床まで下ろさず反復していくデッドリフト。床引き方式より反復中の有効負荷範囲は少し狭くなり、伸張位の負荷トルクもやや弱くなるものの、バーベルを下ろしたボトムでの負荷トルクの抜けが小さくなる。

●刺激評価

負荷トルクの最大値	小
スティッキング領域	やや広
伸張位の負荷トルク	強
負荷トルクの抜け	抜け大

●種目評価

運動ボリューム	大
負荷トルクの調節	不可
煽りチーティング	不可
セルフ補助	不可

ボトム

挙上フォームは床引き方式と同じであるがバーベルを床まで下ろさず反復する。ボトムでの負荷の抜けは小さくなるが、伸張位の負荷トルクが少し弱くなる（それでも十分強い）。

メイン 大殿筋（下部）、大内転筋（内転筋群後ろ側）、大腿四頭筋　サブ 脊柱起立筋、ハムストリング

ローバースクワット

主要動作 股関節伸展＋膝関節伸展＋体幹伸展（固定）

●刺激評価

項目	評価
負荷トルクの最大値	中
スティッキング領域	広い
伸張位の負荷トルク	強
負荷トルクの抜け	抜け大

●種目評価

項目	評価
運動ボリューム	特大
負荷トルクの調節	不可
煽りチーティング	不可
セルフ補助	不可

大殿筋下部がメインターゲットのスクワット

バーを肩よりも低い位置で担いで挙上するバーベルスクワット。上体の前傾角度が深くなり股関節の伸展動作が主体となるため、肩で担ぐスクワットよりも大腿四頭筋の関与が少し小さくなり、大殿筋下部と大内転筋（内転筋群後ろ側）の関与が高くなる。

1 バーベルのバーをラックから外して、肩より低い位置でバーを担ぐ。背すじを伸ばし、股関節を少し屈曲させてトップでも大殿筋に負荷をかける。

2 お尻を後方に引き、上体を深めに前傾させてしゃがみ込む。太ももが水平になるまでお尻を下げるのが目安。ここから起き上がってバーベルを挙上し1に戻る。

POINT 低い位置で担ぐ

両肩の三角筋後部と僧帽筋の中～下部あたりにバーを乗せて担ぐ。

メイン 大殿筋（下部）、大腿四頭筋、大内転筋（内転筋群後ろ側）　サブ ハムストリング

股関節レッグプレス

主要動作 股関節伸展＋膝関節伸展

股関節伸展動作が主体となるレッグプレス

プレートの上部に足をついて押していくレッグプレス。股関節伸展動作が主体となり大殿筋下部の貢献が高まる。有効負荷範囲とスティッキング領域が伸張位側になる。手で膝を押すセルフ補助でフォーストレップもできる。

●刺激評価

項目	評価
負荷トルクの最大値	中
スティッキング領域	広い
伸張位の負荷トルク	大
負荷トルクの抜け	大

●種目評価

項目	評価
運動ボリューム	大
負荷トルクの調節	不可
煽りチーティング	不可
セルフ補助	可

POINT プレートの上部を押す

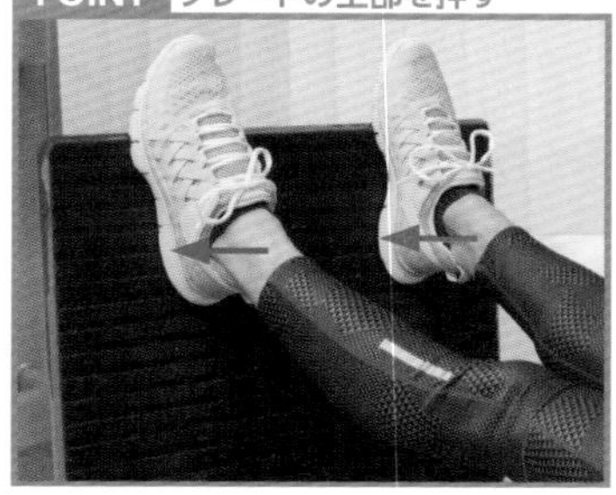

プレートの上部に足をつくことによってプレートを押す動きが股関節主体となる。

メイン 大殿筋（下部）、大内転筋（内転筋群後ろ側）、大腿四頭筋　サブ 脊柱起立筋、ハムストリング

ヘックスバーデッドリフト

主要動作 股関節伸展＋膝関節伸展＋体幹伸展（固定）

●刺激評価

負荷トルクの最大値	中
スティッキング領域	広い
伸張位の負荷トルク	強
負荷トルクの抜け	抜け大

●種目評価

運動ボリューム	特大
負荷トルクの調節	不可
煽りチーティング	不可
セルフ補助	不可

POINT 腰の負担が減る

腕を真下に下ろした位置でバーを引くことができるため、高重量を扱っても腰への負担が減る。

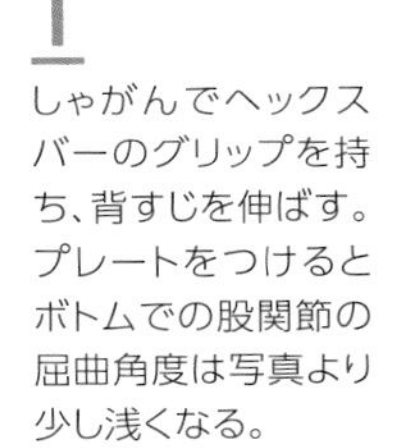

腰への負担が小さくなるデッドリフト

ヘックスバーを使用するデッドリフト。体の前方からではなく、側方でバーベルを引き上げるためスクワットに近い動きになる。有効負荷範囲はやや狭まるが、ボトムで腰への負担が小さくなる。デッドリフトと同様に床まで下ろして反復する方法が主流となる。

1 しゃがんでヘックスバーのグリップを持ち、背すじを伸ばす。プレートをつけるとボトムでの股関節の屈曲角度は写真より少し浅くなる。

2 背すじを伸ばしたまま、膝を伸ばしながら股関節を伸展して起き上がる。ここからバーを下ろし1の体勢に戻る。基本的には床まで下ろして反復する。

1 シートに座りプレート上部に足をつく。プレートの縦幅が狭い場合はつま先がはみ出る。プレートを少し押して大殿筋に負荷をかける。

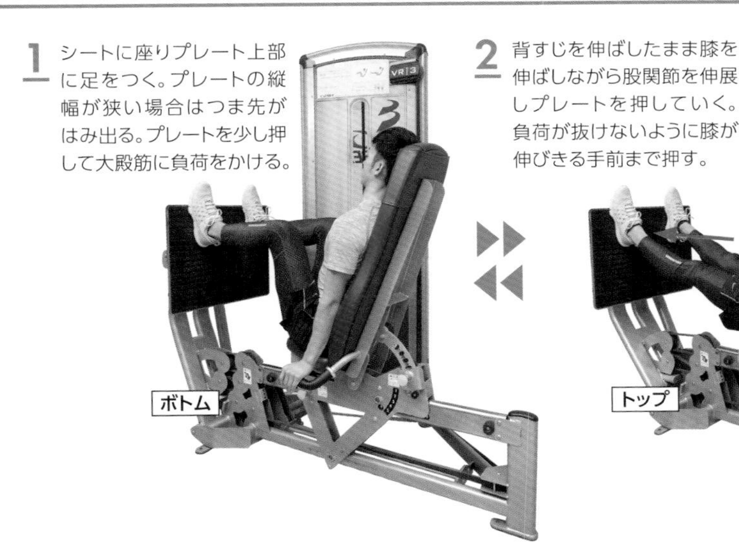

2 背すじを伸ばしたまま膝を伸ばしながら股関節を伸展しプレートを押していく。負荷が抜けないように膝が伸びきる手前まで押す。

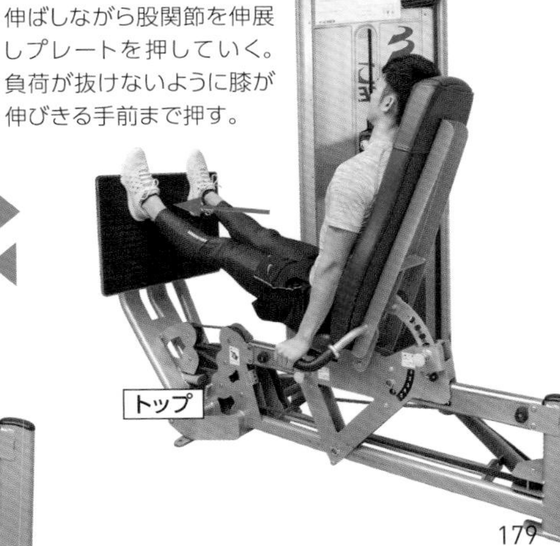

ハムストリングの鍛え方

3つの筋肉で構成される太もも裏のハムストリング

股関節と膝関節をまたいで骨盤と下腿の脛骨および腓骨をつないでいる太もも裏のハムストリング。大腿二頭筋、半腱様筋、半膜様筋という3つの筋肉で構成される複合筋であり、3筋とも股関節の伸展動作と膝関節の屈曲動作に働く。位置関係は外側に大腿二頭筋、内側に半腱様筋、やや深部に半膜様筋がある。

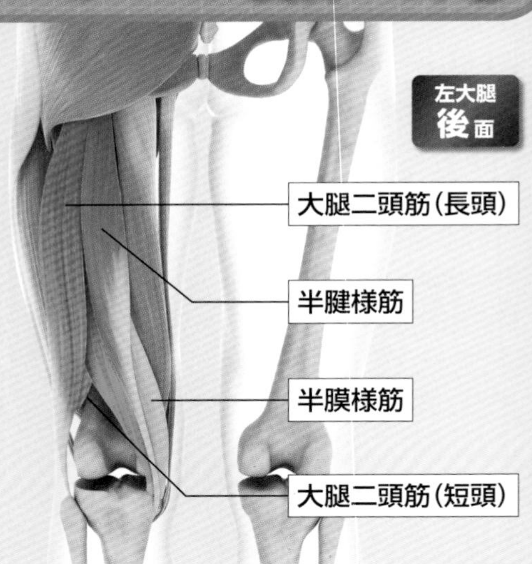

股関節伸展筋・膝関節屈曲筋

ハムストリング①
大腿二頭筋

起始部が長頭と短頭に分かれている。短頭は膝関節のみをまたぐ単関節筋であり股関節の動きには関与しない。二関節筋である長頭は脚を付け根から後方に振る動き（股関節伸展）にも膝を曲げる動き（膝関節屈曲）にも主働筋として働く。膝関節より股関節への貢献度がやや高い。

主な働き

1 股関節の伸展、
2 膝関節の屈曲（膝屈曲時に下腿を外旋）

1 股関節の伸展

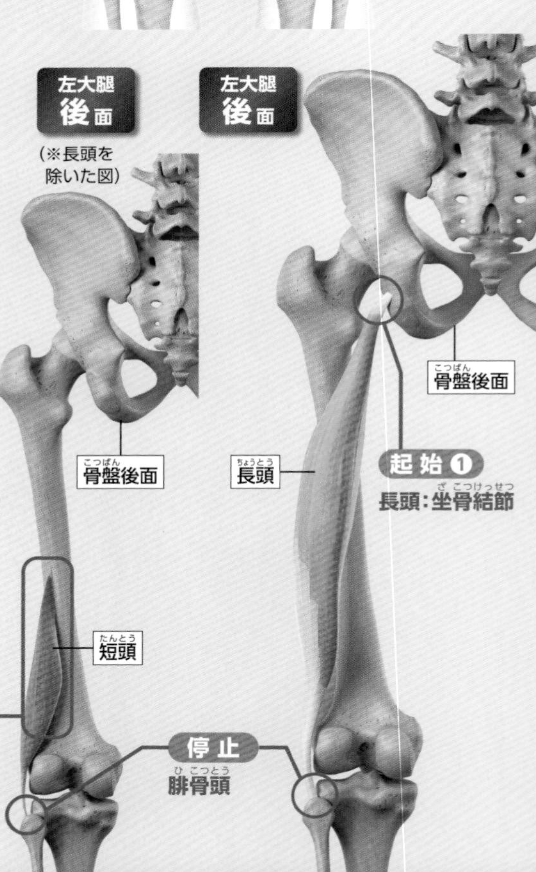

膝関節屈曲筋

ハムストリング②
半腱様筋

左大腿 **後**面

股関節と膝関節をまたぐ二関節筋。股関節と膝関節にほぼ同程度貢献する。膝関節屈曲動作の主働筋であり、股関節伸展動作にも協働筋として働く。

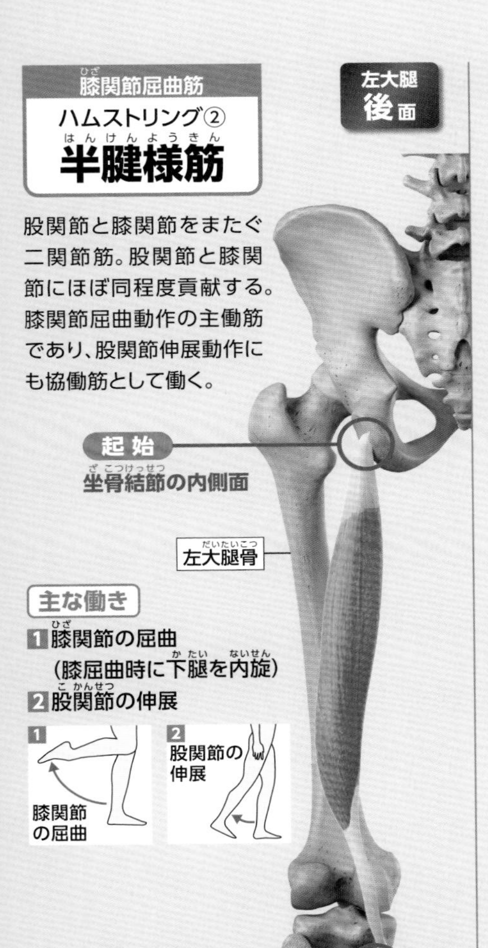

主な働き

1 膝関節の屈曲
(膝屈曲時に下腿を内旋)
2 股関節の伸展

膝関節屈曲筋

ハムストリング③
半膜様筋

左大腿 **後**面

股関節と膝関節をまたぐ二関節筋で筋腹が膝に近い位置にある。股関節と膝関節にほぼ同程度貢献する。膝関節屈曲動作の主働筋で、股関節伸展動作にも協働筋として働く。

起始
坐骨結節

主な働き

1 膝関節の屈曲
(膝屈曲時に下腿を内旋)
2 股関節の伸展

1 膝関節の屈曲
2 股関節の伸展

停止
脛骨の内側顆、顆間線および外側顆、斜膝窩靱帯

腓骨
脛骨

膝関節伸展種目または股関節伸展種目で鍛える

ハムストリングは膝関節屈曲種目と股関節伸展種目で鍛えられる。股関節伸展種目でもスクワットのように膝関節伸展トルクを同時に発揮する種目ではハムストリングは動員されにくく、ルーマニアンデッドリフトやグルートハムレイズなど膝関節屈曲トルクを同時に発揮する種目で動員されやすい。

膝関節屈曲種目
レッグカール(→P.188)

股関節伸展種目
ルーマニアンデッドリフト

(→P.183)

▶▶股関節伸展種目(主働筋:ハムストリング)の負荷トルク図

有効:有効負荷トルク(※最大負荷トルクの50%以上レベル)の範囲(青色) ※縞線範囲は有効負荷範囲外の稼働域
ス:スティッキング領域　負:最大負荷トルク　筋:最大筋力トルク(深く屈曲するほど大きくなる)

●股関節バックエクステンション(→P.184)

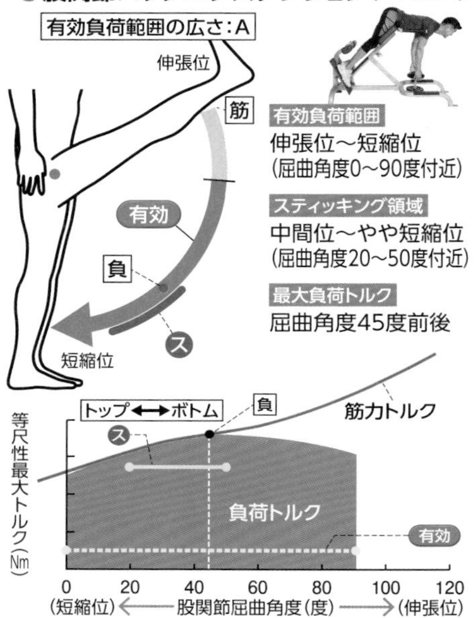

●片脚デクラインヒップリフト(→P.185)

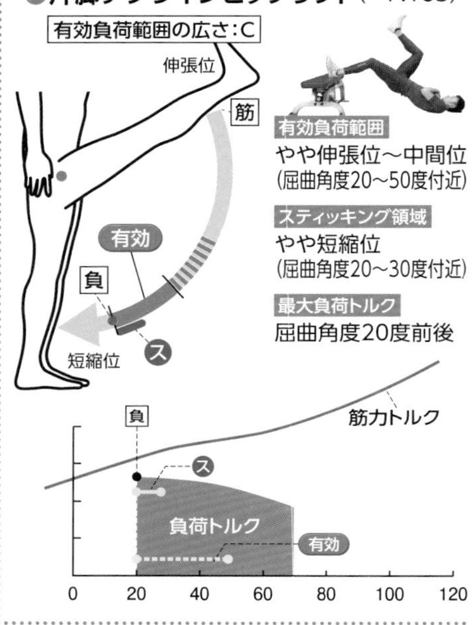

●スティッフレッグドデッドリフト(→P.184)

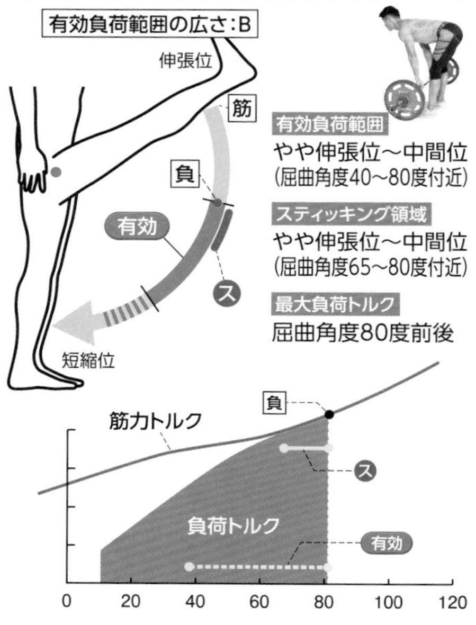

●ルーマニアンデッドリフト(→P.183)

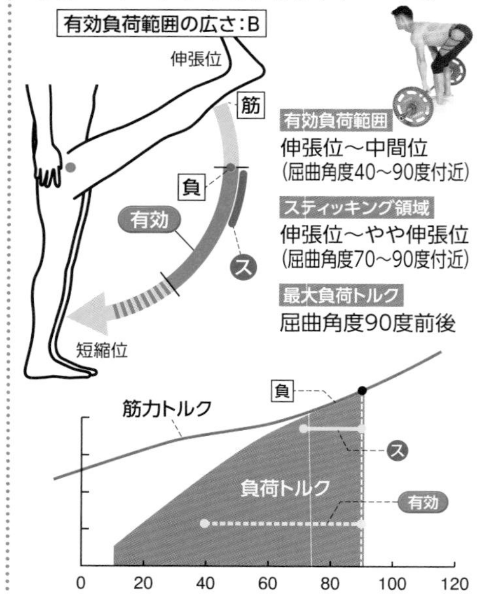

メイン ハムストリング、大殿筋(下部)　サブ 大内転筋(内転筋群後ろ側)、脊柱起立筋、僧帽筋

ルーマニアンデッドリフト

主要動作 股関節伸展+体幹伸展+膝関節屈曲(固定)

ハムストリングがターゲットのデッドリフト

膝関節を伸ばし気味にした状態で股関節を伸展するデッドリフト。挙上時に膝関節では屈曲方向のトルクを発揮するためハムストリングの貢献が高くなる。負荷トルクの最大値が大きく、床に下ろさず反復することでボトムでの伸張位の負荷トルクも強くなる。

●刺激評価

項目	評価
負荷トルクの最大値	大
スティッキング領域	広い
伸張位の負荷トルク	強
負荷トルクの抜け	抜け大

●種目評価

項目	評価
運動ボリューム	大
負荷トルクの調節	不可
煽りチーティング	不可
セルフ補助	不可

1 足を少し開き、膝を伸ばし気味にした状態で上体を前傾し、肩幅程度の手幅でバーベルのバーを持つ。高重量を扱う場合はストラップなどを使うとよい。

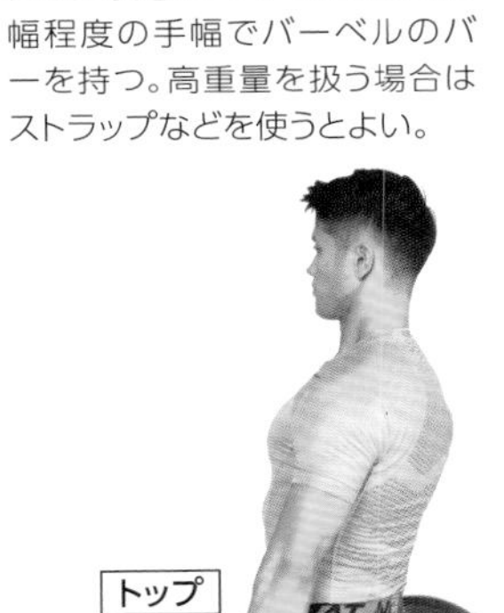

2 背すじを伸ばし、膝の角度を固定したまま股関節から上体を起こしてバーベルを引き上げる。バーベルを床から浮かす瞬間以外は膝を伸ばし気味にしたままの状態で上げる。

ボトム

3 背すじを伸ばしたまま、膝を少し曲げながら股関節から上体を前傾してバーベルを下ろす。負荷が抜けないようにバーベルは床に下ろさずに反復する。通常のデッドリフトより腰への負担は小さい。

POINT

床から上げる瞬間は沈む

バーベルを床から引き上げる瞬間は重心が沈み込むため、膝が深く曲がってもよい。下ろす際は膝を深く曲げない。

NG 背中が丸まる

バーベルを引き上げる際に、背中が丸まると股関節の稼働範囲が小さくなり、腰も痛めやすくなる。下ろす局面でも背すじを伸ばしたまま下げる。

メイン ハムストリング、大殿筋

股関節バックエクステンション

主要動作 股関節伸展＋膝関節屈曲（固定）

●刺激評価

負荷トルクの最大値	中
スティッキング領域	広い
伸張位の負荷トルク	中
負荷トルクの抜け	抜け小

●種目評価

運動ボリューム	中
負荷トルクの調節	不可
煽りチーティング	不可
セルフ補助	不可

ハムストリングがターゲットの股関節伸展種目

膝関節を伸ばした状態で起き上がる種目。45度の専用台で行う。挙上時に膝関節屈曲トルクを発揮しながら股関節を伸展するため、ハムストリングの貢献が大きくなる。負荷トルクの抜けが小さく、ダンベルを持って実施すると最後に負荷重量を下げて追い込める。

1
ダンベルを持ち、ローマンチェアに脚を乗せる。パッドを骨盤より下の位置に当てて骨盤ごと上体を下ろす。

2
背すじを伸ばしたまま股関節を伸展して上体を持ち上げる。体が一直線になるまで起き上がる。初心者はダンベルなしで行ってもよい。

POINT 脚の付け根を浮かせる

膝を少し曲げて脚の付け根をパッドから浮かせることで膝関節屈曲トルクが発揮され、挙上時にハムストリングが強く動員される。

メイン ハムストリング、大殿筋（下部） サブ 大内転筋（内転筋群後ろ側）、脊柱起立筋、僧帽筋

スティッフレッグドデッドリフト

主要動作 股関節伸展＋体幹伸展＋膝関節屈曲（固定）

膝を伸ばした状態で行うデッドリフト

膝関節を伸ばした状態から上体を起こすデッドリフト。ルーマニアンデッドリフトより有効負荷範囲は狭いが、ハムストリングにかかる伸張位の刺激がさらに強くなる。負荷トルクの最大値も大きく、最大レベルの力を出せる。

●刺激評価

負荷トルクの最大値	大
スティッキング領域	やや広
伸張位の負荷トルク	強
負荷トルクの抜け	抜け大

●種目評価

運動ボリューム	大
負荷トルクの調節	可
煽りチーティング	不可
セルフ補助	不可

1
足を少し開き膝を伸ばした状態で、股関節から上体を前傾し、肩幅程度の手幅でバーベルのバーを持つ。

メイン ハムストリング サブ 大殿筋

片脚デクラインヒップリフト

主要動作 股関節伸展
＋膝関節屈曲（ほぼ固定）

●刺激評価

負荷トルクの最大値	小
スティッキング領域	やや広
伸張位の負荷トルク	弱
負荷トルクの抜け	抜け小

●種目評価

運動ボリューム	中
負荷トルクの調節	不可
煽りチーティング	不可
セルフ補助	可

自宅でハムストリングが鍛えられる自重種目

頭よりカカトを高くした体勢でお尻を持ち上げる股関節伸展種目。可動域および有効負荷範囲は狭いが、負荷トルクの抜けが小さい。片脚で行うことによって片側の股関節に負荷を集めて追い込める。器具を使わず自宅で手軽にハムストリングが鍛えられる自重種目。

1 仰向けになり膝の屈曲角度が90度以上になる位置で片足のカカトををベンチに乗せ、お尻を浮かせる。

追い込みテク セルフ補助

限界まで反復したら、空いている方の脚も軽めにベンチに乗せて、両脚でフォーストレップを行う。

2 膝の角度を固定したままお尻を持ち上げる。膝から上体が一直線になるまで上げる。片脚でキツければ両脚で行ってもよい。

2 背すじを伸ばしたまま、股関節から上体を起こしてバーベルを引き上げる。バーベルを床から浮かす瞬間以外は膝を伸ばした状態のまま上げていく。限界まで反復したら膝を少し曲げ負荷トルクを下げてフォーストレップを行う。

3 背すじと膝を伸ばしたまま、股関節から上体を前傾してバーベルを下ろす。負荷が抜けないようにバーベルは床に下ろさずに反復する。通常のデッドリフトより腰への負担は小さい。

ハムストリングの働き 膝関節 屈曲

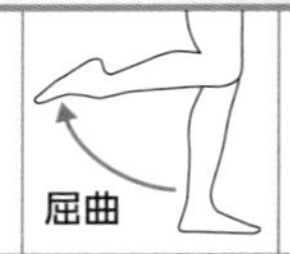

貢献度ランキング

1. 半膜様筋（はんまくようきん） ハムストリング
2. 半腱様筋（はんけんようきん） ハムストリング
3. 大腿二頭筋（だいたいにとうきん） ハムストリング
4. 腓腹筋（ひふくきん）
5. 薄筋（はっきん）
6. 縫工筋（ほうこうきん）
7. 膝窩筋（しっかきん）

脚を曲げる膝関節の屈曲動作。主働筋は太もも裏のハムストリング。ふくらはぎの腓腹筋や太もも内側の薄筋なども協働筋として関わる。膝の屈曲動作は走行時に前方へ振り出した脚の膝下にブレーキをかけて足の運びを適切に調節する重要な役割も担っている。

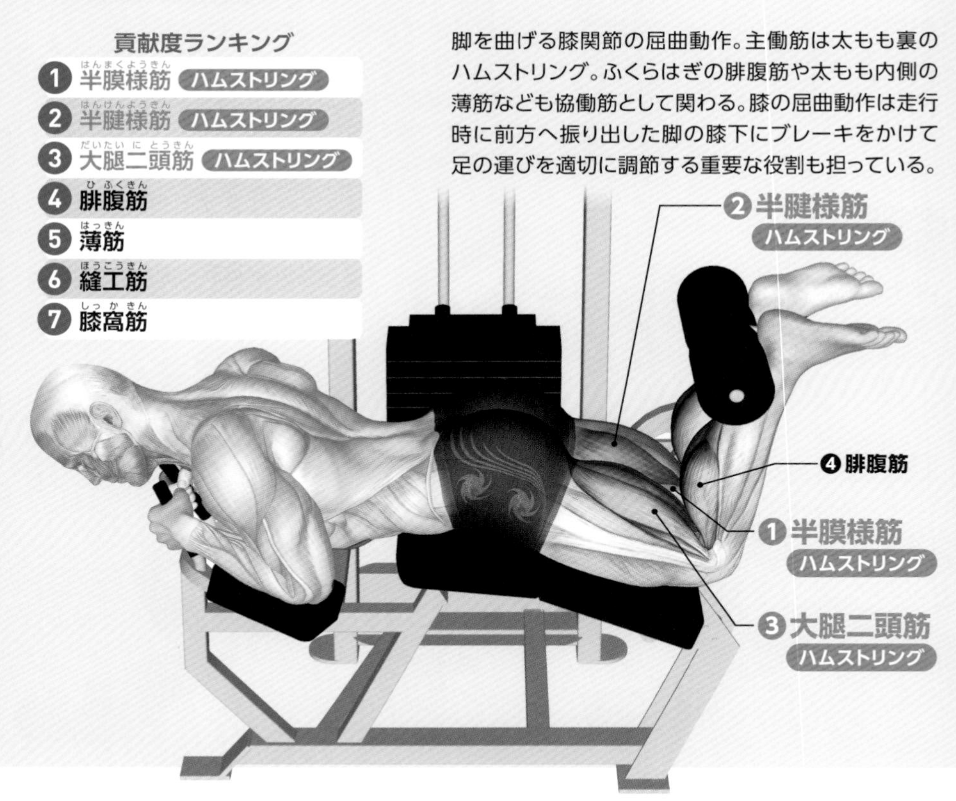

膝関節屈曲の筋力トルク

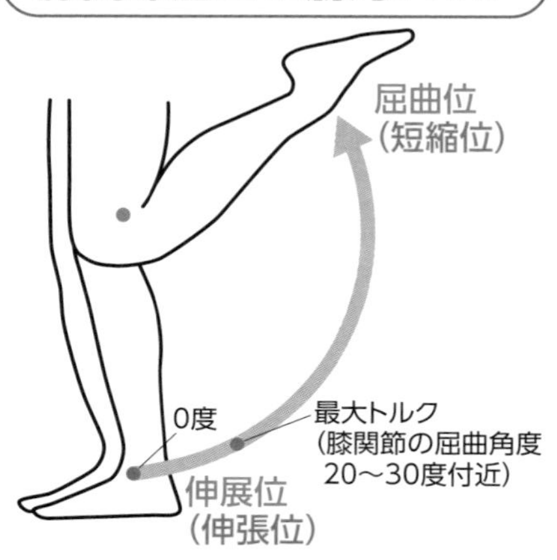

膝関節屈曲動作について、本書では膝を完全に伸展した状態を屈曲角度0度と定義。そこから膝を曲げるほど屈曲位（短縮位）になる。膝関節屈曲の筋力トルクは体勢によりピーク位置が少し移動するが、だいたい屈曲角度20〜30度付近で最大となり、そこから屈曲位になるほどトルクは緩やかに弱くなる。

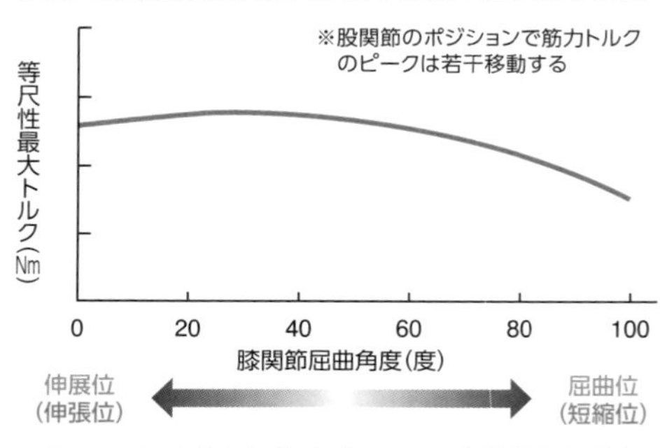

Baumgart et al. (2021)、Anderson et al. (2007)より改変

膝関節屈曲種目（主働筋：ハムストリング）の負荷トルク図

有効：有効負荷トルク（※最大負荷トルクの50％以上レベル）の範囲（青色）　※縞線範囲は有効負荷範囲外の稼働域

ス：スティッキング領域　負：最大負荷トルク　筋：最大筋力トルク（屈曲角度20〜30度付近）

●レッグカール（→P.188）　有効負荷範囲の広さ：A

有効負荷範囲 伸張位〜短縮位（屈曲角度0〜90度付近）

スティッキング領域 やや短縮位〜短縮位（屈曲角度80〜90度付近）

最大負荷トルク 屈曲角度90度前後

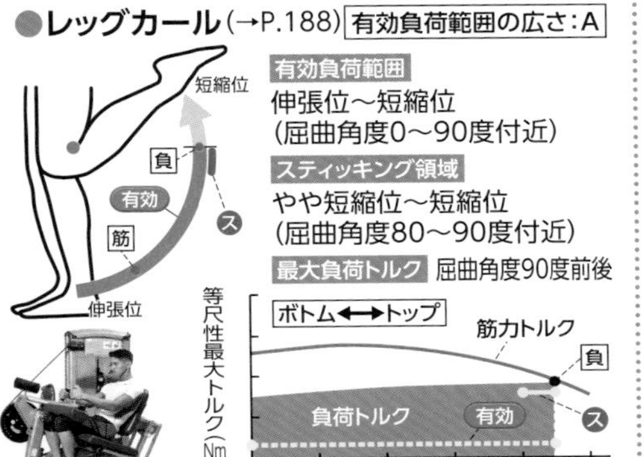

●グルートハムレイズ（→P.190）　有効負荷範囲の広さ：B

有効負荷範囲 伸張位〜中間位（屈曲角度0〜60度付近）

スティッキング領域 やや伸張位（屈曲角度15〜35度付近）

最大負荷トルク 屈曲角度30度前後

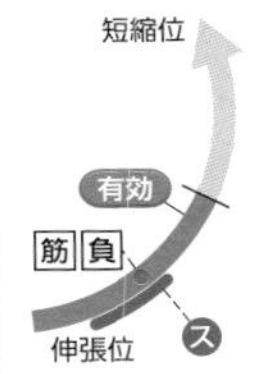

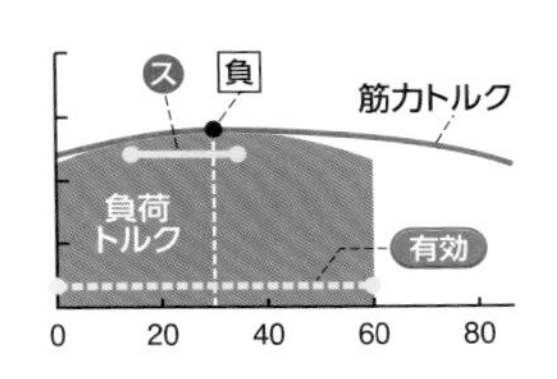

●上体前傾レッグカール（→P.188）　有効負荷範囲の広さ：A

有効負荷範囲 伸張位〜短縮位（屈曲角度5〜90度付近）

スティッキング領域 やや短縮位〜短縮位（屈曲角度75〜90度付近）

最大負荷トルク 屈曲角度90度前後

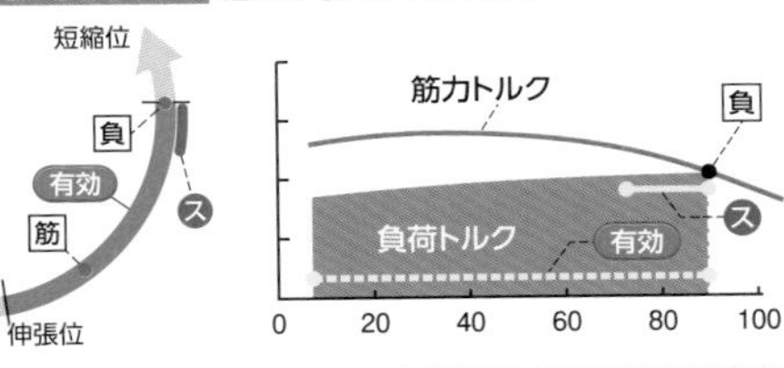

●プローンレッグカール（→P.189）　有効負荷範囲の広さ：A

有効負荷範囲 伸張位〜短縮位（屈曲角度0〜90度付近）

スティッキング領域 伸張位（屈曲角度85〜90度付近）

最大負荷トルク 屈曲角度0度前後

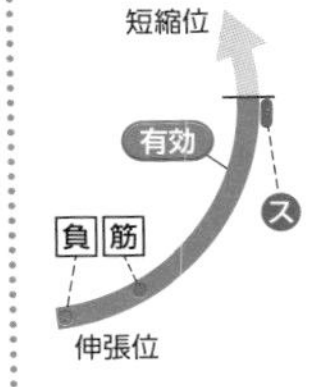

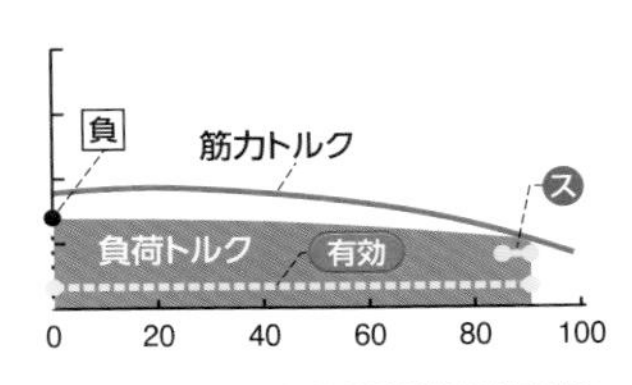

●ダンベルレッグカール（→P.191）　有効負荷範囲の広さ：B

有効負荷範囲 伸張位〜中間位（屈曲角度0〜60度付近）

スティッキング領域 伸張位（屈曲角度0〜10度付近）

最大負荷トルク 屈曲角度0度前後

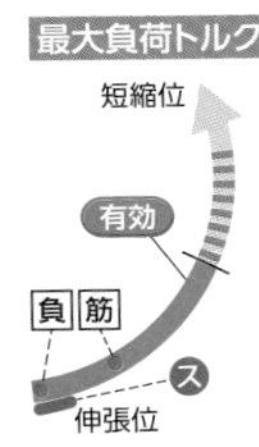

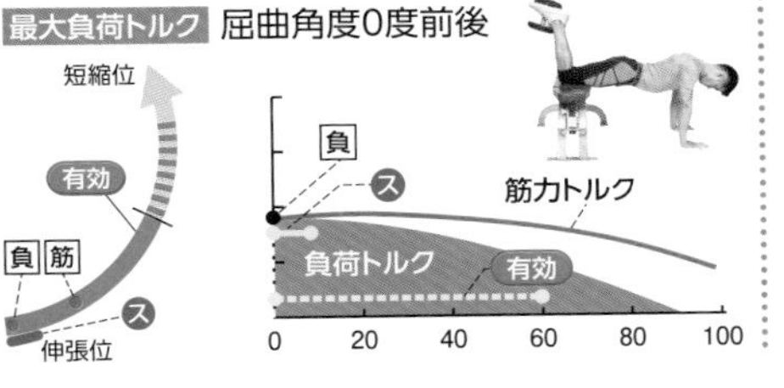

●ノルディックハムストリングカール（→P.190）　有効負荷範囲の広さ：C

有効負荷範囲 やや伸張位〜中間位（屈曲角度20〜65度付近）

スティッキング領域 やや伸張位（屈曲角度20〜35度付近）

最大負荷トルク 屈曲角度20度前後

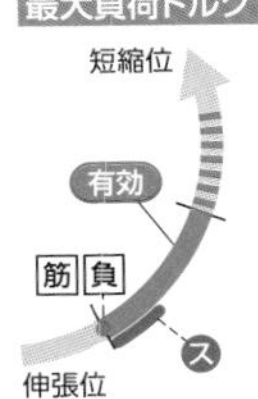

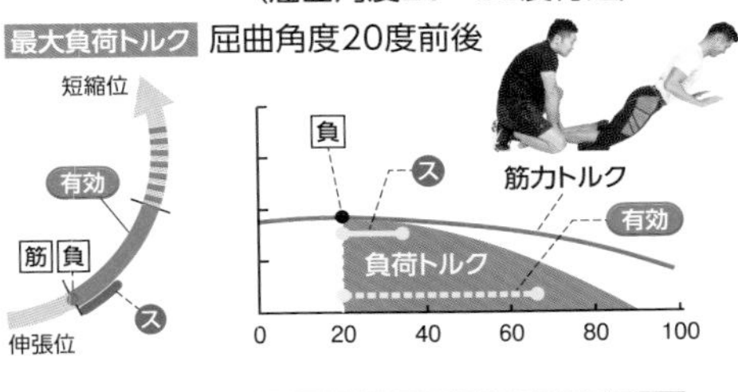

メイン ハムストリング　サブ 腓腹筋

レッグカール

主要動作 膝関節屈曲

ハムストリングをピンポイントで鍛えるマシン種目

座位（股関節屈曲位）で膝を曲げパッドを押し下げるマシン種目。二関節筋のハムストリングが股関節側で伸ばされた状態で膝を曲げるため、負荷トルクの抜けが小さく伸張位の負荷トルクも強い。膝を伸ばすボトムで負荷が抜けないようにセットすることが重要。

●刺激評価

項目	評価
負荷トルクの最大値	中
スティッキング領域	やや広
伸張位の負荷トルク	強
負荷トルクの抜け	抜け小

●種目評価

項目	評価
運動ボリューム	やや小
負荷トルクの調節	不可
煽りチーティング	可
セルフ補助	不可

1 シートに座って足首後面を足先のパッドに乗せる。この時点で膝が強く伸びるようにパッドの高さを合わせる。膝上のパッドを下ろし、太ももを上からしっかり押さえて固定する。そこから膝を少し曲げハムストリングに負荷をかける。

トップ

2 膝を曲げて足先のパッドを引き下げる。このマシンはトップで負荷が抜けないため深く曲げる。戻すときも負荷が抜ける手前まで戻す。

POINT 太ももを固定する

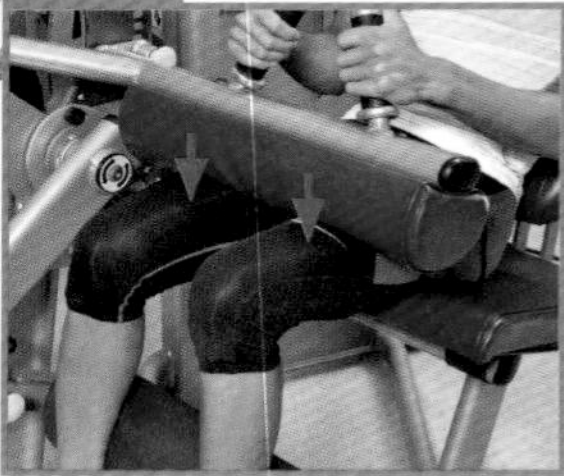

パッドで太ももを上から強く押さえることで、回転軸となる膝関節が固定され屈曲動作がしやすくなる。

メイン ハムストリング　サブ 腓腹筋

上体前傾レッグカール

主要動作 膝関節屈曲（※股関節屈曲位）

ハムストリングが伸張位側で刺激される

上体を前傾した股関節の深い屈曲位で膝を曲げる方法。筋力トルクのピーク位置がズレて稼働範囲が伸張位側にシフトする。二関節筋のハムストリングがボトムで強く伸びるため通常のフォームより伸張位の刺激が大きい。

●刺激評価

項目	評価
負荷トルクの最大値	中
スティッキング領域	やや広
伸張位の負荷トルク	強
負荷トルクの抜け	抜け小

●種目評価

項目	評価
運動ボリューム	やや小
負荷トルクの調節	不可
煽りチーティング	可
セルフ補助	不可

POINT 背すじを伸ばして前傾する

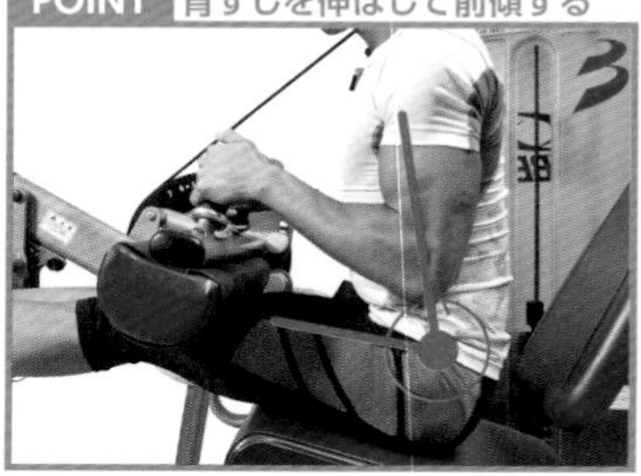

背すじを伸ばしたまま股関節を屈曲させることでハムストリングが伸ばされ、ボトムでの伸張位の負荷トルクがより強くなる。

メイン ハムストリング サブ 腓腹筋

プローンレッグカール

主要動作 膝関節屈曲（※股関節伸展位）

フォーストレップがやりやすいレッグカール

うつ伏せ（股関節伸展位）で膝を曲げパッドを引くレッグカール。二関節筋であるハムストリングが緩んだ状態で膝を曲げるため、伸張位の負荷トルクが弱く、負荷トルクの最大値も小さくなる。上体が固定されないためチーティングで限界まで追い込みやすい。

●刺激評価

項目	評価
負荷トルクの最大値	小
スティッキング領域	狭い
伸張位の負荷トルク	弱
負荷トルクの抜け	抜け小

●種目評価

項目	評価
運動ボリューム	やや小
負荷トルクの調節	不可
煽りチーティング	可
セルフ補助	不可

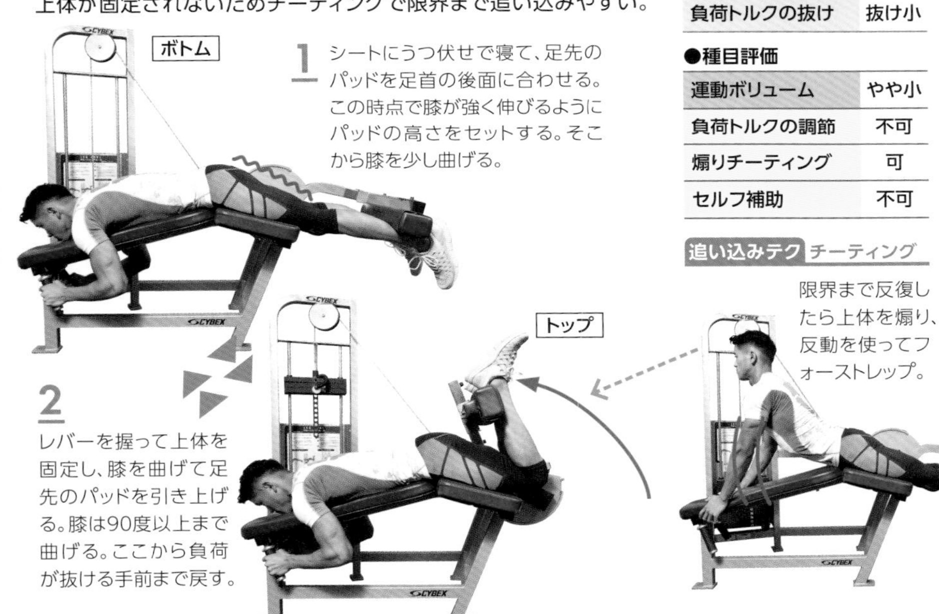

1 シートにうつ伏せで寝て、足先のパッドを足首の後面に合わせる。この時点で膝が強く伸びるようにパッドの高さをセットする。そこから膝を少し曲げる。

2 レバーを握って上体を固定し、膝を曲げて足先のパッドを引き上げる。膝は90度以上まで曲げる。ここから負荷が抜ける手前まで戻す。

追い込みテク チーティング

限界まで反復したら上体を煽り、反動を使ってフォーストレップ。

1 シートに座り足首後面を足先のパッドに乗せる。膝上のパッドを下ろし太ももを上から押さえる。そこから上体を前傾させて、膝を少し曲げる。

2 背すじを伸ばして上体を前傾させた状態のまま、膝を曲げて足先のパッドを引き下げる。トップで負荷が抜けないため膝は90度以上まで曲げる。

メイン ハムストリング

グルートハムレイズ

主要動作 膝関節屈曲+股関節伸展

●刺激評価

負荷トルクの最大値	大
スティッキング領域	広い
伸張位の負荷トルク	強
負荷トルクの抜け	抜け小

●種目評価

運動ボリューム	中
負荷トルクの調節	可
煽りチーティング	不可
セルフ補助	不可

2つの関節動作でハムストリングを両端から追い込む

股関節を伸展しながら膝関節を屈曲する。ローマンチェアで行う。二関節筋のハムストリングを股関節側と膝関節側から伸縮させる。刺激評価で減点項目がなく複数の筋肥大誘発ストレスが得られる。太ももに当てるパッドが分厚いグルートハムレイズ専用台もある。

POINT 足裏の摩擦で固定

ふくらはぎをパッドに当てずつま先立ちになり、足裏の摩擦で固定するとハムストリングにより効く。

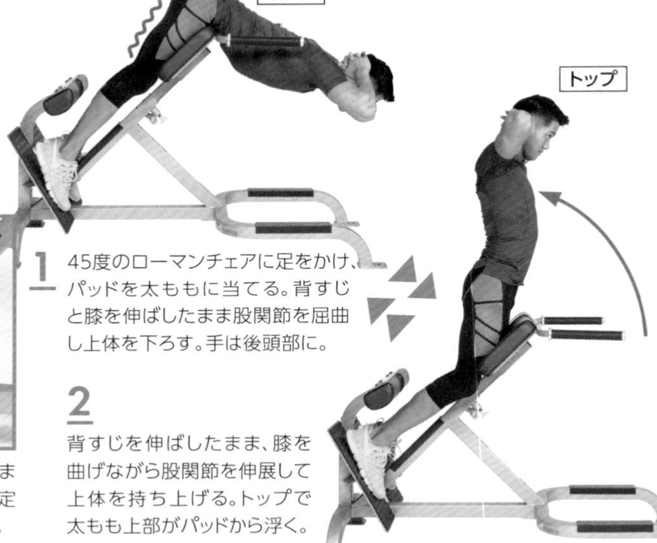

1 45度のローマンチェアに足をかけ、パッドを太ももに当てる。背すじと膝を伸ばしたまま股関節を屈曲し上体を下ろす。手は後頭部に。

2 背すじを伸ばしたまま、膝を曲げながら股関節を伸展して上体を持ち上げる。トップで太もも上部がパッドから浮く。

メイン ハムストリング

ノルディックハムストリングカール

主要動作 膝関節屈曲+股関節伸展（固定）

エキセントリック収縮の刺激で鍛える

両脚が伸びる動きに膝を曲げる動きでブレーキをかける。基本的にパートナーと行うが専用器具も販売されている。有効負荷範囲は狭いが、ハムストリングを強烈にエキセントリック収縮させるため筋損傷のストレスを得やすい。

●刺激評価

負荷トルクの最大値	大
スティッキング領域	やや広
伸張位の負荷トルク	中
負荷トルクの抜け	抜け大

●種目評価

運動ボリューム	中
負荷トルクの調節	ー
煽りチーティング	ー
セルフ補助	ー

1 マットやクッションを敷いて膝立ちになり上体を立てる。パートナーが足首を押さえる。

メイン ハムストリング　サブ 腓腹筋

ダンベルレッグカール

主要動作 膝関節屈曲（※股関節伸展位）＋足関節底屈（固定）

●刺激評価

負荷トルクの最大値	大
スティッキング領域	やや広
伸張位の負荷トルク	中
負荷トルクの抜け	抜け大

●種目評価

運動ボリューム	やや小
負荷トルクの調節	不可
煽りチーティング	可
セルフ補助	不可

ダンベルを持ち上げるレッグカール

膝を曲げる動きでダンベルを持ち上げるプローンレッグカール。有効負荷範囲が狭く、膝を曲げたトップで負荷は抜けるものの、負荷トルクの最大値が大きいため最大レベルの力を発揮できる。自宅でも実施可能であるがダンベルを落とさないように注意する。

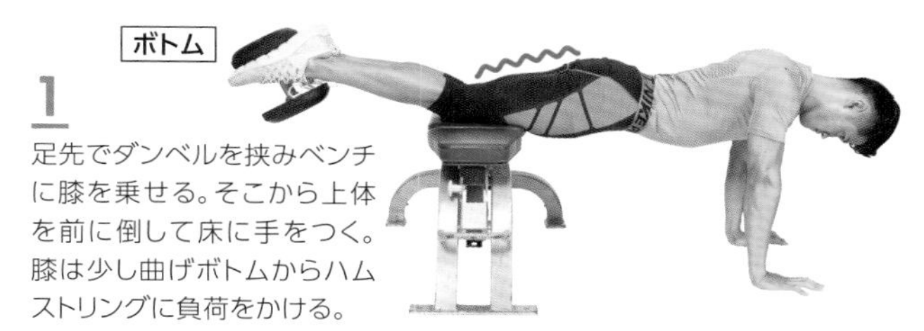

1

足先でダンベルを挟みベンチに膝を乗せる。そこから上体を前に倒して床に手をつく。膝は少し曲げボトムからハムストリングに負荷をかける。

POINT 足裏で挟み込む

両足でダンベルのシャフト部分を挟み込み、足裏にプレートの裏側を乗せてダンベルをしっかり支える。

2

膝を曲げてダンベルを持ち上げる。負荷が抜けないように、膝下が垂直になる手前まで上げる。

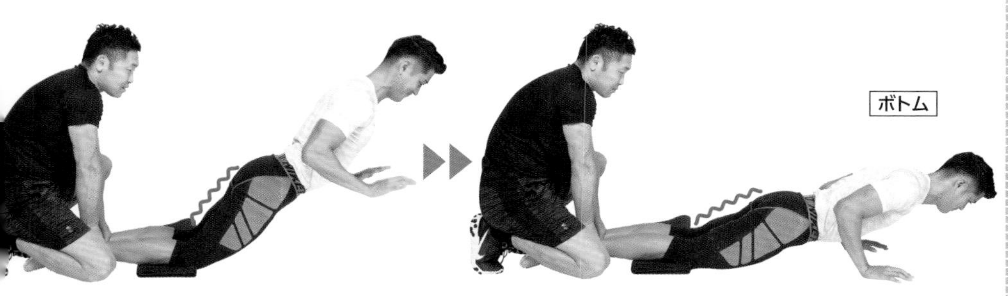

2

手の平を前に向け手をつく構えをつくり、背すじを伸ばしたまま体を前方へ倒していく。膝関節を屈曲する動きでできるだけブレーキをかけながら倒れる。

3

膝を曲げる動きでブレーキをかけ続けながら倒れ、最後は床に両手をつく。ここから1の体勢に戻って繰り返す。ボトムに戻る局面は負荷を抜いてよい。

内転筋群の鍛え方

股関節内転筋(後ろ側)

大内転筋

内転筋群の後ろ側(お尻側)にある大きな筋肉。前部(内転筋部)と後部(ハムストリング部)に分かれていてそれぞれ起始部と停止部が異なる。開いた脚を内側に閉じる動き(股関節内転)の主働筋であり、股関節の内旋動作や伸展動作にも協働筋として働く。

主な働き

全体:
股関節の
1 内転・3 内旋

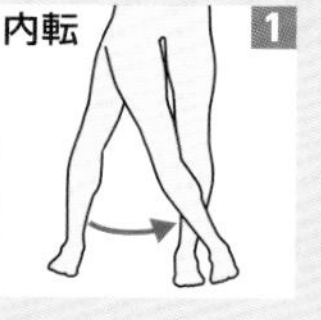

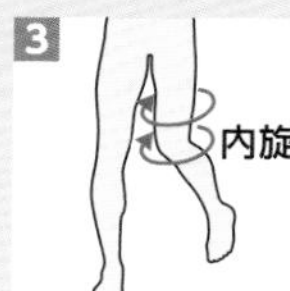

後部:2 伸展
(特に屈曲位)

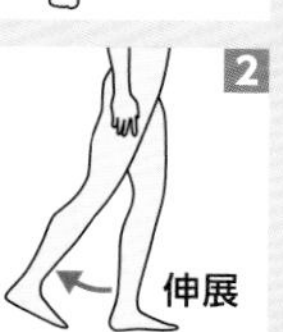

大腿前面

左大腿後面

起始1
内転筋部(筋性部):
恥骨下枝

右大腿骨

骨盤後面

起始2
ハムストリング部(腱性部):
坐骨枝の前面
および坐骨結節

停止1
内転筋部(筋性部):
大腿骨粗線の内側唇

左大腿骨

停止2
ハムストリング部(腱性部):
大腿骨の内側上顆(内転筋結節)

大内転筋は股関節の「内転+伸展」種目で鍛える

内転筋群の後ろ側に位置する大内転筋は、股関節の伸展にも働くため、ワイドスクワットなど股関節を内転しながら伸展する種目で大殿筋下部とともに強く動員される。通常のスタンス幅のスクワットでも同様に股関節内転の動きが少し生じるため大内転筋がしっかり動員される。

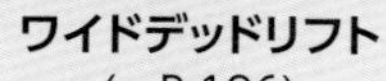

ワイドデッドリフト
(→P.196)

ワイドスクワット
(→P.196)

股関節内転筋（前側）

前側の内転筋群

内転筋群の前側には長内転筋、短内転筋、恥骨筋、薄筋が集まっている。いずれの筋肉も股関節の内転動作と屈曲動作に協働筋として働く。特に股関節伸展位であるほど、内転筋群の屈曲作用はより強まる。薄筋を除く3筋は脚を内向き方向にひねる股関節内旋動作の協働筋でもある。

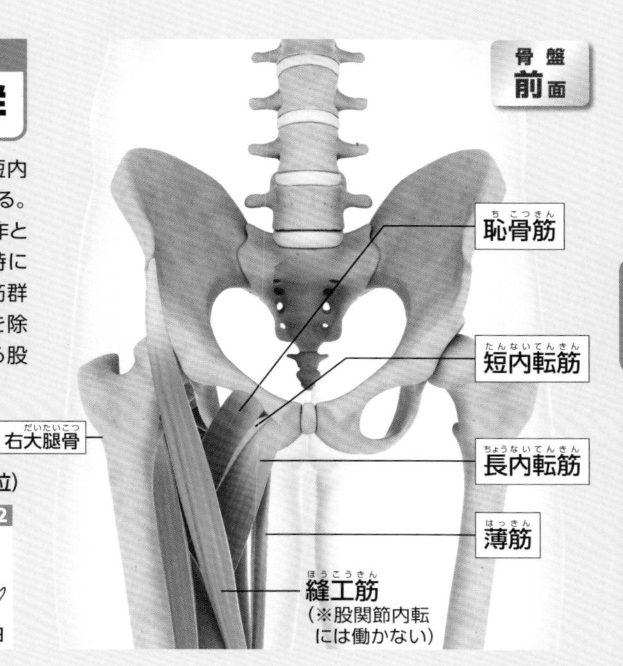

股関節の 1 内転・2 屈曲（特に伸展位）

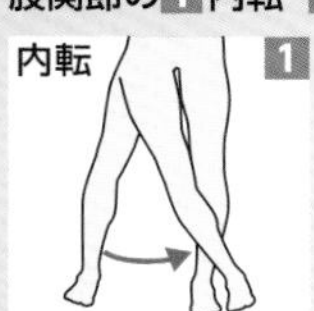

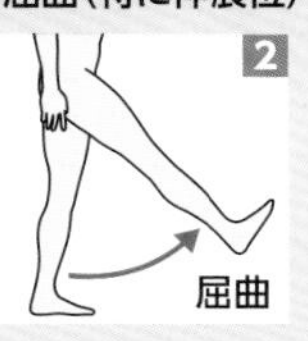

マシンアダクションは内転筋群の前側がメインターゲット

代表的な股関節内転種目である座位アダクションでは、シートに座って股関節を屈曲した状態で脚を閉じる動きになるため、内転筋群の後ろ側（大内転筋）よりも、前側（大内転筋以外の内転筋群）が主に鍛えられる。

座位アダクション（→P.199）

内転筋群全体に負荷をかける股関節内転種目

立位で開いた脚を内側へ振るヒップアダクションやケーブルアダクションなどのマシン種目は、股関節を内転する動きにフォーカスして負荷をかけることができるため、内転筋群全体が動員されやすくなる。

ヒップアダクション（→P.198）

ケーブルアダクション（→P.198）

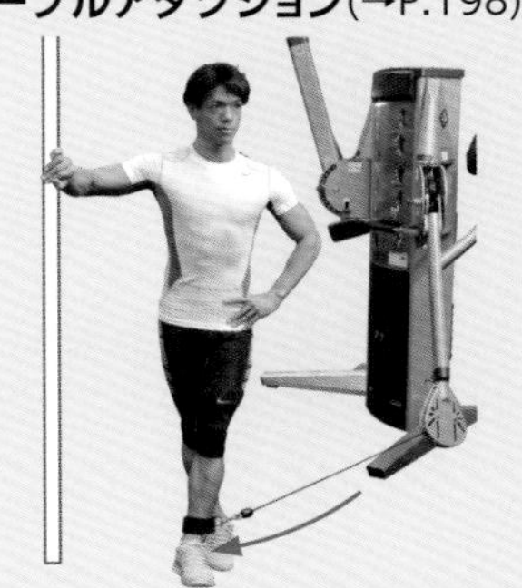

内転筋群の働き

股関節 内転

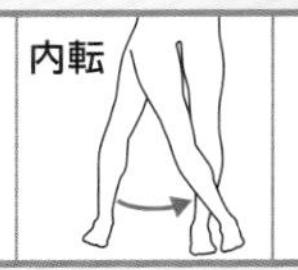

貢献度ランキング
1. 大内転筋（だいないてんきん）
2. 大殿筋（だいでんきん）（下部）
3. 長内転筋（ちょうないてんきん）
4. 短内転筋（たんないてんきん）
5. 薄筋（はっきん）
6. 恥骨筋（ちこつきん）

開いた脚を内側に閉じる股関節の内転動作。主働筋は内転筋群で最大の筋肉である大内転筋とお尻の大殿筋（下部）。内転筋群の前側に位置する長内転筋、短内転筋、恥骨筋、薄筋なども協働筋として働く。

股関節内転の筋力トルク

股関節の内転動作について、本書では直立した状態を内転角度0度と定義。そこから脚を外側に開くほど外転位（伸張位）に、内側に閉じるほど内転位（短縮位）になる。股関節内転の筋力トルクは脚を少し開いた10度付近で最大となる。ただし関節角度の変化にともなう筋力トルクの変化は小さい。

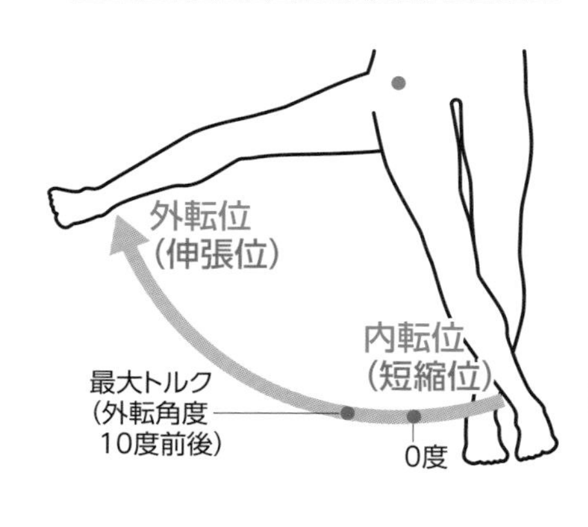

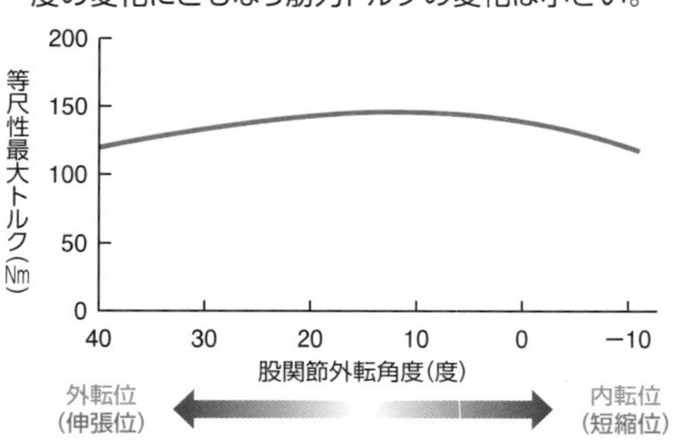

Arnold et al. (2010)より改変

股関節内転種目（主働筋：内転筋群）の負荷トルク図

有効：有効負荷トルク（※最大負荷トルクの50％以上レベル）の範囲（青色）
ス：スティッキング領域　負：最大負荷トルク　筋：最大筋力トルク（外転角度10度付近）

●ヒップアダクション（→P.198）

有効負荷範囲の広さ：A

有効負荷範囲
やや伸張位〜短縮位
（外転角度0〜40度付近）

スティッキング領域
伸張位〜やや伸張位
（外転角度30〜40度付近）

最大負荷トルク
外転角度0度前後

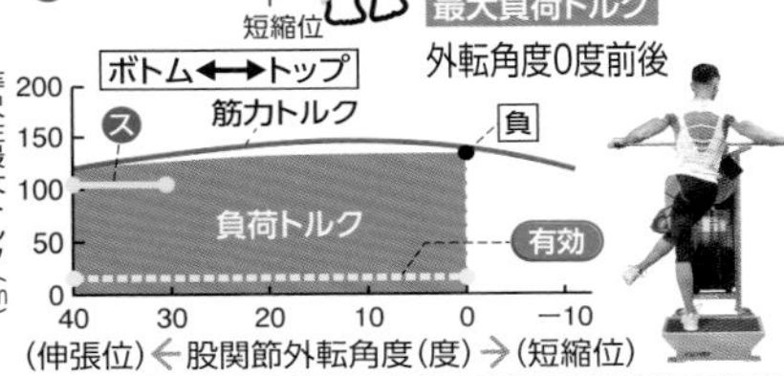

●ケーブルアダクション（→P.198）

有効負荷範囲の広さ：A

有効負荷範囲
やや伸張位〜短縮位
（外転角度0〜40度付近）

スティッキング領域
やや短縮位〜短縮位
（外転角度0〜10度付近）

最大負荷トルク
外転角度0度前後

筋力トルク
負荷トルク
（伸張位）←股関節外転角度（度）→（短縮位）

●座位アダクション（→P.199）

※動作の軌道が股関節の内転ではなく水平内転になるため股関節外転の筋力トルク曲線とは参考比較データとなる

有効負荷範囲の広さ：A

有効負荷範囲
やや伸張位〜短縮位
（外転角度0〜40度付近）

スティッキング領域
伸張位〜やや伸張位
（水平外転角度30〜40度付近）

最大負荷トルク
有効負荷範囲全域

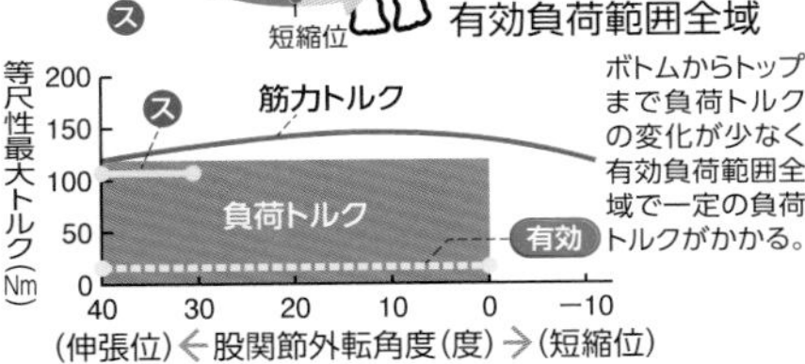

ボトムからトップまで負荷トルクの変化が少なく有効負荷範囲全域で一定の負荷トルクがかかる。

●ワイドスクワット（→P.196）

有効負荷範囲の広さ：B

「ワイドスクワット」「ワイドデッドリフト」「ワイドレッグプレス」では股関節が内転ではなく内転をともなって伸展する動きとなるため、股関節内転の筋力トルク曲線、可動域図は割愛。負荷トルク図は「股関節の内転をともなう伸展」の角度（ポジション）でトルクの変化を表している。

有効負荷範囲
伸張位〜中間位

スティッキング領域
伸張位

最大負荷トルク 伸張位

トップ←→ボトム
等尺性最大トルク（Nm）
負荷トルク
（短縮位）←→（伸張位）
股関節の内転をともなう伸展

●ワイドデッドリフト（→P.196）

有効負荷範囲の広さ：C

有効負荷範囲	スティッキング領域	最大負荷トルク
やや伸張位〜やや短縮位	やや伸張位	やや伸張位

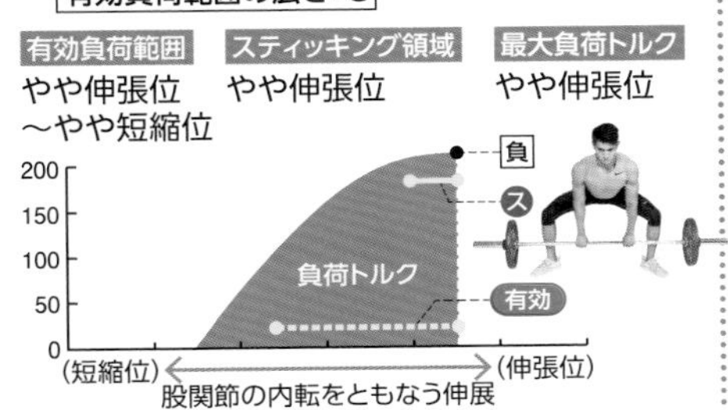

●ワイドレッグプレス（→P.197）

有効負荷範囲の広さ：B

有効負荷範囲	スティッキング領域	最大負荷トルク
伸張位〜中間位	伸張位	伸張位

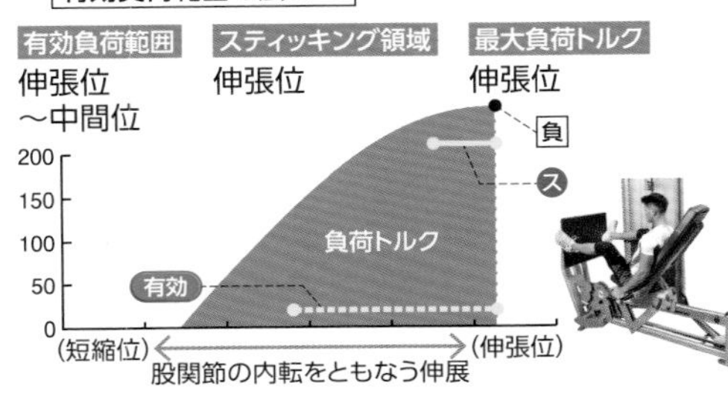

※「座位アダクション」の主働筋は前側の内転筋群、「ワイドスクワット」「ワイドデッドリフト」「ワイドレッグプレス」の主働筋は大内転筋

メイン 大内転筋（内転筋群後ろ側）、大殿筋（下部）、大腿四頭筋　サブ 脊柱起立筋、ハムストリング

ワイドスクワット

主要動作 股関節伸展＋股関節内転＋膝関節伸展＋体幹伸展（固定）

●刺激評価

項目	評価
負荷トルクの最大値	大
スティッキング領域	広い
伸張位の負荷トルク	強
負荷トルクの抜け	抜け大

●種目評価

項目	評価
運動ボリューム	特大
負荷トルクの調節	不可
煽りチーティング	不可
セルフ補助	不可

大内転筋がメインターゲットのスクワット

足幅を広くしてガニ股の状態からバーベルを挙上するスクワット。股関節を内転しながら伸展する動きになるためスクワットよりも大内転筋の関与が高まる。大殿筋下部や大腿四頭筋も鍛えられる。通常のスクワットより上体の前傾が浅くなるため腰を痛めにくい。

1 バーベルをラックから外して肩で担ぎ、背すじを伸ばして肩幅の2倍程度に足を広げる。足先は45度程度に開き外側に向ける。

2 背すじを伸ばしたまま、上体を浅く前傾しながらしゃがんでガニ股になる。太ももが水平になるまでお尻を下げる。上体は前傾しすぎない。ここから起き上がり1に戻る。

POINT 前傾は浅め

足幅が広いため、しゃがみ込む際は通常のスクワットよりお尻を後方に引かず上体の前傾も浅め。

メイン 大内転筋（内転筋群後ろ側）、大殿筋（下部）、脊柱起立筋　サブ ハムストリング、大腿四頭筋、僧帽筋

ワイドデッドリフト

主要動作 股関節内転＋膝関節伸展＋体幹伸展（ほぼ固定）

大内転筋がメインターゲットのデッドリフト

足幅を広げガニ股でバーベルを引き上げるデッドリフト。股関節を内転をともなって伸展するため大内転筋の関与が高まる。有効負荷範囲はワイドスクワットより狭いが、負荷トルクの最大値が大きく伸張位の負荷トルクも強い。

●刺激評価

項目	評価
負荷トルクの最大値	大
スティッキング領域	広い
伸張位の負荷トルク	強
負荷トルクの抜け	抜け大

●種目評価

項目	評価
運動ボリューム	特大
負荷トルクの調節	不可
煽りチーティング	不可
セルフ補助	不可

1 肩幅の2倍程度に足を広げてバーベルのバーを持つ。上体の前傾角度は浅め。

メイン 大内転筋(内転筋群後ろ側)、大殿筋(下部)、大腿四頭筋 サブ ハムストリング

ワイドレッグプレス

主要動作 股関節伸展+股関節内転+膝関節伸展

●刺激評価

負荷トルクの最大値	大
スティッキング領域	広い
伸張位の負荷トルク	強
負荷トルクの抜け	抜け大

●種目評価

運動ボリューム	大
負荷トルクの調節	不可
煽りチーティング	不可
セルフ補助	可

大内転筋がメインターゲットのレッグプレス

足幅を広げガニ股でプレートを押すレッグプレス。股関節を内転しながら伸展する動きになるため、大内転筋の関与が高くなる。大内転筋に対する有効負荷範囲は狭いが、負荷トルクの最大値が大きく、スティッキング領域も広い。伸張位の負荷トルクも強い。

POINT 足幅を広げる

つま先を少し外側に開き、足幅を肩幅より広くする。プレートの横幅が狭い場合は注意して行う。

ボトム

1
プレート中央の外側に足をつく。つま先を少し外側に向け、ガニ股気味に股関節を開く。プレートの横幅が狭い場合はつま先がはみ出る。プレートを少し押して大内転筋に負荷をかける。

トップ

2
背すじを伸ばしたままプレートを押していく。負荷が抜けないように膝が伸びきる手前まで押す。足幅が広いため押す動きは、股関節が内転をともなって伸展する動きになる。

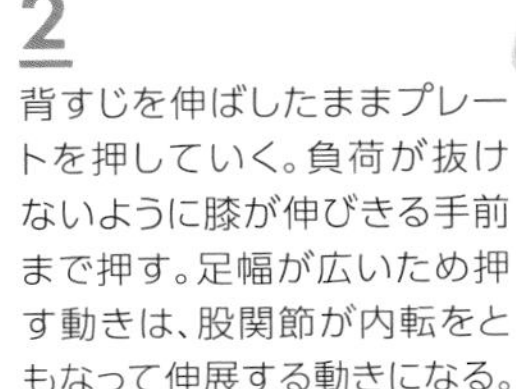

---

2 ボトム
背すじを伸ばしたままバーベルを床から引き上げる。足幅が広いため挙上動作は股関節が内転をともなって伸展する動きになる。バーベルを浮かす瞬間は膝が曲がり重心が沈む。

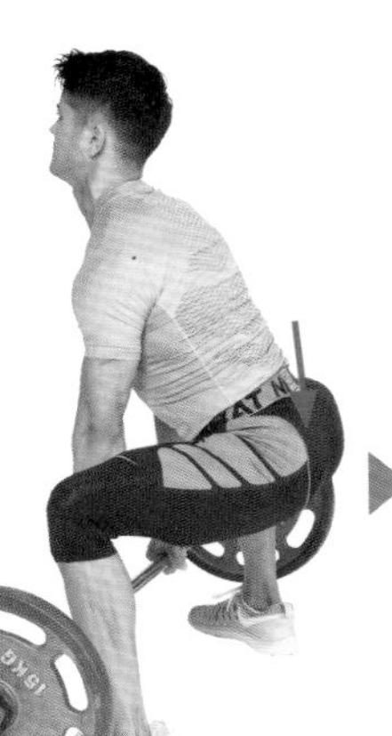

3 トップ
背すじを伸ばしたまま、膝を伸ばしながらバーベルを引いて起き上がる。ここから背すじを伸ばしたままバーベルを下ろして1の体勢に戻る。基本的には床まで下ろして反復する。

メイン 内転筋群全体

ヒップアダクション

主要動作 股関節内転

●刺激評価

負荷トルクの最大値	中
スティッキング領域	やや広
伸張位の負荷トルク	中
負荷トルクの抜け	抜け小

●種目評価

運動ボリューム	やや小
負荷トルクの調節	不可
煽りチーティング	不可
セルフ補助	可

POINT 骨盤を固定する

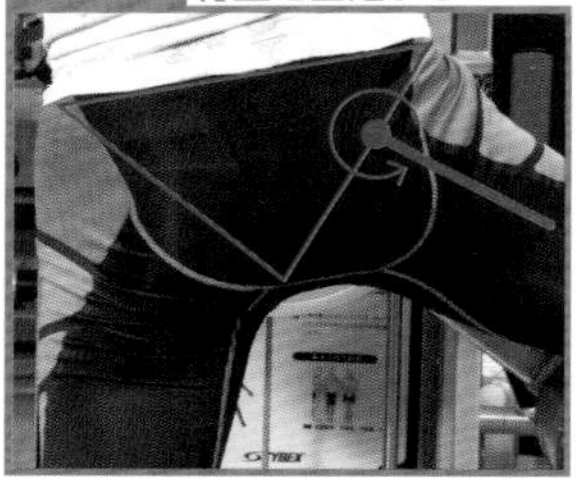

骨盤の左右の傾きをできるだけ抑えて固定したまま脚を股関節から開き内転動作の稼働範囲を広げる。

純粋な股関節内転動作に負荷をかけるマシン種目

脚を内側へ振る股関節内転動作でパッドを押していくマシン種目。軌道が純粋な股関節内転に近く内転筋群だけを狙って鍛えられる。トップで脚を交差させることによって有効負荷範囲が広くなる。負荷トルクの抜けが小さいため、代謝的ストレスを得やすい。

1
正面を向いて台に乗りパッドに膝の内側を乗せる。パッドは無理のない範囲でできるだけ外側にセットする。パッドを少し押して内転筋群に負荷をかける。

2
左右のバーを持って軸脚と上体を立てたまま脚を内側へ振ってパッドを押す。トップで負荷が抜けないため脚が交差するまで深く内転させて押していく。

メイン 内転筋群　サブ 腓骨筋、薄筋

ケーブルアダクション

主要動作 股関節内転

脚を内側へ振りケーブルを横方向に引く

脚を内側へ振る股関節内転動作でケーブルを横に引く。ボトムの伸張位側で負荷トルクが小さくなるためスティッキング領域や最大負荷トルクの位置が短縮位側になる。負荷トルクが抜けにくいため代謝的ストレスを得やすい。

●刺激評価

負荷トルクの最大値	中
スティッキング領域	やや広
伸張位の負荷トルク	中
負荷トルクの抜け	抜け小

●種目評価

運動ボリューム	やや小
負荷トルクの調節	不可
煽りチーティング	不可
セルフ補助	可

POINT 骨盤を固定する

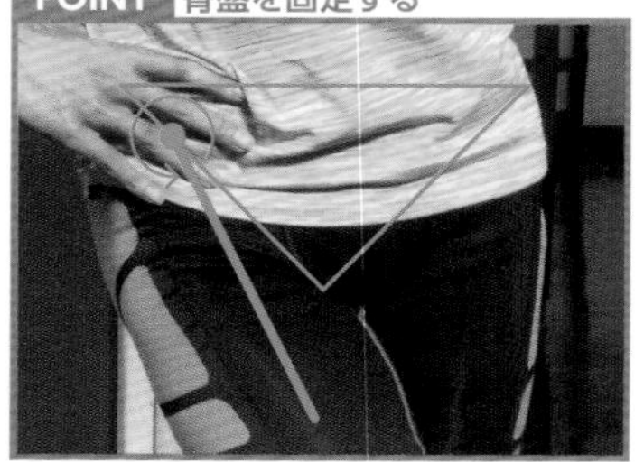

骨盤の左右の傾きをできるだけ抑えて固定したまま脚を振ることで股関節の稼働範囲が広くなり内転筋群がより大きく伸縮する。

メイン 内転筋群（大内転筋以外）

座位アダクション

主要動作 股関節内転（※股関節屈曲位）

●刺激評価

負荷トルクの最大値	中
スティッキング領域	やや広
伸張位の負荷トルク	強
負荷トルクの抜け	抜け小

●種目評価

運動ボリューム	中
負荷トルクの調節	不可
煽りチーティング	不可
セルフ補助	可

股関節屈曲位で脚を閉じて内転筋群を鍛える

座位（股関節屈曲位）で脚を閉じパッドを内側へ押すマシン種目。軌道が股関節水平内転になり内転筋群の前側全体が鍛えられる。スティッキング領域がボトム側にあり伸張位の負荷トルクが強い。負荷トルクの抜けが小さいため、代謝的ストレスも得やすい。

追い込みテク セルフ補助

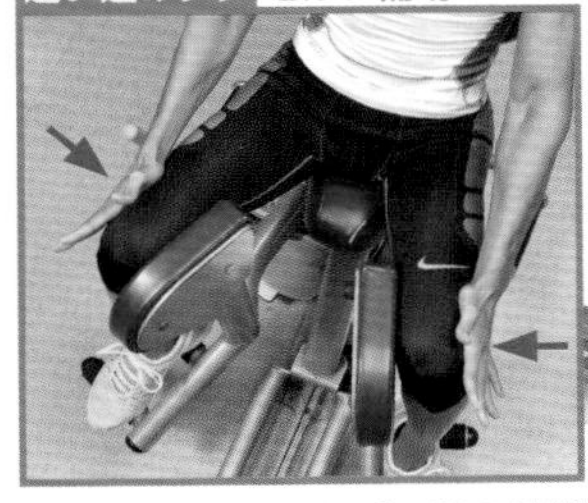

限界まで反復したら手で膝の外側を押してフォーストレップを行い残りの力をすべて出し切る。

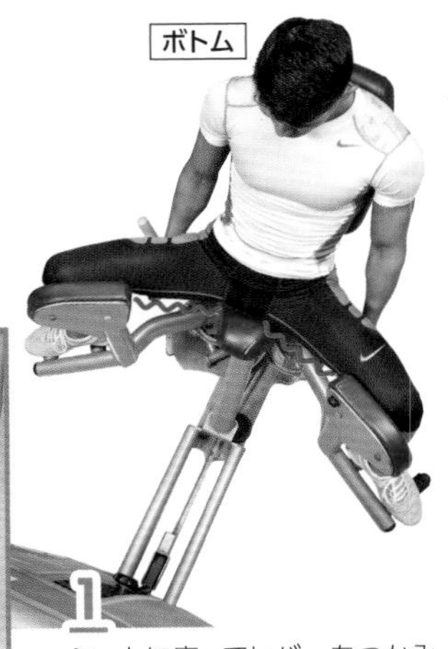

1 シートに座ってレバーをつかみ、膝の内側にパッドを当てる。そこからパッドを押して脚を少し閉じ、内転筋群に負荷をかける。

2 脚を内側へ閉じてパッドを押す。トップで負荷が抜けないため左右のパッドが触れるまで押す。ボトムに戻すときも負荷が抜ける手前まで脚を開き反復する。

1 ケーブルを低い位置にセットし、片方の足首にストラップを装着する。そこからマシンに背を向けポールや壁につかまる。立ち位置は脚を内側に振っても負荷が抜けない位置に合わせる。

2 股関節から脚を側方に振ってケーブルを引く。使用重量に余裕があるなら脚を交差し深く内転する。動作中に上体が傾くと股関節外転の可動域が狭くなるためポールや壁につかまって行う。

中殿筋の鍛え方

股関節外転・内旋筋
中殿筋

お尻側部の中殿筋は、脚を側方に開く動き（股関節外転）の主働筋。部位により脚を内外にひねる働き（内旋・外旋）もあるが、筋全体としては股関節外転に作用する。片足立ちの状態で骨盤が左右に傾かないように維持する働きもある。

骨盤 左側面

起始
腸骨翼の殿筋面（前殿筋線と後殿筋線の間）、腸骨稜の外唇、殿筋腱膜

左腸骨

大腿骨の大転子の尖端と外側面

主な働き

全体：
股関節の 1 外転

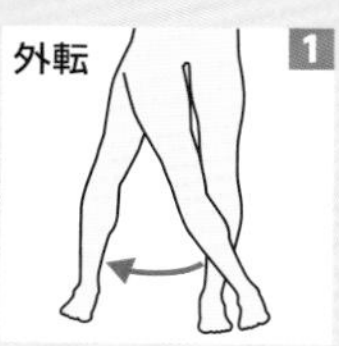

前部：
股関節の
2 内旋・3 屈曲

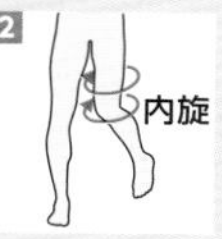

3 屈曲

後部：
股関節の
2 外旋・3 伸展

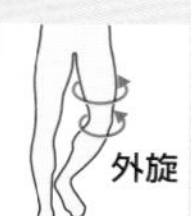

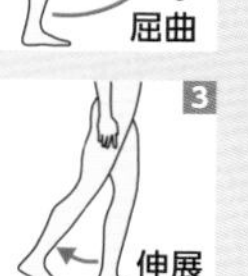

中殿筋は大殿筋と機能が近いため片脚種目でも鍛えられる

代表的な股関節外転種目である座位アブダクションは、座って股関節を屈曲した状態で脚を開くため、中殿筋の主に後部がターゲット。中殿筋後部は大殿筋上部と機能が類似しており（伸展・外転・外旋）、片脚スクワットやデッドリフト系種目では両筋の移行部付近が複合的に鍛えられる。股関節が外転をともなって伸展する片手片脚デッドリフトでは、大殿筋の上部と一緒に中殿筋全体が鍛えられる。

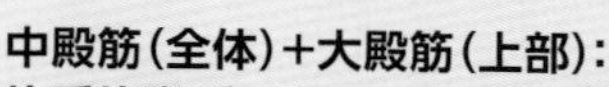

中殿筋（全体）＋大殿筋（上部）：
片手片脚デッドリフト
（→P.206）

中殿筋（後部）＋大殿筋（上部）：
座位アブダクション
（→P.205）

中殿筋の働き

股関節 外転

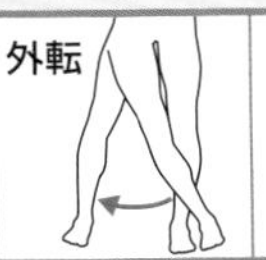

貢献度ランキング

1. 中殿筋（ちゅうでんきん）
2. 大殿筋（だいでんきん）（上部）
3. 大腿筋膜張筋（だいたいきんまくちょうきん）
4. 小殿筋（しょうでんきん）

脚を付け根から外側へ開く股関節外転動作。主働筋はお尻側部の中殿筋とお尻の大殿筋（上部）。太ももの側面で腸脛靭帯（ちょうけいじんたい）につながる大腿筋膜張筋や中殿筋の深部にある小殿筋も協働筋として働く。股関節の外転動作は片足立ちの状態で骨盤の傾きを調節し、立位バランスを維持する際もトルクを発揮する。

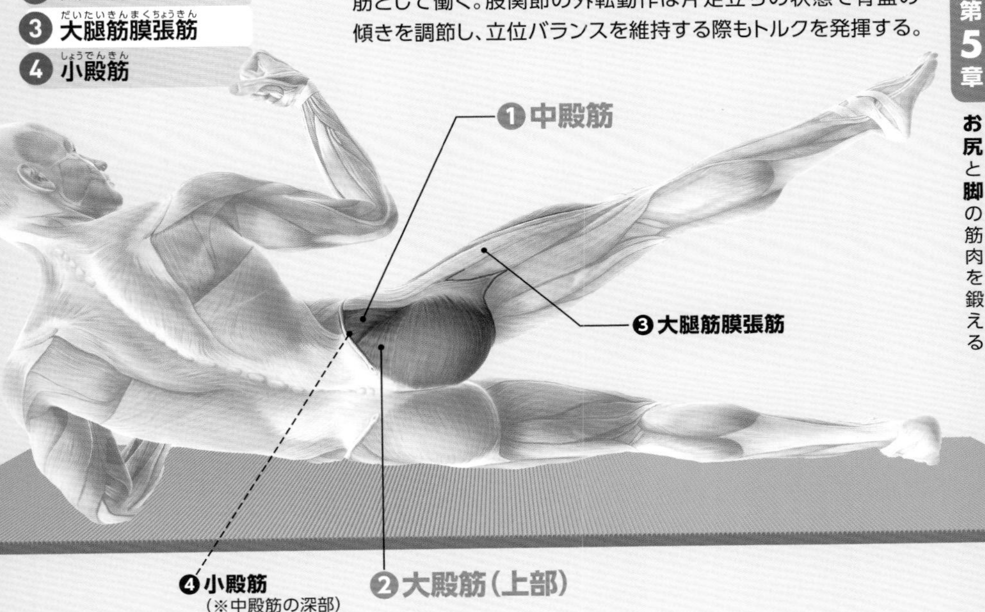

股関節外転の筋力トルク

股関節外転動作について、本書では直立した状態を外転角度0度と定義。そこから脚を内側に振るほど内転位（伸張位）になり、外側に開くほど外転位（短縮位）になる。股関節外転の筋力トルクは脚を少し開いた10度付近で最大となる。ただし関節角度の変化にともなう筋力トルクの変化は小さい。

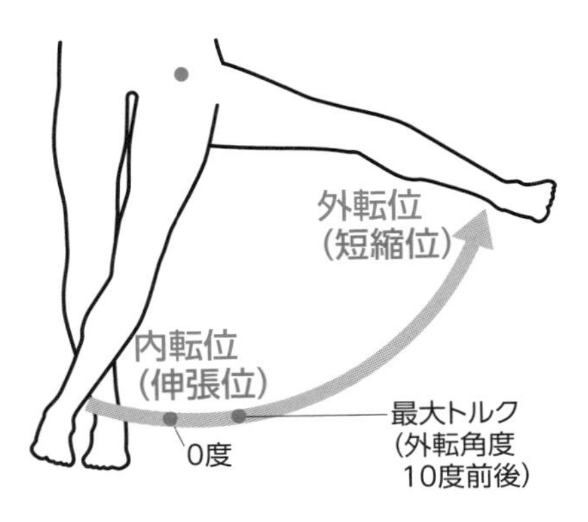

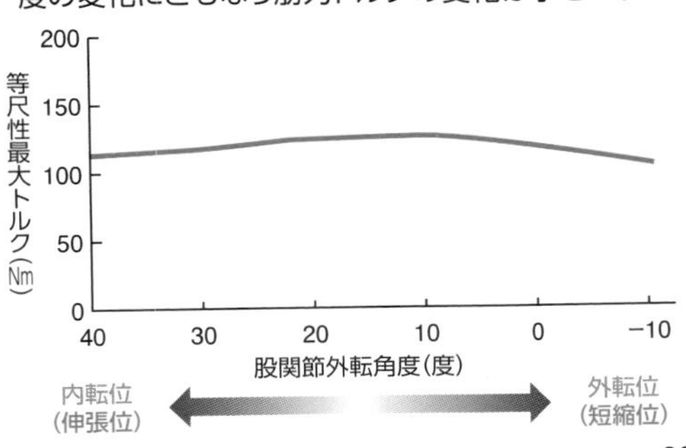

Arnold et al. (2010)より改変

▶▶股関節外転種目（主働筋：中殿筋）の負荷トルク図

●ケーブルアブダクション（→P.204）

有効負荷範囲の広さ：A

有効負荷範囲
伸張位〜やや短縮位（外転角度−10〜30度付近）

スティッキング領域
伸張位〜やや伸張位（外転角度−10〜0度付近）

最大負荷トルク
外転角度0度前後

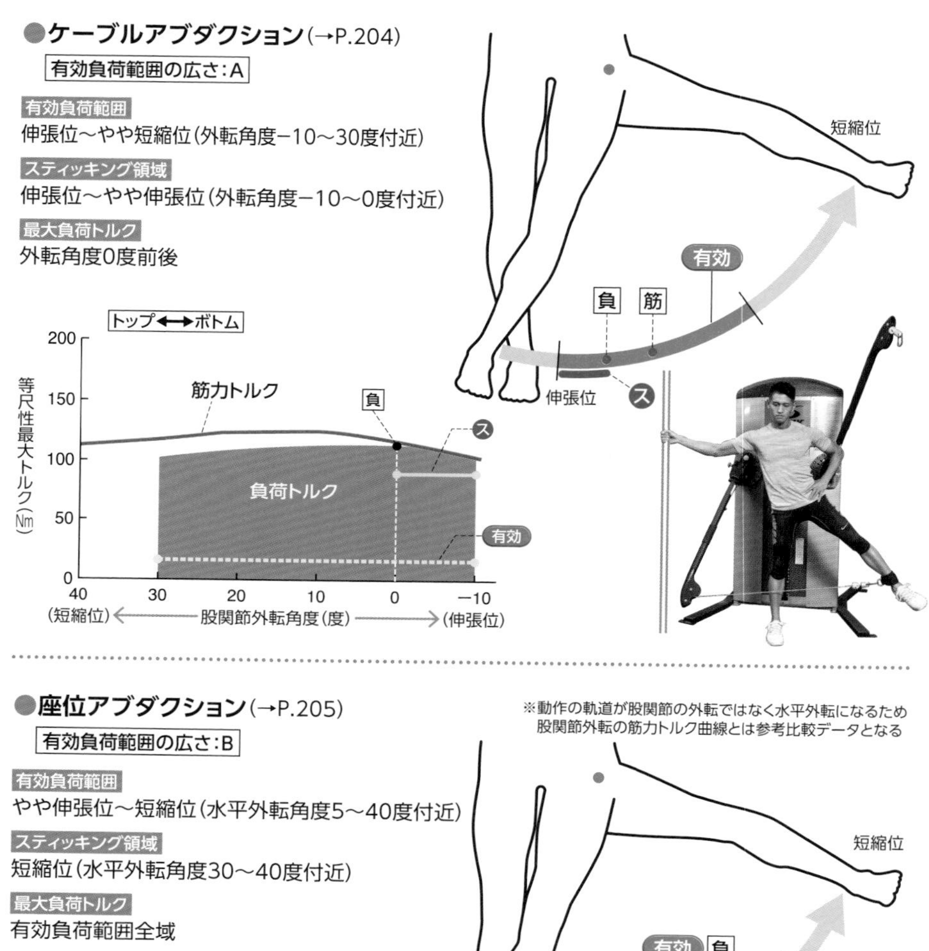

●座位アブダクション（→P.205）

有効負荷範囲の広さ：B

有効負荷範囲
やや伸張位〜短縮位（水平外転角度5〜40度付近）

スティッキング領域
短縮位（水平外転角度30〜40度付近）

最大負荷トルク
有効負荷範囲全域

※動作の軌道が股関節の外転ではなく水平外転になるため
股関節外転の筋力トルク曲線とは参考比較データとなる

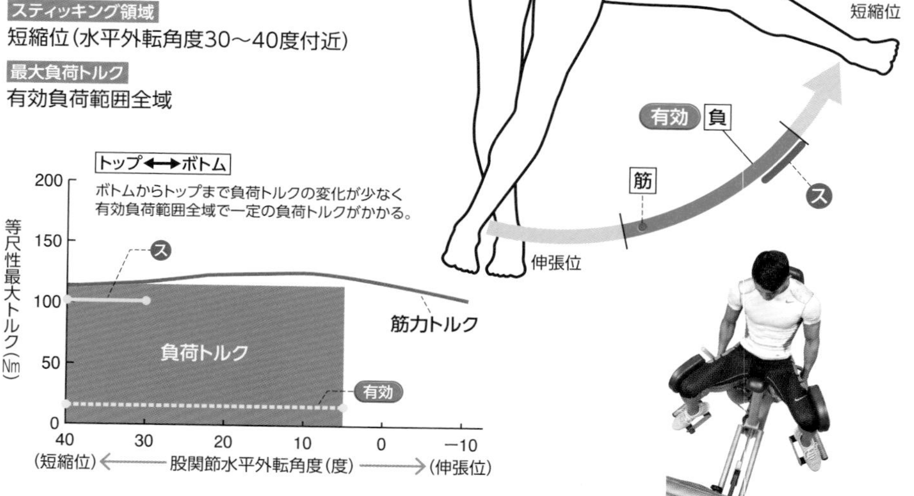

※「座位アブダクション」の主働筋は中殿筋の主に後部

●サイドヒップリフト(→P.204) 有効負荷範囲の広さ:A

有効負荷範囲 伸張位～やや短縮位(外転角度−10～30度付近)

スティッキング領域 伸張位～やや伸張位(外転角度−10～0度付近)

最大負荷トルク 外転角度0度前後

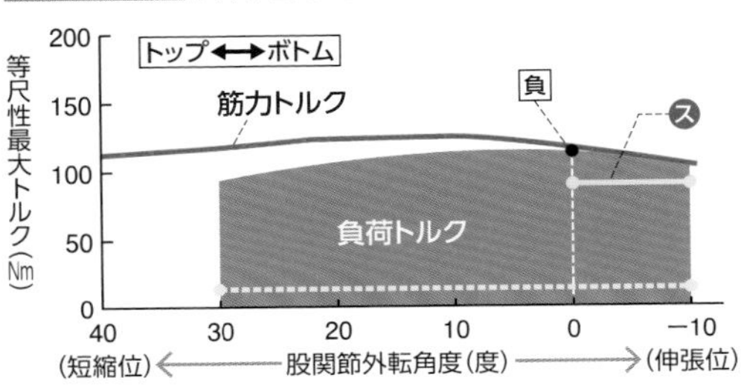

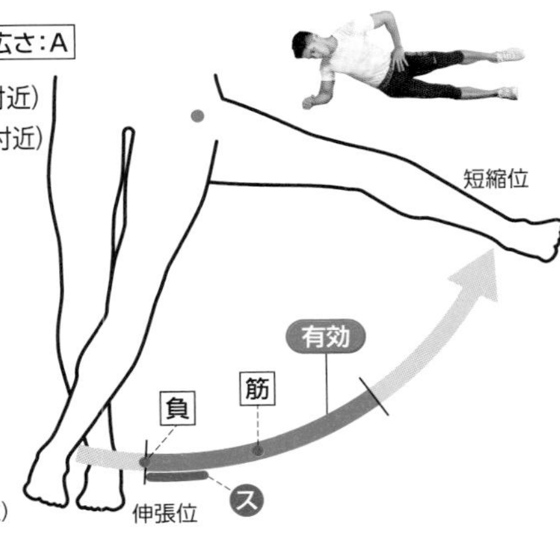

●ヒップアブダクション(→P.206) 有効負荷範囲の広さ:A

有効負荷範囲 伸張位～やや短縮位(外転角度−10～30度付近)

スティッキング領域 短縮位(外転角度25～30度付近)

最大負荷トルク 外転角度30度前後

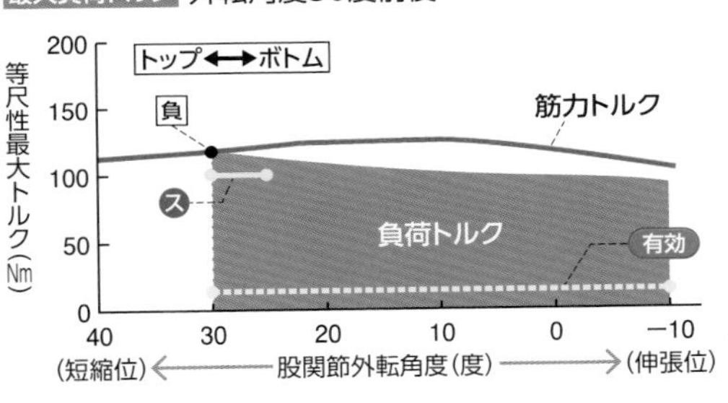

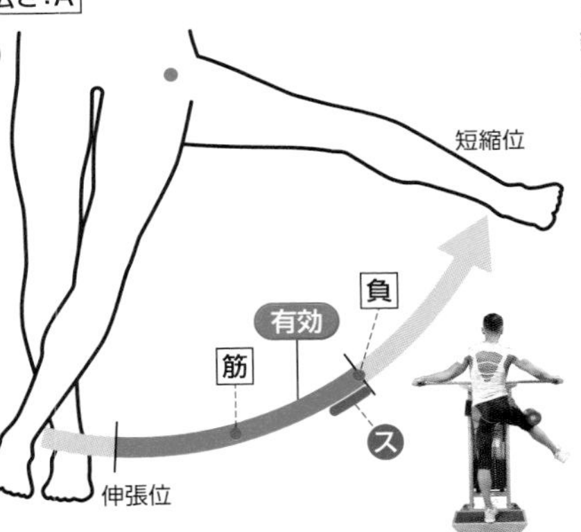

●片手片脚デッドリフト(→P.206) 有効負荷範囲の広さ:A

有効負荷範囲 伸張位～短縮位

スティッキング領域 伸張位～やや伸張位

最大負荷トルク 伸張位

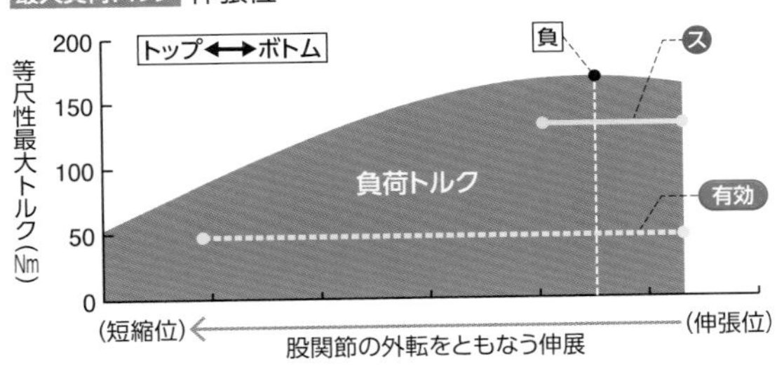

片手片脚デッドリフトでは股関節が純粋な外転ではなく、外転しながら伸展する動きとなるため股関節外転の筋力トルク曲線、可動域図は割愛。負荷トルク図でも「股関節の外転をともなう伸展」の角度(ポジション)でトルクの変化を表している。

メイン 中殿筋 サブ 大殿筋(上部)、大腿筋膜張筋、小殿筋

サイドヒップリフト

主要動作 股関節外転

●刺激評価

負荷トルクの最大値	中
スティッキング領域	広い
伸張位の負荷トルク	弱
負荷トルクの抜け	抜け小

●種目評価

運動ボリューム	中
負荷トルクの調節	可
煽りチーティング	不可
セルフ補助	不可

骨盤を側方へ持ち上げるヒップリフト

股関節を外転する動きで骨盤を側方へ振って持ち上げる自重種目。負荷トルクの最大値がやや小さく伸張位の負荷トルクも弱いが、可動域を通して負荷が抜けにくく、代謝的ストレスを得やすい。負荷トルクが調節できるためフォーストレップで追い込める。

1 ボトム

体を横に向けて肘を肩の真下につき、骨盤を床から少し浮かせて中殿筋に負荷をかける。下側の股関節は浅く内転した状態。

トップ

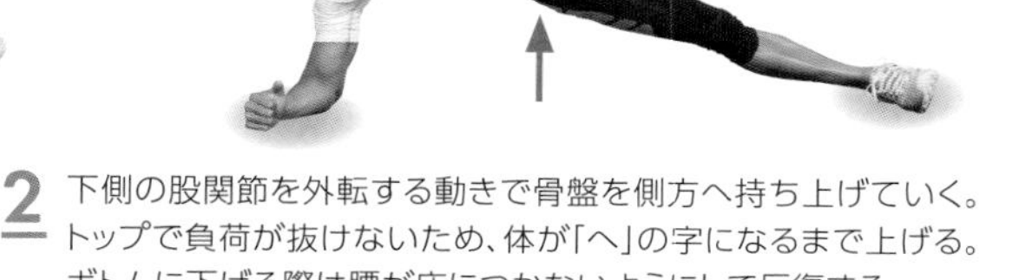

2 下側の股関節を外転する動きで骨盤を側方へ持ち上げていく。トップで負荷が抜けないため、体が「へ」の字になるまで上げる。ボトムに下げる際は腰が床につかないようにして反復する。

追い込みテク

限界まで反復したら、膝まで床に接地することで負荷トルクを下げ、フォーストレップを実施する。

メイン 中殿筋、大殿筋(上部) サブ 小殿筋、大腿筋膜張筋

ケーブルアブダクション

主要動作 股関節外転

立位で脚を開きケーブルを横方向に引く

脚を開く股関節外転動作でケーブルを横方向に引く種目。有効負荷範囲はヒップアブダクションと変わらないが、短縮位側で負荷トルクが小さくなりスティッキング領域が伸張位側になる。可動域を通し負荷トルクが抜けない。

●刺激評価

負荷トルクの最大値	中
スティッキング領域	やや広
伸張位の負荷トルク	中
負荷トルクの抜け	抜け小

●種目評価

運動ボリューム	やや小
負荷トルクの調節	不可
煽りチーティング	不可
セルフ補助	可

POINT

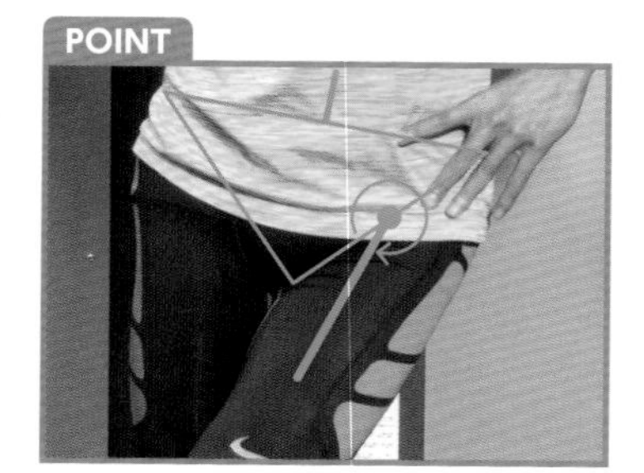

骨盤をできるだけ傾けずに固定して、接地していない脚側の股関節を大きく内転することで中殿筋が伸ばされ可動域が広がる。

メイン 中殿筋(後部)、小殿筋(後部)　サブ 大殿筋(上部)、大腿筋膜張筋(※ボトム付近で)

座位アブダクション

主要動作 股関節外転(※股関節屈曲位)

●刺激評価

負荷トルクの最大値	中
スティッキング領域	やや広
伸張位の負荷トルク	弱
負荷トルクの抜け	抜け小

●種目評価

運動ボリューム	中
負荷トルクの調節	不可
煽りチーティング	不可
セルフ補助	可

股関節屈曲位で脚を開き中殿筋の後部を鍛える

座位(股関節屈曲位)で脚を開きパッドを側方へ押すマシン種目。座位アダクション(→P.199)と切り替え方式で行うマシンもある。軌道が股関節の水平外転になるため中殿筋の後部に負荷がかかる。負荷トルクの抜けが小さいため、代謝的ストレスを得やすい。

1 シートに座ってレバーをつかみ、膝の外側にパッドを当てる。そこからパッドを押して脚を少し開き、中殿筋に負荷をかける。

2 股関節から脚を側方へ開いてパッドを押す。トップで負荷が抜けないためできるだけ脚を開く。ボトムに戻すときも負荷が抜ける手前まで脚を閉じて反復する。

追い込みテク

限界まで反復したら手で膝の内側を押してフォーストレップを行い残りの力をすべて出し切る。

1 ケーブルを低い位置にセットし、片方の足首にストラップを装着する。そこからマシンに背を向けポールや壁につかまる。立ち位置は脚を内側に振っても負荷が抜けない位置に合わせる。

2 股関節から脚を側方に振ってケーブルを引く。脚の角度が45度になる程度まで引くのが目安。引くときに上体が傾くと股関節外転の可動域が狭くなるためポールや壁につかまって行う。

メイン 中殿筋、大殿筋(上部) サブ ハムストリング、脊柱起立筋

片手片脚デッドリフト

主要動作 股関節伸展+股関節外転(外旋をともなう)+膝関節伸展

●刺激評価

負荷トルクの最大値	大
スティッキング領域	広い
伸張位の負荷トルク	強
負荷トルクの抜け	抜け小

●種目評価

運動ボリューム	大
負荷トルクの調節	不可
煽りチーティング	不可
セルフ補助	可

中殿筋と大殿筋上部を鍛えるひねりありデッドリフト

股関節を外転しながら伸展する動きで中殿筋と大殿筋上部を強化。軸脚側の股関節を支点に対角方向へ起き上がる動きになるため、中殿筋と大殿筋上部が作用方向に即してダイレクトに使われる。刺激評価で減点項目がなく複数の筋肥大誘発ストレスが得られる。

1 片手にダンベルを持ち、反対の手はベンチを持つ。片足立ちとなり軸脚側の股関節を外転しお尻をベンチに向ける。

2 股関節をひねりながら上体を倒す。ここから股関節を反対方向にひねりながら伸展して上体を起こし、1に戻る。

POINT 骨盤を回す

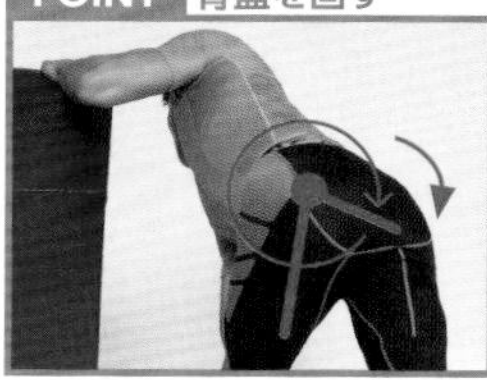

接地している軸脚側の股関節を支点に骨盤の反対側を下げるように内転しながら上体を倒していく。

メイン 中殿筋、大腿筋膜張筋 サブ 大殿筋(上部)、小殿筋

ヒップアブダクション

主要動作 股関節外転

●刺激評価

負荷トルクの最大値	中
スティッキング領域	やや広
伸張位の負荷トルク	中
負荷トルクの抜け	抜け小

●種目評価

運動ボリューム	やや小
負荷トルクの調節	不可
煽りチーティング	不可
セルフ補助	可

純粋な股関節外転動作に負荷をかけるマシン種目

脚を側方へ開く股関節外転動作でパッドを押し上げるマシン種目。中殿筋とともに太もも前側面の大腿筋膜張筋も一緒に鍛えられる。ボトムで脚を交差させることによって有効負荷範囲が広くなる。負荷トルクの抜けが小さいため、代謝的ストレスを得やすい。

1 正面を向いて台に乗り、膝の外側にパッドを当てる。パッドは脚を内転しても負荷が抜けない位置に合わせる。

2 左右のバーを持って軸脚と上体を立てたまま、脚を側方へ開いてパッドを押し上げていく。できるだけ脚を大きく開く。

大腿四頭筋の鍛え方

4つの筋肉で構成される太もも前面の大腿四頭筋

太もも前面の大腿四頭筋は大腿直筋、内側広筋、外側広筋、中間広筋という4つの筋肉で構成される複合筋であり、4筋とも膝関節の伸展動作に主働筋として働く。中心に位置する大腿直筋のみ股関節と膝関節をまたぐ二関節筋であり、股関節の屈曲動作にも協働筋として働く。4筋とも膝蓋骨と脛骨をつなぐ膝蓋腱を介して脛骨に停止する。

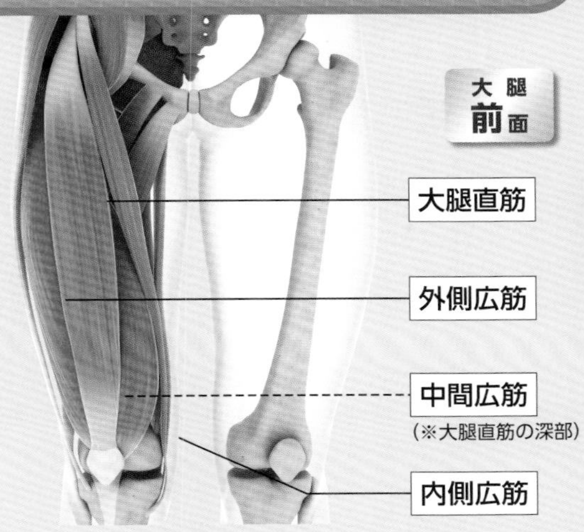

膝関節伸展筋 大腿四頭筋① 大腿直筋

膝関節伸展動作の主働筋のひとつ。大腿四頭筋で唯一の二関節筋であり骨盤から起始して股関節の屈曲にも働く。広筋群より瞬発的な動きへの貢献度が大きい。

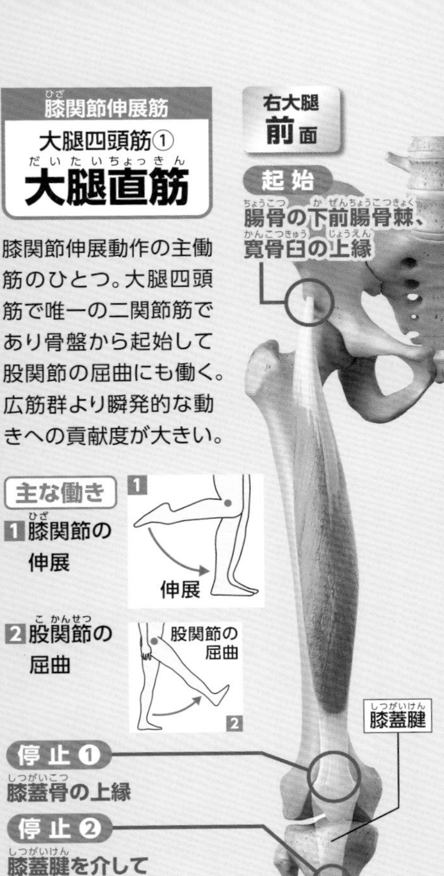

膝関節伸展筋 大腿四頭筋② 中間広筋

膝関節伸展動作の主働筋のひとつ。大腿直筋の深部に位置する。単関節筋である広筋群の3筋は大腿直筋より体積が大きく膝の伸展動作への貢献度も大きい。

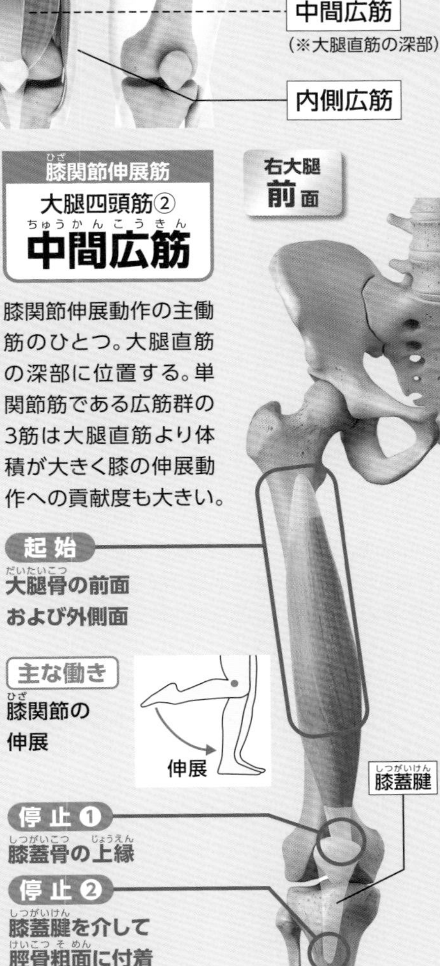

膝関節伸展筋

大腿四頭筋③

内側広筋

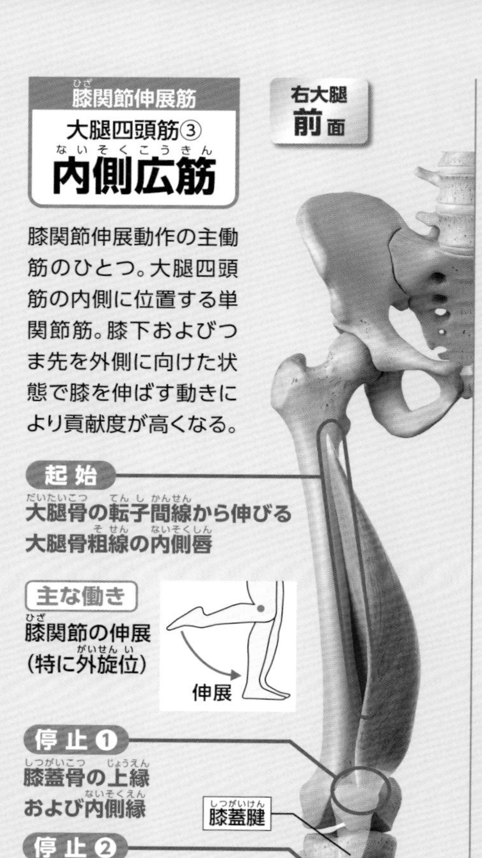

膝関節伸展動作の主働筋のひとつ。大腿四頭筋の内側に位置する単関節筋。膝下およびつま先を外側に向けた状態で膝を伸ばす動きにより貢献度が高くなる。

起始

大腿骨の転子間線から伸びる大腿骨粗線の内側唇

主な働き

膝関節の伸展（特に外旋位）

停止①

膝蓋骨の上縁および内側縁

停止②

膝蓋腱を介して脛骨粗面に付着

膝関節伸展筋

大腿四頭筋④

外側広筋

右大腿
前面

膝関節伸展動作の主働筋のひとつ。大腿四頭筋の外側に位置する単関節筋。膝下およびつま先を内側に向けた状態で膝を伸ばす動きにより貢献度が高くなる。

起始

大腿骨の大転子の外側面、転子間線、殿筋粗面および粗線の外側唇

主な働き

膝関節の伸展

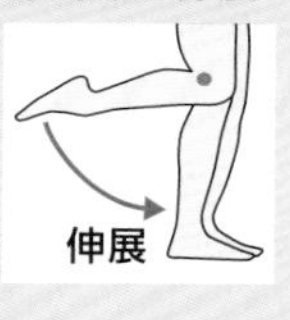

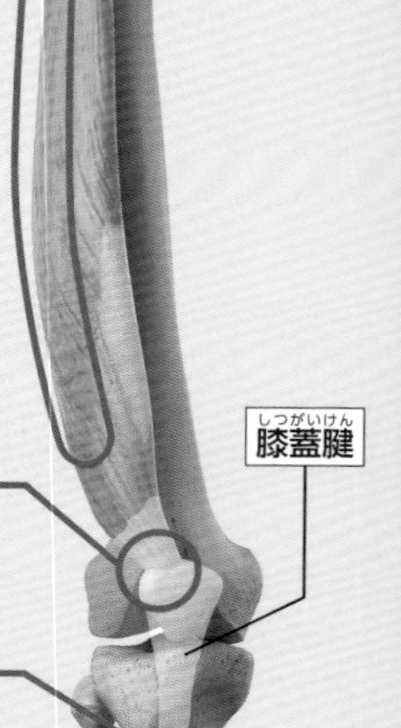

停止①

膝蓋骨の上縁および外側縁

停止②

膝蓋腱を介して脛骨粗面に付着

大腿四頭筋はスクワットで大殿筋と一緒に鍛える

大腿四頭筋を鍛える種目はスクワットのように膝関節と股関節を同時に伸展する多関節種目が多く、股関節伸展動作の主働筋である大殿筋も一緒に鍛えられる。スクワットではさらに上体の前傾姿勢を維持する体幹の動きが加わるため、体幹（脊柱）の伸展に働く脊柱起立筋も鍛えることができる。レッグプレスもスクワットに近い動きとなるが、スクワットより腰への負担が少ないという利点がある。レッグエクステンションは膝関節伸展種目の中でも大腿四頭筋にフォーカスして負荷をかけられる。

「膝関節伸展＋股関節伸展」種目

バーベルスクワット（→P.212） **レッグプレス**（→P.216）

膝関節伸展種目

レッグエクステンション（→P.218）

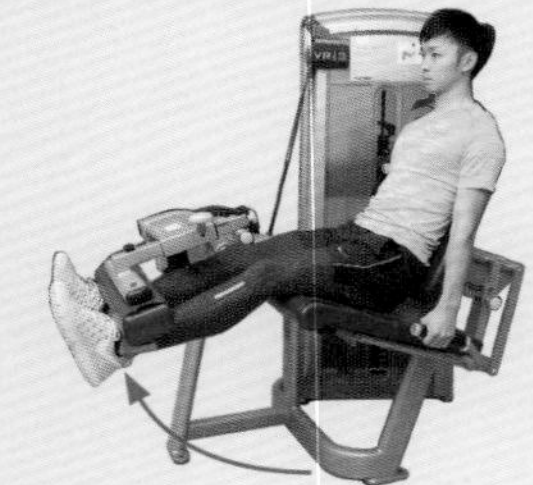

大腿四頭筋の働き

膝関節 伸展

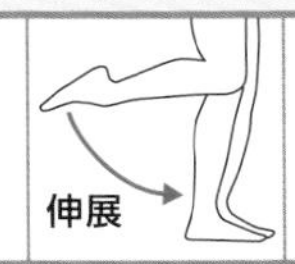

1. 中間広筋（ちゅうかんこうきん） 大腿四頭筋（だいたいしとうきん）
2. 外側広筋（がいそくこうきん） 大腿四頭筋
3. 内側広筋（ないそくこうきん） 大腿四頭筋
4. 大腿直筋（だいたいちょっきん） 大腿四頭筋

膝を伸ばす膝関節屈曲動作。立ち上がる動きや、階段を上る動き、加速した身体にブレーキをかける動きで重要な役割を果たす。主働筋は太もも前面の大腿四頭筋。大腿直筋のみが膝関節と股関節をまたぐ二関節筋であり、ほかの3筋(広筋群)は単関節筋。広筋群が膝関節の伸展動作に対する貢献のほとんどを担っている。

第5章 お尻と脚の筋肉を鍛える

膝関節伸展の筋力トルク

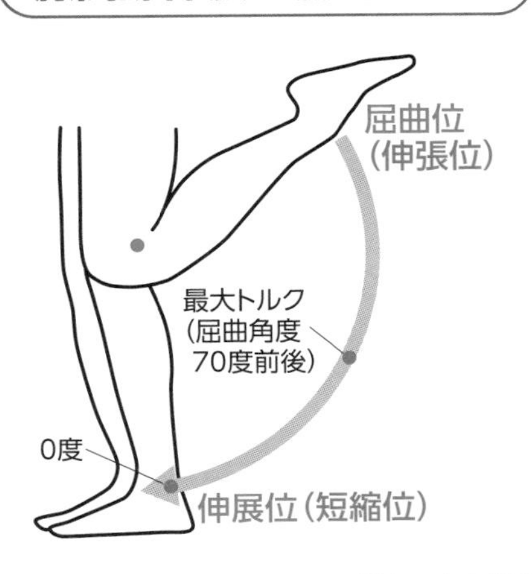

膝関節伸展動作について、本書では膝を完全に伸ばした状態(完全伸展位)を0度と定義。そこから膝を曲げるほど屈曲位(伸張位)になる。膝関節伸展の筋力トルクは膝を70度程度まで曲げた状態で最大となり、そこから膝を伸ばすほどトルクは弱くなる。

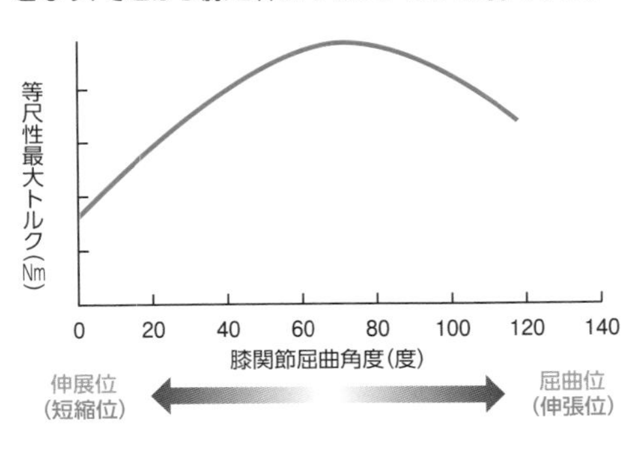

van Eijden et al. (1987)、Baumgart et al. (2021)、Anderson et al. (2007)より改変

▶▶膝関節伸展種目（主働筋：大腿四頭筋）の負荷トルク図

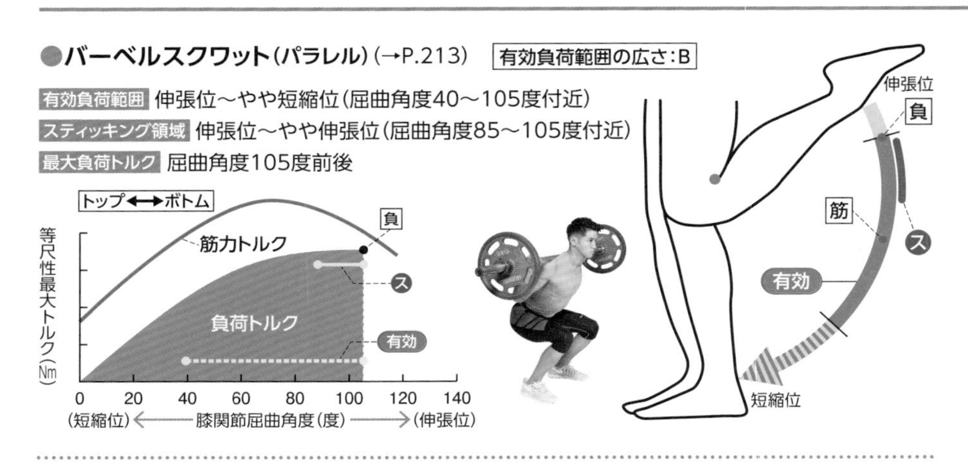

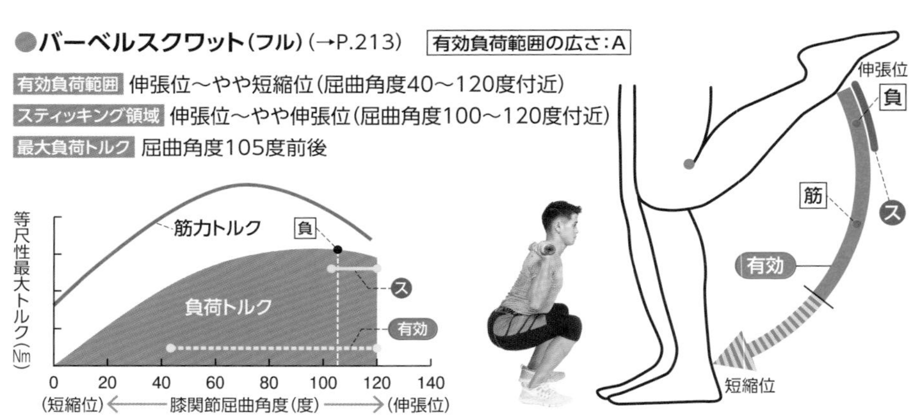

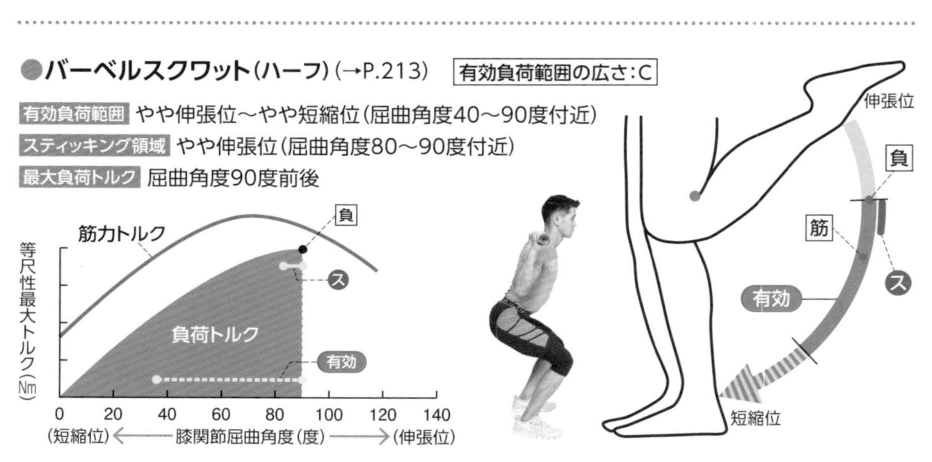

※ハムストリングが膝関節屈曲トルクを発揮してブレーキをかけるため、膝関節伸展の負荷トルクはやや小さくなる

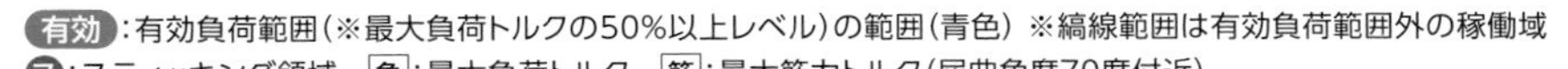

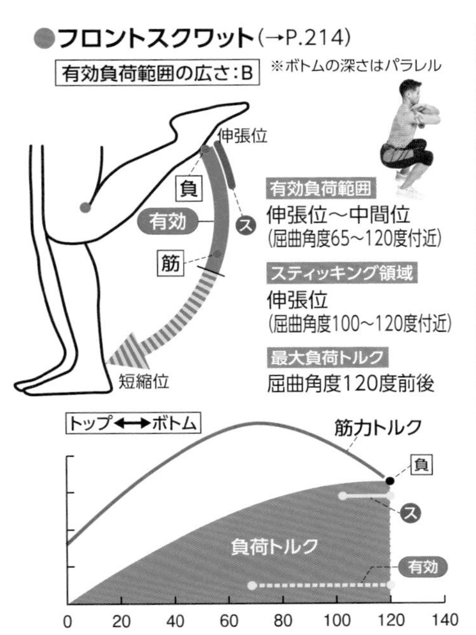

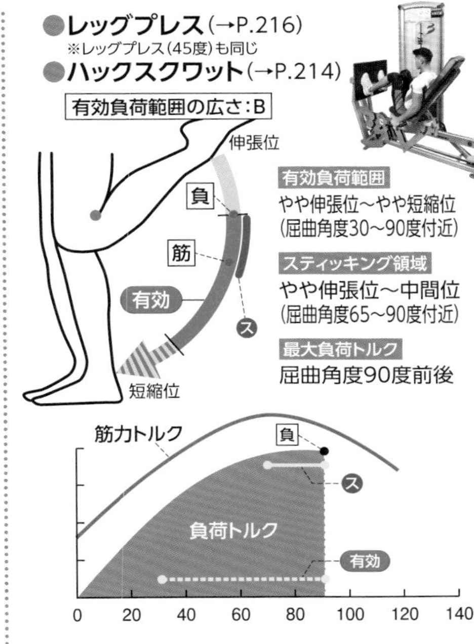

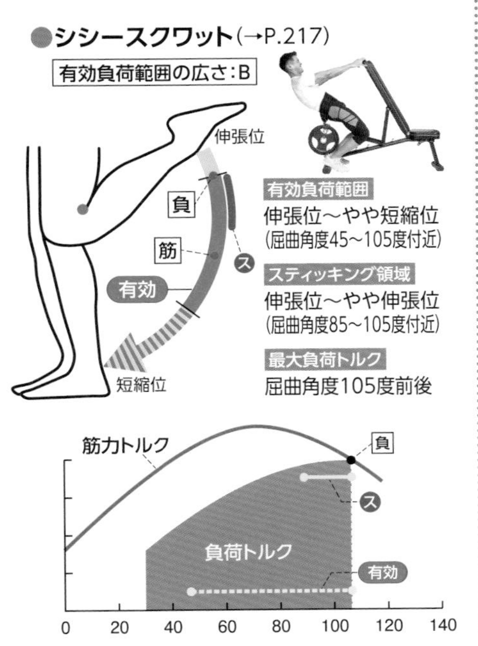

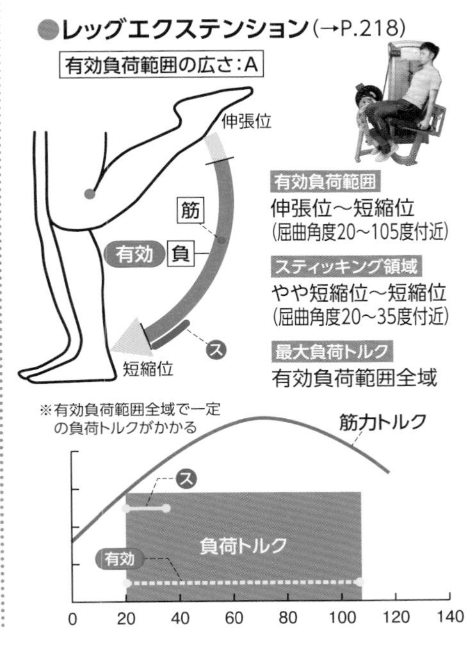

※「スミススクワット」はバーベルで行った場合と同じであるため割愛

メイン 大腿四頭筋、大殿筋（下部）、大内転筋（内転筋群後ろ側） サブ 脊柱起立筋、ハムストリング

バーベルスクワット

主要動作 膝関節伸展＋股関節伸展＋体幹伸展（固定）

運動ボリュームが大きい下半身強化の王道種目

バーベルを挙げるスクワット。両脚スクワットでは股関節伸展トルクの発揮が制限され（→P.46〜47）、股関節伸展筋（大殿筋など）よりも膝関節伸展筋（大腿四頭筋）の貢献が大きくなる。大腿四頭筋を中心に下半身の大筋群が鍛えられるため運動ボリュームが極めて大きい。

1
バーベルを担いでラックから外し、背すじを伸ばす。足幅は腰幅程度で左右のつま先を少し外側に向ける。

2
背すじを伸ばしたまま、膝を曲げながらお尻を引いてしゃがみ込む。太ももが水平（パラレル）になる程度までお尻を下げるのが基本となる。

3
背すじを伸ばしたまま、膝を伸ばしながら上体を起こして1の体勢に戻る。負荷が抜けないように膝が伸びきる手前まで挙上する。

POINT 僧帽筋で担ぐ

バーベルシャフトは首より下の位置で僧帽筋に乗せるように担ぐ。バーが食い込んで痛い場合はスクワットパッド（バーベルパッド）をバーに巻いて行うとよい。

NG 重心がつま先側になる

重心が前方に移動してつま先荷重になるのはNG。股関節に比べて膝関節のモーメントアームが短くなり、大腿四頭筋が十分に動員されなくなり、上体の前傾が深くなって腰も痛めやすい。カカト側荷重で行うことで膝伸展トルクが大きくなる。

※※ハムストリングが膝関節屈曲トルクを発揮してブレーキをかけるため、膝関節伸展トルクは上限に達しない

バーベルスクワット（パラレル）

ボトムで太ももが水平になるスクワット

太ももが水平になるまでお尻を下げる標準的スクワット。負荷トルク図（→P.210）では、膝関節伸展の負荷トルクがハムストリングの関与でトルクの上限に達してないが※※主働筋の大腿四頭筋は最大努力で筋力を発揮している。

●刺激評価

負荷トルクの最大値	中※
スティッキング領域	広い
伸張位の負荷トルク	中
負荷トルクの抜け	抜け大

●種目評価

運動ボリューム	特大
負荷トルクの調節	不可
煽りチーティング	不可
セルフ補助	不可

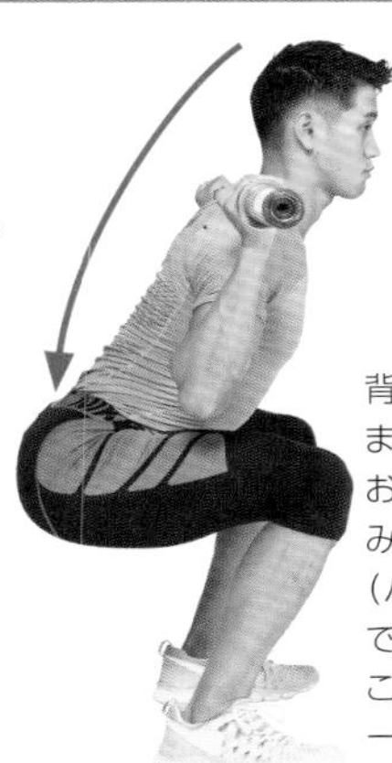

背すじを伸ばしたまま、膝を曲げながらお尻を引いてしゃがみ込み、太ももが水平（パラレル）になるまでお尻を下げる。そこから起き上がりバーベルを挙上する。

バーベルスクワット（フル）

お尻を膝よりも深く下げるスクワット

お尻を深く下げて膝関節をフルレンジで可動させるスクワット。パラレルで行うより有効負荷範囲が広く伸張位の刺激も強くなる。スクワットではフォーストレップしにくいが、フルスクワットではパラレルのフォームに切り替えて追加レップを行う方法もある。

●刺激評価

負荷トルクの最大値	中※
スティッキング領域	広い
伸張位の負荷トルク	強
負荷トルクの抜け	抜け大

背すじを伸ばしたまま、膝を曲げながらお尻を引いて、できるだけお尻を深く下げていく。そこから起き上がってバーベルを挙上する。パラレルのフォームで行うよりも挙上重量は少し低くなる。

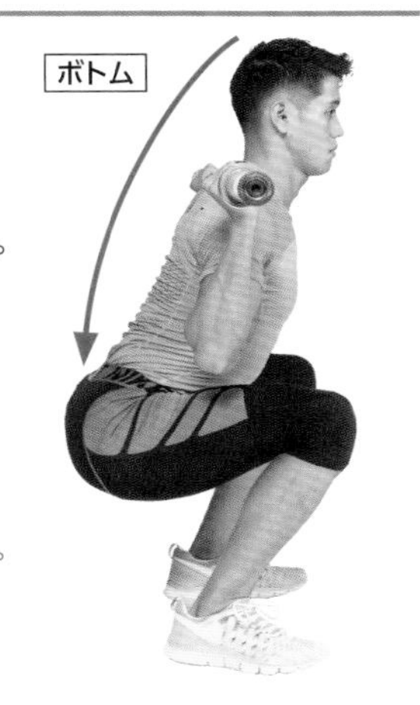

バーベルスクワット（ハーフ）

膝を90度程度まで曲げる可動域の狭いスクワット

膝を90度以上曲げない浅めのスクワット。最大負荷トルクの位置が筋力トルクの大きい短縮位側に移るため、負荷トルクの最大値は大きくなるが、股関節の伸展では筋力トルクの大きい伸張位側を通らないため大殿筋の下部や大内転筋への負荷は小さくなる。

●刺激評価

負荷トルクの最大値	大
スティッキング領域	広い
伸張位の負荷トルク	弱
負荷トルクの抜け	抜け大

背すじを伸ばしたまま、膝を曲げながらお尻を引いて、膝が90度の角度になる程度まで浅くしゃがむ。そこから起き上がってバーベルを挙上する。パラレルのフォームで行うより挙上重量はアップする。

※スクワット（パラレル）（フル）の「負荷トルクの最大値」は「中」となっているが、実際には大腿四頭筋の筋線維自体は大きな張力を発揮するため物理的ストレスは大きい

メイン 大腿四頭筋　サブ 大殿筋（下部）、大内転筋（内転筋群後ろ側）、脊柱起立筋

フロントスクワット

主要動作 膝関節伸展＋股関節伸展＋体幹伸展（固定）

●刺激評価

項目	評価
負荷トルクの最大値	中※
スティッキング領域	広い
伸張位の負荷トルク	強
負荷トルクの抜け	抜け大

●種目評価

項目	評価
運動ボリューム	特大
負荷トルクの調節	不可
煽りチーティング	不可
セルフ補助	不可

膝関節の稼働範囲が大きくなるスクワット

体の前でバーベルを担ぎ、大腿四頭筋を狙って鍛えるスクワット。股関節の関与がやや小さくなり、膝関節の貢献がより大きくなる。大腿四頭筋が伸張位で刺激され、筋損傷のストレスを得やすい。バーの持ち方は手を交差する方法と、手首を反り返す方法がある。

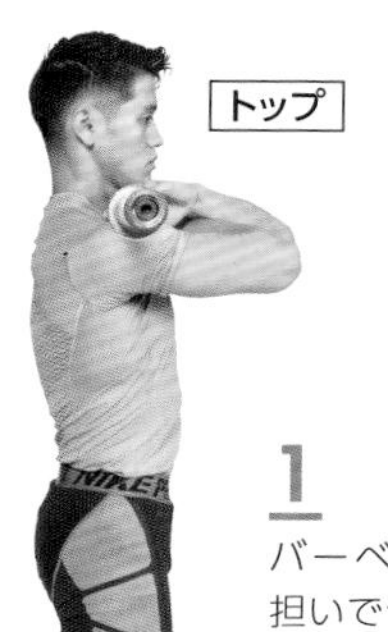

1 バーベルを体の前で担いでラックから外し、背すじを伸ばす。足幅は腰幅程度でつま先を少し外側に向けて、カカト側荷重で持つ。膝を少し曲げ大腿四頭筋に負荷をかける。バーにスクワットパッドを巻き、両腕で下から抱える持ち方もある。

2 背すじを伸ばし、カカト側荷重のまま上体の前傾を抑えてしゃがみ込む。太ももが水平程度になるまでお尻を下げる。通常のスクワットより膝が少し前に出る。ここから膝を伸ばして1の体勢に戻る。

ボトム

POINT 両腕を交差して持つ

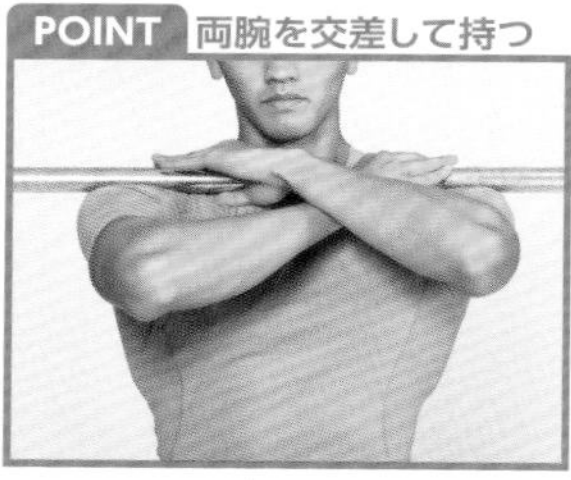

胸の前で腕を交差しバーを両肩の三角筋に乗せて上から押さえる。両手を交差せず順手のまま手首を返してバーを保持する方法もある。

メイン 大腿四頭筋　サブ 大殿筋（下部）、大内転筋（内転筋群後ろ側）、ハムストリング

ハックスクワット

主要動作 膝関節伸展＋股関節伸展

安全に限界まで追い込めるスクワットマシン

大腿四頭筋を安全に追い込めるマシンのスクワット種目。シートに寝て行うためフォームが乱れにくい。スミスのスクワットと同様に、足を前につくことで足首が硬い人でもカカト側荷重になり、膝伸展トルクを大きくできる。

●刺激評価

項目	評価
負荷トルクの最大値	中※
スティッキング領域	広い
伸張位の負荷トルク	強
負荷トルクの抜け	抜け大

●種目評価

項目	評価
運動ボリューム	特大
負荷トルクの調節	不可
煽りチーティング	不可
セルフ補助	不可

1 シートにもたれ肩にパッドを当てる。レバーを握って背すじを伸ばし、プレートにおいた足をカカト側荷重にする。

メイン 大腿四頭筋、大殿筋（下部）、大内転筋（内転筋群後ろ側） サブ 脊柱起立筋、ハムストリング

スミススクワット

主要動作 膝関節伸展＋股関節伸展＋体幹伸展（固定）

●刺激評価

項目	評価
負荷トルクの最大値	中※
スティッキング領域	広い
伸張位の負荷トルク	強
負荷トルクの抜け	抜け大

●種目評価

項目	評価
運動ボリューム	特大
負荷トルクの調節	不可
煽りチーティング	不可
セルフ補助	不可

高重量でも安全に限界まで追い込めるスクワット

スミスマシンで行うスクワット。足を胴体より少し前方の位置について実施すると足首が硬い人でもカカト側荷重にしやすくなる利点がある。刺激評価はバーベルで行う場合とほぼ同じであるが、バーへの摩擦でエキセントリック収縮局面の負荷が低減する。

1
バーを肩に担いでラックから外し、背すじを伸ばす。バーの軌道が垂直タイプの場合、体より足を少し前方についてカカト側に荷重する。

2
背すじを伸ばしたままお尻を垂直に下げてしゃがみ込む。お尻が膝よりも低くなるまで下げる。ここから膝を伸ばして1の体勢に戻る。

軌道が斜めの場合

バーの軌道が斜めのタイプはお尻をラックの外側に向けると通常のスクワットの動きが実施しやすい。

2 背すじを伸ばしてお尻を深く下げる。カカトが浮く場合は足の位置を少し前にする。つま先側を軽く浮かせる意識でカカト側に強く荷重する。

3 背すじを伸ばしたまま膝を伸ばして肩のパッドを押し上げ、1の体勢に戻る。負荷が抜けないように膝が伸びきる手前まで押し上げる。

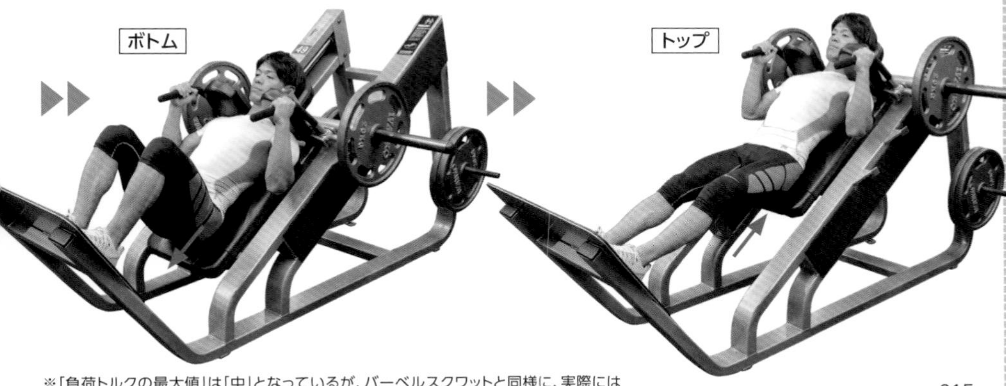

※「負荷トルクの最大値」は「中」となっているが、バーベルスクワットと同様に、実際には大腿四頭筋の筋線維自体は大きな張力を発揮するため物理的ストレスは大きい

メイン 大腿四頭筋、大殿筋(下部)、大内転筋(内転筋群後ろ側) サブ ハムストリング

レッグプレス

主要動作 膝関節伸展+股関節伸展

●刺激評価

負荷トルクの最大値	中※
スティッキング領域	広い
伸張位の負荷トルク	強
負荷トルクの抜け	抜け大

●種目評価

運動ボリューム	大
負荷トルクの調節	不可
煽りチーティング	不可
セルフ補助	可

運動ボリュームが大きいマシン種目

膝を伸ばす動きでプレートを押すスクワットに近いマシン種目。スクワットと同様に大腿四頭筋が最大レベルの力を発揮できる。スクワットと違い体幹を固定する必要がないので腰を痛めにくい。座ったまま負荷重量を変更できるためフォーストレップができる。

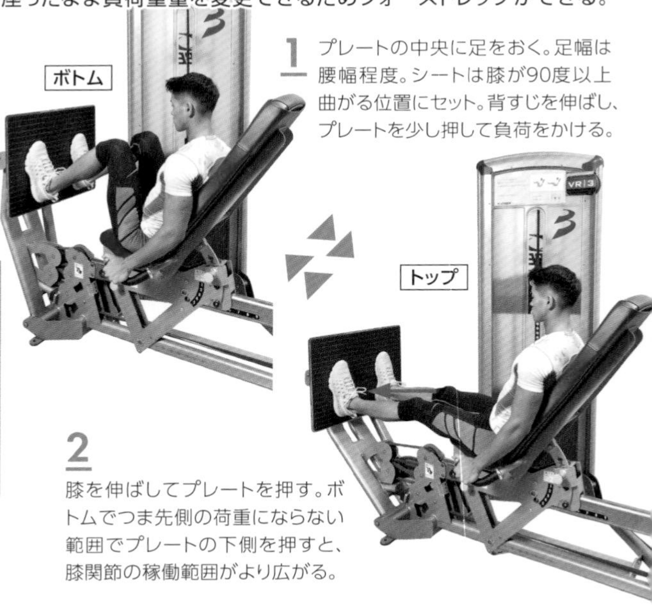

1 プレートの中央に足をおく。足幅は腰幅程度。シートは膝が90度以上曲がる位置にセット。背すじを伸ばし、プレートを少し押して負荷をかける。

2 膝を伸ばしてプレートを押す。ボトムでつま先側の荷重にならない範囲でプレートの下側を押すと、膝関節の稼働範囲がより広がる。

追い込みテク セルフ補助

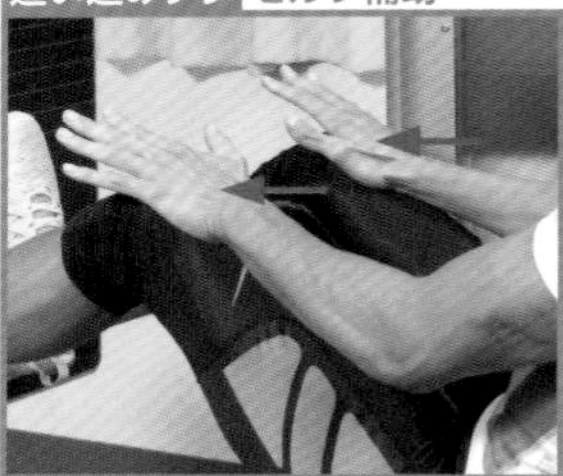

限界まで反復したら、両膝を手で押してフォーストレップを実施する。残りの力をすべて出し切る。

メイン 大腿四頭筋、大殿筋(下部)、大内転筋(内転筋群後ろ側) サブ ハムストリング

レッグプレス(45度タイプ)

主要動作 膝関節伸展+股関節伸展

斜め上方向に押し上げるレッグプレス

プレートを斜め45度の軌道で押し上げるレッグプレス。有効負荷範囲や刺激評価は横方向に押すレッグプレスとほぼ同じであるが、より高重量を設定することができる。骨盤が浮くまで深く膝を曲げると腰を痛めるので注意。

●刺激評価

負荷トルクの最大値	中※
スティッキング領域	広い
伸張位の負荷トルク	強
負荷トルクの抜け	抜け大

●種目評価

運動ボリューム	大
負荷トルクの調節	不可
煽りチーティング	不可
セルフ補助	可

追い込みテク セルフ補助

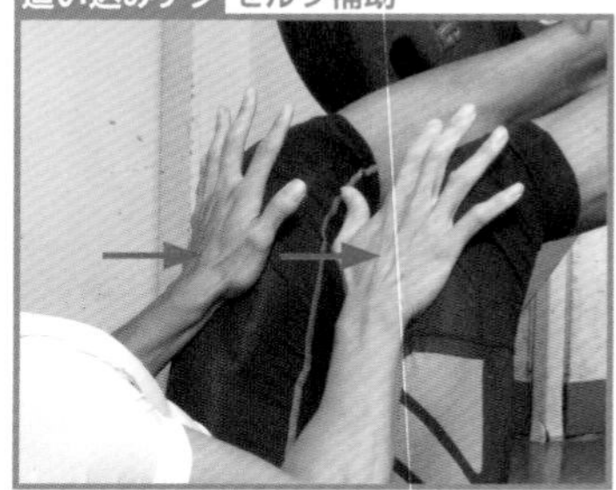

限界まで反復したら膝を手で押して補助。フォーストレップで残りの力を出し切る。

※「レッグプレス」「レッグプレス(45度タイプ)」の「負荷トルクの最大値」は「中」となっているが、バーベルスクワットと同様に、実際には大腿四頭筋の筋線維自体は大きな張力を発揮するため物理的ストレスは大きい

メイン 大腿四頭筋（特に大腿直筋）

シシースクワット

主要動作 膝関節伸展

●刺激評価

負荷トルクの最大値	大
スティッキング領域	広い
伸張位の負荷トルク	強
負荷トルクの抜け	抜け中

●種目評価

運動ボリューム	大
負荷トルクの調節	可
煽りチーティング	不可
セルフ補助	可

膝関節のみを動かす自重のスクワット

膝を前方に突き出す動きで大腿四頭筋を鍛える自重のスクワット。カカトに体重を乗せることで大腿四頭筋により負荷が集中する。特に二関節筋である大腿直筋をボトムで強く伸ばして刺激できる。自重の負荷が物足りなければベルトにプレートをつけて加重する。

1
片手でベンチの背もたれにつかまり背すじを伸ばす。足は肩幅程度に開き、カカトをベンチの脚に乗せる。カカト側に荷重する。

2
体をのけ反らせながら膝を曲げて骨盤を前方に突き出す。膝を90度以上まで曲げるのが目安。腕の力を使うセルフ補助も可能。

平坦な床で行う場合

平坦な床で行う方法。ボトムでカカトが浮き、つま先側荷重になるため伸張位以外では膝関節伸展の負荷トルクが抜けやすくなる。

1 プレートの中央に足をおく。足幅は腰幅程度。背すじを伸ばし、膝を少し曲げて大腿四頭筋に負荷をかける。大腿四頭筋（膝関節）をターゲットにする場合はカカト側荷重を意識。

2 背すじを伸ばしたまま、膝を曲げてプレートを下げる。膝が90度以上に曲がるまで下げる。ここから膝を伸ばしてプレートを押し1に戻る。

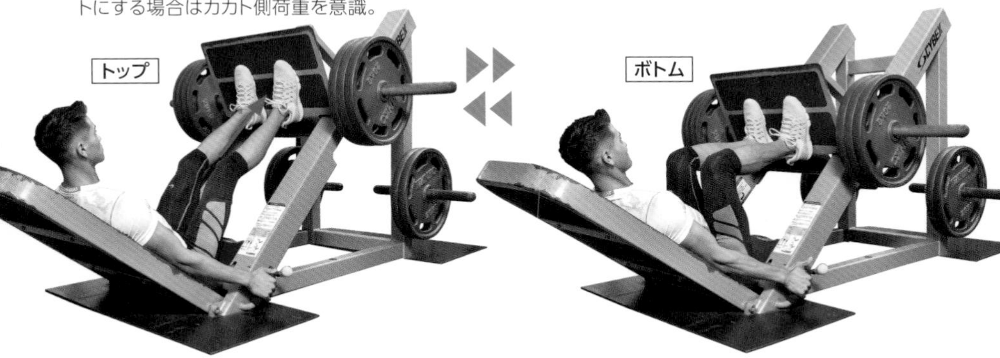

メイン 大腿四頭筋

レッグエクステンション

主要動作 膝関節伸展

大腿四頭筋だけを狙って鍛えるマシン種目

座位(股関節屈曲位)で膝を伸ばすマシン種目。スクワットとは異なり全身の疲労が小さいため、大腿四頭筋の強化に集中できる。負荷トルクの抜けが小さく、代謝的ストレスを得やすい。座ったまま手軽に重量を変更できるのでフォーストレップがやりやすい。

●刺激評価

負荷トルクの最大値	中
スティッキング領域	やや広
伸張位の負荷トルク	弱
負荷トルクの抜け	抜け小

●種目評価

運動ボリューム	中
負荷トルクの調節	不可
煽りチーティング	可
セルフ補助	不可

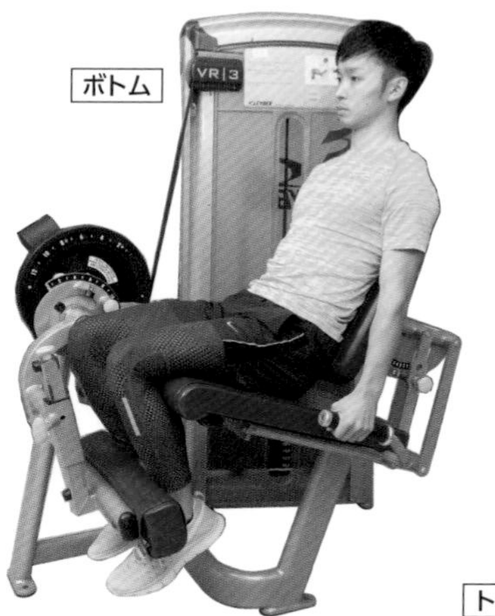

1
シートに座って横のレバーをつかみ上体を固定する。足首の前面にパッドを当てて、膝を少し伸ばして大腿四頭筋に負荷をかける。パッドは膝を90度以上に曲げても負荷が抜けない位置にセットする。

2
お尻がシートから浮かないように固定したまま膝を伸ばしてパッドを押し上げる。トップで負荷が抜けないため膝が伸びきるまで上げていく。ボトムに戻すときはプレートが下りて負荷が抜ける手前まで膝を曲げて反復する。

POINT

膝関節とマシンの回転軸が一致するように背もたれの位置を調節し、膝の屈曲・伸展をやりやすくする。

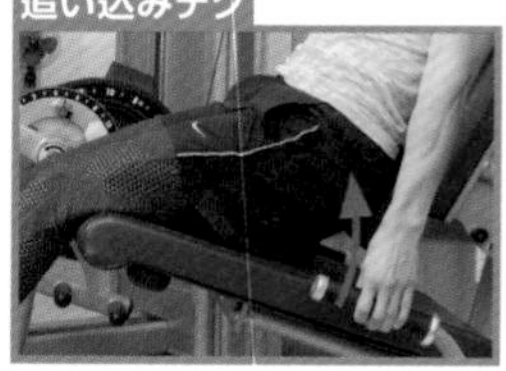

限界まで反復したら、シートからお尻を浮かし、股関節を伸ばした反動を利用してフォーストレップを実施する。

バリエーション①

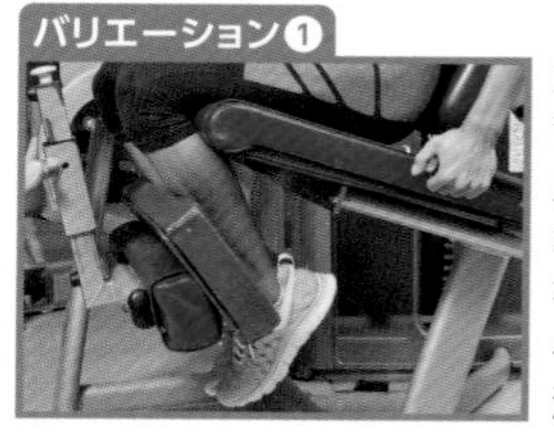

足とパッドの間に、背もたれとして敷く用のマットを挟むと、ボトムでより深く膝を曲げることができるため、伸張位の刺激が強くなる。

バリエーション②

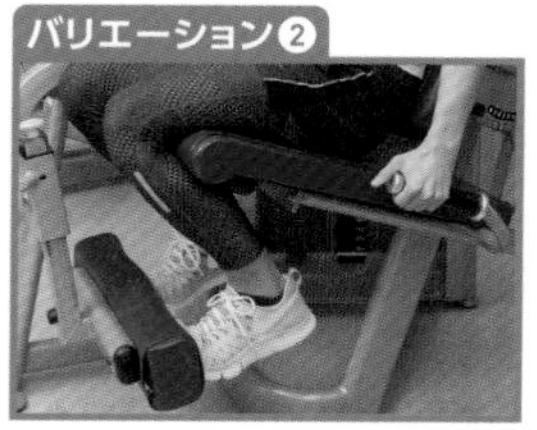

マットがない場合、足首ではなく足先をパッドに当てれば、ボトムでより深く膝を曲げることができるため、伸張位の刺激が強くなる。

メイン 大腿四頭筋（特に内側広筋）

膝外旋レッグエクステンション

主要動作 膝関節伸展
（※膝関節外旋位）

内側広筋を狙って鍛える レッグエクステンション

膝から先を外向きにひねった状態（膝関節外旋位）で膝を伸ばす方法。大腿四頭筋の中でも太もも前面の内側にある内側広筋の貢献が高くなる。

1 シートに座り足首にパッドを当てたら、膝から先の下腿部を外向きにひねって足先を外側に向ける。

2 足先を外側に向けたまま膝を伸ばしてパッドを上げる。膝の内外旋は可動域が狭いが外旋位を維持して反復する。

メイン 大腿四頭筋（特に外側広筋）

膝内旋レッグエクステンション

主要動作 膝関節伸展
（※膝関節内旋位）

外側広筋を狙って鍛える レッグエクステンション

膝から先を内向きにひねった状態（膝関節内旋位）で膝を伸ばす方法。大腿四頭筋の中でも太もも前面の外側にある外側広筋の貢献が高くなる。

1 シートに座り足首にパッドを当てたら、膝から先の下腿部を内向きにひねって足先を内側に向ける。

2 足先を内側に向けたまま膝を伸ばしてパッドを上げる。膝の内外旋は可動域が狭いが内旋位を維持して反復する。

メイン 大腿四頭筋

片脚レッグエクステンション

主要動作 膝関節伸展

片側の膝関節に負荷を集める レッグエクステンション

片脚で行うレッグエクステンション。片側の膝関節および大腿四頭筋に負荷が集まる。プレートの重量が物足りない場合や追い込む場合に有効。

パッドを押す動きは両脚で行う場合と同じ。片脚で行うとセルフ補助が可能になる。

追い込みテク

限界まで反復したら、空いている足もパッドに当てて補助をすればフォーストレップで追い込める。

腓腹筋・ヒラメ筋の鍛え方

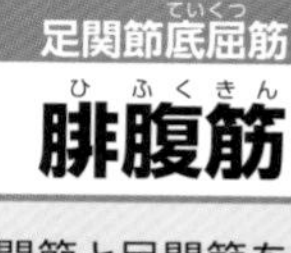

足関節底屈筋
腓腹筋

左下腿 後面

膝関節と足関節をまたいで大腿骨とカカトの踵骨をつないでいるふくらはぎの二関節筋。足先を下げて背伸びをする動き（足関節底屈）の主働筋で、膝関節の屈曲動作にも関わる。

起始

❶外側頭：大腿骨の外側上顆
❷内側頭：大腿骨の内側上顆

主な働き

1 足関節の底屈、
2 膝関節の屈曲

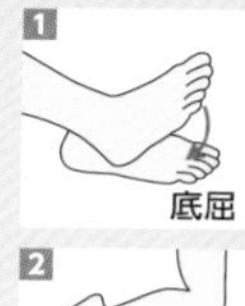

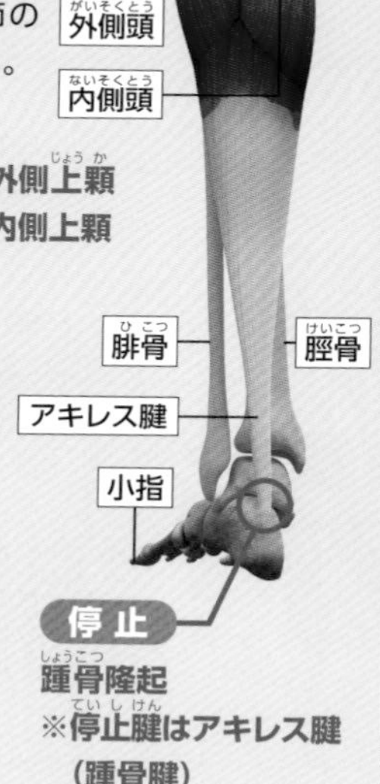

停止

踵骨隆起
※停止腱はアキレス腱（踵骨腱）

足関節底屈筋
ヒラメ筋

左下腿 外側面

足関節をまたいで下腿の腓骨・脛骨と踵骨をつないでいる単関節筋。腓腹筋に覆われており腓腹筋とともに足関節底屈の主働筋として働く。筋線維が短く腓腹筋より発揮筋力が強い。

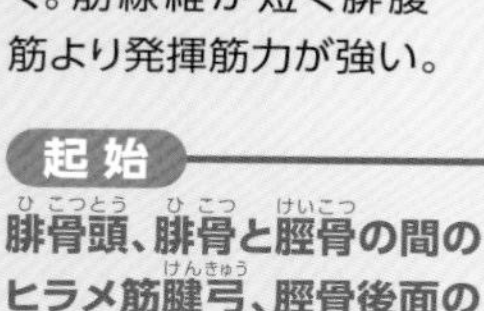

起始

腓骨頭、腓骨と脛骨の間のヒラメ筋腱弓、脛骨後面のヒラメ筋線

脛骨
腓骨
アキレス腱
小指

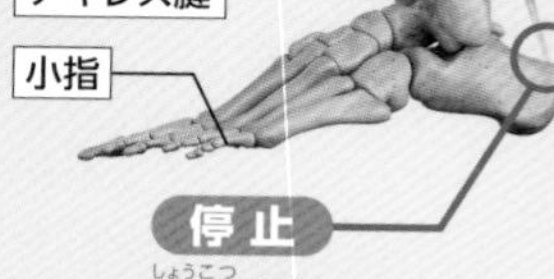

主な働き

足関節の底屈

停止

踵骨隆起
※停止腱はアキレス腱（踵骨腱）

二関節筋の腓腹筋と単関節筋のヒラメ筋を鍛え分ける

下腿三頭筋（腓腹筋とヒラメ筋）は足関節底屈種目のカーフレイズで鍛える。膝を伸ばして行うカーフレイズでは膝関節もまたぐ腓腹筋が伸ばされた状態で底屈するため腓腹筋の貢献が高まる。ドンキーカーフレイズでは膝関節屈曲トルクが大きくなり腓腹筋の貢献がより高くなる。膝を曲げて行うシーテッドカーフレイズでは単関節筋であるヒラメ筋の貢献が高まる。

ドンキーカーフレイズ（膝関節伸展位で屈曲トルクを発揮）
（→P.222）**＝腓腹筋**

シーテッドカーフレイズ（膝関節屈曲位）
（→P.224）**＝ヒラメ筋**

足関節 底屈

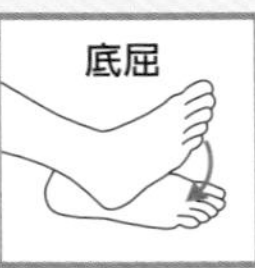

貢献度ランキング

1. ヒラメ筋
2. 腓腹筋(ひふくきん)
3. 長腓骨筋(ちょうひこつきん)

足先を下方に振って背伸びをする足関節(足首)の底屈(屈曲)動作。主働筋はふくらはぎの腓腹筋とヒラメ筋。ふくらはぎの外側に位置する長腓骨筋も協働筋として働く。底屈動作は立位で体重を支える働きに貢献しているため、背屈(伸展)動作よりもトルクが数倍強い。

※足関節底屈動作は可動域が小さいため、足関節底屈種目の負荷トルク図は割愛

足関節底屈の筋力トルク

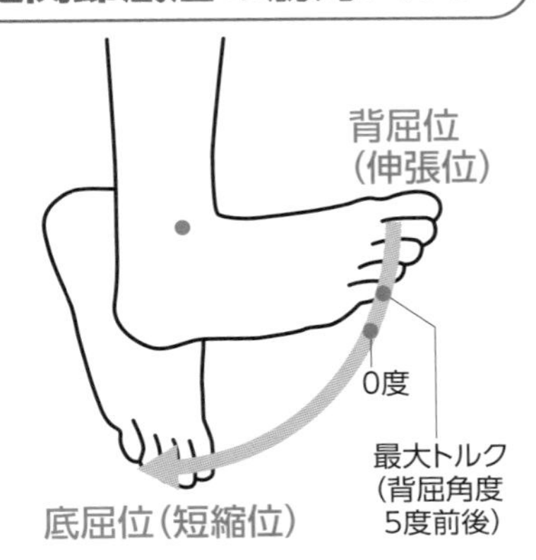

足関節の底屈動作について、本書では直立した状態を底屈角度0度と定義。そこから足先を上方に振ると背屈位(伸張位)になり、下方に振ると底屈位(短縮位)になる。足関節底屈の筋力トルクはわずかに足先を上方へ振り上げた浅い背屈位で最大となる。

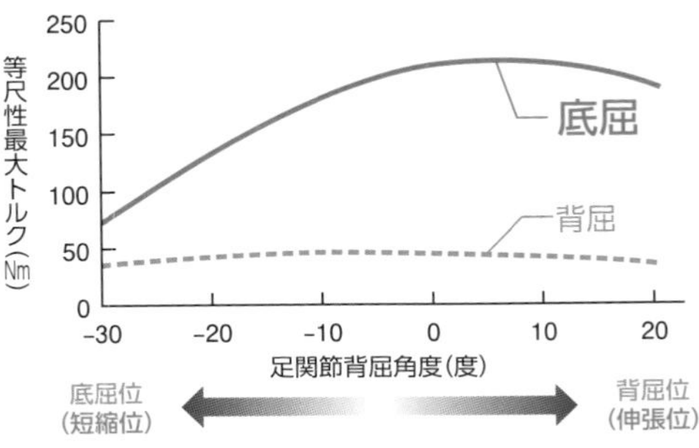

Anderson et al. (2007)、Arnold et al. (2010)より改変

メイン 腓腹筋、ヒラメ筋

マシンカーフレイズ

主要動作 足関節底屈

膝を伸ばした状態でカカトを上げるマシン種目

立位（膝関節伸展位）でカカトを上げる種目。二関節筋の腓腹筋が伸びた状態で底屈するため腓腹筋の貢献が高まる。上体を前傾してお尻を後方に引くと、膝の位置が荷重位置の真上より後方になるために膝屈曲トルクが発揮されて腓腹筋の貢献がより高まる。

足関節底屈種目は可動域が狭く種目ごとの差も小さいことから「刺激評価」はすべて割愛。

●種目評価

運動ボリューム	やや小
負荷トルクの調節	不可
煽りチーティング	可
セルフ補助	不可

1 両肩をパッドの下に当てて、つま先部分を足元の台に乗せる。膝を伸ばしたままカカトを下げてふくらはぎを伸ばす。

2 膝を伸ばしたまま、背伸びをする動きでカカトを高く上げつま先立ちになる。足首の動きだけでパッドを持ち上げる。

ボトム

トップ

追い込みテク チーティング

限界まで反復したら、膝を曲げ伸ばしする反動を使ってフォーストレップを実施する。

メイン 腓腹筋、ヒラメ筋 サブ 長腓骨筋などの下腿筋群

片脚ドンキーカーフレイズ

主要動作 肩関節水平内転＋膝関節屈曲（固定）

腓腹筋の貢献がより高まるカーフレイズ

上体を前傾させた股関節屈曲位で行うカーフレイズ。膝の位置がつま先の荷重位置よりも後方になるため、膝関節屈曲トルクが大きくなって腓腹筋の貢献がより大きくなる。腓腹筋をターゲットにする場合に有効な種目。片脚で実施し、プレートで加重すれば高負荷をかけられる。

●種目評価

運動ボリューム	小
負荷トルクの調節	不可
煽りチーティング	不可
セルフ補助	可

バリエーション 人を乗せる

自重＋プレート加重で負荷が物足りなければ、人を背中に乗せて負荷を高める方法もある。

メイン 腓腹筋、ヒラメ筋

片脚カーフレイズ

主要動作 足関節底屈

片側の足関節に負荷を集めるカーフレイズ

片脚で行うカーフレイズ。カーフレイズマシンがない環境でも、片側の足関節および腓腹筋・ヒラメ筋に負荷を集めて追い込める。上体を前傾してお尻を後方に引くことで腓腹筋の貢献が高まる。自重で負荷が足りなければベルトにプレートをつけて加重する。

●種目評価

運動ボリューム	小
負荷トルクの調節	不可
煽りチーティング	不可
セルフ補助	可

追い込みテク セルフ補助

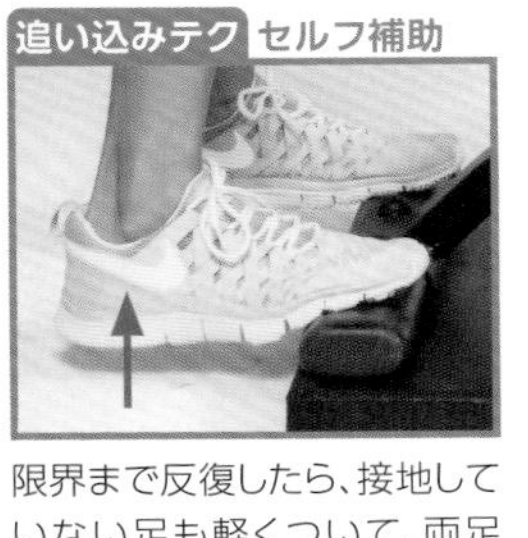

限界まで反復したら、接地していない足も軽くついて、両足でフォーストレップを実施する。

1
ベンチの背もたれに手をつきつま先部分を足元の台に乗せる。ベンチの脚だけでは高さが不十分なので、マットやボードなどを敷いて高さを足す。

2
膝を伸ばしたまま、背伸びをする動きでカカトを高く上げてつま先立ちになる。片脚で行うとセルフ補助で追い込める。

1 上体を前傾してベンチの背もたれに手をつく。つま先部分を足元の台に乗せる。ベンチの脚だけでは低いのでマットなどを敷いて高さを足す。

2 膝を伸ばしたまま、背伸びをする動きでカカトを高く上げてつま先立ちになる。片脚で行うともう片方の足をつくセルフ補助で追い込める。

メイン 腓腹筋、ヒラメ筋　サブ 長腓骨筋などの下腿筋群

レッグプレスカーフレイズ

主要動作 足関節底屈（※股関節屈曲位）

●種目評価

運動ボリューム	やや小
負荷トルクの調節	不可
煽りチーティング	可
セルフ補助	不可

レッグプレスマシンを使ったカーフレイズ

レッグプレスマシンで行うカーフレイズ。カーフレイズのマシンが施設にない場合の代替種目になる。カーフレイズマシンよりも高重量で追い込める。座位（股関節屈曲位）で底屈をするため、二関節筋の腓腹筋が強く伸ばされ、腓腹筋の貢献が大きくなる。

追い込みテク チーティング

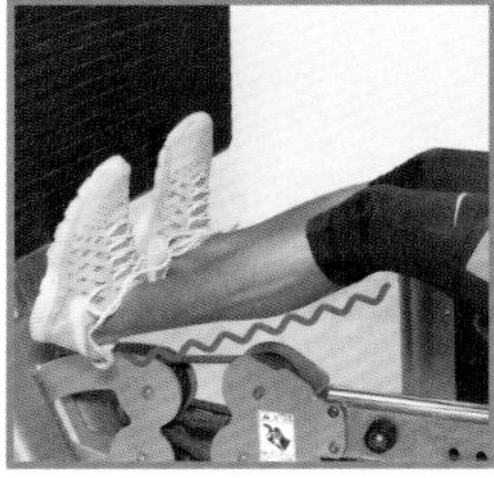

限界まで反復したら、膝を曲げ伸ばしする反動を使ってフォーストレップで力を出し切る。

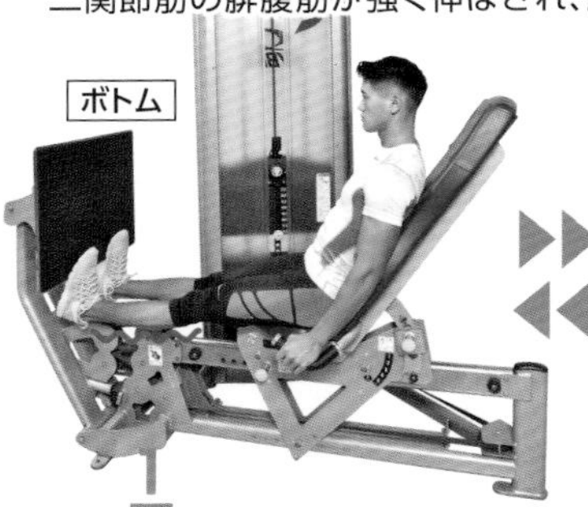

1 シートに座り、つま先部分をプレートの下端に乗せる。膝を伸ばしたままカカトを深く下げてふくらはぎを伸ばす。

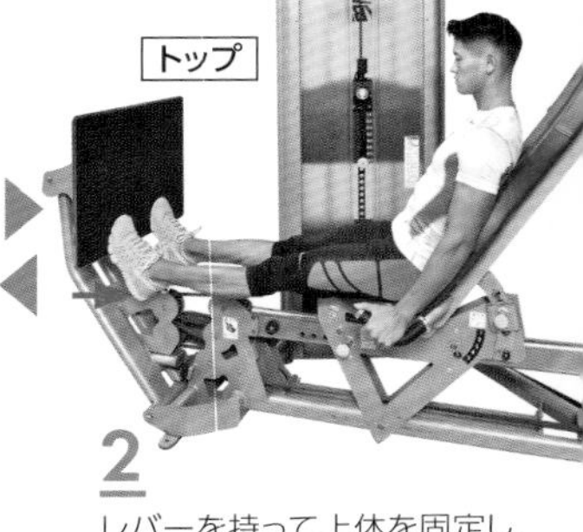

2 レバーを持って上体を固定し、膝を伸ばしたまま、つま先でプレートを押して、背伸びをするようにカカトを上げる。

メイン ヒラメ筋　サブ 腓骨筋群、後脛骨筋、足趾屈曲筋群

シーテッドカーフレイズ

主要動作 足関節底屈（※膝関節屈曲位）

●種目評価

運動ボリューム	やや小
負荷トルクの調節	不可
煽りチーティング	不可
セルフ補助	可

単関節筋のヒラメ筋がターゲットのカーフレイズ

座って膝を曲げた状態（膝関節屈曲位）で底屈するマシン種目。二関節筋の腓腹筋が緩むことによって関与が小さくなるため、足関節のみをまたぐ単関節筋であるヒラメ筋の貢献が高くなる。このマシンがない場合は膝にダンベルを乗せて行う方法もある。

1 シートに座ってパッドを膝の上に乗せる。つま先部分を足元の台に乗せてカカトを深く下げ、ふくらはぎの筋肉を伸ばす。

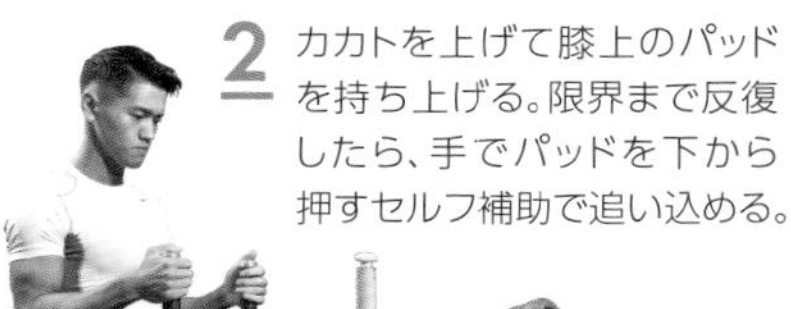

2 カカトを上げて膝上のパッドを持ち上げる。限界まで反復したら、手でパッドを下から押すセルフ補助で追い込める。

第6章

体幹の筋肉を鍛える

背中の中心で脊柱を支えている脊柱起立筋、腹部前面にある腹直筋、脇腹の腹斜筋群（外腹斜筋・内腹斜筋）がターゲットの種目を解説。各種目の「負荷トルク図」や「刺激評価」「種目評価」の内容から、異なる筋肥大誘発ストレスが得られる種目を組み合わせることで、トレーニング効果が複合的に高まり、筋肉の成長・発達が促進される。

（※「刺激評価」の4項目は「体幹屈曲種目」「体幹回旋種目」など主要動作が同じ種目だけをそれぞれ比較した相対評価）
（※「種目評価」の「運動ボリューム」は全種目共通の絶対評価）

本書における負荷トルク曲線は、筋トレの各種目の挙上動作を、
❶一般的な姿勢・フォームで、❷加速度（勢いの急な増減）を最小限に行った場合の推定である。
ただし、❶に関しては、筋トレ実施時の姿勢・フォームが変われば、最大負荷トルクが増減したり、負荷トルクの推移が伸張位側もしくは短縮位側にシフトしたり、上に凸のカーブが平坦になったり、逆にカーブが尖ったり、といった影響を受ける。
❷に関しても、顕著な加減速をともなう筋トレ動作の場合には、加速度の影響が大きくなるため、負荷トルクが急に大きくなったり、逆に急に抜けたりする。
今回の評価はあくまで、一般的な姿勢・フォームで勢いをつけずに行った場合に、筋トレ動作の各ポジションにおける幾何学的フォームから静力学的に推定される負荷トルク曲線である。

脊柱起立筋の鍛え方

脊髄神経の後枝に支配される背面の筋群の総称。脊柱に沿って走行し、浅層に腸肋筋群、中間層に最長筋群、深層に棘筋群がある。場合によっては半棘筋群や板状筋群も含む。主に上体を反らす体幹伸展（脊柱伸展）動作の主働筋として働く。遅筋線維の比率が高く、立位を維持する抗重力筋でもある。バックエクステンション（→P.228）などの体幹伸展種目で鍛えられるが、一般的に股関節の種目であるデッドリフト（→P.177）などにおいて体幹（脊柱）を固定する動きで鍛えるのが基本となる。

主な働き

1 体幹の伸展

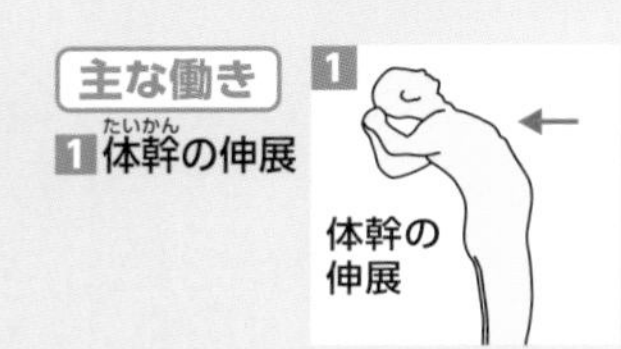

2 体幹の回旋・側屈、頸部の伸展

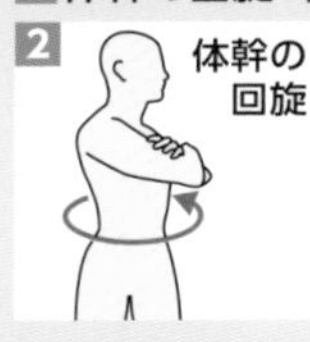

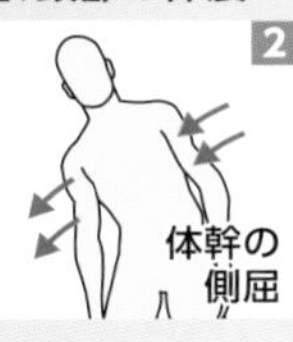

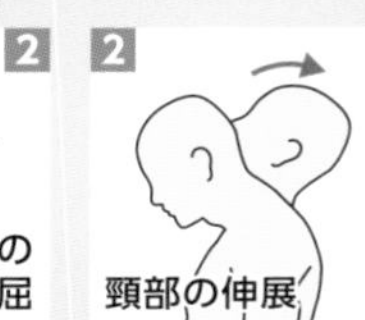

3 頸部の回旋・側屈

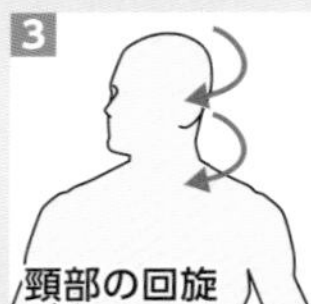

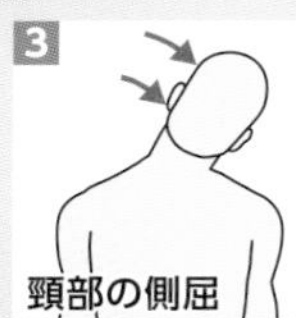

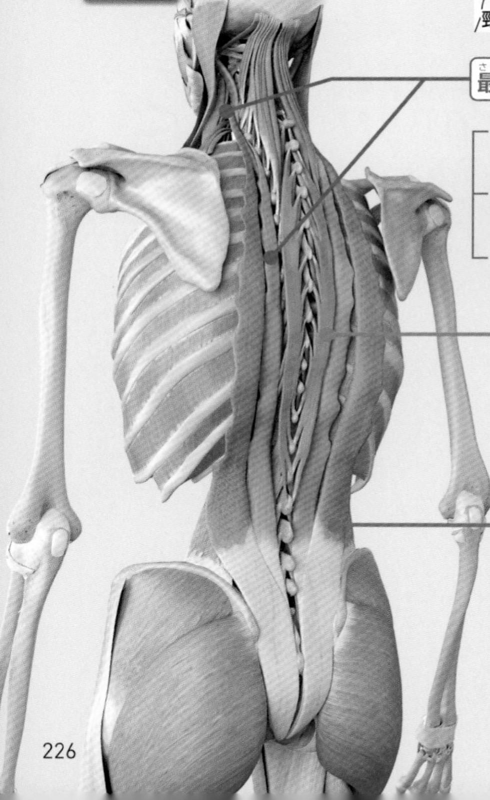

最長筋群

- **頭最長筋**
  ［主な働き：頸椎の 1 伸展・ 2 側屈（同側）・ 3 回旋（同側）］
- **頸最長筋**（※頭最長筋を外した図）
  ［主な働き： 1 胸椎・頸椎の伸展、 2 頸椎の側屈（同側）］
- **胸最長筋**
  ［主な働き：胸椎・腰椎の 1 伸展・ 2 側屈（同側）］

棘筋群

- **頸棘筋**（※深層）
  ［主な働き：頸椎の 1 伸展・ 2 側屈（同側）］
- **胸棘筋**（※深層）
  ［主な働き：胸椎・腰椎の 1 伸展・ 2 側屈（同側）］

腸肋筋群

- **頸腸肋筋**
  ［主な働き：頸椎の 1 伸展・ 2 側屈（同側）］
- **胸腸肋筋**
  ［主な働き：胸椎の 1 伸展・ 2 側屈（同側）］
- **腰腸肋筋**
  ［主な働き：胸椎の 1 伸展・ 2 側屈（同側）］

脊柱起立筋の働き

体幹（脊柱）伸展

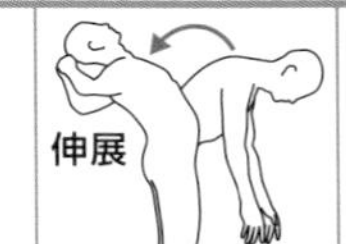

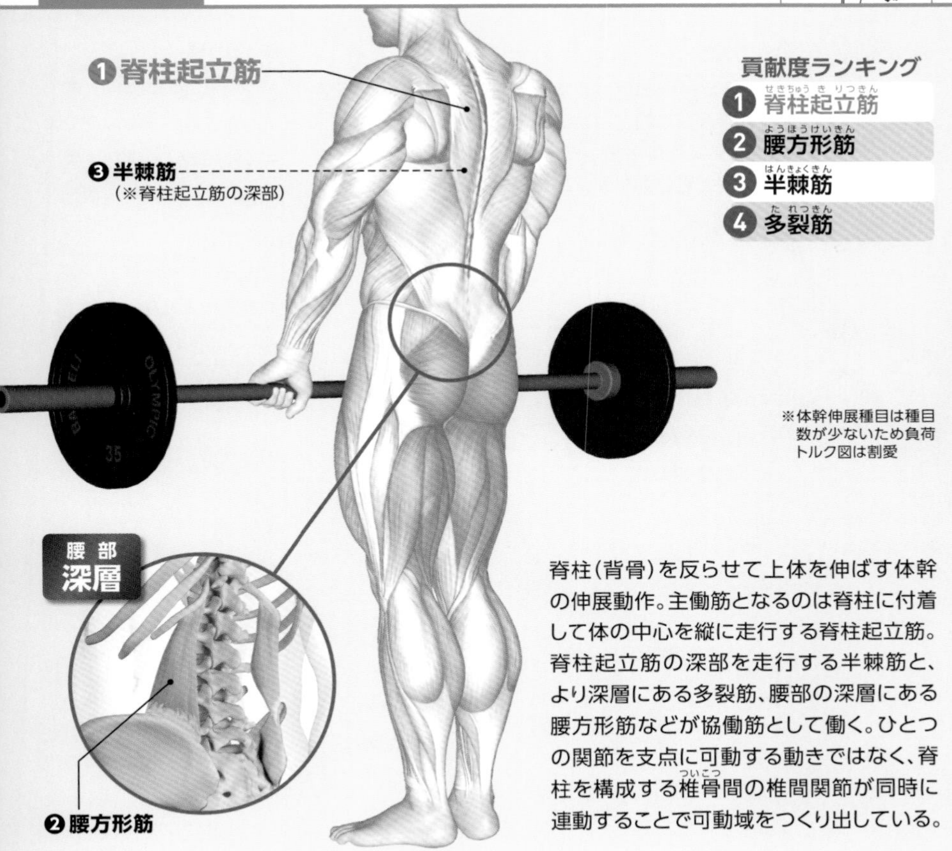

貢献度ランキング

1. 脊柱起立筋（せきちゅうきりつきん）
2. 腰方形筋（ようほうけいきん）
3. 半棘筋（はんきょくきん）
4. 多裂筋（たれつきん）

※体幹伸展種目は種目数が少ないため負荷トルク図は割愛

脊柱（背骨）を反らせて上体を伸ばす体幹の伸展動作。主働筋となるのは脊柱に付着して体の中心を縦に走行する脊柱起立筋。脊柱起立筋の深部を走行する半棘筋と、より深層にある多裂筋、腰部の深層にある腰方形筋などが協働筋として働く。ひとつの関節を支点に可動する動きではなく、脊柱を構成する椎骨（ついこつ）間の椎間関節が同時に連動することで可動域をつくり出している。

体幹伸展の筋力トルク

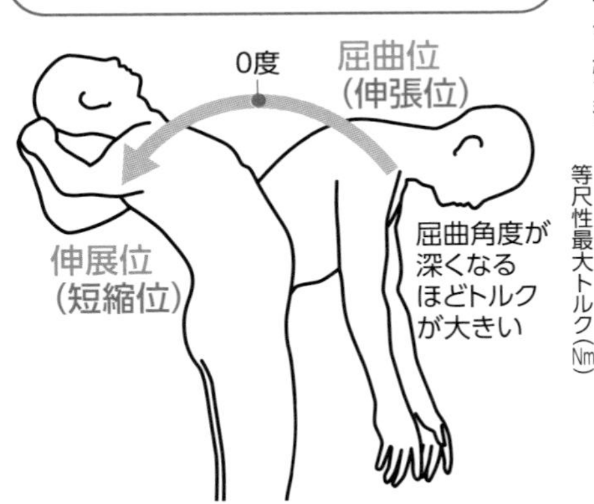

体幹（脊柱）の伸展動作について、本書では直立した状態を伸展角度0度と定義。そこから上体を反らせると伸展位（短縮位）になり、丸めると屈曲位（伸張位）になる。脊柱起立筋が発揮する筋力トルクは脊柱を丸めて屈曲角度が深くなるほど大きくなる。

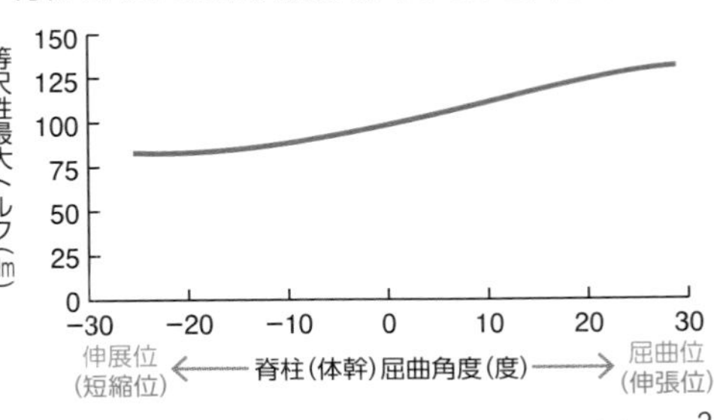

Hoens et al. (1990)より改変

メイン 脊柱起立筋 サブ 大殿筋、ハムストリング

体幹バックエクステンション

主要動作 体幹伸展＋股関節伸展

脊柱の伸展動作だけで上体が反るまで起き上がる

骨盤を固定した状態で脊柱を伸展させるバックエクステンション。脊柱起立筋にフォーカスして鍛えられる。自重だけで実施すると負荷が軽すぎるため、ダンベルを持って加重し負荷を高めて行う。デッドリフトに比べて腰を痛めるリスクが小さくなるのが利点。

●刺激評価

負荷トルクの最大値	大
スティッキング領域	やや広
伸張位の負荷トルク	中
負荷トルクの抜け	抜け小

●種目評価

運動ボリューム	中
負荷トルクの調節	不可
煽りチーティング	不可
セルフ補助	不可

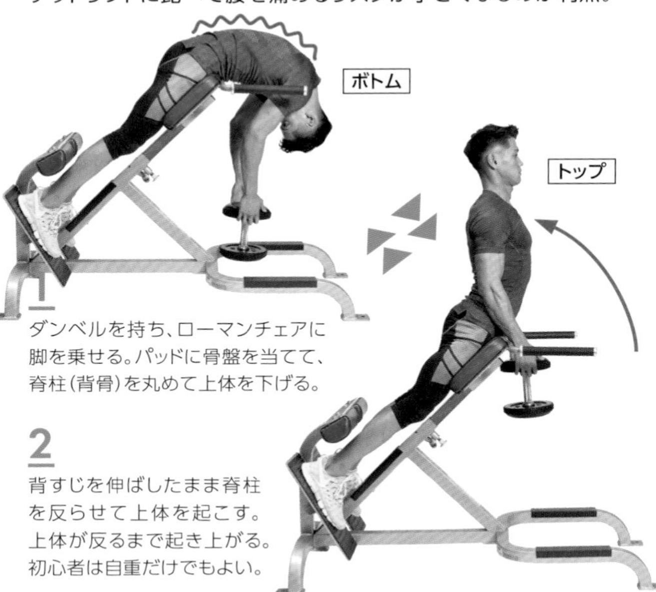

1
ダンベルを持ち、ローマンチェアに脚を乗せる。パッドに骨盤を当てて、脊柱（背骨）を丸めて上体を下げる。

2
背すじを伸ばしたまま脊柱を反らせて上体を起こす。上体が反るまで起き上がる。初心者は自重だけでもよい。

追い込みテク 重量を下げる

限界まで反復したらダンベルを床におき、負荷重量を下げてフォーストレップを実施する。

メイン 脊柱起立筋 サブ 大殿筋、ハムストリング、大内転筋（内転筋群後ろ側）

体幹マシンバックエクステンション

主要動作 体幹伸展＋股関節伸展

脊柱を反らせる動きでパッドを押し下げる

背中を反らせる体幹伸展の動きでパッドを押し下げる。腰に負担をかけずに脊柱起立筋を鍛えられるマシン種目。股関節も伸展させるため大殿筋や大内転筋も鍛えられる。負荷トルクの抜けが小さく、代謝的ストレスを得やすい。

●刺激評価

負荷トルクの最大値	中
スティッキング領域	やや広
伸張位の負荷トルク	弱
負荷トルクの抜け	抜け小

●種目評価

運動ボリューム	中
負荷トルクの調節	不可
煽りチーティング	可
セルフ補助	不可

POINT トップで背中をしっかり反る

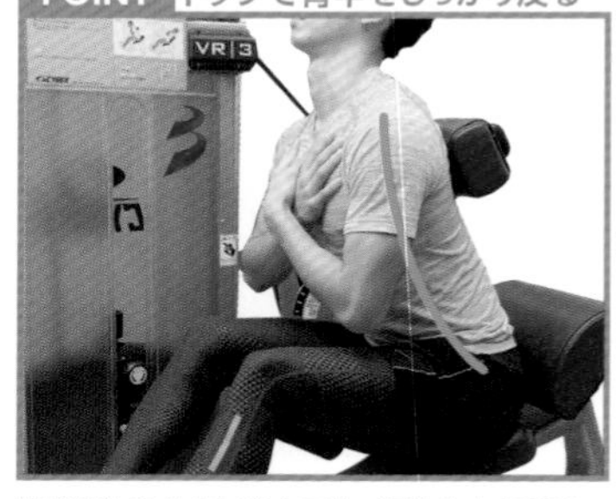

股関節の伸展だけでなく背中を反らし、体幹を伸展させる動きでパッドを押す。

メイン 大殿筋(下部)、脊柱起立筋　サブ ハムストリング、大腿四頭筋、大内転筋(内転筋群後ろ側)、僧帽筋

デッドリフト

主要動作 股関節伸展+体幹伸展(固定)

背中を固定しながら脊柱起立筋を鍛える

デッドリフトにおける脊柱は曲げ伸ばしせず、脊柱起立筋によりほぼアイソメトリック収縮で固定されるが、高重量で行った場合は脊柱起立筋が挙上前半でわずかにエキセントリック収縮となり、挙上動作の後半になるとわずかにコンセントリック収縮となる。

●刺激評価(脊柱起立筋)

負荷トルクの最大値	大
スティッキング領域	狭い
伸張位の負荷トルク	弱
負荷トルクの抜け	抜け中

●種目評価

運動ボリューム	特大
負荷トルクの調節	不可
煽りチーティング	不可
セルフ補助	不可

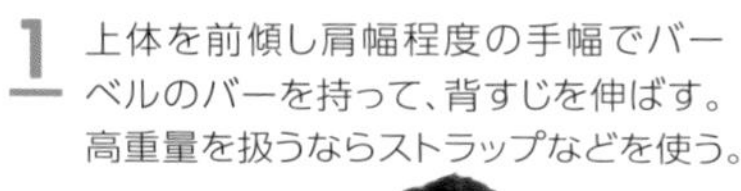

1 上体を前傾し肩幅程度の手幅でバーベルのバーを持って、背すじを伸ばす。高重量を扱うならストラップなどを使う。

2 背すじを伸ばしたまま、膝を伸ばしながら股関節を伸展しバーベルを引き上げていく。上体が立つまで起き上がる。

POINT 左右逆に握る

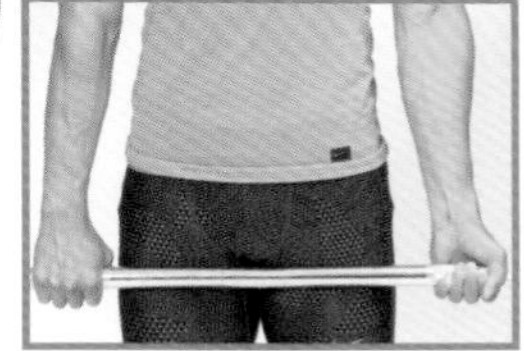

左右の手を前後逆に握るオルタネートグリップにすると高重量でもバーを保持しやすい。

1 シートに座って肩甲骨付近にパッドを当てる。上体を前傾させながら背中をしっかり丸める。脊柱が屈曲することで脊柱起立筋が伸びる。膝を伸ばして上体を煽るチーティングが可能。

2 股関節を伸展しながら背中(脊柱)を反らせてパッドを後方に押し下げる。背中が反るまで押す。この種目は重量よりも可動域を重視する。腕を頭上へ振り上げる方法でもチーティングが可能。

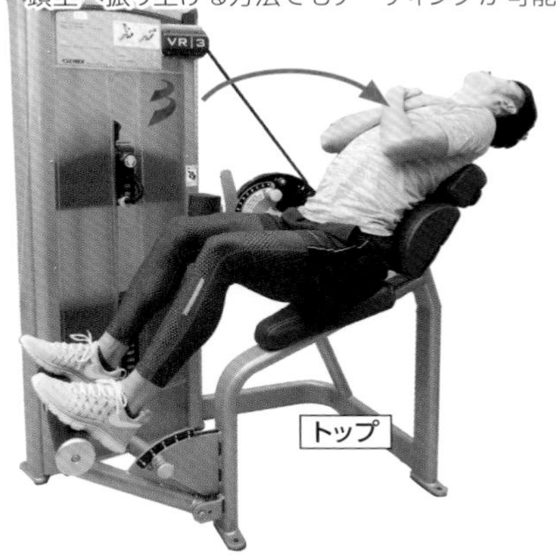

腹直筋の鍛え方

体幹屈曲筋
腹直筋

一般的に「腹筋」と同義である腹部前面の筋肉。上体を前方に丸める体幹屈曲(脊柱屈曲)の動きに主働筋として働く。筋肉が縦に長く、筋腹が4〜5段に分かれているため、腹直筋の上部と下部を区別して意識的に鍛え分けすることも可能となる。

主な働き

体幹の屈曲、胸郭前壁の引き下げ、腹腔内圧の拡大

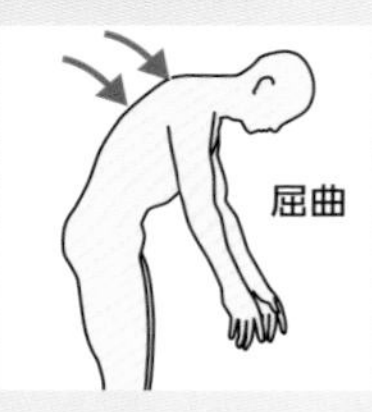

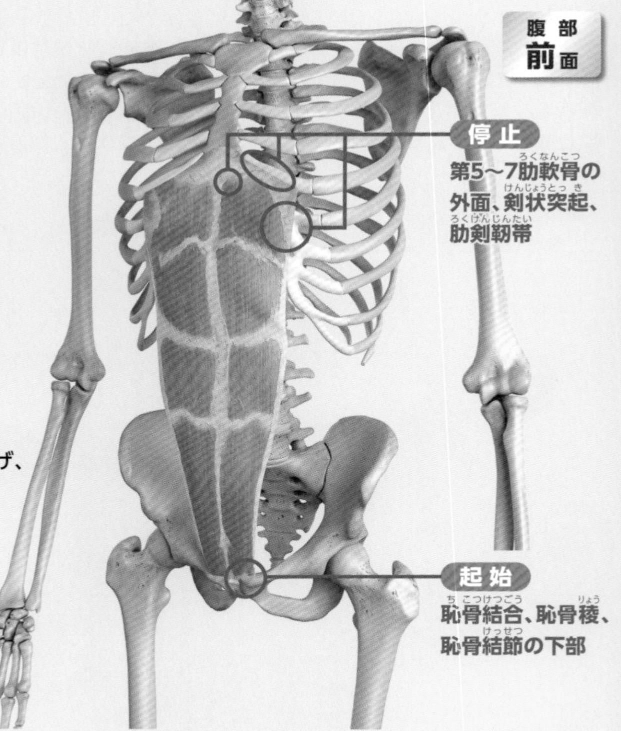

上半身または下半身を負荷にする体幹屈曲種目で鍛える

腹直筋は脊柱(上体)を丸める体幹屈曲種目で鍛えるのが基本。自重が負荷になる体幹屈曲種目には、上体を丸めて上半身を持ち上げるシットアップ系の種目と、上体を固定して脚や体を持ち上げ腹直筋と腸腰筋を一緒に鍛えていく体幹屈曲ハンギングレッグレイズやドラゴンフラッグなどの種目がある。クランチやケーブルクランチなどクランチ系の種目では腹直筋の上部を中心に鍛えることができる。

シットアップ系種目
(→P.234)

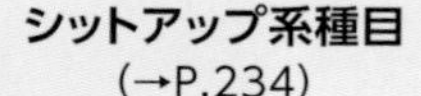

レッグレイズ系種目
(→P.236)

クランチ系種目
(→P.238〜239)

腹直筋の働き

体幹（脊柱）屈曲

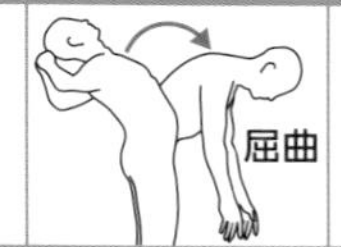

貢献度ランキング

1. 腹直筋（ふくちょくきん）
2. 外腹斜筋（がいふくしゃきん）
3. 内腹斜筋（ないふくしゃきん）

脊柱（背骨）を前方に曲げて上体を丸める体幹の屈曲動作。主働筋は腹部前面で胸骨下部の剣状突起と骨盤（恥骨）をつないでいる腹直筋。脇腹に位置する腹斜筋群が協働筋として働く。体幹（脊柱）の動きは脊柱を構成する椎骨（ついこつ）間の椎間関節が同時に連動することで大きな可動域となっている。

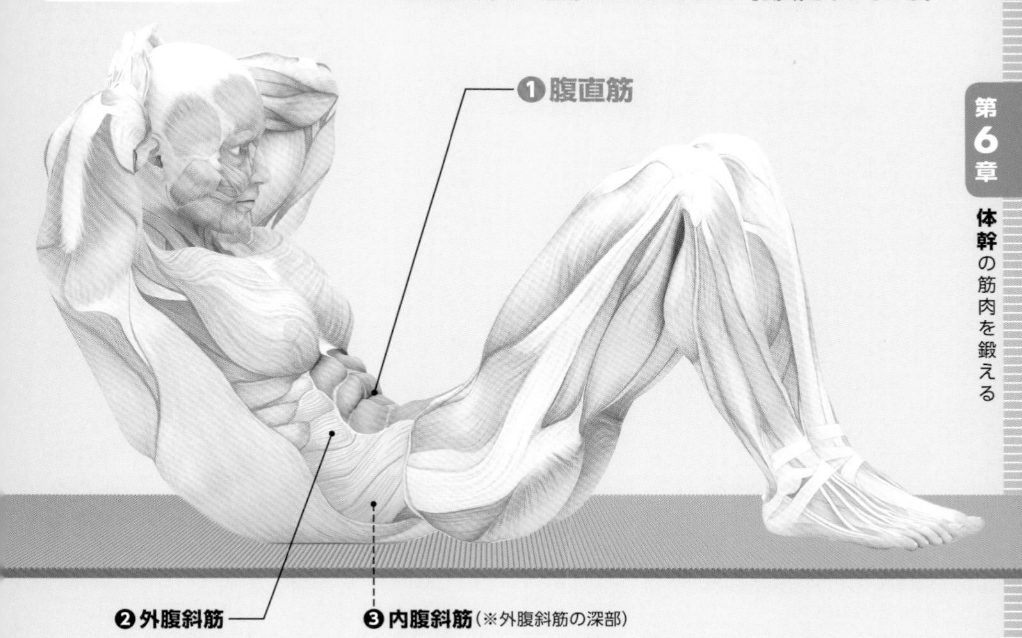

体幹屈曲の筋力トルク

体幹（脊柱）屈曲動作について、本書では直立した状態を屈曲角度0度と定義。そこから上体を後方に反らせると伸展位（伸張位）になり、前方に丸めると屈曲位（短縮位）になる。体幹屈曲の筋力トルクは屈曲角度が浅い伸張位になるほど緩やかに強くなる。

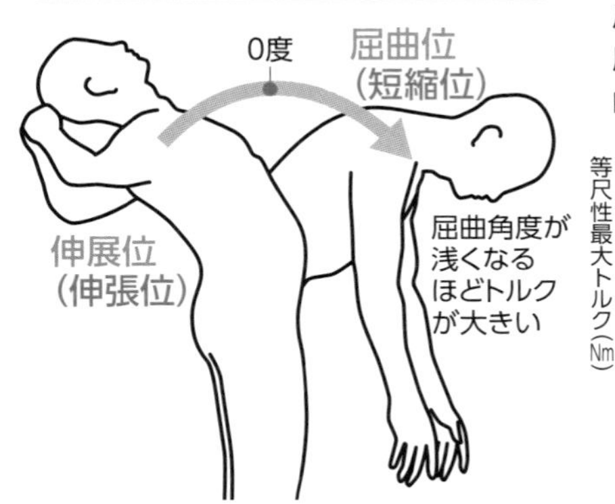

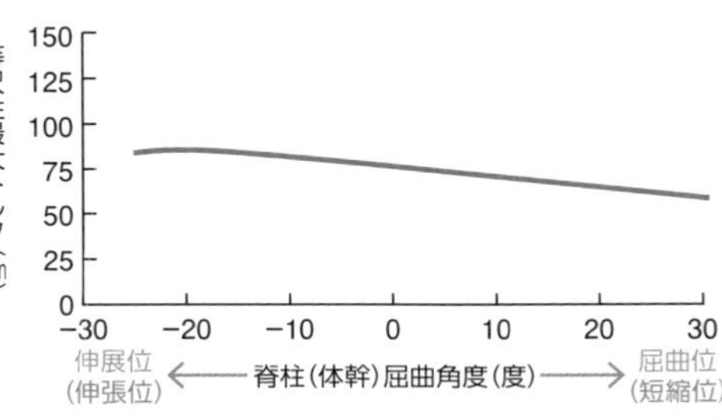

Hoens et al. (1990)より改変

▶▶体幹屈曲種目（主働筋：腹直筋）の負荷トルク図

●シットアップ（→P.234）

有効負荷範囲の広さ：C

有効負荷範囲
中間位〜やや短縮位
（屈曲角度0〜20度付近）

スティッキング領域
中間位
（屈曲角度0〜10度付近）

最大負荷トルク
屈曲角度0度前後

●アブローラー（膝つき）（→P.235）

有効負荷範囲の広さ：B

有効負荷範囲
やや伸張位〜やや短縮位
（屈曲角度−10〜20度付付近）

スティッキング領域
やや伸張位〜中間位
（屈曲角度−10〜5度付近）

最大負荷トルク
屈曲角度−10度前後

●ドラゴンフラッグ（→P.236）

有効負荷範囲の広さ：B

有効負荷範囲
中間位〜短縮位
（屈曲角度0〜25度付近）

スティッキング領域
中間位
（屈曲角度0〜10度付近）

最大負荷トルク
屈曲角度0度前後

●フルレンジレッグレイズ（→P.237）

有効負荷範囲の広さ：B

有効負荷範囲
伸張位〜中間位
（屈曲角度−25〜5度付近）

スティッキング領域
伸張位〜やや伸張位
（屈曲角度−25〜−10度付近）

最大負荷トルク
屈曲角度−25度前後

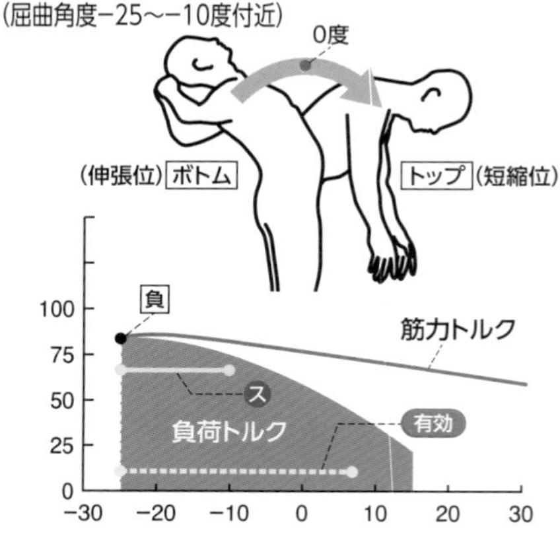

※「デクラインクランチ」の負荷トルク図は、傾斜角度でトルクが異なるため割愛

有効：有効負荷範囲（※最大負荷トルクの50%以上レベル）の範囲（青色）
ス：スティッキング領域　負：最大負荷トルク　筋：最大筋力トルク（屈曲角度が浅いほどトルクが大きくなる）

●アブドミナルクランチ（→P.234）

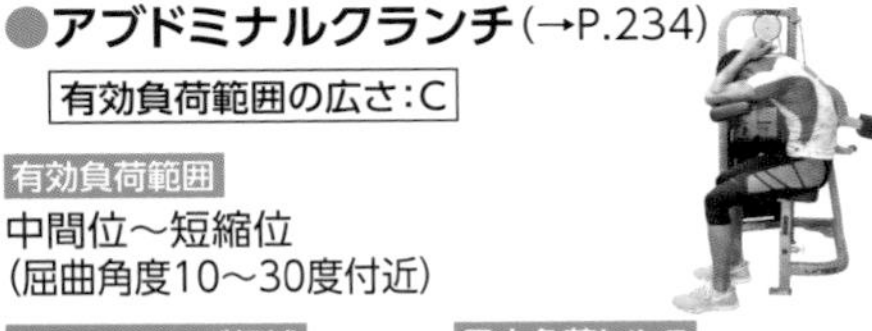

有効負荷範囲の広さ：C

有効負荷範囲
中間位～短縮位
（屈曲角度10～30度付近）

スティッキング領域
短縮位
（屈曲角度25～30度付近）

最大負荷トルク
屈曲角度10度前後

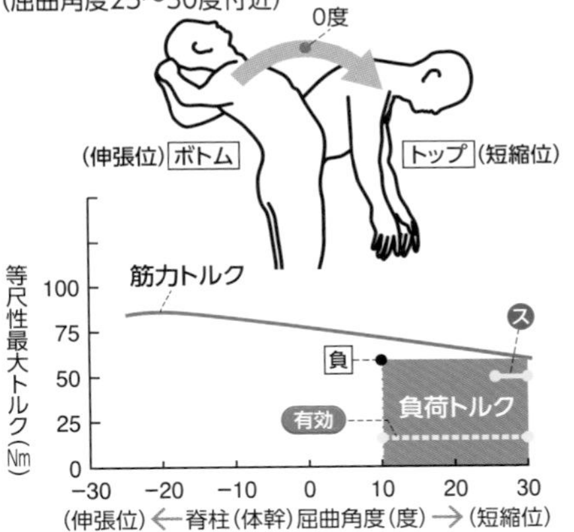

●体幹ハンギングレッグレイズ（→P.236）

有効負荷範囲の広さ：C

有効負荷範囲
中間位～やや短縮位
（屈曲角度0～20度付近）

スティッキング領域
やや短縮位
（屈曲角度15～20度付近）

最大負荷トルク
屈曲角度20度前後

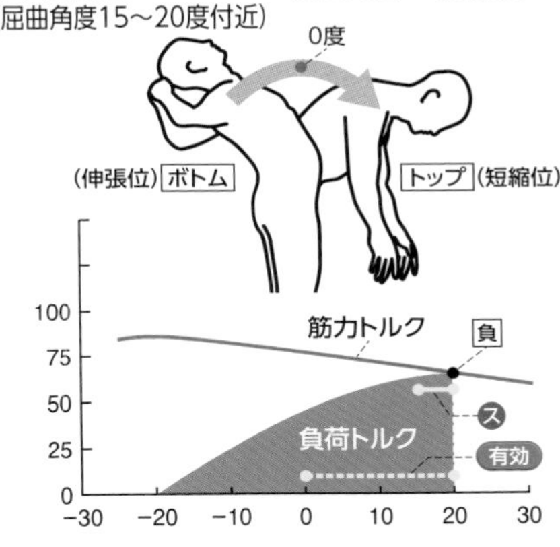

●クランチ（→P.238）

有効負荷範囲の広さ：C

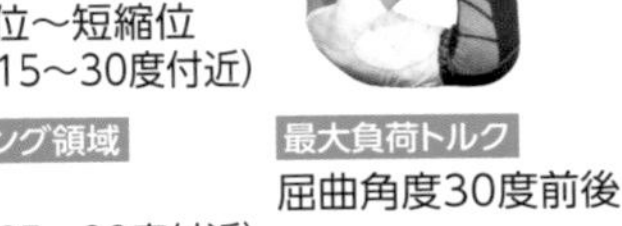

有効負荷範囲
やや短縮位～短縮位
（屈曲角度15～30度付近）

スティッキング領域
短縮位
（屈曲角度25～30度付近）

最大負荷トルク
屈曲角度30度前後

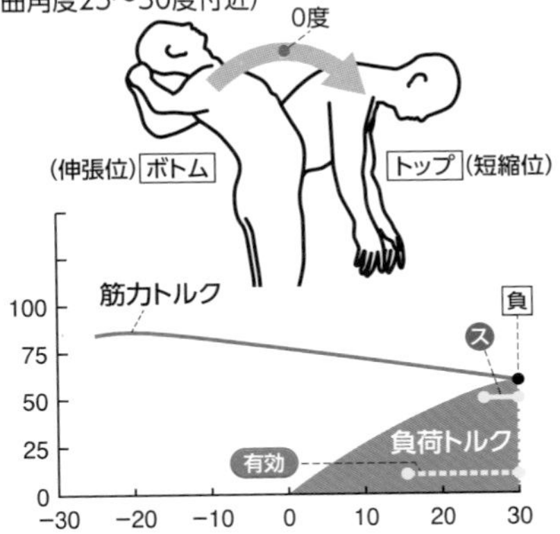

●ケーブルクランチ（→P.238）

有効負荷範囲の広さ：A

有効負荷範囲
やや伸張位～短縮位
（屈曲角度−10～30度付近）

スティッキング領域
やや短縮位～短縮位
（屈曲角度15～30度付近）

最大負荷トルク
屈曲角度10度前後

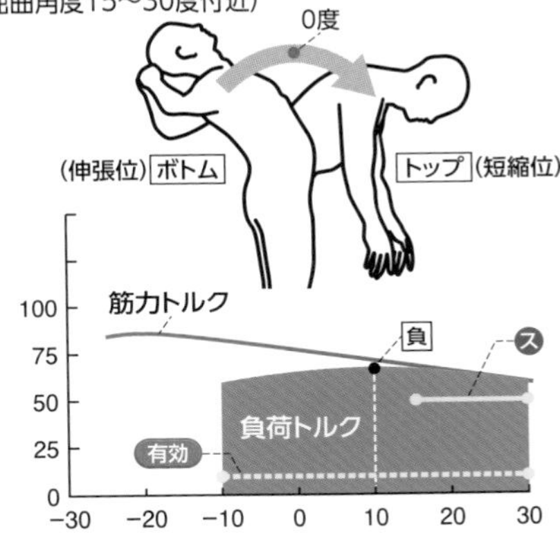

※「フルレンジレッグレイズ」「体幹ハンギングレッグレイズ」の主働筋は腹直筋の特に下部
※「ドラゴンフラッグ」「クランチ」「ケーブルクランチ」の主働筋は腹直筋の主に上部

メイン 腹直筋、腸腰筋　サブ 大腿直筋

シットアップ

主要動作 体幹屈曲+股関節屈曲

●刺激評価

負荷トルクの最大値	大
スティッキング領域	やや広
伸張位の負荷トルク	弱
負荷トルクの抜け	抜け中

●種目評価

運動ボリューム	中
負荷トルクの調節	可
煽りチーティング	可
セルフ補助	可

脊柱を丸める動きで起き上がる腹筋種目

上体を丸める体幹（脊柱）屈曲の動きで起き上がる種目。股関節も屈曲するため腸腰筋も鍛えられるが、腹直筋を強化する場合は股関節ではなく脊柱を丸める動きを強調する。斜めのデクライン台で行うとスティッキング領域が広がり負荷トルクの抜けも減る。

1 仰向けになって膝を曲げ、手を後頭部に添える。そこから背中を軽く丸めて頭部と上背部を持ち上げ、腹直筋に負荷をかける。足先を引っかけ固定すると起き上がる動作に集中しやすくなる。

追い込みテク セルフ補助

限界まで反復したら手で太ももを上方向に引き上げてフォーストレップを行う。

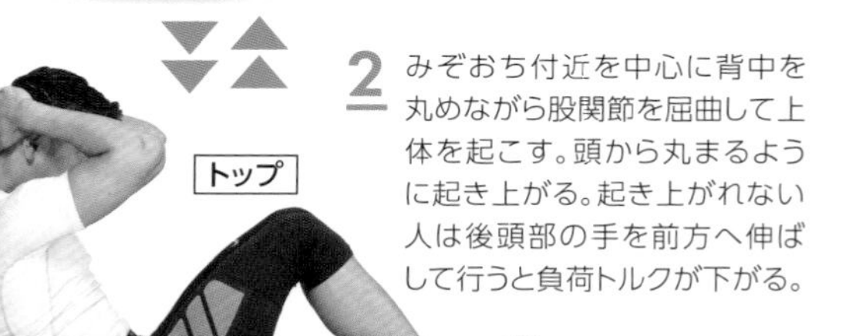

2 みぞおち付近を中心に背中を丸めながら股関節を屈曲して上体を起こす。頭から丸まるように起き上がる。起き上がれない人は後頭部の手を前方へ伸ばして行うと負荷トルクが下がる。

メイン 腹直筋　サブ 腸腰筋、大腿直筋

アブドミナルクランチ

主要動作 体幹屈曲+股関節屈曲

脊柱を丸める動きでパッドを押し下げる

上体を丸める動きでパッドを押し下げ腹直筋を鍛える。パッドに肘をおいてレバーを引くタイプのマシンもある。可動域を通して負荷トルクが抜けず最大値も大きいため、「強い力発揮」のストレスや筋損傷のストレスを得られる。

●刺激評価

負荷トルクの最大値	大
スティッキング領域	広い
伸張位の負荷トルク	弱
負荷トルクの抜け	抜け小

●種目評価

運動ボリューム	やや小
負荷トルクの調節	不可
煽りチーティング	不可
セルフ補助	可

POINT ボトムで上体を反る

ボトムの位置で負荷トルクをかけたまま上体を反らせることで、腹直筋を伸張位で刺激することができる。

メイン 腹直筋、腸腰筋 サブ 大腿直筋、広背筋、大円筋、上腕三頭筋

アブローラー（膝つき）

主要動作 体幹屈曲＋股関節屈曲

●刺激評価

負荷トルクの最大値	大
スティッキング領域	広い
伸張位の負荷トルク	強
負荷トルクの抜け	抜け小

●種目評価

運動ボリューム	中
負荷トルクの調節	不可
煽りチーティング	不可
セルフ補助	不可

腹直筋を高負荷で鍛えるトレーニングギア

ローラーを転がして腹直筋に高負荷をかけるトレーニングギア。ローラーを遠くまで転がすことで可動域や有効負荷範囲が広がる。刺激評価で減点項目がないためボトムで上体をしっかり伸ばせば物理的ストレス、代謝的ストレス、筋損傷のストレスが得られる。

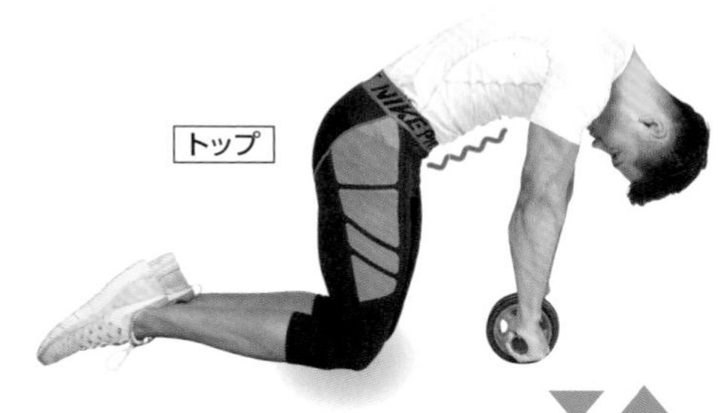

1 アブローラーを床におきサイドバーを持って膝をつく。そこから上体を丸めて腹直筋にしっかり力を入れる。

2 腹直筋に力を入れて収縮させたまま、ローラーを前方へ転がして上体を伸ばす。腰が反らないように注意。ここから上体を丸める動きでローラーを引いて1に戻る。

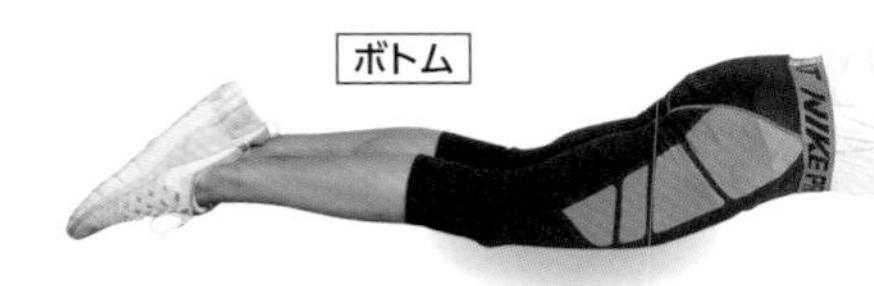

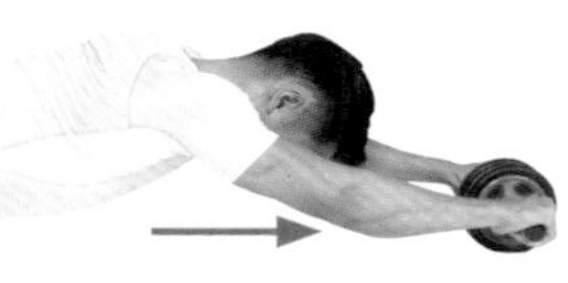

バリエーション

膝をつかずに転がす

できる人は膝をつかずに行ってみよう。負荷トルクの絶対値がより大きくなり、筋力が強い人でも低回数で追い込める。

1 パッドを胸の高さにセットしてシートに座り、肘に近い上腕部をパッドに乗せる。そこから上体を丸める動きでパッドを少し押し下げて腹直筋に負荷をかける。

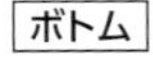

2 上体を丸める動きでパッドを押し下げる。トップで負荷が抜けないため、できるだけ下まで押す。股関節を屈曲する動きもともなうが、脊柱を丸める動きを主体にパッドを押していく。

メイン 腹直筋(特に上部) サブ 腸腰筋、大腿直筋

ドラゴンフラッグ

主要動作 体幹屈曲+股関節屈曲

●刺激評価

負荷トルクの最大値	大
スティッキング領域	やや広
伸張位の負荷トルク	中
負荷トルクの抜け	抜け中

●種目評価

運動ボリューム	中
負荷トルクの調節	可
煽りチーティング	不可
セルフ補助	不可

脊柱を屈曲する力で体を持ち上げるハードな自重種目

体幹(脊柱)を屈曲する力で体を持ち上げる種目。腰ではなく肩が支点になるため、筋力が強い人でも適正な負荷に設定しやすい。自重の負荷だけでも比較的低回数で腹直筋を限界まで追い込める。ベンチが傾いて倒れないようにバーベルプレートをおいて行う。

1 ベンチに寝て頭の横でシートの縁をつかむ。そこから肩甲骨を支点にして上体を丸める動きでベンチから腰を持ち上げて浮かせる。

2 肩甲骨を支点にお尻をベンチから浮かせたまま、脚を地面と平行になるまで下ろす。ここから上体を丸める動きで体を持ち上げ1に戻る。股関節ではなく脊柱を屈曲する。

追い込みテク 負荷トルクの調節

限界まで反復したら、膝を曲げ腹直筋への負荷トルクを下げてフォーストレップを実施する。

メイン 腹直筋(主に下部)、腸腰筋 サブ 大腿直筋

体幹ハンギングレッグレイズ

主要動作 体幹屈曲+股関節屈曲

股関節を屈曲しながら脊柱を屈曲させる

脚を持ち上げながら脊柱を屈曲し腹直筋の下部を鍛える。負荷トルクの最大値はやや小さいが腸腰筋も鍛えられる。ボトムで負荷が抜けやすいが、トップでは抜けにくい。意識的に脊柱の可動域を広くして腹直筋に効かせる。

●刺激評価

負荷トルクの最大値	中
スティッキング領域	狭い
伸張位の負荷トルク	弱
負荷トルクの抜け	抜け大

●種目評価

運動ボリューム	中
負荷トルクの調節	可
煽りチーティング	可
セルフ補助	不可

追い込みテク 負荷トルクの調節

限界まで反復したら膝を曲げて負荷トルクを下げ、フォーストレップを実施する。

メイン 腹直筋(特に下部) サブ 腸腰筋、大腿直筋

フルレンジレッグレイズ

主要動作 体幹屈曲+股関節屈曲

●刺激評価

負荷トルクの最大値	大
スティッキング領域	広い
伸張位の負荷トルク	強
負荷トルクの抜け	抜け中

●種目評価

運動ボリューム	中
負荷トルクの調節	不可
煽りチーティング	不可
セルフ補助	可

フルストレッチで鍛える高負荷レッグレイズ

フルストレッチで行うレッグレイズ。股関節を屈曲位で固定したまま脊柱を大きく反らせる動きで、腹直筋を伸張位側で強く刺激できる。腸腰筋が股関節屈曲位で緩むため、腹直筋にフォーカスしやすい。さらに腰椎を強く引っぱらないので腰痛リスクも低い。

1 ベンチに寝て頭の横でシートの縁をつかむ。そこから肩甲骨を支点にして、上体を丸める動きでベンチから腰を持ち上げて浮かせる。脚は揃えて膝を曲げる。

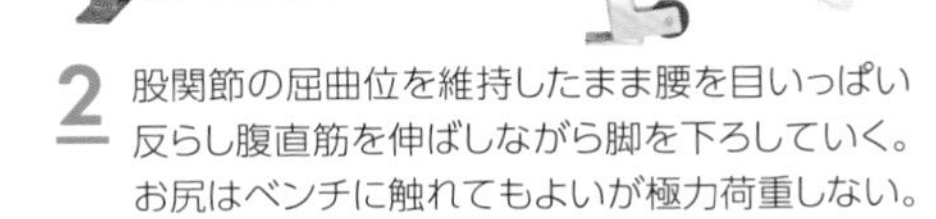

2 股関節の屈曲位を維持したまま腰を目いっぱい反らし腹直筋を伸ばしながら脚を下ろしていく。お尻はベンチに触れてもよいが極力荷重しない。

3 上体を丸める動きで体を持ち上げ1に戻る。股関節ではなく、脊柱を屈曲する動きで体を持ち上げていく。

1 バーにぶら下がる。ボトムから骨盤を前傾させて股関節を屈曲し、体幹屈曲の負荷トルクをかける。

2 脚を前方に持ち上げながら腹直筋を収縮して脊柱を丸める。脚が水平以上になる高さまで上げるのが目安。股関節ではなく体幹を屈曲させる意識で脚を上げる。負荷が物足りなければアンクルウエイトで加重する。

メイン 腹直筋（主に上部）

クランチ

主要動作 体幹（主に上部）屈曲

●刺激評価

負荷トルクの最大値	中
スティッキング領域	狭い
伸張位の負荷トルク	弱
負荷トルクの抜け	抜け小

●種目評価

運動ボリューム	やや小
負荷トルクの調節	可
煽りチーティング	可
セルフ補助	可

腹直筋の上部にフォーカスして鍛える腹筋種目

寝た状態で頭から上背部を丸める腹筋種目。股関節は屈曲せずに脊柱の上部を屈曲させる。腹直筋の中でも主に上部が鍛えられる。フォーストレップがやりやすく、腹直筋を限界まで追い込める。床で行う場合は負荷が軽いため、高回数で追い込む種目となる。

1 仰向けで膝を曲げ、手を後頭部に添える。そこから頭部を少し持ち上げ、腹直筋上部に負荷をかける。

ボトム

2 頭から丸め込むように上体を丸める。肩甲骨が床から離れるまで丸めていく。戻すときも負荷が抜けないように頭部は床につけずに反復する。

トップ

追い込みテク 負荷トルクの調節

限界まで反復したら腕を下ろして胸の前で組むと負荷トルクが少し下がりフォーストレップができる。

メイン 腹直筋（主に上部）

ケーブルクランチ

主要動作 体幹屈曲

上体を丸める動きでケーブルを引き下げる

上体を丸める脊柱屈曲の動きでケーブルを引き下げる。自重で行うクランチよりフォームはやや難しくなるが、負荷トルクがより抜けにくくなり高負荷で追い込める。二股ロープのアタッチメントで実施するとやりやすい。

●刺激評価

負荷トルクの最大値	中
スティッキング領域	狭い
伸張位の負荷トルク	中
負荷トルクの抜け	抜け小

●種目評価

運動ボリューム	やや小
負荷トルクの調節	不可
煽りチーティング	不可
セルフ補助	不可

NG 股関節の動きになる

背中を丸めずにケーブルを引くと股関節を屈曲する動きになり腹直筋が収縮しない。体幹を屈曲する動きでケーブルを引く。

メイン 腹直筋（主に上部）

デクラインクランチ

主要動作 体幹屈曲+股関節屈曲

●刺激評価

負荷トルクの最大値	中
スティッキング領域	狭い
伸張位の負荷トルク	弱
負荷トルクの抜け	抜け小

●種目評価

運動ボリューム	やや小
負荷トルクの調節	可
煽りチーティング	可
セルフ補助	可

追い込みテク セルフ補助

手前に引くのはNG

限界まで反復したら手で太ももの裏側を抱え込み、上方向に引き上げてフォーストレップを実施する。

傾斜をつけて有効負荷範囲を広くするクランチ

傾斜のあるシットアップベンチやクランチベンチで行うクランチ。軽負荷のクランチやシットアップは傾斜をつけて行うほうがよい。有効負荷範囲が少し広くなり、ボトムで負荷が抜けにくくなる。負荷トルクの抜けが小さくなるため代謝的ストレスを得やすい。

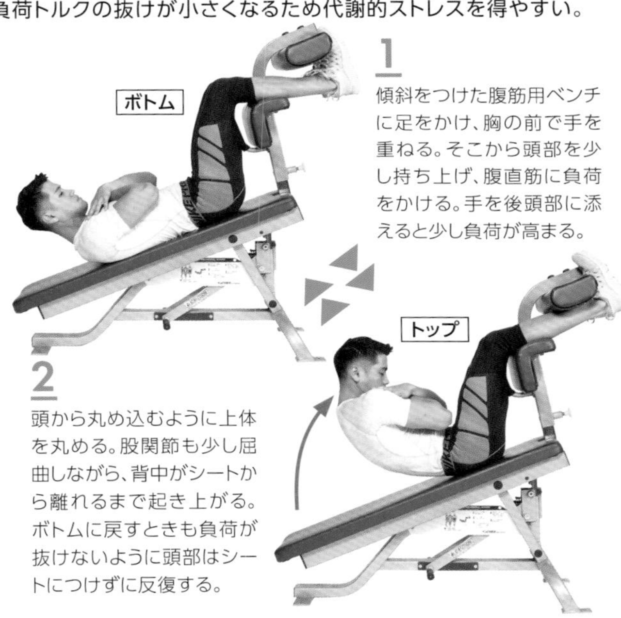

1 傾斜をつけた腹筋用ベンチに足をかけ、胸の前で手を重ねる。そこから頭部を少し持ち上げ、腹直筋に負荷をかける。手を後頭部に添えると少し負荷が高まる。

2 頭から丸め込むように上体を丸める。股関節も少し屈曲しながら、背中がシートから離れるまで起き上がる。ボトムに戻すときも負荷が抜けないように頭部はシートにつけずに反復する。

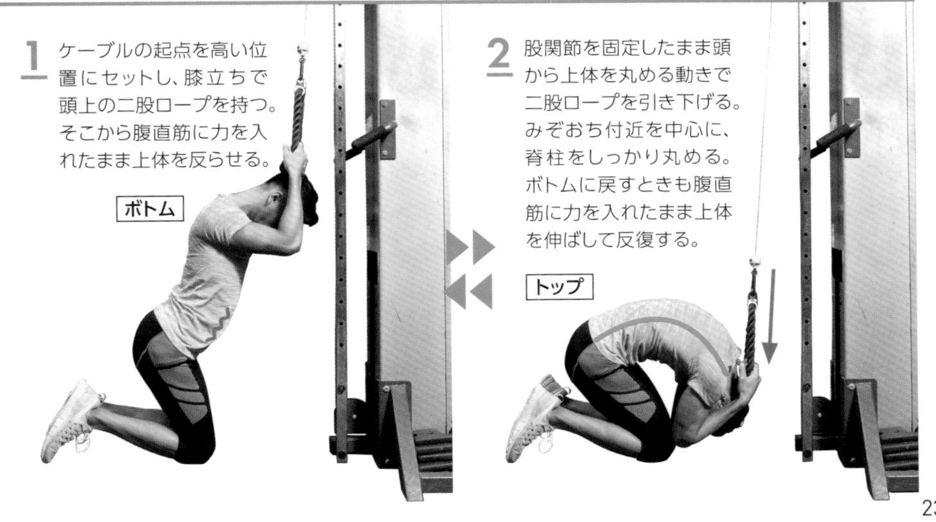

1 ケーブルの起点を高い位置にセットし、膝立ちで頭上の二股ロープを持つ。そこから腹直筋に力を入れたまま上体を反らせる。

2 股関節を固定したまま頭から上体を丸める動きで二股ロープを引き下げる。みぞおち付近を中心に、脊柱をしっかり丸める。ボトムに戻すときも腹直筋に力を入れたまま上体を伸ばして反復する。

腹斜筋群の鍛え方

体幹側屈筋
外腹斜筋

脇腹の表層にある筋肉。後部は広背筋に覆われている。脊柱（背骨）を横に曲げる動き（体幹側屈）や、ひねる動き（体幹回旋※反対側）の主働筋。右腕で物を投げる動作における体幹の左回旋では右側の外腹斜筋が使われる。

主な働き

体幹（脊柱）の
1 側屈（同側）・2 回旋（反対側）・
3 屈曲、胸郭の引き下げ

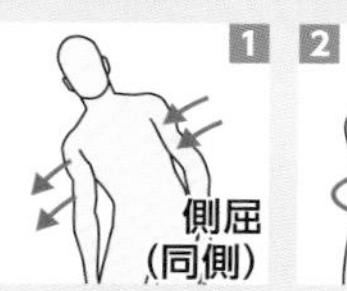

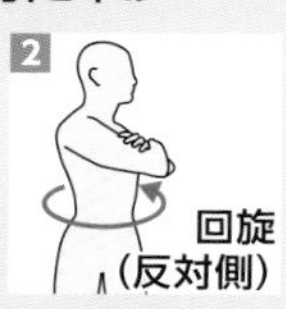

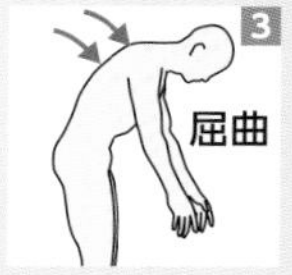

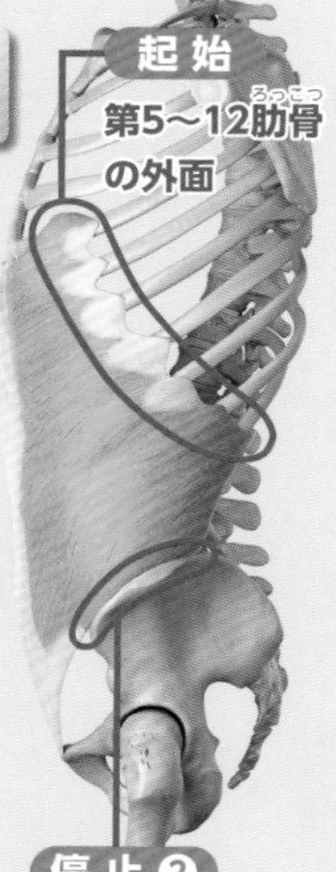

左脇腹
前側面

停止②
腸骨稜の外唇
（第10～12肋骨から
起始する線維）

停止①
鼠径靭帯、腹直筋鞘前葉
（第5～9肋骨から
起始する線維）

体幹回旋筋
内腹斜筋

外腹斜筋の深部にある筋肉。外腹斜筋や腹横筋と内臓を収める腹腔を形成する。外腹斜筋とともに体幹側屈および体幹回旋（※同側）の主働筋として働く。右腕の投球動作における体幹の左回旋では左側の内腹斜筋が使われる。

主な働き

体幹（脊柱）の
1 回旋（同側）・2 側屈（同側）・
3 前屈、胸郭の引き下げ

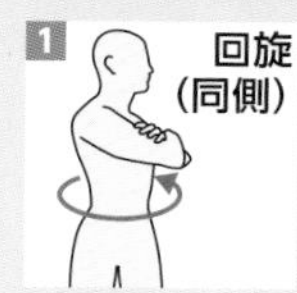

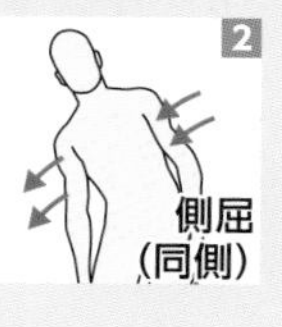

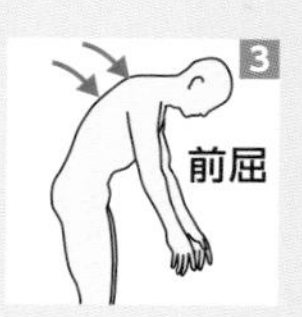

左脇腹
後面

起始③
腸骨稜の
中間線

停止
①第10～12肋骨
の下縁（上部）
②腹直筋鞘（中部）
③精巣挙筋（下部）

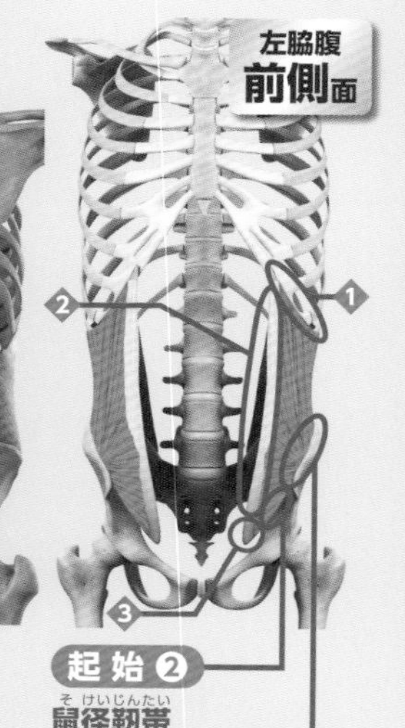

起始②
鼠径靭帯

起始①
胸腰筋膜深葉、
上前腸骨棘

反対側回旋と同側回旋

体幹の回旋動作には外腹斜筋と内腹斜筋が異なる形で働く。上体を右回りに回旋する場合は、左側（反対側）の外腹斜筋と右側（同側）の内腹斜筋が働く。左側の外腹斜筋が収縮すると左側の肋骨が体の中心方向に引っぱられて、左肩が前方へ出るような右回りの回旋が起こる。

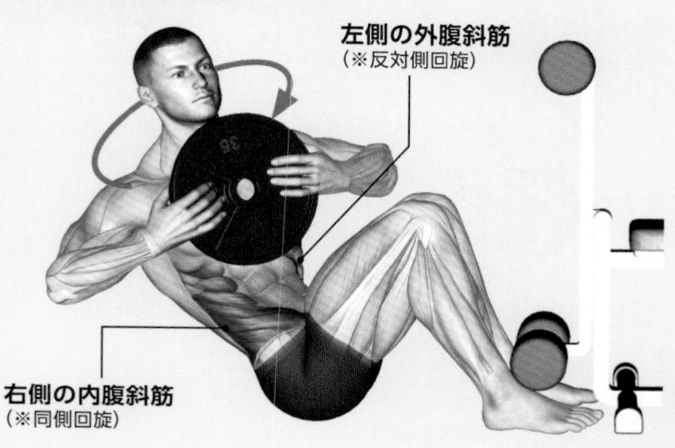

体幹回旋種目と体幹側屈種目で腹斜筋群を鍛える

体幹回旋種目

ライイングトランクツイスト（→P.246）

下半身を固定して上体をひねる回旋種目。同時に体幹側屈トルクも働くため上側の内腹斜筋が強く動員される。

ロータリートーソ
（→P.247）

上体を固定し下半身をひねる回旋種目。上半身をひねるタイプのマシンもある。

体幹側屈種目

サイドベンド
（→P.250）

上体（脊柱）を横に曲げる側屈の動きでダンベルを上げ下げする種目。

サイドシットアップ（→P.251）

足を固定して上体（脊柱）を横に曲げる動きで起き上がる側屈種目。内腹斜筋の貢献が大きい。

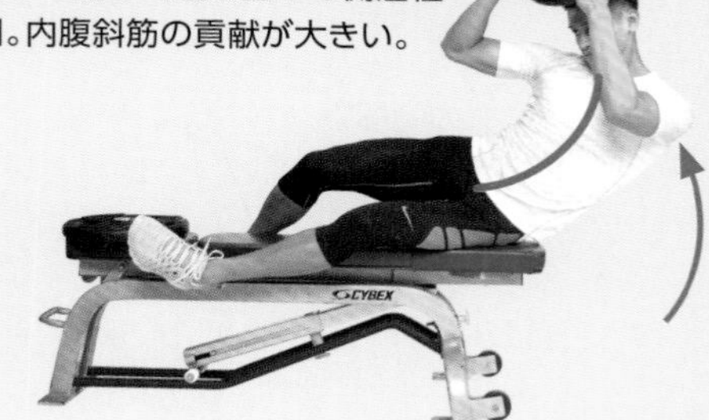

腹斜筋群の働き❶

体幹（脊柱）回旋

脊柱（背骨）を回転軸にして上体をひねる体幹の回旋動作。主働筋は脇腹の外腹斜筋とその深部にある内腹斜筋。背中側で脊柱に付着している脊柱起立筋や、その深層部にある回旋筋も協働筋として働く。回旋方向に対して、外腹斜筋は反対側回旋、内腹斜筋は同側回旋の働きをもつ（→P.241）。体幹の回旋動作は胴体のパワーを手足に伝える役割もある。

貢献度ランキング

1. 内腹斜筋（ないふくしゃきん）（同側回旋）
2. 外腹斜筋（がいふくしゃきん）（反対側回旋）
3. 脊柱起立筋（せきちゅうきりつきん）
4. 回旋筋（かいせんきん）（反対側回旋）

体幹背面（深層）

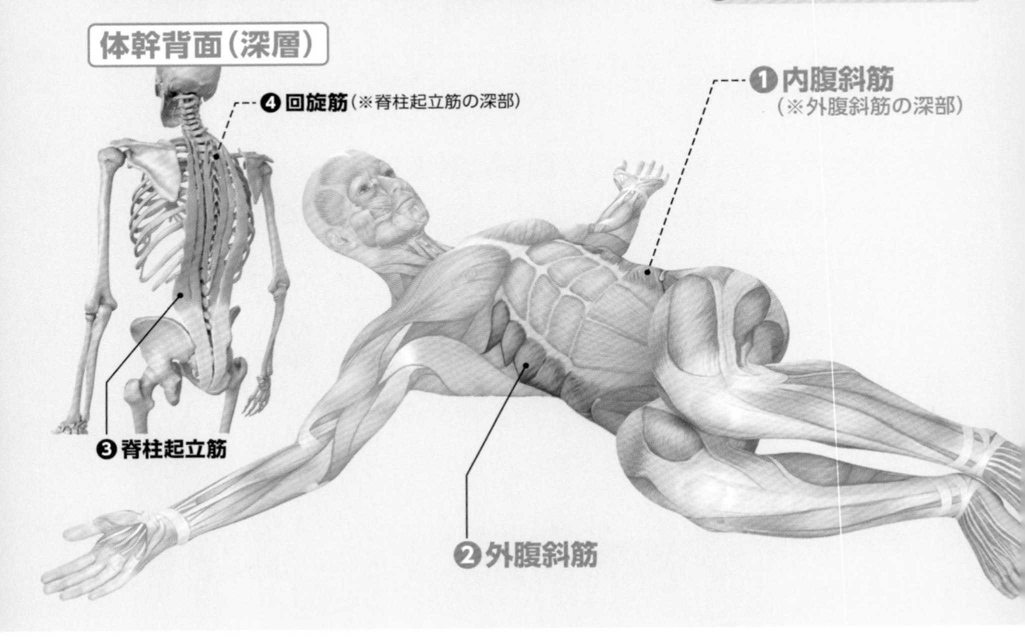

体幹回旋の筋力トルク

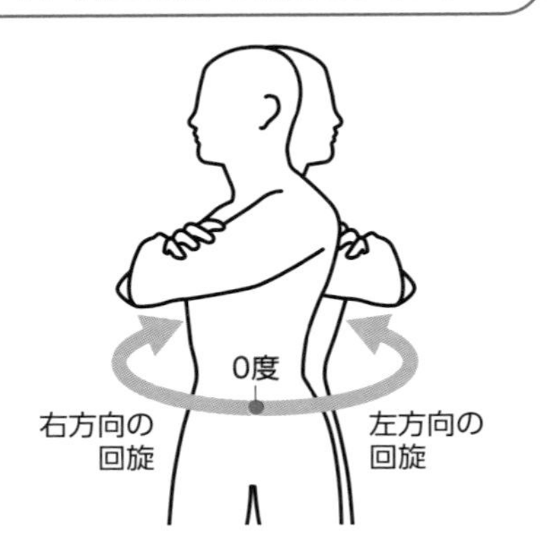

体幹（脊柱）の回旋動作について、本書では上体（胴体）が正面を向いている状態を0度（中間位）、そこから上体を左右にひねる（回旋する）と回旋位（伸張位）になると定義。右の外腹斜筋は右方向に回旋すると伸張位に、左方向に回旋すると短縮位になる。それに対し、右の内腹斜筋は右方向に回旋すると短縮位に、左方向に回旋すると伸張位になる。（※体幹回旋の筋力トルクは計測データがないため、体幹回旋（※片側方向）のポジションを図説↓）

体幹回旋（左回旋）の可動域

右回旋（伸張位） — 回旋角度0度 — 左回旋（短縮位）

▶▶体幹回旋種目（主働筋：腹斜群筋）の負荷トルク図

有効：有効負荷範囲（※最大負荷トルクの50%以上レベル）の範囲（青色）　ス：スティッキング領域　負：最大負荷トルク

●ツイストレッグレイズ（→P.244）

有効負荷範囲（※片側）の広さ：C

有効負荷範囲 伸張位〜中間位（回旋角度30〜75度付近）

スティッキング領域 伸張位（回旋角度65〜75度付近）

最大負荷トルク 回旋角度75度前後

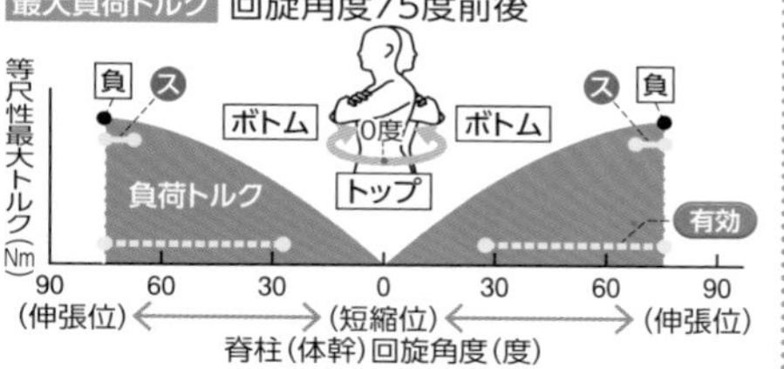

●ランドマイン（→P.245）

有効負荷範囲（※片側）の広さ：C

有効負荷範囲 伸張位〜中間位（回旋角度15〜45度付近）

スティッキング領域 やや伸張位（回旋角度40〜45度付近）

最大負荷トルク 回旋角度45度前後

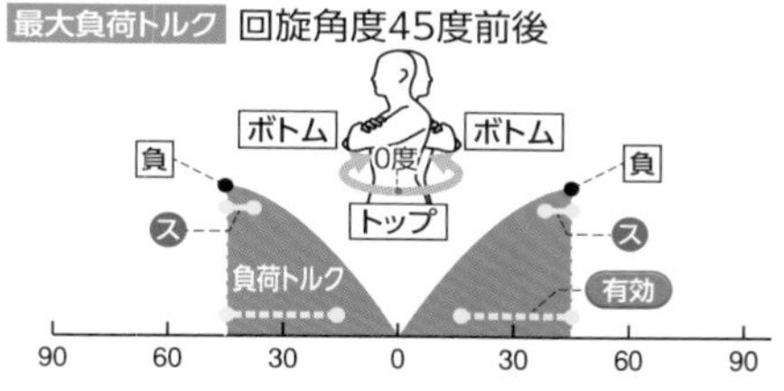

●ハンギングツイストレッグレイズ（→P.244）

有効負荷範囲（※片側）の広さ：B

有効負荷範囲 伸張位〜中間位（回旋角度20〜75度付近）

スティッキング領域 伸張位（回旋角度60〜75度付近）

最大負荷トルク 回旋角度65度前後

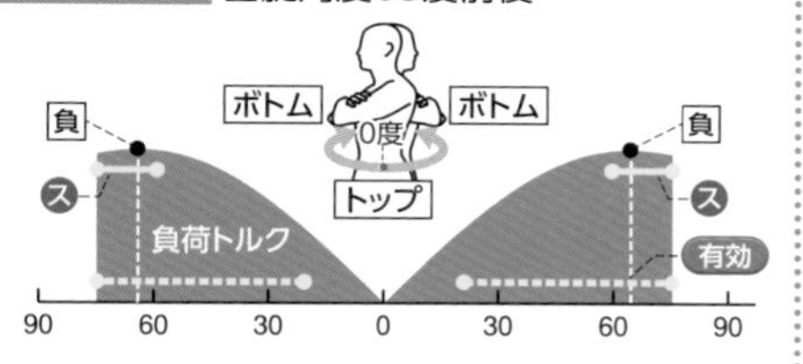

●ライイングトランクツイスト（→P.246）

有効負荷範囲の広さ：A

有効負荷範囲 伸張位〜短縮位（回旋角度−50〜30度付近）

スティッキング領域 やや伸張位〜中間位（回旋角度−40〜−15度付近）

最大負荷トルク 回旋角度−20度前後

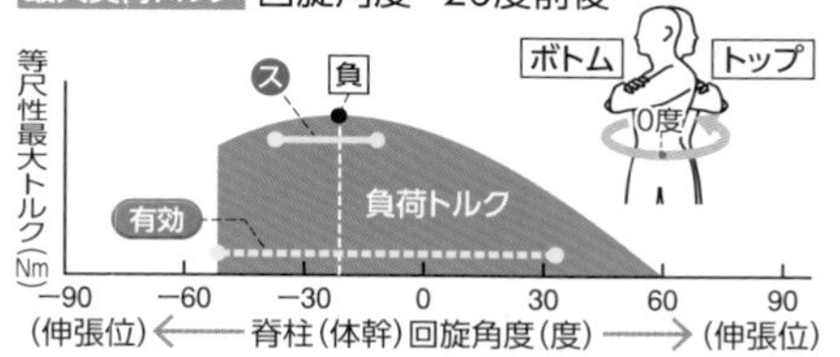

●ロータリートーソ（→P.247）

有効負荷範囲の広さ：A

有効負荷範囲 伸張位〜短縮位（回旋角度−45〜45度付近）

スティッキング領域 短縮位（回旋角度25〜45度付近）

最大負荷トルク 有効負荷範囲全域

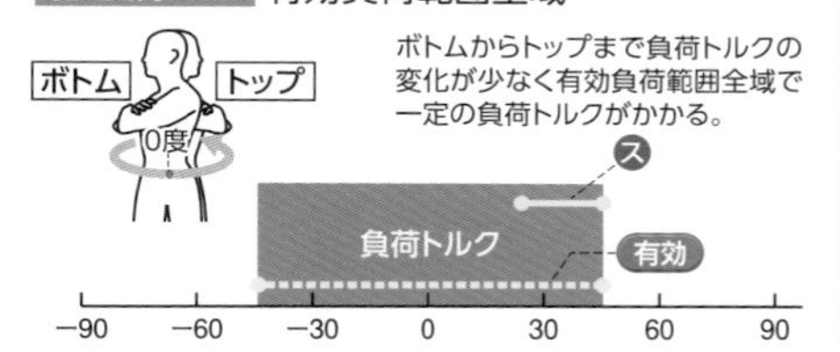

●ケーブルトランクツイスト（→P.246）

有効負荷範囲の広さ：A

有効負荷範囲 伸張位〜短縮位（回旋角度−45〜20度付近）

スティッキング領域 伸張位〜やや伸張位（回旋角度−45〜−15度付近）

最大負荷トルク 回旋角度−20度前後

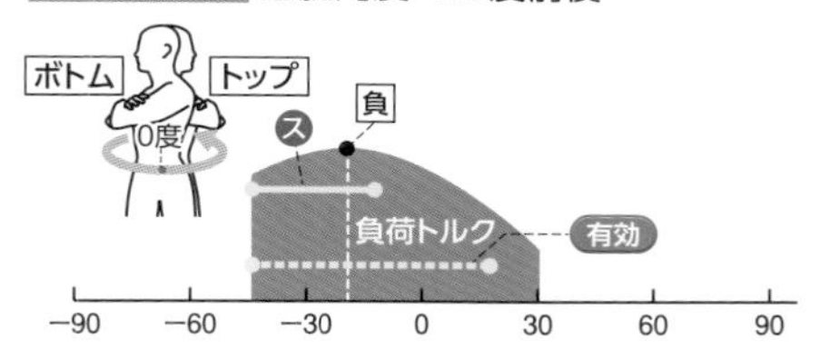

※「筋力トルク」のグラフは十分なデータが揃っていないため割愛

メイン 外腹斜筋（反対側回旋）、内腹斜筋（同側回旋）

ツイストレッグレイズ

主要動作 体幹回旋

●刺激評価

負荷トルクの最大値	小
スティッキング領域	狭い
伸張位の負荷トルク	弱
負荷トルクの抜け	抜け大

●種目評価

運動ボリューム	中
負荷トルクの調節	可
煽りチーティング	不可
セルフ補助	不可

脊柱をひねる動きで脚を左右に振るレッグレイズ

脊柱をひねって脚を左右に振る体幹回旋動作で腹斜筋群を鍛える。自重だけでは負荷トルクが小さく適正な負荷に設定できないため、足首にアンクルウエイトを装着し、負荷を高めて実施するとよい。膝を曲げると負荷トルクが下がりフォーストレップができる。

1 仰向けになり、脚を揃えて上方へ垂直に伸ばす。腕は左右に伸ばして手で床を押さえ、上体が傾かないようにしっかり安定させる。

2 肩を床につけて固定したまま、伸ばした脚を骨盤ごと真横に倒して上体をひねる。足先が床につく寸前まで倒していく。

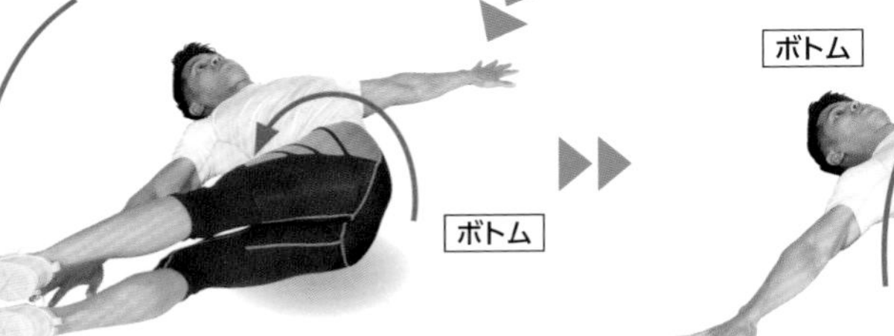

3 脚を持ち上げて反対方向へ倒していく。骨盤ごと上体をひねることで脊柱が回旋する。脚を倒したときに上体が傾いて肩が浮くと、脊柱回旋の可動域が小さくなるので注意。

メイン 外腹斜筋（反対側回旋）、内腹斜筋（同側回旋） サブ 腹直筋、広背筋

ハンギングツイストレッグレイズ

主要動作 体幹回旋＋体幹屈曲・側屈（ともに固定）

有効負荷範囲が広いハードな体幹回旋種目

ぶら下がった状態で脚を左右に振り腹斜筋群を鍛える。体幹の回旋時に反対側の側屈方向へ負荷トルクがかかるため特に外腹斜筋の貢献が大きくなる。床で行うよりも脊柱を大きく回旋できるため有効負荷範囲が広くなる。

●刺激評価

負荷トルクの最大値	小
スティッキング領域	狭い
伸張位の負荷トルク	中
負荷トルクの抜け	抜け大

●種目評価

運動ボリューム	中
負荷トルクの調節	可
煽りチーティング	不可
セルフ補助	不可

1 頭上のバーにぶら下がってお尻を持ち上げ、両脚を揃えて垂直に上げる。

メイン 内腹斜筋(同側回旋)、外腹斜筋(反対側回旋)

ランドマイン

主要動作 体幹回旋

●刺激評価

負荷トルクの最大値	中
スティッキング領域	狭い
伸張位の負荷トルク	強
負荷トルクの抜け	抜け大

●種目評価

運動ボリューム	大
負荷トルクの調節	可
煽りチーティング	可
セルフ補助	不可

立位で腹斜筋群を鍛えられる体幹回旋種目

立位で脊柱を大きくひねりバーベルシャフトを左右に振る種目。回旋した伸張位の負荷トルクが強い。体幹の回旋時に同側の側屈方向へ負荷トルクがかかるため、特に内腹斜筋の貢献が大きい。立位で行うため脚の力で上体を煽るチーティングで追い込める。

1
片側だけプレートをつけたシャフトを床においたプレートの穴にはめて固定し、シャフトの先を持って頭上に上げる。

2
上体を大きくひねって頭上のバーを側方へ振り下ろす。ここから反対方向に振って反復する。腕の力ではなく、脊柱をひねる動きで振る。

バリエーション

専用ギアでバーを固定

バーベルシャフトの先端を固定するランドマインやTバーローイング用のギアも売られている。

ボトム

2
上体を水平にしたまま、脚を骨盤ごと真横に倒して脊柱を大きくひねる。脚が水平になるまで倒していく。上体は傾かないように注意する。

3
脚を持ち上げて反対方向に倒していく。限界まで反復したら、膝を曲げて脚を振ることで負荷トルクを下げ、フォーストレップを行う。

メイン 内腹斜筋(同側回旋) サブ 外腹斜筋(反対側回旋)

ライイングトランクツイスト

主要動作 体幹回旋
+体幹屈曲・側屈(ともに固定)

●刺激評価

負荷トルクの最大値	大
スティッキング領域	やや広
伸張位の負荷トルク	強
負荷トルクの抜け	抜け中

●種目評価

運動ボリューム	中
負荷トルクの調節	可
煽りチーティング	不可
セルフ補助	不可

プレートを振り上げる動きで内腹斜筋を鍛える

上体(脊柱)をひねりながら起き上がる片側方向の体幹回旋種目。回旋動作と体幹を側屈方向に固定する力の方向が一致するため、上側の内腹斜筋(同側)が主に動員される。有効負荷範囲が広く、ボトムでの伸張位の負荷トルクが強いため筋損傷が起こりやすい。

1
プレートを持ち足先を挟むようにベンチの端にかけて下半身を固定。腕を伸ばしたまま上体をひねってプレートを下方向に向ける。

2
腕を伸ばしたまま上体をひねってプレートを上方向へ振り上げる。腕が動くとトップで負荷が抜けるので注意。

追い込みテク 負荷トルクの調節

限界まで反復したらプレートを体に近づけて負荷トルクを下げフォーストレップを実施する。

メイン 内腹斜筋(同側回旋) サブ 外腹斜筋(反対側回旋)

ケーブルトランクツイスト

主要動作 体幹回旋+体幹側屈(固定)

有効負荷範囲が広い体幹回旋種目

脊柱をひねる体幹回旋の動きでケーブルを水平に引く。負荷トルクの最大値が大きい。回旋動作と体幹を側屈方向に固定する力の方向が一致するため、内腹斜筋が主に動員される。負荷重量の変更が容易で追い込みやすい。

●刺激評価

負荷トルクの最大値	大
スティッキング領域	広い
伸張位の負荷トルク	中
負荷トルクの抜け	抜け中

●種目評価

運動ボリューム	中
負荷トルクの調節	可
煽りチーティング	不可
セルフ補助	不可

POINT ボトムで大きくひねる

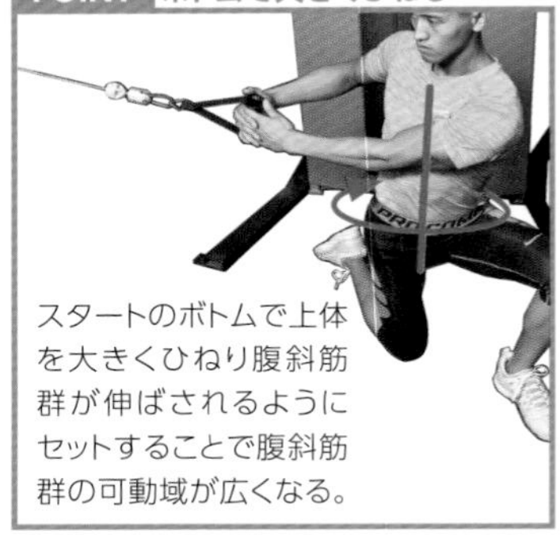

スタートのボトムで上体を大きくひねり腹斜筋群が伸ばされるようにセットすることで腹斜筋群の可動域が広くなる。

メイン 内腹斜筋(同側回旋)、外腹斜筋(反対側回旋)

ロータリートーソ

主要動作 体幹回旋

●刺激評価

負荷トルクの最大値	大
スティッキング領域	広い
伸張位の負荷トルク	強
負荷トルクの抜け	抜け小

●種目評価

運動ボリューム	中
負荷トルクの調節	不可
煽りチーティング	不可
セルフ補助	不可

POINT 大きくひねる

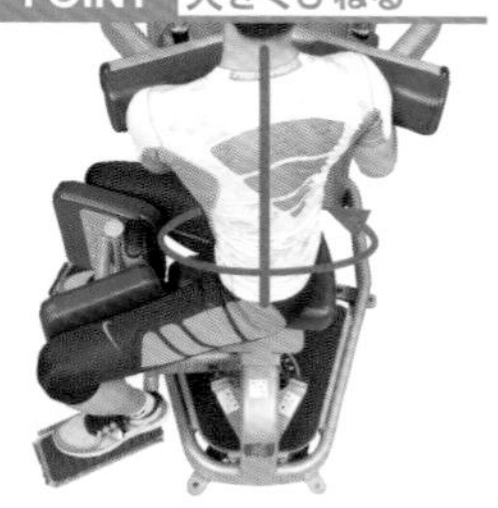

スタートのボトムで上体を大きくひねり腹斜筋群が伸ばされるポジションにセットして行う。

下半身を回す動きで腹斜筋群を鍛えるマシン種目

上半身を固定した状態で下半身を振り回し、腹斜筋群を鍛える。刺激評価で減点項目がなく自重種目より高負荷をかけられるため、追い込めば複数の筋肥大誘発ストレスが得られる。座ったままで負荷重量を変更できるため、フォーストレップもやりやすい。

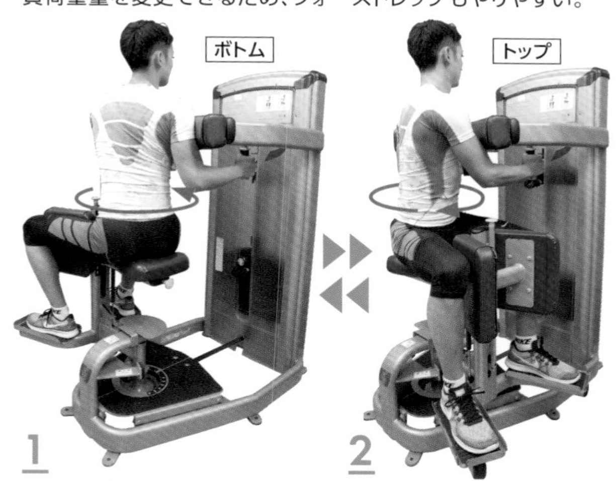

1
シートに座って、太ももの内側にパッドを当てる。そこから上体をひねってマシン正面にあるレバーをつかみ、胸にパッドを当てる。

2
上半身を固定したまま脊柱をひねる動きで脚のパッドを押し、下半身を反対側まで振る。下半身を固定して上半身を回すマシンもある。

1
ケーブルの起点を肩の高さにセットし、両手でグリップを持つ。起点側の片膝をついて下半身を正面に向ける。

2
下半身を固定して腕を伸ばしたまま、上体をひねってケーブルを水平に引く。手先で弧を描いて上体を回す。

腹斜筋群の働き❷

体幹（脊柱）側屈

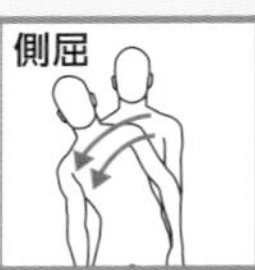

脊柱（背骨）を横に曲げる体幹の側屈動作。主働筋は脇腹の外腹斜筋とその深部にある内腹斜筋のそれぞれ後部。特に外腹斜筋・内腹斜筋の中でも、腸骨稜と肋骨下部をつないでいる胴体側面の筋線維が側屈に作用する。側屈動作には外腹斜筋、内腹斜筋とも同側の筋肉が働く。脊柱に付着する脊柱起立筋や腰部深層の腰方形筋も協働筋として働く。

貢献度ランキング

1. 外腹斜筋（がいふくしゃきん）
2. 内腹斜筋（ないふくしゃきん）
3. 腰方形筋（ようほうけいきん）
4. 脊柱起立筋（せきちゅうきりつきん）

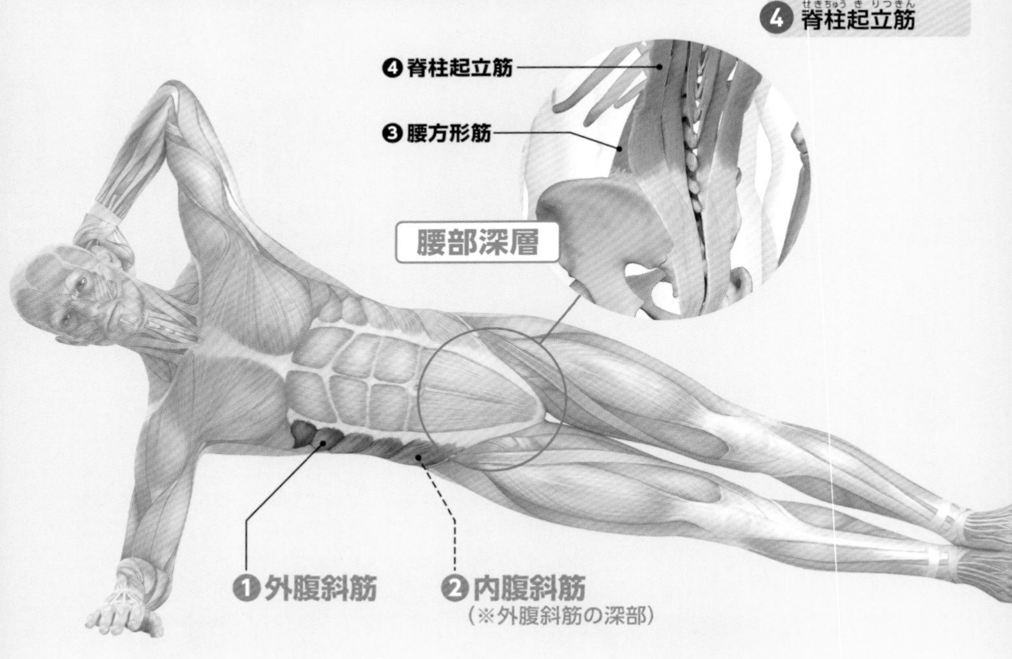

体幹側屈の筋力トルク

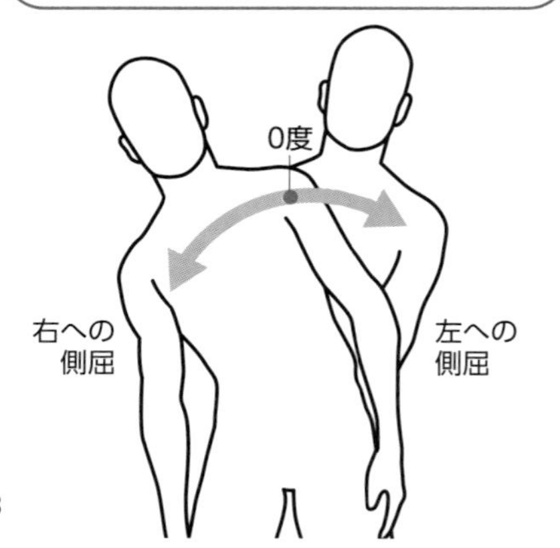

体幹（脊柱）の側屈動作について、本書では上体が直立した状態を0度（中間位）、そこから上体を左右に曲げると側屈位（伸張位）になると定義。側屈動作では、外腹斜筋、内腹斜筋とも同側の側屈に作用するため、右の外腹斜筋、内腹斜筋は右方向に側屈すると短縮位に、左方向に側屈すると伸張位になる。（※体幹側屈の筋力トルクは計測データがないため、体幹側屈（※片側方向）のポジションを図説↓）

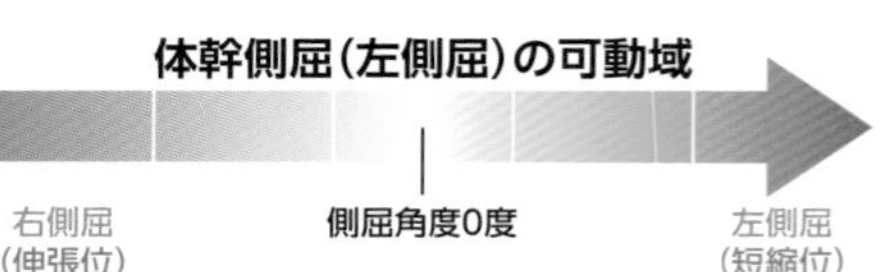

▶▶体幹側屈種目（主働筋：腹斜群筋）の負荷トルク図

有効：有効負荷範囲（※最大負荷トルクの50％以上レベル）の範囲（青色）　ス：スティッキング領域　負：最大負荷トルク

●サイドクランチ（→P.250）

（→P.250）

有効負荷範囲の広さ：C

※腰から先を浮かして行うとボトムで負荷トルクは大きくなるが、床の上で行う場合は下から押されるためトルクが抜ける

有効負荷範囲
やや短縮位～短縮位
（側屈角度15～30度付近）

スティッキング領域
短縮位
（側屈角度25～30度付近）

最大負荷トルク
側屈角度30度前後

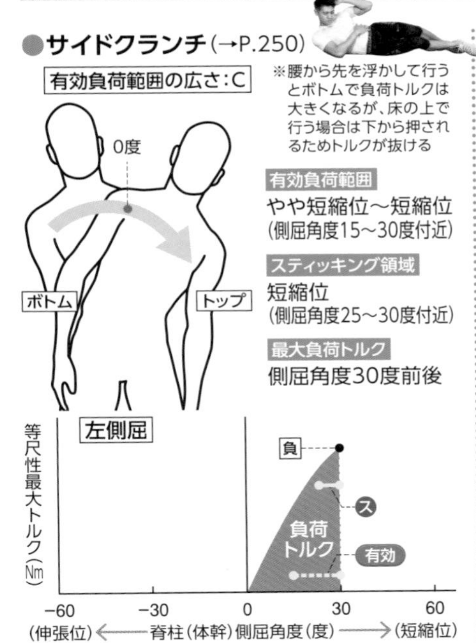

●サイドシットアアップ（→P.251）

有効負荷範囲の広さ：A

有効負荷範囲
伸張位～短縮位
（側屈角度−30～30度付近）

スティッキング領域
やや短縮位～短縮位
（側屈角度10～30度付近）

最大負荷トルク
側屈角度0度前後

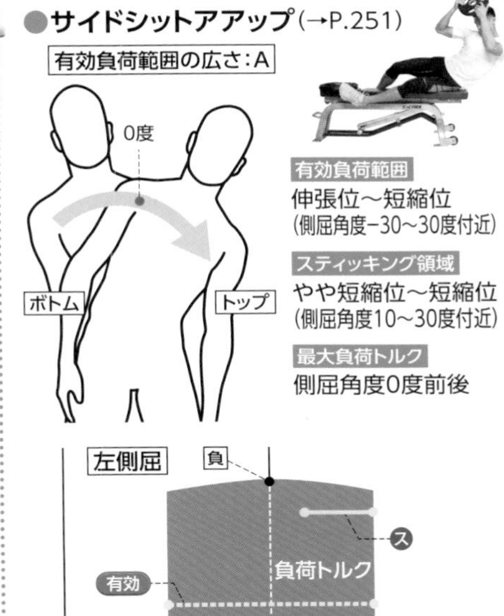

●サイドベンド（→P.250）

有効負荷範囲の広さ：A

有効負荷範囲
伸張位～短縮位
（側屈角度−30～30度付近）

スティッキング領域
伸張位～やや伸張位
（側屈角度−30～−10度付近）

最大負荷トルク
側屈角度−30度前後

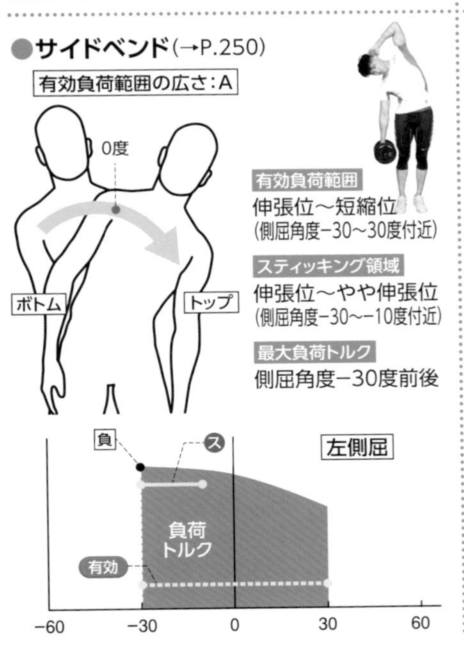

●サイドベンド（45度）（→P.252）

有効負荷範囲の広さ：A

有効負荷範囲
伸張位～短縮位
（側屈角度−45～20度付近）

スティッキング領域
伸張位～やや伸張位
（側屈角度−45～−30度付近）

最大負荷トルク
側屈角度−30度前後

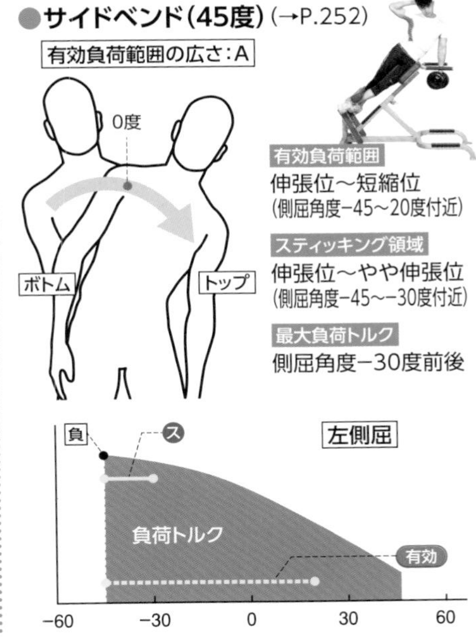

※「筋力トルク」のグラフは十分なデータが揃っていないため割愛
※「ツイストクランチ」「デクラインツイストシットアップ」の負荷トルク図は、フォームや傾斜角度でトルクが異なるため割愛

メイン 外腹斜筋(側部)、内腹斜筋(側部) サブ 腰方形筋

サイドクランチ

主要動作 体幹側屈

●刺激評価

負荷トルクの最大値	小
スティッキング領域	狭い
伸張位の負荷トルク	弱
負荷トルクの抜け	抜け中

●種目評価

運動ボリューム	やや小
負荷トルクの調節	不可
煽りチーティング	不可
セルフ補助	可

上背部を側屈させて腹斜筋群の主に側部を鍛える

上背部を横に曲げる動きで腹斜筋群の主に側部を鍛える側屈種目。伸張位側で負荷トルクは最大になるが実際は負荷が抜けてしまう。可動域も負荷トルクも小さいため、高回数で追い込む種目となる。脇腹に手をおいて実施すると腹斜筋群の収縮が意識しやすくなる。

1 横向きに寝て膝を曲げ、上体が傾かないように安定させる。上側の手を後頭部に添えて背すじを伸ばし、上側の腹斜筋群に軽く力を入れる。

脇腹を強く収縮させる

上体を横に丸めるように曲げて脇腹の腹斜筋群を収縮させる。

2 頭から上背部を横に曲げて下側の肩を床から持ち上げる。可動域や負荷が小さいため、持ち上げたトップで1〜2秒静止してもよい。

メイン 外腹斜筋(側部)、内腹斜筋(側部) サブ 腰方形筋

サイドベンド

主要動作 体幹側屈

立位で腹斜筋群を鍛えるダンベル種目

脊柱を横に曲げる側屈動作でダンベルを引き上げる種目。腹斜筋群だけでなく、腰部深層の腰方形筋も鍛えられる。負荷トルクの最大値が大きく伸張位の負荷トルクも強い。上体を煽るチーティングでフォーストレップもできる。

●刺激評価

負荷トルクの最大値	大
スティッキング領域	やや広
伸張位の負荷トルク	強
負荷トルクの抜け	抜け中

●種目評価

運動ボリューム	中
負荷トルクの調節	不可
煽りチーティング	可
セルフ補助	不可

POINT 骨盤を固定する

骨盤を左右に傾けずに固定したまま脊柱を横に曲げる側屈の動きでダンベルを上げる。

メイン 内腹斜筋(側部)、外腹斜筋(側部) サブ 腰方形筋

サイドシットアップ

主要動作 体幹側屈+体幹回旋(固定)

●刺激評価

負荷トルクの最大値	大
スティッキング領域	やや広
伸張位の負荷トルク	強
負荷トルクの抜け	抜け小

●種目評価

運動ボリューム	中
負荷トルクの調節	可
煽りチーティング	不可
セルフ補助	不可

腹斜筋群が最大レベルの力を発揮できる側屈種目

足を固定し上体(脊柱)を横に曲げる動きで起き上がる側屈種目。ベンチに足をかけて行うことで可動域や有効負荷範囲が広くなる。重りを体の前側で持つことで体幹回旋方向に固定する負荷トルクが生じて側屈と回旋の方向が一致する内腹斜筋が主に鍛えられる。

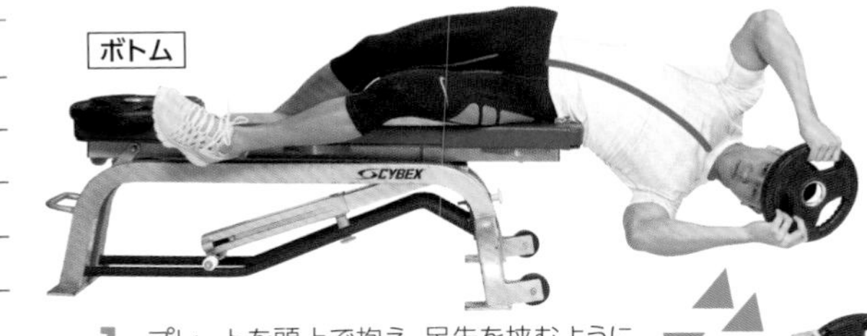

1 プレートを頭上で抱え、足先を挟むようにベンチの端にかけて下半身を固定する。上体を横に曲げ頭部とプレートを下ろす。

2 プレートの位置を固定したまま、上体を横に曲げて起き上がる。プレートを胸の前で持つと負荷トルクが下がる。

追い込みテク 負荷トルクの調節

限界まで反復したらプレートを下げて動作支点の骨盤に近づけフォーストレップを実施する。

1 片手にダンベルを持って背すじを伸ばす。そこから上体を横に曲げてダンベルを真下に下ろす。重さの異なるダンベルを用意できれば負荷トルクを下げて追い込める。

2 骨盤が傾かないように固定し、上体を反対側に側屈する。脊柱を横に曲げる動きでダンベルを引き上げる。

メイン 外腹斜筋(回旋は反対側回旋) サブ 内腹斜筋(回旋は同側回旋)、腹直筋

ツイストクランチ

主要動作 体幹側屈+体幹回旋・屈曲

●刺激評価

負荷トルクの最大値	小
スティッキング領域	狭い
伸張位の負荷トルク	弱
負荷トルクの抜け	抜け中

●種目評価

運動ボリューム	やや小
負荷トルクの調節	不可
煽りチーティング	不可
セルフ補助	可

体幹の回旋動作ではなく側屈動作に負荷がかかる

上背部を横に曲げる動きで腹斜筋群の主に側部を鍛える側屈種目。伸張位側で負荷トルクは最大になるが実際は負荷が抜けてしまう。回旋と側屈の方向が一致する外腹斜筋の前側が主に鍛えられる。脇腹に手をおいて実施すると腹斜筋群の収縮が意識しやすくなる。

1 仰向けになって膝を曲げ、手を後頭部に添える。そこから上背部を軽く丸めて頭部を持ち上げる。

ボトム

トップ

2 上体をひねりながら横に曲げて上背部を床から離す。トップで肘と膝が触れるぐらいまで上体を側屈させる。

トップ

3 上体を反対方向へひねりながら横に曲げる。基本的には左右交互に行うが、片側の側屈を反復する方法もある。

メイン 外腹斜筋、内腹斜筋 サブ 腰方形筋

サイドベンド(45度)

主要動作 体幹側屈

側屈したトップでも負荷が抜けなくなる

45度のバックエクステンション台で行うサイドベンド。側屈して上体を持ち上げたトップでも負荷が抜けにくい。負荷トルクの最大値が大きく伸張位の負荷トルクも強い。フォームのアレンジで負荷トルクを下げて追い込める。

●刺激評価

負荷トルクの最大値	大
スティッキング領域	広い
伸張位の負荷トルク	中
負荷トルクの抜け	抜け中

●種目評価

運動ボリューム	中
負荷トルクの調節	可
煽りチーティング	不可
セルフ補助	不可

追い込みテク 負荷トルクの調節

ダンベルを持った腕を真下に下ろした垂直の位置よりも体のほうへ近づけると負荷トルクが下がりフォーストレップができる。

メイン 外腹斜筋（回旋は反対側回旋） サブ 内腹斜筋（回旋は同側回旋）、腹直筋、腸腰筋、大腿直筋、内転筋群（固定）

デクラインツイストシットアップ

主要動作 体幹側屈＋体幹回旋・屈曲＋股関節屈曲

●刺激評価

負荷トルクの最大値	小
スティッキング領域	狭い
伸張位の負荷トルク	弱
負荷トルクの抜け	抜け中

●種目評価

運動ボリューム	やや小
負荷トルクの調節	不可
煽りチーティング	可
セルフ補助	可

有効負荷範囲が広くなりトップで負荷が抜けにくい

傾斜のあるシットアップベンチで行う種目。ツイストクランチと同じで回旋動作に負荷はかからず、回旋位で側屈する動きに近い。床で行うよりも有効負荷範囲が広くなり、負荷も抜けにくくなる。回旋と側屈の方向が一致する外腹斜筋の前側が主に鍛えられる。

ボトム

1 傾斜をつけた腹筋用ベンチに足をかけ、手を後頭部に添える。そこから頭部と上背部を少し持ち上げる。床で行うより腹直筋への負荷も高まる。

トップ

2 上体をひねりながら横に曲げて起き上がる。上体をひねって横に向いた回旋位で起き上がることにより、脊柱が側屈する動きとなる。起き上がってから回旋するのはNG。

POINT 前半でひねる

上体を起こしてからひねるのではなく前半でひねってから起き上がることで側屈の動きになる。

1 バックエクステンション台に横向きに乗り、骨盤の側面にパッドを当てる。下側の腕に持ったダンベルを真下に下げながら上体を横に曲げて側屈する。

2 上体を横に曲げる動きでダンベルを引き上げ、ボトムと反対方向へ上体を持ち上げ側屈する。

ボトム

トップ

著者のことば

世の筋トレ愛好家は実に研究熱心で感心させられます。本書のテーマとの関連でいえば、筋トレの種目選びや、フォーム、動かし方、力のかけ方など、筋肉に効果的な刺激を入れるための工夫を日々あれこれと試行錯誤なさっていることと思います。特に最近はSNSや動画投稿サイトが浸透して筋トレに関する情報が手に入りやすい時代になりました。経験豊富な筋トレ実践者やトレーナーがもつ感覚やコツは示唆に富んだものであり、著者自身もしばしば参考にして知識や研究テーマのバージョンアップを図る際のヒントを得ています。

一方、世に発信されている筋トレの実施方法に関する情報の多くは、「こんな工夫をすると筋肉が効果的に刺激されます」といった論調になっているものが多く、工夫と刺激を結び付けている「関節運動のバイオメカニクス」にはあまり光が当たっていないと以前から感じていました。本書の中でも述べたように、筋トレの効果を生じさせるストレス（刺激）は、大まかに「強い筋張力」「代謝的ストレス」「筋損傷」に分類されます。これら３分類のストレスが発生する要因は、どれも元をたどれば筋肉の「張力発揮」と「伸び縮み（長さ変化）」に行きつきます。そして「張力発揮」と「伸び縮み」を左右するのは、関節運動のバイオメカニクスに基づいた筋トレの種目選び、フォーム、動かし方、力のかけ具合に他なりません。換言すれば、筋トレにおけるさまざまな工夫と、それによって筋肉が受ける刺激との因果関係は、物理学・力学を親学問とするバイオメカニクスが結び付けているといっても過言ではないのです。今まであまり注目されなかった筋トレにおける工夫と刺激の“連結部分”に光を当てたのが本書の試みになります。

誤解なきように申し上げれば、バイオメカニクスの理屈が効果的な筋トレ方法のすべてを明らかにするなどと主張するつもりはありません。むしろ、物理学・力学の理屈よりも、筋トレに熟達した方々の経験や感覚のほうがジムでのトレーニングに対して直接的には役立つでしょう。小難しい理屈を知らなくても結果的に筋肉が刺激を受ければそれでよい、というご意見もごもっともです。ただし、「アートとサイエンス」の２つがよく対比されるように、時としてサイエンスは人間が感覚的・経験的には気付けなかった勘違いや新たな視点を照らしてくれます。

本書が効果的な筋トレ方法を模索する際に役立ってほしいのはもちろんのこと、筋トレ愛好家の創意工夫をサイエンスの面から後押しすることで、筋トレ業界全体の盛り上がりにわずかでも貢献できたらこの上ない喜びです。

著者 荒川裕志

参考文献

- プロメテウス 解剖学コア アトラス 第2版(医学書院)
- Anderson DE et al., Maximum voluntary joint torque as a function of joint angle and angular velocity: model development and application to the lower limb, J Biomech, (2007), 40(14), 3105-3113.
- Arakawa H et al., Greater hip moments in rear-foot-elevated split squats than in conventional back squats with the same relative intensity of loads. J Strength Cond Res, (2022). Online ahead of print.
- Arnold EM et al., A model of the lower limb for analysis of human movement. Ann Biomed Eng, (2010), 38(2), 269-79.
- Baumgart C et al., Effects of hip flexion on knee extension and flexion isokinetic angle-specific torques and HQ-Ratios. Sports Med Open, (2021), 7(1), 41.
- Dehail P et al., Maximum voluntary joint torque as a function of joint angle and angular velocity: model development and application to the lower limb. Spinal Cord, (2008), 46, 552-558.
- Duffey MJ, Vertical and lateral forces applied to the bar during the bench press in novice lifters. J Strength Cond Res, (2011), 25(9), 2442-7.
- Garner BA et al., Musculoskeletal model of the upper limb based on the visible human male dataset. Comput Methods Biomech Biomed Engin, (2001), 4(2), 93-126.
- Hoens A et al., An isokinetic evaluation of trunk strength in elite female field hockey players. Aust J Physiother, (1990), 36(3), 163-71.
- Krieger JW., Single versus multiple sets of resistance exercise: A meta-regression. J Strength Cond Res, (2009), 23, 1890-1901.
- Kulig K et al., Human strength curves. Exerc Sport Sci Rev, (1984), 12, 417-66.
- Maeo S et al., Greater hamstrings muscle hypertrophy but similar damage protection after training at long versus short muscle lengths. Med Sci Sports Exerc, (2021), 53(4), 825-837.
- Mitchell CJ et al., Resistance exercise load does not determine training-mediated hypertrophic gains in young men. J Appl Physiol, 113(1), 71-77.
- Németh G et al., Influence of knee flexion on isometric hip extensor strength. Scand J Rehabil Med Suppl, (1983), 15(2), 97-101.
- Nosaka K., Exercise and muscle pain. Nippon Rinsho, (2000), 58, 464-468.
- Ralston GW et al., The effect of weekly set volume on strength gain: a meta-analysis. Sports Med, (2017), 47(12), 2585-2601.
- Schoenfeld BJ, Science and Development of Muscle Hypertrophy. Human Kinetics, 2016.
- van Eijden TM et al., Forces acting on the patella during maximal voluntary contraction of the quadriceps femoris muscle at different knee flexion/extension angles. Acta Anat, (1987), 129(4), 310-4.

■ 著者略歴

荒川 裕志（あらかわ ひろし）

1981年福島県生まれ。国際武道大学体育学部教授。早稲田大学理工学部卒業。東京大学大学院総合文化研究科博士課程修了。博士（学術）。国立スポーツ科学センター・スポーツ科学研究部研究員を経て現職。専門はバイオメカニクス・トレーニング科学。元プロ格闘家としての顔ももつ。著書に『プロが教える 筋肉のしくみ・はたらきパーフェクト事典』『筋肉の使い方・鍛え方パーフェクト事典』（ともにナツメ社）、『効く筋トレ・効かない筋トレ』（PHP研究所）、『最強の自宅トレーニングバイブル』（マイナビ）など。

■ 編集協力　谷口洋一（株式会社アーク・コミュニケーションズ）
■ デザイン　小林幸恵（有限会社エルグ）
■ イラスト・図版　有限会社エルグ、Shutterstock
■ 撮影　清水亮一（アーク・フォトワークス）
■ 撮影協力　国際武道大学
■ 編集担当　齋藤友里（ナツメ出版企画株式会社）

本書に関するお問い合わせは、書名・発行日・該当ページを明記の上、下記のいずれかの方法にてお送りください。電話でのお問い合わせはお受けしておりません。
- ナツメ社webサイトの問い合わせフォーム
  https://www.natsume.co.jp/contact
- FAX（03-3291-1305）
- 郵送（下記、ナツメ出版企画株式会社宛て）

なお、回答までに日にちをいただく場合があります。正誤のお問い合わせ以外の書籍内容に関する解説・個別の相談は行っておりません。あらかじめご了承ください。

筋トレの負荷・刺激パーフェクト事典

2023年9月1日　初版発行

著　者　荒川裕志
発行者　田村正隆

発行所　株式会社ナツメ社
東京都千代田区神田神保町1-52　ナツメ社ビル1F（〒101-0051）
電話　03（3291）1257（代表）　FAX　03（3291）5761
振替　00130-1-58661

制　作　ナツメ出版企画株式会社
東京都千代田区神田神保町1-52　ナツメ社ビル3F（〒101-0051）
電話　03（3295）3921（代表）

印刷所　図書印刷株式会社

ISBN978-4-8163-7403-6　Printed in Japan
<定価はカバーに表示してあります>
<乱丁・落丁本はお取り替えします>